Marianne Mehling (Hg.)

# KNAURS KULTURFÜHRER IN FARBE DER RHEIN

Über 330 farbige Fotos und Grundrisse
sowie 12 Seiten Karten

Autoren: Joachim Hertlein, Dr. Marianne Mehling, Wolfgang Schenck
Fotos: Norbert Dallinger, Alexandra Hertlein, Joachim Hertlein,
A. A. M. van der Heyden, Franz N. Mehling, Marion Müllmayer,
Harald Neifeind, Wolfgang Schenck

Genehmigte Lizenzausgabe für
Weltbild Verlag GmbH, Augsburg 1998
Vollständige Ausgabe

Idee: Redaktionsbüro Harenberg (Schwerte)
Gestaltung: von Delbrück, München
Karten: Herbert Winkler, München
Grundrisse: Karl Schneider, Solms
Reproduktion: Repro Ludwig, Zell am See
Einbandgestaltung: Franz Wöllzenmüller
Umschlagabbildung: Kaub am Rhein mit Pfalz und Burg Gutenfels
(Foto: IFA-Bilderteam/Frima)
Texterfassung und Filmbelichtung: Appl, Wemding
Umbruch: Ventura Publisher im Verlag
Druck und Aufbindung: Druckhaus Neue Stalling, Oldenburg
Printed in Germany
ISBN 3-8289-0697-4

# Vorwort

»Der Rheinstrom ist vor allen der schönste Strom der Welt« beginnt ein Lied von Peter Cornelius. »Altvater Rhein«, wie die Romantiker den größten Fluß Deutschlands, den Fluß, der sechs Länder durchfließt, nannten, ist wohl der meistbesungene Fluß der Welt. Unzählige Lieder, Gedichte und Skulpturen an Brunnen z. B. künden in ganz Europa von seiner Bedeutung. Dichter, Denker, Maler, Bildhauer, Baumeister und Komponisten haben sich von jeher von diesem Fluß inspirieren lassen, viele von ihnen sind hier geboren: Hildegard von Bingen (1078) z.B., Gottfried von Straßburg (ca.1200), Albertus Magnus (ca. 1200), Gutenberg (1397), Stephan Lochner (1410), Nikolaus von Kues (1410), Martin Schongauer (1450), Erasmus von Rotterdam (1466), Matthias Grünewald (1470), Hans Holbein (1497), Frans Hals (ca. 1581), Rembrandt (1606), Johann Peter Hebel (1760), Beethoven (1770), Clemens Brentano (1778), Heinrich Heine (1797), Robert Schumann (1810), Georg Büchner (1813), Peter Cornelius (1824), Stefan George (1868), Albert Schweitzer (1876), Konrad Adenauer (1876) und so entgegengesetzte Persönlichkeiten wie Karl Jaspers (1883) und Carl Zuckmayer (1896). Viele von ihnen, besonders der letztgenannte, waren unverkennbar geprägt von ihrer Heimat. Freude an Naturschönheit, Gedankenklarheit und eine ganz besondere Art von Witz und Humor waren den Menschen am Rhein seit jeher eigen. Vielleicht gehören nicht nur zufällig die Basler Fasnacht und der Kölsche Karneval – wenn auch völlig konträr in ihrer Auswirkung – zu den Höhepunkten des rheinischen Brauchtums.

Die Kultur am Rhein ist uralt und so vielfältig wie die Regionen, die er berührt. Die Quellen des Rheins sind der *Vorderrhein*, dessen Zuflüsse in 2345 m über dem Meer in einsamer Höhe am St. Gotthard entspringen, am Lai da Tuma vor allem, dem Toma-See, dort, wo man noch heute rätoromanisch spricht, und der *Hinterrhein*, der seinen Ursprung aus dem Paradiesgletscher nimmt und der durchs Hinterrheintal und über den San Bernardino fließt. Der Hinterrhein bildet den Stausee von Sufers, strömt durch das Schamstal mit seinen sgraffitogeschmückten Steinhäusern und der frühromanischen, großartig bemalten Kirche von Zillis und durch die wildberüchtigte Schlucht der Via Mala. Nach Thusis mit der mittelalterlichen Burgruine und dem Domleschg mit seinen Kirchen, Burgen und Schlössern vereint sich der Hinterrhein bei Reichenau mit dem Vorderrhein, der auf seinem Lauf bereits eine frühe Benediktinerabtei (Mustér) beim Lukmanierpaß, kleine, teils noch mittelalterliche Dörfer, Relikte früherer Handelsplätze, Kirchen mit frühmittelalterlichen Schnitzaltären (St. Vigilius in Sedrun), freskengeschmückte Kirchen (bei Vuorz) und mittelalterliche Burgruinen zurückgelassen hat.

Nach dem uralten Chur mit römischen Ruinenresten, dem ersten Bischofssitz nördlich der Alpen (4. Jh.) und der Kathedrale aus dem 12. Jh. fließt der Rhein – jetzt *Alpenrhein* genannt – über Landquart mit seinem viertürmigen Schloß aus dem 13. und 17. Jh. durch das Bündner-Tal und kommt bei Bad Ragaz in den Kanton St. Gallen. Nach Sargans (Schloß aus dem 12. Jh.), wo der Rhein zum ersten Mal Österreich streift, bildet er die Westgrenze des kleinen Fürstentums Liechtenstein mit seinem über Vaduz gelegenen Schloß. Wieder in der Schweiz, wo er nun die Grenze zu Österreich bildet, erheben sich am Rhein weitere bedeutende Bauten aus Mittelalter und Renaissance, alte Stadttore (Feldkirch), Dome und Schlösser.

Nach St. Margarethen, dort, wo überall in der Umgebung mittelalterliche Burgruinen und Barockkirchen zu finden sind, fließt der sogenannte *Alte Rhein* über Rheinecke in den *Bodensee*. Er bildet dabei ein Delta – heute Vogelschutzgebiet. Die Kanalisierung bei Fußach (früher bei Rorschach) führt den eigentlichen Rheinstrom bei Haid nahe dem schönen, schon früh von Kelten und Römern besiedelten österreichischen Bregenz in den Bodensee. Hier trifft der Wanderer eine ganz andere, südlich anmutende Landschaft, weiches und warmes Klima und üppige Vegetation, die vor allem auch Obst und Weintrauben reifen läßt, an. Hier finden sich stimmungsvolle alte Städte mit schönen und reichen Marktplätzen, Rathäusern, Schlössern und Burgen neben kleinen verträumten Fischer-

und Badeorten an den Ufern. Märchenhafte Inseln voller Blumen und reicher Obst- und Gemüseplantagen und teils uralter Kultur (Reichenau) liegen im Bodensee. Am Ende des Untersees bei Stein am Rhein (schönes Barockstädtchen mit Burgruine) tritt der Fluß wieder aus dem See und ergießt sich bei Schaffhausen unterhalb Schloß Laufen mit dem berühmten mächtigen Rheinfall – dem größten Mitteleuropas mit einem Gesamtgefälle von 150 m – in eine Tiefe von 22 Meter.

Wieder wechselt mit der Landschaft die Kultur. An dem Grenzstädtchen Rheinau grüßt die doppeltürmige Barockkirche, dort, wo ursprünglich im 8. Jh. ein Benediktinerkloster lag. Weiter fließt der inzwischen *Hochrhein* genannte Fluß zwischen Schweiz und Deutschland bis zum schweizerischen Koblenz, das am Zufluß der Aare liegt und das als Straßenknotenpunkt schon für die Römer von Bedeutung war. Ab dem durch den Fluß zweigeteilten Rheinfelden mit der bekannten Martinskirche wird der Rhein beidseitig beschiffbar. Die letzte Schweizer Stadt, die der Rhein hier durchfließt, ist zugleich eine der größten, ältesten und schönsten dieses Landes: Basel mit seinem hoch über dem Rhein gelegenen Münster, an dem seit dem Jahrtausend gebaut wurde.

Von hier aus finden die Rheinreisen – der Fluß heißt jetzt *Oberrhein* – mit den großen Luxusdampfern bis Rotterdam statt.

Am Issteiner Klotz, einem Jurahügel von 160 m Höhe, fand man in Felshöhlen steinzeitliche Geräte. Im Mittelalter stand hier eine Burg. Der durch Kanäle gezähmte Rhein fließt nun durch eine von Vögeln bevölkerte Landschaft, die z.T. Naturschutzgebiet ist. Am linken Rheinufer liegt nun das französische Elsaß mit seiner alten gotischen Tradition, die in der hochaufragenden Kathedrale von Straßburg gipfelt. Aber auch auf der rechten, der deutschen Rheinseite konnte sich die Gotik, zum Beispiel mit dem Stephansmünster von Breisach, in vollendeten Schöpfungen manifestieren. Es folgen gegenüber der reizvollen Altstadt von Straßburg mit ihren typischen Häuserfronten Kehl mit dem im 17. Jh. stark befestigten Brückenkopf und bei Rheinau und bei Iffezheim, wo ehemals die Römer einen Rheinübergang besaßen, die größte Staustufe im Rhein. Kurz nach Basel und bis oberhalb von Karlsruhe bildet der Rhein dabei die Grenze zwischen Frankreich und Deutschland. Nach Germersheim mit der spätgotischen Pfarrkirche – rechts drohen die zwei Kühltürme des Kernkraftwerks Philippsburg am Altrhein – folgt auf der linken Rheinseite die ursprüngliche Römer- und spätere Kaiserstadt Speyer mit ihrem berühmten romanischen Dom, einem der schönsten Europas.

25 km weiter liegt die Industriestadt Ludwigshafen auf der linken Rheinseite und auf der rechten beim Neckarzufluß die ehemals pfälzische Residenzstadt und das spätere Wirtschaftszentrum Mannheim mit seinem Barockschloß und dem Wasserturm aus dem 19. Jh. Seit vorrömischer Zeit ist der Rhein, der noch heute als die verkehrsreichste Binnenwasserstraße Europas gilt, als Handelsweg bezeugt. Kein Wunder, daß sich hier seit frühesten Zeiten bedeutende Handelshäfen gebildet haben und daß neben dem Warenaustausch auch der kulturelle Austausch zwischen den Ländern von der Schweiz bis an die Nordsee reiche Früchte trug. Siedlungen, ja ganze Siedlungsbänder und sehr früh schon Industrie haben sich beidseitig der Ufer angesiedelt. Wenn die Naturschönheiten des Rheins und der Reiz seiner Städte die Dichter vom Mittelalter bis zur Spätromantik begeisterten, so sehen die Schriftsteller des 20. Jh. vor allem die trüben Seiten des Rheins, in erster Linie seine Verschmutzung durch die Industrie.

20 km nach Ludwigshafen folgt auf der linken Rheinseite die geschichtsträchtige Nibelungenstadt Worms mit ihrem großartigen Dom aus der Hochromanik. Bei Oppenheim und Nierstein empfangen den Rheinfahrer die berühmten Rebenhänge. Die Güte des Rheinweines kannten schon die Römer, und heute gehören die gemütlichen Weinlokale in den alten Winzerorten am Rhein mit zur Hauptattraktion für Touristen. Die Einnahmen durch den regen Fremdenverkehr trugen hauptsächlich dazu bei, daß sich die zum Teil aus dem Mittelalter erhaltenen ursprünglichen Fischer- und Winzerorte bis heute mit ihren schönen Fachwerkhäusern, Butzenscheibenfenstern und phantasievollen Wirtshausschildern noch bewundern lassen. Kurz nach dem geschichtsträchtigen Mainz am linken

*Vorderrhein, Blick in die Schlucht* >

Rheinufer mit seinem herrlichen romanischen Dom, wo der Main sich mit dem Rhein vereint, und nach Wiesbaden, das mit seinem Schloß aus dem 19. Jh. auf der anderen Uferseite liegt, heißt das Land nun Rhein- aber auch Weingau. Sehenswert sind z.B. Erbach oder Hattenheim und die ehemalige Zisterzienserabtei Eberbach, heute Stadtteile von Eltville, vor allem aber Rüdesheim mit seiner Drosselgasse, die ein besonderer Anziehungspunkt für Touristen ist.
Wenig später, dort, wo besonders in früheren Zeiten die Rheinschiffahrt durch Engpässe, Stromschnellen und Untiefen gefährdet war, kommen der sagenumwobene auf einer Insel im Rhein liegende Mäuseturm und das kunsthistorisch sehr reizvolle Bingen ins Blickfeld. Hier durchbricht der Rhein - der ab jetzt *Mittelrhein* heißt - zwischen dem sogenannten Binger Loch und Koblenz ein Schiefergebirge, dessen Hänge beidseitig des Flusses - bis zu 300 m - in die Höhe wachsen. Das Rheinbett wird enger zwischen den Felsen; an der berüchtigten Loreley ist es z.B. nur 200 m breit, an der engsten Stelle nur 115 m. Felsriffe und Inseln erschweren die Schiffahrt. Die Hänge jedoch sind großenteils wald- und weinbewachsen (hier gedeihen der Riesling und der Müller-Thurgau), und aus der Höhe grüßen den Rheinfahrer Burgen wie Rheinstein, Reichenstein, Sooneck und Stahleck, Stolzenfels und Lahneck.
Die meisten Burgen und Ruinen am Rhein stammen aus dem 11.-14. Jh. Die großartigste, Rheinfels, entstand vom 13. bis 15. Jh. Kein Wunder, daß diese Rheinstrecke mit ihrer Naturschönheit und den die Phantasie anregenden Ritterburgen von Romantikern mit ihrer Hingabe an das Mittelalter, an Märchen, Sagen und eine idealisierte Natur besonders geliebt wurde. Nicht nur Heine hat hier sein berühmtes Loreleylied geschrieben, hier sind unzählige Gedichte und Geschichten entstanden, ja man hat hier sogar in begeistertem Historismus in der zweiten Hälfte des 19. Jh. Burgen wie Klopp, Reichenstein, Sooneck, Katz oder Maus z.T. recht willkürlich erneuert und ergänzt. Erst im 20. Jh. wurden die Burgen nach wissenschaftlichen Erkenntnissen renoviert. Einige Burgen sind heute Museen, wie z.B. auch Pfalzgrafenstein, die bei Kaub auf einer Insel im Rhein liegt, oder Rheinfels, eine Ruine, die 115 m hoch über dem Rhein steht, oder die Marksburg aus dem 13. Jh., die einzige unzerstört erhaltene Höhenburg mit herrlichem Blick über den Strom.
Bei dem reizvoll gelegenen Koblenz, wo schon unter Kaiser Tiberius im ersten Drittel des 1. Jh. ein römisches Castrum existierte, mündet die Mosel an dem berühmten Deutschen Eck in den Rhein. Nach dem Neurieder Becken tritt zwischen Andernach, das im 6. Jh. fränkischer Königshof war und wo Cäsar die allererste Brücke 55 v. Chr. über den Rhein geschlagen haben soll, und dem ursprünglichen Römerkastell Remagen nochmals eine 28 km lange Engstelle auf, die wiederum für den Weinbau genutzt werden konnte.
Unterhalb der Ausläufer des Siebengebirges strömt der Rhein nun in das Kölner Becken. Nach dem im 13. Jh. gegründeten Bad Godesberg erreicht der Rheinfahrer die Bundeshauptstadt Bonn - wir befinden uns jetzt auf dem *Niederrhein* - und nach weiteren 34 km Köln mit seinen schönen romanischen Kirchen und dem herrlichen gotischen Dom, einer der größten Kathedralen Europas. Industriestädte wie Leverkusen oder Monheim haben das Rheinland reich gemacht, werden heute jedoch ebenso als bedrohlich wie als nutzbringend empfunden. Dormagen und Zons waren bereits römische Gründungen, Düsseldorf jedoch, die Hauptstadt Nordrhein-Westfalens, heute Universitäts-, Mode-, Kunst-, Kongreß- und moderne Messestadt, war noch im 12. Jh. ein Fischerdorf. Kaiserswerth dagegen, heute Ortsteil von Düsseldorf, existierte bereits im frühen Mittelalter als Benediktinerabtei. Es folgen die Industrie- und Handelsstädte Krefeld und Moers am linken Rheinufer und der wichtigste Rheinhafen, Duisburg, am rechten. Die im Krieg stark zerstörte Stadt Wesel zieht vorüber, Xanten mit dem gotischen Dom und Kleve mit der Schwanenburg, die an »Lohengrin« erinnert.
730 m Breite hat der Rhein, wenn er bei der alten Reichs- und Handelsstadt Emmerich die holländische Grenze überquert. Riesige Lastschiffe und Schlepper befahren nun den Rhein, der in Holland weite Strecken zwischen flachen Wiesen und an Windmühlen vorüber fließt. Bei Pannerden verzweigt er sich, der bis hierher *Bovenrijn* heißt, zu einem

*Oberwesel, nach einem Farbstich aus dem 19. Jahrhundert* >

Delta. Der Hauptarm - jetzt *Waal* genannt - führt an der uralten germanischen Stadt Nimwegen, die auf sieben Hügeln erbaut ist, vorbei. Der rechte Arm - *Nederrijn* genannt - berührt Arnheim, die Hauptstadt Gelderns.
Die Noord Merwede vereint einen Teil des Waal mit dem Nederrijn, der ab dem Ort Wijk *Lek* heißt, und hier an der Noord Merwede, wo Rhein und Maas ineinanderfließen, liegt die alte Handels- und Hafenstadt Dordrecht. Das riesige Hafen- und Handelszentrum Rotterdam, heute in einem Land, das die Menschen erst seit einem halben Jahrtausend dem Meer abgerungen haben, ist Ausgangs- und Endpunkt der großen Rheinreisen. Bei Hoek van Holland schließlich fließt der Rhein als *Nieuwe Waterweg* - nicht weit von Den Haag - in die Nordsee.
Seit frühesten Zeiten war der Rhein ein großer Anziehungspunkt für die Menschen, was schon Funde aus vorgeschichtlicher Zeit beweisen. Unter keltischer Herrschaft, dann aber besonders unter der römischen, wuchs mit der wirtschaftlichen Prosperität unter günstigen Lebensbedingungen auch die kulturelle. Das frühe Mittelalter gelangte durch Dichtkunst, Kloster- und Kirchenarchitektur zu einer Blütezeit am Rhein, die in den Burgen und Kathedralen der Gotik noch kulminierte. Auch die Renaissance kam hier durch die Erfindung des Buchdrucks, durch Dichter und Denker zum Tragen. Die Machtstellung der Fürsten und Fürstbischöfe manifestierte sich in den Schloß- und Kirchenbauten des Barock. In den Mittelpunkt des Allgemeininteresses aber geriet die Kultur am Rhein vor allem im 19. Jh. durch die Romantiker: von Goethes Begeisterung über das Straßburger Münster bis zu Wagners »Ring des Nibelungen«.
Hier, wo Fischfang, Wein, Schiffahrt und Handel die Menschen ernährten, kam nun - der Schönheit der Natur wegen - auch noch ein lebhaft blühender Fremdenverkehr auf, der bis heute nicht an Attraktion verloren hat.
So begehrt, wie der Rhein von Beginn an war, so heiß war er auch umstritten, von Anfang an Schauplatz zahlreicher Rangeleien (im Mittelalter z.B. auch wegen der Schiffszölle), Kämpfe und Kriege. Hier hat nach der Zerstörung durch die Weltkriege die europäische Friedenspolitik, an deren Beginn das Abkommen zwischen Adenauer und de Gaulle um den Rhein stand, Bedeutendes geleistet. Heute gilt es, mit den Verschmutzungen fertig zu werden, die die Industrien der Länder dem Rhein zufügen. Durch ein umfangreiches Umweltschutzprogramm und durch Säuberungsaktionen, die wiederum stark von der Industrie unterstützt werden, besteht die Hoffnung, daß die reiche Kultur am Rhein noch länger zur Freude der Menschen bestehenbleiben darf und daß der Fluß, der so viel Land mit lebensnotwendigem Wasser versorgt, der für ertragreiche Ernten verantwortlich gemacht werden darf, ja der sogar ganz wesentlich auch Trinkwasser für Holland spendet, seine Flora und Fauna regenerieren kann, so daß die Dichter nicht mehr nur vor »bedrohlichen Kernkraftwerken« und Dreck und Schmutz am Rhein warnen, sondern wieder von seiner Schönheit schreiben können.

Wie in den übrigen Bänden der Reihe stehen auch hier die Farbabbildungen gleichrangig neben dem Text. Von mehr als 450 beschriebenen Orten werden Burgen, Kirchen, Schlösser, Rathäuser, Theater, Museen und andere Baudenkmäler vorgestellt. Über 330 farbige Fotos und Skizzen sowie 12 Seiten Karten illustrieren den Text. Und analog zu den Vorgängerbänden sind die Artikel alphabetisch nach Orten geordnet. Die Brücke zwischen den Orten, die geographisch benachbart sind, in diesem Buch jedoch durch das Alphabet getrennt wurden, schlägt der Kartenteil auf S. 378 - 387. Er führt alle behandelten Orte auf und bietet einen Überblick darüber, welche Orte in der Nachbarschaft eines Zielpunktes liegen. Bei jedem Ort ist im Kopf des Artikels das Bundesland (Bundesrepublik, Österreich), der Kanton (Schweiz), das Département (Frankreich) oder die Provinz (Niederlande) angegeben, außerdem Einwohnerzahl, Meereshöhe und ein Hinweis auf die betreffende Karte (S. 379 □ H 3, 379 = Seite, Planquadrat H 3). Die Bezeichnung des entsprechenden Landes erscheint im Kopf vor dem Ortsnamen: A = Österreich, CH = Schweiz, D = Bundesrepublik Deutschland, F = Frankreich, FL = Fürstentum Liechtenstein, NL = Niederlande. Im Anhang findet sich ein Register aller behandelten Orte, ein Künstlerregister und ein Register der Fachausdrücke.

# A

## CH-9450 Altstätten
St. Gallen

Einw.: 10600 Höhe: 460 m S. 379 □ H 3

Der 853 erstmals erwähnte Ort wurde durch Abt Berchtold von Falkenstein in der 2. Hälfte des 13. Jh. neu gegründet. 1410 wurde er durch die Österreicher zerstört.

**Kath. Pfarrkirche St. Nikolaus:** Anstelle eines Baus vom Ende des 15. Jh. (dessen Vorläufer aus dem 13. Jh. stammte) errichtete Johann Jakob Haltiner* 1794/95 die spätbarocke Kirche mit dreiseitig geschlossenem Chor und daran angebautem Turm mit Laternenhaube. Die Fassaden wurden 1908/09 neubarock gestaltet. 1972-76 fand eine Gesamtrestaurierung statt. Die *Ausstattung* ist im wesentlichen klassizistisch. Die Stukkaturen schuf wohl Peter Anton Moosbrugger*. Das Deckengemälde v. Joseph Schmuzer* hat Josef Heimgartner* 1920 übermalt.

**Kapuzinerinnenkloster Maria Hilf:** Das im S der Stadt gelegene barocke Klostergeviert wurde 1616 geweiht und 1733-34 erweitert. Die 1966 neugestaltete *Kirche* enthält moderne *Glasgemälde* v. Ferdinand Gehr* und besitzt eine hochgot. Pieta aus der Mitte des 14. Jh.

**Neuere Kirchenbauten** sind die neugot. *ref. Kirche* (Paul Reber* 1904-06) und die *Gut-Hirt-Kirche* (am Bahnhof) v. A. Baumgartner* und R. Bächtold* (1966).

*Altstätten, St. Nikolaus, Westfassade*

**Kapellen:** Die barocke *Placiduskapelle* (1646) ließ das Kloster St. Gallen errichten. - Die spätmittelalterliche *Forstkapelle* im S der Stadt wurde 1963 renoviert und mit Glasgemälden v. Ferdinand Gehr* versehen; sie besitzt eine spätgot. Madonnenstatue.

**Rathaus:** Vor dem Neubau v. Hans Burkhard* (1959/60) steht die v. Albert Wider* geschaffene *Plastik* des Minnesängers Konrad v. Altstätten. Das *Wandgemälde* stammt v. Ferdinand Gehr*.

**Reburg** (Rathausplatz 1): Das 1772 v. Johann Jakob Haltiner* erbaute viergeschossige Zeilenhaus mit Rundportal besitzt prachtvolle Stukkaturen v. Andreas und Peter Anton Moosbrugger*.

**Prestegg** (Rabengasse): Der 1488 erbaute Herrensitz erhielt 1788 einen S-Flügel, der N-Trakt wurde 1867 neu erbaut. Im S-Flügel das *Historische Museum* mit einer heimatkundlichen Sammlung.

*Geöffnet* März bis November Sonntag von 14.00 bis 17.00 Uhr.

**Untertor** (Engelplatz): Dieser einzige erhaltene Rest der ma Befestigung ist im 18.Jh. umgebaut worden.

**Bürger- und Herrenhäuser:** Meist klassizistische Bauten aus dem 18.Jh. mit steilen, oft geschweiften Giebeln und Laubengängen finden sich in der Marktgasse, der Obergasse und am Engelplatz.

**Burg Neu-Altstätten:** Die 1375 erwähnte Burg wird seit 1639 v. derselben Familie bewohnt.

## Umgebung

**Oberriet** (8 km sö): Die spätbarocke *kath. Pfarrkirche St. Margaretha* wurde 1908 neubarock umgestaltet. Klassizistische Ausstattung. – Das 1539 erbaute *Zollhaus »Burg«* wurde im 17.Jh. erweitert und 1964 restauriert. – Die vier- bis fünfgeschossig ausgebaute *Höhlenburg Wichenstein* (13.Jh.) wurde vermutlich 1405 zerstört. – Die um 1270 erbaute *Burg Blatten* wurde 1799 v. den Franzosen zerstört. Erhalten sind der mächtige Viereckturm mit 5 Geschossen und Teile des Berings.

## D-5470 Andernach

Rheinland-Pfalz

| | | |
|---|---|---|
| Einw.: 29000 | Höhe: 65 m | S. 383 □ E 13 |

Die geschichtlichen Wurzeln der Stadt liegen in römischer, wenn nicht gar in keltischer Zeit – jedenfalls deutet der wohl keltische Name *Antunnacum* darauf hin. Für die Zeit des Tiberius ist ein Kohortenkastell nachgewiesen. Im 3.Jh. wurde die Ansiedlung zu einem stark befestigten Steinkastell ausgebaut. Im 6.Jh. fränkischer Königshof, war Andernach seit dem Mittelalter ein wichtiger Umschlagplatz.

**Liebfrauenkirche, kath. Pfarrkirche Mariä Himmelfahrt** (Kirchstr.): Der sog. Mariendom, eine urspr. wohl im 12.Jh. begonnene, nach Zerstörungen um 1300 fast neu aufgebaute viertürmige Basilika mit prachtvoller W-Fassade, zählt zu den schönsten spätroman. Kirchen des Rheinlandes. Herausragende Werke finden sich auch im Inneren, so das *Ungarnkreuz* (ein Gabelkruzifix) aus dem 14.Jh., ein spätgot. *Sakramentsschrein* (um 1500), der spätroman. Taufstein oder die reichgeschnitzte Barockkanzel (18.Jh.) aus Maria Laach.

*< Andernach, Liebfrauenkirche, Ungarnkreuz*

*Andernach, Runder Turm*

**Runder Turm, Stadtbefestigung:** Der 1448–53 v. Meister Philipp* erbaute 56 m hohe Wehrturm ist das Wahrzeichen v. A. Weitere Turm- und Torbauten der z.T. über röm. Grundmauern angelegten, noch heute fast vollständig erhaltenen Stadtbefestigung sind der *Schuldturm*, das *Rheintor* (mit den spätroman. Figuren der »Andernacher Bäckerjungen«) oder – zum Rhein hin – das barocke *Bollwerk*. Unmittelbar neben dem *Koblenzer Tor* liegt die Ruine der im 12.Jh. erbauten und 1689 zerstörten *Burg der Erzbischöfe v. Köln*.

*Andernach, Liebfrauenkirche, Skulpturenschmuck am Portal*

**Außerdem sehenswert:** *Ehem. Minoritenkirche St. Nikolaus* (14.–15. Jh.). – *Friedhofskapelle St. Michael* aus der Zeit nach 1198. – *Hospitalkirche* v. 1737. – *St.-Albert-Kirche* v. 1952. – *Rathaus* v. 1572; unter dem neuen Ratssaal das *Judenbad* aus dem 14. Jh. – *Alter Kran* v. 1554–61. – *Stadtmuseum* im Leyenschen Hof (1580–90) mit Exponaten zu Archäologie und Stadtgeschichte.

## Umgebung

**Namedy** (3 km nw): *Pfarrkirche St. Bartholomäus* (ursprünglich 13. Jh., erweitert im 16. Jh.) mit frühgot. Chor und Resten v. Glasmalereien aus dem 13. Jh. – In der Nähe liegt das im 13. Jh. als Wasserburg erbaute, im 16., 19. und 20. Jh. erweiterte *Schloß*.
**Weißenthurm:** (4 km sö): *Pfarrkirche* mit sehenswerten Fresken. – Der sog. *Weiße Turm* stammt aus dem 15. Jh.

## CH-9320 Arbon

Thurgau

Einw.: 12300 Höhe: 398 m S. 379 □ H 4

Das Gebiet ist seit der Jungsteinzeit besiedelt. Pfahlbauten entstanden in der frühen Bronzezeit, das römische Kastell »Arbor felix« datiert aus dem 4. Jh. Markt im 10. Jh., Mitte des 13. Jh. Gründung der Stadt durch den Konstanzer Bischof Eberhard von Waldburg, Stadtrechte 1255. Im 18. Jh. entwickelte sich Arbon zum Industrieort.

**Röm. Kastell:** Die Kastellmauer mit 6 halbrunden Türmen und einem Viereckturm wurde nachgewiesen; konserviert wurde ein halbrunder Turm.

**Galluskapelle:** Auf dem Unterbau der Kastellmauer und des SO-Turms wurde wohl im 7. Jh. eine Kapelle errichtet, deren roman. Nachfolgebau 1768 eine polygonale Apsis erhielt. Neben dem rundbogigen Tor ist l ein Feldstein mit der »Fußspur

*Arbon, Schloßturm*

des hl. Gallus«, der hier 612 das Ufer erreichte, eingelassen. Im Inneren finden sich Reste eines Zyklus v. *Passionsfresken* aus der Zeit um 1360.

**Kath. Kirche St. Martin:** Anstelle einer roman. Basilika entstand 1786-89 ein Neubau, der den Chor v. 1490 verkleinert miteinbezog. Der Rumpf des frei stehenden Turms v. 1457 erhielt 1895 einen Aufbau in Tudorgotik. Eine spätgot. *Marienfigur* aus dem 14. Jh. wurde um 1770 auf ein Goldschmiedekreuz montiert.

**Ref. Kirche:** Der neoklassizistische Bau wurde 1920-24 errichtet. Innenrenovierung 1987-88.

**Schloß:** Aus der Mitte des 13. Jh. stammt der *Bergfried,* dessen beide Obergeschosse 1520 aufgebaut wurden. Um 1515 ließ der Konstanzer Bischof Hugo v. Hohenlandenberg den U-förmigen Wohntrakt anbauen. - Das Schloß beherbergt heute das *Ortsmuseum* mit einer lokalgeschichtlichen Sammlung.

**Rathaus:** Der sw Eckturm der ehem. Stadtbefestigung erhielt einen Aufbau, der 1572 umgebaut und seit 1640 als Rathaus genutzt wurde. Der heutige vorkragende Fachwerkbau ist 1791 errichtet worden.

**Außerdem sehenswert:** *Stadthaus* (Hauptstr.), ein ehem. Leinwandherrensitz, der 1768-69 umgestaltet wurde und v. Oskar Linner* 1941 zum Stadthaus umgebaut wurde. - *Ehem. St.-Johanns-Kirche,* das sog. »Kappeli« (um 1490 erneuert und im 17. Jh. profaniert) mit Maßwerkfenster. - *Kath. Pfarrhaus,* urspr. Rotes Haus (1704).

## NL Arnhem / Arnheim

Geldern

Einw.: 129 000 Höhe: 20-60 m S.387 □ D 17

Das 893 urkundlich erstmals erwähnte, 1233 von Graf Otto III. von Geldern zur Stadt erhobene Arnhem, seit 1443 Mitglied der Hanse, war im Mittelalter ein wichtiger

*Arbon, Römisches Kastell, Rundturmfundament*

*Arnheim, Grote Kerk, Marmorsarkophag des Grafen von Geldern*

Handelsplatz. Die schweren Schäden der »Schlacht von Arnheim« (September 1944) sind zwar behoben, die alte Struktur ging dabei jedoch weitgehend verloren.

**Grote Kerk,** auch **St.-Eusebiuskerk** (Grote Markt): Die urspr. v. 1452 bis ca. 1560 erbaute dreischiffige Basilika wurde nach der Zerstörung im 2. Weltkrieg zwar sorgfältig restauriert, doch blieb v. den Skulpturen lediglich der *Renaissance-Marmorsarkophag* (1538) des Karl v. Egmont, Graf v. Geldern, erhalten.

**Museen:** Im *Gemeentemuseum* (Utrechtseweg) werden neben Silberwaren, Delfter Keramik und archäologischen Funden auch Gemälde v. Vertretern des Magischen Realismus (Carel Willink*, Pyke Koch* u. a.) gezeigt. - Das *Nederlands Openluchtmuseum,* ein Freilichtmuseum mit Bauernhäusern, Mühlen u. ä., liegt etwa 4 km n am Schelmseweg, das *Museum der Niederländisch-Indischen Armee* im Vorort Bronbeek.

**Außerdem sehenswert:** Die 1422 geweihte *Walburgiskerk* (Grote Markt) besitzt noch ihre alte holzgeschnitzte Kanzel. - Die *Waalse Kerk* (Koningsplein) war ehemals Kapelle des Agnietenklosters (15. Jh.). - Neugot. *St.-Martenskerk* v. 1875, *Koepelkerk* v. 1837-39. - Das 1540 erbaute *Duivelshaus* (Grote Markt), heute Teil des Rathauses, hat seinen Namen nach den 3 Teufelsfratzen am Eingang. - Das 1954 erbaute *Provinciehuis* (Landtagsgebäude, Grote Markt) verbindet sich harmonisch mit dem 1440 erbauten *Sabelspoort,* dem einzig erhaltenen Rest der Stadtmauer. - *Waag-Gebäude* am Grote Markt aus dem 18. Jh.

## Umgebung

**Doorwerth** (4 km w): Das urspr. aus dem 13. Jh. stammende, bis ins 16. Jh. mehrmals erweiterte *Kasteel* beherbergt heute das *Nederlands Jachtmuseum.*
**Elst** (11 km s): Unter der *niederländisch-ref. Kirche* (15. Jh.) mit got. Turm wurden Fundamente v. 2 röm. Tempeln freigelegt.
**Oosterbeek** (3 km w): Die im 2. Weltkrieg schwer beschädigte *niederländisch-ref. Kirche* mit Turm des 14. oder 15. Jh. stammt urspr. aus vorroman. Zeit. - Das *Huis Mariendaal* steht an der Stelle der ehem. Abtei Marienborn.

# B

## D-6533 Bacharach

Rheinland-Pfalz

Einw.: 2800 Höhe: 80–350 m S.383 □ E 11

Der Name des vielbesungenen malerischen Weinstädtchens am Rhein wird von dem keltischen Personennamen *Baccarius* oder *Bacchara* und der keltischen Ortsnamensendung *Baccaracum* abgeleitet. Doch auch die Berufung auf *Bacchi ara* (»Bacchus-Altar«) ist begründet.

**Ev. Pfarrkirche St. Peter** (Marktplatz): Die dreischiffige Pfeilerbasilika ist eines der großartigsten Bauwerke der rheinischen Spätromanik und entstand im 12.-14. Jh. Sie ist im Baustil verwandt mit dem Limburger Dom und der Bopparder Severuskirche. Der W-Turm ist in spätmittelalterlicher Festungsbautechnik mit Zinnen bekrönt.

**Wernerkapelle:** Die 1293 begonnene, 1426 erweiterte und 1689 zerstörte got. Kapelle, ein über Kleeblattgrundriß errichteter zierlicher Sandsteinbau, ist das Wahrzeichen v. B. Im Jahre 1756 mußte der N-Flügel wegen Einsturzgefahr abgetragen werden. Auch als Ruine zählt die Kapelle zu den großartigsten Bauwerken der rheinischen Hochgotik. Sanierung der vorhandenen Bausubstanz seit 4 Jahren durch den Bauverein Wernerkapelle.

*Bacharach, Torturm*

**Burgruine Stahleck** (auf einem Felssporn über B.): In der vermutlich aus dem 11.Jh. stammenden, schon 1135 erwähnten Burg haben sich 1194 die verfeindeten Häuser der Welfen und Hohenstaufen - durch eine Heirat - ausgesöhnt.
Die im Jahre 1689 zerstörte Burg wurde 1926 nach den alten, vorhandenen Plänen wiederaufgebaut und als Jugendherberge eingerichtet.

**Außerdem sehenswert:** *Katholische Pfarrkirche St. Nikolaus* (17.Jh.) des ehem. Kapuzinerklosters. - *Stadtbefestigung* des 14.Jh. mit Ringmauer und 9 erhaltenen Türmen. - *Fachwerkhäuser* des 14.-19.Jh., u.a. Haus Sickingen, das Alte Haus, die Alte Post, der Altkölnische Hof oder die Amtskellerei (heute Rathaus). - Die got. *Annakirche* in *Steeg* (Vorort v. B.; 1,5 km w) stammt urspr. aus dem 14.Jh.; zahlreiche Fachwerkhäuser entstanden im 16.Jh., darunter das *Zehnthaus* in der Nähe der Annakirche; *Burg Stahlberg* wurde im 13.Jh. errichtet.

**Veranstaltungen:** Anfang Oktober findet das älteste *Weinfest* am Mittelrhein statt.

## D-7841 Bad Bellingen

Baden-Württemberg

Einw.: 3100 Höhe: 250 m S.380 □ D 4

Der im 9.Jh. erwähnte Ort kam im 12.Jh. zu dem schweizerischen Kloster Muri. 1275 gab es hier bereits eine Kirche. 1600 und 1670 wurde Bellingen zerstört. 1955/56 fand man Thermalwasser um 40°C. Seit 1969 führt der Ort daher den Titel Bad.

**Kath. Pfarrkirche St. Leodegar:** Die nachgot. Kirche v. 1624 wurde 1783 bis auf den Chor abgerissen und vergrößert. Aus dieser Zeit stammt auch die sehr gute frühklassizistische *Ausstattung*. Die Blätter der *Seitenaltäre* malte 1738 Jakob Pelandella*. Das Blatt des *Hauptaltars* stammt v. Simon Göser*. Die Kirche wurde 1932 und 1974/76 restauriert.

**Schloß:** 1527 nahm hier die Linie Homburg-Bellingen der Herren v. Andlau Sitz. Sie ließen 1590 das spätgot. Schloß errichten, das im 18. und 19.Jh. weiter umgestaltet wurde. Heute dient es als *Rathaus*.

**Außerdem sehenswert:** Ein schönes Barockhaus ist der 1716 entstandene *Gasthof zum Schwanen*.

### Umgebung

**Bamlach** (2 km s): Der Turm der *kath. Pfarrkirche St. Petrus und Paulus* stammt noch aus dem 15.Jh. Das Langhaus wurde 1885 errichtet. Neben der neugot. Ausstattung sind 2 Epitaphe v. 1586 und 1599 beachtenswert.
*Oberrheinisches Bäder- und Heimatmuseum:* Es befindet sich zur Zeit noch im Aufbau.

*Bad Bellingen, St. Leodegar, Altarblatt des rechten Seitenaltars* >

*Baden-Baden, Kloster Lichtental, Fürstenkapelle*

## D-5484 Bad Breisig
Rheinland-Pfalz

Einw.: 6600 Höhe: 65 m S. 383 ☐ E 13

Bad Breisig ist ein bekanntes Mineralheilbad mit ausgedehntem Kurpark, Kurhaus und 4 Thermalquellen. An der Mündung des Vinxtbachs in den Rhein, unterhalb der auf einem Felssporn thronenden Burg *Rheingau* (die ursprünglich aus dem 11. Jahrhundert stammt und 1832 neu aufgebaut wurde), befand sich einst das Römerkastell *Brisiacum*.

**Sehenswert:** In der Nähe der Kuranlagen befinden sich das *Zollhaus* (14. Jh.) und ein *Templerhof* (17. Jh.). - Die *Kirche St. Viktor* (mit ma Fresken) im Ortsteil Oberbreisig stammt aus dem 13. Jh., *St. Mariä Himmelfahrt* in Niederbreisig wurde im frühen 18. Jh. erbaut.

< *Bad Breisig, St. Victor*

### Umgebung

**Bad Tönisstein** (6 km s): Der kleine Badeort war bereits bei den Römern bekannt. In der Nähe die *Schweppenburg* (17. Jh.) und - bei Burgbrohl - die Reste eines *Benediktinerklosters* aus dem 12. Jh.

**Brohl-Lützing** (2 km s): Der Ort liegt am Eingang zum Brohltal. Urspr. aus dem 14. Jh. stammt die *Burg Brohleck* (Augustaburg).

## D-7570 Baden-Baden
Baden-Württemberg

Einw.: 50 000 Höhe: 126–1004 m S. 381 ☐ E 7

Auch während einer Rheinrundfahrt lohnt sich ein - zumindest kurzer - Besuch der weltberühmten Kurstadt am Rand des Nordschwarzwalds. Bereits die Römer erkannten den Wert der hier vorhandenen

*Baden-Baden, Kurhaus mit Casino*

*Baden-Baden, Trinkhalle, Giebel*

Thermalquellen und gründeten um 80 v. Chr. ein – in ihrer Ausdehnung etwa der der heutigen Altstadt entsprechende – Siedlung *Aquae* (»die Wasser«). Prominentester »Kurgast« soll damals Kaiser Caracalla (186–217) gewesen sein. Um 260 zerstörten die Alemannen die römische Siedlung, und erst etwa 1000 Jahre später setzte der Badebetrieb wieder ein. Kriegerische Auseinandersetzungen des 17. Jh. beendeten zwar auch diese Blütezeit, doch seit dem späten 18. Jh. erlebte der 1388 zur Stadt erhobene Ort einen erneuten Aufschwung: Friedrich Weinbrenner* setzte im Kurviertel architektonische Akzente, und Jacques Bénazet eröffnete 1838 das erste deutsche Spielkasino. Baden-Baden entwickelte sich zur »Sommerhauptstadt« Europas; alles, was damals Rang und Namen hatte, reiste an. Kaiser Wilhelm I., Zar Nikolaus und Queen Victoria waren hier Gäste, Dostojewski holte sich die Anregungen für seinen Roman »Der Spieler« im Kasino, Gogol und Turgenjew dichteten hier, und Mark Twain glossierte die »Modekurstadt« in einigen Zeilen. Nach dem 2. Weltkrieg wurden die Kureinrichtungen den modernen Anforderungen angepaßt.

**Kath. Pfarrkirche St. Peter und Paul** (ehem. Stiftskirche U. L. Frau; Marktplatz): Die über den Ruinen röm. Bäder errichtete Kirche wird erstmals 987 erwähnt. Von diesem ersten roman. Bau (1245) sind nur noch die wuchtigen Turmuntergeschosse erhalten (Turmobergeschosse aus dem 18. Jh.). Aus dem 15. Jh. stammen das dreischiffige (spätgot.) Langhaus, der (gleichfalls spätgot.) Chor und das Marienchörlein. Roman. Formen und spätgot. Schmuck finden sich am W-Portal. Kostbarstes Ausstattungsstück ist das 1467 v. Nicolaus Gerhaert v. Leyden* vollendete 6,47 m hohe *Sandsteinkruzifix* mit seiner ungemein ausdrucksstarken, naturalistisch gestalteten Christusfigur. Aus der gleichen Werkstatt stammt das sehr hohe *Sakramentshäuschen* (spätes 15. Jh.). Hervorzuheben sind auch die zahlreichen markgräflichen *Grabdenkmäler*. So das wuchtige und pompöse *Barockgrabmal für Ludwig Wilhelm*, genannt Türkenlouis († 1707), das *Nischengrab Philipps I.* († 1533) oder das *Renaissancemonument für Jakob II. v. Trier* († 1511).

*Baden-Baden, Friedrichsbad (l), Neues Schloß (M, o), Kloster vom Hl. Grab (r)*

*Baden-Baden, Theater*

**Kloster Lichtental** (Hauptstr. 40, Lichtentaler Str.): In dem 1245 v. Markgräfin Irmingard gegr. Zisterzienserinnenkloster ist seit 1909 eine Klosterschule untergebracht. Die *Klostergebäude* wurden 1728-34 nach Entwürfen v. Peter Thumb* errichtet, das *Torgebäude* datiert v. 1781, der *Marienbrunnen* im Hof v. 1602. Die urspr. roman. *Kirche* ist in ihrer jetzigen Form im wesentlichen ein Bau des 14. und 15. Jh. Im Inneren sind v. a. zu nennen: *Wandmalereien* (Kreuzigung, Stifterin) des frühen 14. Jh. in einer Grabnische an der s Langhauswand, die 1606 v. T. König* gemeißelte *Kanzel* und der *Hochaltar* (spätes 15. Jh.). Nördlich an den Chor anschließend die 1288 gestiftete *Fürstenkapelle* mit *Hauptaltar* v. 1503, *Nebenaltären* aus den Flügeln des ehem. Frauenchoraltars v. 1496, *Statuen* des 15. Jh., das vom Straßburger Wölfelin v. Rufach* geschaffene *Grabmal der Stifterin Irmingard* († 1260) und einigen ma *Grabmälern.*

**Weitere Kirchen:** Von dem 1670 gegr. *Kloster vom Hl. Grab* (Römerplatz) überstand nur die Kirche (Fassade des 19. Jh., Ausstattung überwiegend aus dem frühen 18. Jh.) das Feuer v. 1689; die im 18. Jh. neu aufgebauten Klostergebäude sind heute Gymnasium. - Die *Russische Kirche* (Lichtentaler Str.) wurde im späten 19. Jh. im byzantinischen Stil erbaut. - Die *ev. Stadtkirche* (Augustaplatz) wurde 1855-64 als neugot. Hallenkirche mit Doppelturmfassade erbaut. - *Altkath. Spitalkirche* (Gernsbacher Str.) v. 1486/87 mit Dachreiter v. 1712, Chorgestühl v. 1512 und Kanzel aus dem frühen 16. Jh. - Die *Stourdza-Kapelle* (Michaelsberg), ein würfelförmiger Zentralbau. wurde 1863-66 nach Plänen v. Leo v. Klenze* für Michael Stourdza, den letzten Bojaren des Fürstentums Moldau, errichtet. - Das *Klostergut Fremersberg* (heute Weingut) wurde 1716-21 erbaut.

**Neues Schloß** (Schloßstr.): Der an der Stelle einer Burg des 14. Jh. gelegene, um einen Hof gruppierte Komplex - 1479-1689 Sitz der Markgrafen v. Baden - vereint heute Bauteile aus verschiedenen Epochen in sich. So stammen der sog. Archivturm und der w Torbau aus dem 15. Jh. oder der vom Münchner Caspar Weinhart* errichtete dreigeschossige Renaissancepalast (Hauptbau) und der Küchenbau mit Loggia aus dem späten 16. Jh. Der Kavaliersbau entstand 1709, die Repräsentationsräume und Prunkgemächer wurden größtenteils 1843-45 eingerichtet. Im Schloß sind heute die *Stadtgeschichtlichen Sammlungen* (u. a. mit Funden aus der Römerzeit) und das *Zähringer Museum* (u. a. Exponate zur Stadtgeschichte, Bilder des 16.-19. Jh.) untergebracht.

**Bade- und Kureinrichtungen:** *Caracalla-Therme* (ehem. Augustabad; Marktplatz), eine der modernsten Bäderanlagen in Europa. - Das in der Mitte des 19. Jh. errichtete *Kurhaus mit Casino* (Kaiserallee) wird oft als »schönste Spielbank der Welt« bezeichnet. - Das *Friedrichsbad* (Röm.-irisches Bad; Römerplatz) v. 1869-77 besitzt eine reichgestaltete Fassade. - Von Gartenanlagen umgeben ist das 1821-24 v. Friedrich Weinbrenner* erbaute klassizistische *Kurhaus* mit *Casino* (Kaiserallee) mit Säulenhalle. - Die *röm. Bäderruinen* (Römerplatz) wurden 1847 entdeckt. - Die *Trinkhalle* (Kaiserallee) mit korinthischer Vorhalle, Giebel- und Seitenreliefs sowie 14 Freskenfeldern wurde 1839-42 v. Heinrich Hübsch* erbaut. Das Giebelfeld stammt v. Xaver Reich*.

**Außerdem sehenswert:** Das letztmals 1597 durch einen Brand zerstörte *Alte Schloß Hohenbaden* (ca. 3 km n außerhalb) mit wuchtigem Turm war v. 11.-15. Jh. Sitz der badischen Markgrafen. - Das 1809 v. Friedrich Weinbrenner* umgestaltete ehem. Jesuitenkolleg ist seit 1862 *Rathaus* (Marktplatz). - *Staatliche Kunsthalle* (Lichtentaler Allee) v. 1907-09. - Das *Theater* (Goetheplatz) wurde bis 1862 im neubarocken Stil erbaut. - Der sog. *Internationale Club* (Lichtentaler Allee) wurde 1820 v. Friedrich Weinbrenner* für Königin Friederike v. Schweden als Sommerpalais errichtet.

## Umgebung

**Iffezheim** (11 km nw): 1858 vom Kasinobetreiber Bénazet gegr. Galopp- und Hindernisrennbahn, heute eine der führenden internationalen Pferderennbahnen (Frühjahrsmeeting Ende Mai, Großer Preis v. Baden Ende August).

**Merkur** (668 m; 5 km ö): Der Name stammt v. einem dort gefundenen röm. Merkurstein. Eine der modernsten und steilsten (54% Steigung) Standseilbahnen Europas führt zum Gipfel. Wunderschöner Blick auf B.-B. und die Rheinebene.

## D-7847 Badenweiler

Baden-Württemberg

| Einw.: 4000 | Höhe: 450 m | S.380 □ D 4 |
|---|---|---|

Die Thermalquellen des beliebten Kurortes waren bereits den Kelten und Römern bekannt. Seit dem 12.Jh. wechselten Burg und Ort mehrmals die Besitzer, bis beide 1503 an die Markgrafen von Baden fielen. Um 1750 begann dann der moderne Kurbetrieb: Die Quellen wurden neu gefaßt, Bäder und Kurpark (mit subtropischen Pflanzen) wurden angelegt.

**Badenweiler, röm. Thermen E** Eingangshalle, **A** Auskleideraum, **M** Mittelbecken, **I** Innenbecken, **S** Schwitzraum, **H** Heizung, **K** Kaltwasserbecken, **N** Nische

**Ruine der röm. Thermen** (im Kurpark): 1784 wurden die aus dem 1.Jh. n.Chr. stammenden Thermen entdeckt – doch noch sind die Ausgrabungsarbeiten nicht beendet. Die ausgezeichnet erhaltene, über 91 m lange und 34 m breite Anlage besaß u.a. 4 Baderäume und 4 Umkleideräume, v. denen 2 durch Bodenheizung erwärmt wurden. Passend in die Nische der S-Front, wurde ein der Diana Abnoba gewidmeter Weihestein gefunden. Der röm. (Kur-)Ort lag sö der Bäder. Geführte Besichtigungen: März–Oktober So 11.15, Di 17.00 Uhr.

**Burgruine** (oberhalb des modernen Kurhauses): Von der spätroman. Zähringer- und Stauferburg des 12.Jh. sind seit der Zerstörung durch die Franzosen im Jahre 1678 nur noch geringe Teile erhalten. Ein wunderschöner Blick in die Rheinebene bietet sich v. der Schildmauer aus (allgemein zugänglich).

**Außerdem sehenswert:** Die *kath. Pfarrkirche St. Peter* wurde 1958–60 auf elliptischem Grundriß erbaut; gebogene Backsteinwände und abstraktes Mosaik in blauen Farbtönen machen den besonderen Reiz der Kirche aus.

Die *ev. Pfarrkirche* wurde 1893–98 anstelle

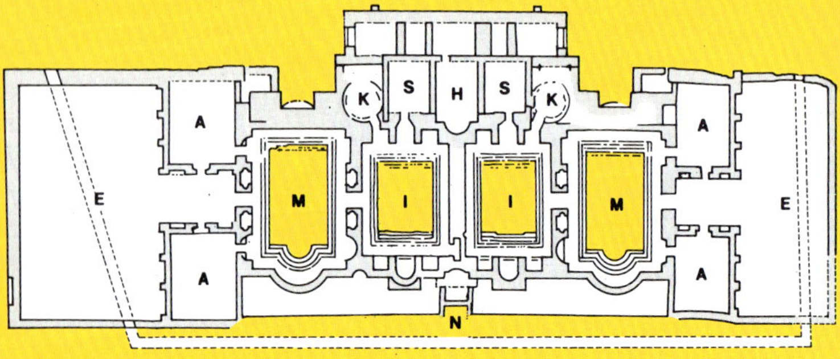

*Badenweiler, Burgruine*

einer got. Vorgängerkirche errichtet, aus der die Wandmalereien des 14. Jh. (u. a. eine Darstellung der Legende v. den 3 Lebenden und den 3 Toten; heute im Chor) stammen.

Die *kath. Marienkirche* ist ein 1862 errichteter Zentralbau.

*Großherzogliches Palais:* Das ehem. Oberamtshaus v. 1586 wurde 1784 renoviert und 1887 umgebaut.

Das *Belvedere* erbaute 1811 Friedrich Weinbrenner*.

Eine *Gedenktafel* an der Parktherme und ein Gedenkstein beim Schwanenweiher im Kurpark erinnern daran, daß hier 1904 Anton Tschechow gestorben ist. – Das *Staatliche Markgrafenbad* wurde 1875 nach antikem Vorbild erbaut, 1906/08, 1928 und 1956 erweitert, in den 70er Jahren modernisiert und 1981 durch einen Glaskuppelbau ergänzt. – Anstelle des alten *Kurhauses* v. 1853 entstand 1972 unterhalb der Burg eine moderne Anlage mit 3 terrassenförmig übereinanderliegenden Geschossen.

## Umgebung

**Hügelheim** (8 km nw): Die *ev. Kirche,* eines der ältesten Gotteshäuser im Markgräflerland, wurde v. 15.–18. Jh. mehrmals erweitert. In 4 Stockwerke gegliedert ist der gegen Ende des 12. Jh. erbaute Turm. 1934 wurden im Langhaus got. Wandmalereien entdeckt und z. T. auch freigelegt.

**Müllheim** (6 km w): »Die Stadt zwischen Wald und Reben«, wie Müllheim genannt wird, wurde erstmals 758 urkundlich erwähnt. – Die *ehem. Pfarrkirche St. Martin* (heute als Konzert- und Ausstellungssaal genutzt) entstand im 11. Jh. und erhielt ihre jetzige Form 1610. Im Durchgang des ma W-Turms konnten Fresken freigelegt werden; 1980–81 fand man unter der Kirche Reste eines röm. Gutshofs des 2. Jh. n. Chr. – Die *Provinzsynagoge* v. 1814 wurde in der Reichskristallnacht (1938) in Brand gesetzt. – *Amtshaus* (heute Staatliches Forstamt) v. 1727–30, *Lindenhof* (Winzergenossenschaft) v. 1762, *Bürger-*

*Sulzburg (Badenweiler), St. Cyriak. – Rechts: Hügelheim (Badenweiler), Ev. Kirche, Fresken*

*häuser* und *Weinbauernhöfe* des 18. Jh. – 1974 wurde das *Markgräfler Wein- und Heimatmuseum* gegr.

**Neuenburg** (11 km w): Das im 12. Jh. gegr. Grenzstädtchen (*Rheinbrücke* nach Frankreich) wurde in seiner Geschichte mehrfach durch Kriege und Überschwemmungen zerstört.

**Sulzburg** (15 km nö): Hier betrieben bereits die Römer Bergbau. In dem 847 erstmals genannten, im 13. Jh. zur Stadt erhobenen Ort wurde (u. a.) Ernst Leitz, der Gründer der Optischen Werke in Jena, geboren. – Die *ev. Gottesackerkirche,* ehem. Kirche *St. Cyriak* eines 993 gegr. und 1555 aufgehobenen Benediktinerinnenklosters, wurde wohl noch vor der Jahrtausendwende erbaut. Nach mehreren durchgreifenden Veränderungen (vom 11. bis ins frühe 19. Jh., v. a. 1050 und 1280) stellt sich der in seiner Schlichtheit beeindruckende Bau so dar: dreischiffige Basilika mit O-Apsis (Hochchor und Krypta um 1050 eingebaut) und quadratischem W-Turm mit Hauptportal. Der segnende Christus (und 2 Stifter) über dem Hauptportal stammt aus der Zeit um 1300. Im Inneren sind die um 1500 entstandenen, mitunter sehr blassen *Wandmalereien,* der *Mäanderfries* aus der Gründerzeit (also vor 1000) und die got. Skulptur der *hl. Katharina* am 2. S-Pfeiler beachtenswert. – In der ehem. *Schloß- und Stadtkirche* (Heinrich Hübsch*, 1829–38) wurde 1979 das *Bergbaumuseum* des Landes Baden-Württemberg eingerichtet.

| **D-5340 Bad Honnef**<br>Nordrhein-Westfalen | | |
|---|---|---|
| Einw.: 22 000 | Höhe: 80 m | S. 383 □ E13 |

Den klimatisch bevorzugt in einer windgeschützten Bucht des Siebengebirges gelegenen Kurort bezeichnete Alexander von Humboldt einst als »Rheinisches Nizza«.

**Kath. Pfarrkirche St. Johann Baptist** (Marktplatz): Der urspr. aus dem 12. Jh.

*Bad Honnef, St. Johann Baptist, Westturm*

stammende Bau mit seinem imposanten roman. W-Turm (Helm v. 1860) wurde gegen Ende des 15. Jh. als spätgot. Hallenkirche neu aufgebaut. Im Inneren sind v. a. eine *Muttergottesstatue* (um 1500), ein *Sakramentshäuschen* (um 1500), das großartige, farbig gefaßte *Hl. Grab* v. 1514 und die spätgot. Gewölbe bemerkenswert. - Neben der Kirche steht das ehem. *Küsterhaus.*

**Außerdem sehenswert:** *Servatiuskapelle* mit spätroman. Chor und spätgot. Schiff. - *Fachwerkhäuser* am Markt-, Kirch- und Ziepchenplatz. - *Villen* und *Parks* aus dem späten 19. Jh. - Bekannt sind auch die *Drachenquelle* und die *Insel Grafenwerth* (mit Schwimmbad). - Die *Ruine Löwenburg* (13. Jh.) liegt etwa 6 km nö außerhalb des Ortes.

## Umgebung

**Rhöndorf** (0,5 km n): Vom Rhein aus zu sehen ist das *Weiße Haus* (heute Gedenkstätte) Konrad Adenauers (1876-1967), der auf dem Rhöndorfer *Waldfriedhof* auch begraben liegt. Im Ort sind die *Marienkapelle* v. 1714, das sog. *Haus im Turm* (13. Jh.) und einige *Fachwerkhäuser* des 18. und 19. Jh. erwähnenswert.

## D-5462 Bad Hönningen

Rheinland-Pfalz

| Einw.: 6000 | Höhe: 65 m | S.383 □ E13 |
|---|---|---|

Bad Hönningen, Thermalheilbad und Weinort auf der Sonnenseite des Rheins, wurde 1019 erstmals urkundlich genannt und 1969 zur Stadt erhoben.

**Schloß Arenfels** (oberhalb des Ortes, umgeben v. Rebhängen und Wäldern): In seiner heutigen Form ist der an der Stelle einer Burg des 13. Jh. gelegene imposante Bau mit Bergfried, Türmchen, Treppengiebel und Zinnen ein Werk des 19. Jh. - ein durch und durch romantisches Schloß. In der Schloßkapelle, dem früheren Rittersaal, befindet sich eine seltene Hängesäule. Auch die gußeiserne neugot. Treppe ist sehenswert. Das Schloß befindet sich in Privatbesitz und ist zur Zeit nicht zu besichtigen.

**Außerdem sehenswert:** Aus dem 18. Jh. stammen u. a. *Zehnthof* und *Mönchshof.* - In den ersten Junitagen findet das *Weinblütenfest,* Ende Juli das *Sommernachtsfest* statt.

## Umgebung

**Hammerstein** (8 km s): Auf einem Felsvorsprung über dem Rhein liegt die urspr. aus dem 10. Jh. stammende, 1654 zerstörte *Burg Hammerstein* mit den Resten der Mauer und eines Rundturms. - Im Ort *Oberhammerstein* befinden sich die roman. *Georgskirche* und der *Bergmannshof* (16. Jh.).

**Leutesdorf** (13 km s): Der alte Weinort besitzt eine ganze Reihe bemerkenswerter Sehenswürdigkeiten. Dazu zählen die barocke *Pfarrkirche St. Laurentius* mit roman. Turm und Fresken des 13. Jh., die *Wallfahrtskirche Heiligkreuz* (17. Jh.), der bereits im 9. Jh. erwähnte *Fronhof,* die um

*Bad Hönningen, Schloß Arenfels*

1750 erbaute sog. *Marienburg* mit prachtvollem Portal, das *Zolltor* v. 1552, Reste der *Stadtbefestigung*, *Hofgüter* und *Fachwerkbauten* aus dem 17. Jh.

**Rheinbrohl** (4 km s): Vom *Limes Romanus*, dem röm. Grenzwall, der hier zwischen B.H. und Rheinbrohl auf den Rhein traf, sind noch Reste (auch v. Wachttürmen) erhalten. Der Wachtturm Nr. 1 wurde aus historischem Material rekonstruiert.

## D-7812 Bad Krozingen
Baden-Württemberg

Einw.: 12000 Höhe: 234 m S.380 □ D 5

Seit der Zeitenwende war das Gebiet von Römern und Alemannen besiedelt, 807 wird der Ort als *Scrozzinca* erstmals erwähnt. 1388 verlegte man die Propstei des Klosters St. Blasien nach hier. Seit der Erbohrung einer Thermalquelle mit hohem Kohlensäurengehalt (1911) entwickelte sich Krozingen zum Heilbad.

**St.-Ulrichs-Kapelle** (ehemals Glöcklehofkapelle): Der aus ottonischer Zeit stammende Rechteckbau mit gerade geschlossenem, eingezogenem Chor wurde im 18. Jh. verändert. *Wandgemälde:* Die Zentralfigur an der O-Wand des Chores ist Christus in der Mandorla. An den Fensterlaibungen unterhalb der Christusdarstellung ist das Opfer Kains und Abels zu sehen. Die übrige Wandfläche wird v. der Darstellung des Märtyrertodes des Täufers Johannes eingenommen. Die, v. Christus aus gesehen, linke Seite schildert das Gastmahl des Königs Herodes, die rechte den Tod und die Verherrlichung des Johannes. Die Entstehungszeit der Wandgemälde wird in der Literatur unterschiedlich angegeben. Wahrscheinlich sind sie in der Zeit zwischen 1000 und 1050 entstanden.

*Heitersheim (Bad Krozingen), St. Bartholomäus, Hauptaltar* >

GLORIA
PATRI ET FILIO ET
SPIRITUI SANCTO
AMEN

*Bad Krozingen, St.-Ulrichs-Kapelle*

**Kath. Pfarrkirche St. Alban:** Sie wurde 1710 als einschiffiger Saalbau mit W-Turm (wahrscheinlich z.T. aus dem 13.Jh.) erbaut und 1932 durch Hinzufügung v. 2 Seitenschiffen grundlegend umgestaltet. Der *Hochaltar* entstand um 1740; *Ölberg* an der äußeren SW-Ecke.

**Schloß:** Der ehem. Sitz der Propstei ist ein dreigeschossiger einfacher Rechteckbau mit einem Treppenturm v. 1579 in der Front. Er wurde 1748 nach Plänen v. Caspar Bagnato* barock umgestaltet und mit Stukkaturen versehen. Das Schloß befindet sich in Privatbesitz und beherbergt in einigen Sälen die von dem Cembalisten Fritz Neumeyer zusammengestellte beachtenswerte *Sammlung historischer Tasteninstrumente.*
In der *Schloßkapelle St. Blasien* im Garten (1608 erbaut, im 18.Jh. barockisiert, 1960 renoviert) befinden sich Stukkaturen vermutlich v. Johann Michael Feichtmayr* sowie Altar- und Deckengemälde v. Simon Göser*.

**Außerdem sehenswert:** *Litschgihaus,* ein bürgerliches Wohnhaus mit Erker aus dem 17.Jh.

## Umgebung

**Eschbach** (6 km sw): Die *kath. Friedhofskirche St.Agnes* wurde 1890 unter Einbeziehung des W-Turms (12.Jh.) und des teilweise aus dem 13.Jh. stammenden $^5/_8$-Chors erbaut. Die oberste Pyramide des Sakramentshäuschens mit dem dornengekrönten Christus ist ein Wandgemälde.
**Heitersheim** (7 km sw): Von 1505 bis 1806 war der Ort Residenz der Großkomture der Johanniter. Ihr *Schloß* ist bis auf den barocken *Kanzleibau* v. 1740 verfallen. - Grabmäler bedeutender Johanniter befinden sich in der 1825/27 erbauten *kath. Pfarrkirche St. Bartholomäus,* deren Altäre, Kanzel und Taufbecken Jodok Friedrich Wilhelm* schuf. - Das 1616 erbaute *Pfarrhaus* war Teil eines Franziskanerklosters.

## CH-7310 Bad Ragaz
St. Gallen

Einw.: 4000 Höhe: 515 m S.379 □ H 2

Seit dem Mittelalter stand Ragaz unter der Herrschaft des Klosters Pfäfers und seit 1483 in der Gerichtsbarkeit der eidgenössischen Landvogtei Sargans bis 1798. Es war früher Etappenort des Transitverkehrs Zürich-Graubünden: bis 1529 überquerte eine Fähre den Rhein, dann eine erste Brücke. 1859 baute man die einzige hölzerne Eisenbahnbrücke der Schweiz, seit 1929 Eisenkonstruktion. 1840 erfolgte die Zuleitung des Thermalwassers von Bad Pfäfers, 1868 die Gründung des Thermalkurortes Bad Ragaz durch Bernhard Simon, 1954 Erneuerung durch Hans Albrecht.

**Kath. Pfarrkiche St. Pankraz:** Auf den Fundamenten einer karolingischen und einer roman. Anlage erbaute Ulrich Lang* nach Plänen eines Bregenzer Meisters 1703-05 die tonnengewölbte Wandpfeiler-

*Bad Ragaz, St. Leonhard, Fresko im Chor >*

halle mit eingezogenem Chor unter Beibehaltung des ma Turms, der 1892 v. August Hardegger* durch ein Glockengeschoß und den Pyramidenhelm erhöht wurde. Das Portal in Ragazer Marmor trägt den Weihetitel und das Wappen des Abtes Bonifaz Tschupp v. Pfäfers. Das *Deckengemälde* mit Verkündigung, Anbetung der Hirten, Darbringung im Tempel und Abendmahl schuf 1749 Martin Leonz Zeuger*. Im *Hochaltar* v. 1704 steht eine barocke Marienfigur. An der W-Seite des Chors findet sich eine lebensgroße *Kreuzigungsgruppe* aus der Zeit um 1600. - Auf dem *Friedhof* liegt der Philosoph Friedrich Wilhelm Schelling (†1854) begraben. Das Grabmal aus weißem Marmor wurde im Auftrag König Maximilians II. v. Bayern nach Plänen v. Georg Friedrich Ziebland* 1856 errichtet. - Grabmal für den Erneuerer des Kurorts, Bernhard Simon.

**Kapelle St. Leonhard:** Unterhalb der Ruine Freudenberg wurde 1410-12 der got. Bau mit hohem Schiff und eingezogenem Rechteckchor errichtet. Letzterer wurde 1414-18 v. einem ital. geschulten Südtiroler ausgemalt. 1980-81 wurde die Kirche einer grundlegenden Außen- und Innenrenovierung unterzogen; Aufstellung der barocken Seitenaltäre (1634). Die Vorhalle baute man 1945-46 um zum Gedächtnisraum für die Schlacht v. 1446 mit dem Sieg der Eidgenossen über die Österreicher.

**Burgruine Freudenberg:** An den 1437 v. den Eidgenossen zerstörten Sitz der Freiherren v. Wildenberg erinnern noch der mächtige Bergfried und Mauerreste des Palas.

**Außerdem sehenswert:** *Ref. Kirche,* erbaut 1889-90 nach Plänen des Berliner Architekten I. Vollmer*; Farbfenster, bemalte Holzdecke. - *Hof,* ehem. Statthaltersitz des Klosters Pfäfers (1774), seit 1841 Hotel. - *Quellenhof* (1880-90 v. Bernhard Simon*). - *Bad- und Trinkhalle* (1866-68 v. Joh. Chr. Kunkler*) mit Säulenhalle.

## Umgebung

**Pfäfers** (2 km s): Die 730-40 gegr. *Benediktinerabtei* war eines der ältesten Klöster Rätiens. Es wurde 1838 aufgelöst. Seit 1847 dienen die Gebäude als Heil- und Pflegeanstalt. Ihren S- und W-Trakt bauten Giovanni Serro* und Giulio Barbieri* 1672-74, der N-Trakt folgte wohl 1698. - Die *ehem. Klosterkirche* ist ein 1688-93 entstandener Neubau nach Plänen v. Hans Georg Kuen*, der dem Vorarlberger

*Bad Ragaz, Burgruine Freudenberg*

Schema folgt: dreischiffige Barockkirche mit Emporen auf Doppelarkaden, viereckiger NW-Turm mit Oktogon und Zwiebel. Im Inneren sind die Stukkaturen v. Giovanni Bettini* und Antonio Peri*, die Fresken v. Francesco Antonio Giorgioli* und der monumentale Hochaltar v. Franz Bislin* mit Statuen v. Joseph Gantner* hervorzuheben. Das Altarblatt ist eine 1970 angefertigte Kopie des Hauptaltarbildes v. Einsiedeln. Die Orgel im Psallierchor schuf 1693 Matthäus Abbrederis* aus Rankweil; 1971 wurde sie restauriert. – *Kapelle St. Georg:* Der um 1430 erfolgte Neubau auf frühmittelalterlichen Fundamenten enthält eine bemalte Holzdecke v. 1713, die sowohl über dem rechteckigen Schiff als über dem eingezogenen Polygonalchor liegt. – *Ruine Wartenstein:* Um 1206 ließ Abt Konrad v. Zwiefalten die Burg erbauen, die 1506–17 gründlich erneuert wurde. Sie wurde 1531 vom eidgenössischen Landvogt besetzt und 1586 verlassen, um im 17. Jh. als Steinbruch für den Klosterneubau verwendet zu werden. Erhaltenes Mauerwerk wurde gesichert. – Von der jüngeren *Unteren Burg* sind noch bedeutende Mauerreste mit Fensteröffnungen in 2 Etagen erhalten.

**Bad Pfäfers in der Taminaschlucht** (4 km s): Einziger *barocker Bäderbau* der Schweiz (geöffnet Mai–Oktober), 1704–16 vom Kloster Pfäfers durch Andreas Metzenkopf* aus Tirol erbaute dreiteilige Anlage. Das dreistöckige Vorderhaus mit Arkadengängen und angebauter Kapelle wurde 1985 in den urspr. barocken Zustand versetzt. 1990 ist die Innenrestaurierung mit der Erneuerung des Fürstenzimmers und der Abt-Bonifaz-Stube abgeschlossen. Der Bäder- und Klinikbetrieb wurde 1970 auf die Höhenterrasse v. Valens verlegt. Das Gebäude dient heute als Gaststätte und *Museum:* für die nach der Überlieferung seit 1242 als Heilbad genutzten warmen Quellen, für die Klostergeschichte v. Pfäfers und als Gedenkstätte für Theophrastus Paracelsus (1493–1541), den ersten Badearzt v. Pfäfers.

**Vilters** (4 km nw): Auf dem w des Dorfes bei Wangs gelegenen, auf drei Seiten durch Felswände geschützten Hügel Severgall lag eine *Siedlung,* die seit der Jungsteinzeit, über die Bronze- und Latènezeit bis zur Römerzeit bewohnt war. – Die *kath. Pfarrkirche St. Medardus* ist ein 1785–87 errichteter barocker Neubau, in dem ein Hochaltar mit illusionistischer Malerei steht. – In der *Mühle* befindet sich ein Kreuzigungsfresko v. 1765.

*Bad Ragaz, Grabmal von Fr. W. Schelling*

## D-7880 Bad Säckingen

Baden-Württemberg

Einw.: 15000 Höhe: 300–600 m S.378 □ E 4

Die Besiedlung der Rheininsel erfolgte seit der Jungsteinzeit, später durch Kelten, Römer und Alemannen. Im 6. oder 7. Jh. entstand eine Missionszelle durch St. Fridolin (einen vermutlich irischen Mönch), die sich zum Frauenkloster und Damenstift entwickelte. Es unterstellte sich 1173 den Habsburgern. Bis 1806 waren die Äbtissinnen Reichsfürstin und Herrin der Stadt. Abdämmung und Umleitung des Rheins im Süden ermöglichten die Stadtvergrößerung. Thermalquellen waren bereits im Mittelalter bekannt; Bad wurde der Ort 1978.

**Münster St. Fridolin:** Nach einer karolingischen und einer roman. entstand die got. Kirche 1334–60 als dreischiffige Basilika mit stark eingezogenem, dreiseitig ge-

*Bad Säckingen, Panorama mit Alter Rheinbrücke*

schlossenem Chor. Peter Bye* (1581-95 in S. tätig) erhöhte die beiden *Türme* und krönte sie mit Spitzhelmen. Die Barockisierung durch Michael Wiedemann*, Johannes Rueff* und Caspar Bagnato* nach einem Brand führte zum Umbau der Türme, die nun mit Zwiebelhauben abschließen, und zum Anbau der *Vorhalle* und zweier *Achteckkapellen*. Die reiche *Rokoko-Ausstattung* führten Johann Michael Feichtmayr* (Stuck) und Franz Joseph Spiegler* (Fresken) durch. Zu beachten sind der *Hochaltar* v. Johann Philipp Pfeffer* (1721), die *Kanzel* (1721) v. Johann Freytag*, das *Chorgestühl* (1702), der Kirchenschatz mit dem *Fridolinschrein* aus Silber vermutlich v. Gottlieb Oernster* (1764) sowie einige *Grabmäler* (17. und 18. Jh.), darunter das des Trompeters Franz Werner Kirchhofer und seiner Frau Maria Ursula v. Schönau. - Am Rathausplatz stehen noch einige ehem. *Stiftsgebäude*.

**Schloß Schönau (sog. Trompeterschlößchen):** Um 1600 wurde es erbaut, im Dreißigjährigen Krieg zerstört, Ende des 17. Jh. wiederhergestellt und im 18. Jh. vergrößert. Es beherbergt heute das *Hochrheinmuseum* (Vor- und Frühgeschichte, Heimatgeschichte und Scheffelstube) und das *Trompetenmuseum* (Instrumente und Exponate mit Trompetenmotiven). Das Schloß war Schauplatz der Romanze, die Joseph Viktor v. Scheffel als Vorlage zu seinem Versepos »Der Trompeter von Säckingen« diente. - Im Garten steht eine *Scheffel-Büste*, vor dem Schloß ein *Trompeterbrunnen*.

**Alte Rheinbrücke:** Die 200 m lange gedeckte Holzbrücke auf Pfeilern aus der Zeit um 1575 führt nach Stein im Kanton Aargau.

**Außerdem sehenswert:** An das Rathaus (19. Jh.) schließen sich mehrere *Wohnhäuser* aus dem 17. und 18. Jh. an. - Eine *Mineraliensammlung* befindet sich in der Villa Berberich. - *Schatzkammer des Fridolinsmünsters* im Neubau zwischen Rathaus und Münster mit Kunstwerken, die z. T. im MA entstanden.

*Bad Säckingen, Schloß Schönau*

**CH-4000 Basel**
Basel-Stadt

Einw.: 200000 Höhe: 273 m S.380 □ D 4

Die Stadt liegt am Rheinknie bei Stromkilometer 165–69 im Dreiländereck zwischen der Schweiz, Frankreich und der Bundesrepublik Deutschland. 6 Brücken und 3 Fähren verbinden Groß-Basel (linkes Ufer) mit Klein-Basel (rechtes Ufer). Besiedlung seit dem 2. und 1. Jt. v. Chr., gallo-römische Siedlung. 374 n. Chr. erfolgte die erste Erwähnung als *Basilea*. Im 5. Jh. wanderten Alemannen und Franken ein, Basel kam zum Frankenreich. Bischofssitz seit dem 7. Jh., fiel die Stadt 912 an Burgund und mit diesem 1032 an das Deutsche Reich. 1226 erster Brückenschlag über den Rhein. 1356 schweres Erdbeben. Auf dem Basler Konzil v. 1431 bis 1448 wurde der Gegenpapst Felix V. gewählt. Schrittweise erfolgte die Befreiung von der Herrschaft des Bischofs, Entwicklung zum Stadtstaat. 1444 Schlacht bei St. Jakob. 1460 Gründung der Universität, 1471 erste Messe. Ende des 15. Jh. kam es zur Hochblüte des Buchdrucks. 1501 wurde Basel in die Eidgenossenschaft aufgenommen, 1529 Reformation. Der Basler Bürgermeister Wettstein erreichte im Westfälischen Frieden von 1648 die Unabhängigkeit der Eidgenossenschaft. 1833 erfolgte die Trennung in die Halbkantone Basel-Stadt und Basel-Land. Basel wird bedeutendes Zentrum der chemisch-pharmazeutischen Industrie. Ausbau der Außenquartiere. Am 1.11.1986 kommt es zur Rheinwasservergiftung nach einem Brand von Chemikalien in Schweizerhalle, Kanton Basel-Land.
In Basel lebten und wirkten u. a. die Minnesänger Walter von Klingen und Konrad von Würzburg, die Maler Konrad Witz, Hans Holbein d. J. und Arnold Böcklin, die Humanisten Erasmus von Rotterdam, Sebastian Brant und Johannes Reuchlin, der Reformator Johannes Oekolampad, der Kupferstecher Matthäus Merian, die Ärzte Paracelsus, Andres Vesalius und Felix Plattner, die Mathematiker Jakob und Johann Bernoulli sowie Leonhard Euler, die Theologen Nikolaus von Kues, Franz Overbeck und Karl Barth, die Philosophen Friedrich Nietzsche und Karl Jaspers, der Kunsthistoriker Jacob Burckhardt sowie der Zoologe Adolf Portmann. Der Dichter Johann Peter Hebel ist in Basel geboren.

## SAKRALBAUTEN

**Ref. Münster** (ehem. Maria geweiht): Auf dem Münsterhügel, wo nachweislich schon früh ein römisches Kastell und später eine bereits dreischiffige karolingische Kirche gestanden hatte, errichtete man seit dem Jahr 1000 ein Münster, das 1019 geweiht, aber dann immer wieder erneuert und angebaut wurde. Bei einem großen Umbau im letzten Drittel des 12. Jh. blieben dabei nur mehr die Krypta und der NW-Turm bestehen. Die nun spätgotische Bischofskirche wurde nach dem Erdbeben von 1356 in frühgot. Formen als fünfschiffige Basilika mit Querhaus, erhöhtem Polygonalchor, Chorumgang und darunterliegende Krypta erneuert und ausgebaut. Mit der Errichtung der beiden W-Türme im 15. Jahrhundert durch Ulrich v. Ensingen*, Johannes Kun*, Vinzenz Ensinger* und Hans v. Nusdorf*

war der Bau 1500 vollendet. Der Bildersturm v. 1529 vernichtete den Hochaltar, große Teile der Ausstattung und der Bauplastik. Der got. W-Fassade stehen die roman. unteren Partien der Chorfassade und der n Querhausfassade gegenüber. *W-* und *N-Portal* sind mit Plastiken geschmückt. Vor den Türmen stehen *Reiterstandbilder* der hll. Georg (n) und Martin (s). Im Inneren sind bes. die *Säulenkapitelle* (12. Jh.), 2 hochroman. *Relieftafeln* (11. Jh.), zahlreiche *Grabdenkmäler* und *Epitaphe* (11.–15. Jh.), der *Bischofsthron* (1365), die *Kanzel* (1486), der reliefverzierte *Taufstein* (1465) und Reste v. *Wandmalereien* (datiert 1202 und um 1400) in der Krypta zu beachten. – Die spätgot. Um- und Neugestaltung des *großen Kreuzgangs* erfolgte schrittweise in der Zeit v. 1429 bis 1462, die des *kleinen* 1467–87. Seit der Reformation diente das Münster als ref. Hauptkirche. 1852/57 erfolgte ein größerer Umbau des Inneren, 1880/90 die weitgehende Erneuerung des Äußeren. Die wieder bestehende Bauhütte ersetzt seither ständig beschädigte und gefährdete Teile. 1963/74 durchgeführte Grabungen trugen zur Erhellung der Baugeschichte bei. – Hinter dem Münster liegt die *Pfalz*, eine Terrasse mit reizvollem Blick auf das Rheinknie, Klein-Basel, die Vogesen und den Schwarzwald.

*Basel, Münster, Archivolten des Hauptportals*

**Barfüßerkirche** (Barfüßerplatz): Für die seit 1231 in B. ansässigen Franziskaner entstand Anfang des 14. Jh. nach einem Brand des Vorgängerbaus als Neubau eine dreischiffige, flachgedeckte Pfeilerbasilika mit polygonal abgeschlossenem, stark überhöhtem Langchor zu 5 Jochen mit Spitzbogenfenstern, den ein Kapellenlettner vom Schiff abtrennte. Die W-Fassade stützen mächtige Pfeiler. Das Satteldach des Chors krönt ein Dachreiter (1890/94). Der seit der Reformation profanierte Bau dient seit 1894 als *Historisches Museum* der Stadt (→Museen) und wurde 1978/1981 renoviert.

*Basel, Münster, Seitenportal (l)*

**Christkath. Predigerkirche:** Die für die Dominikaner errichtete Kirche entstand in mehreren Bauphasen zwischen 1233 und 1269; nach dem Erdbeben v. 1356 wurde sie 1360–65 erneuert. An das dreischiffige, flachgedeckte Langhaus schließt sich der

< *Basel, Münster, Westfassade*

**Münster** A Mittelschiff zu 3 Jochen mit Kreuzgewölben **B** n und **C** s Seitenschiff, je zu 6 kreuzgewölbten Jochen und Spitzbogenarkaden **D** Chor **E** Chorumgang mit neuroman. Glasgemälden (1855/57); unter **D** und **E** Krypta mit Sarkophag (11. Jh.) für Bischof Rudolf († 917?), Grabplatte des Ritters Konrad Kämmerer († 1328) und Resten spätroman. Wandbilder **F** Niklauskapelle (1270 und 1400) **G** Außenkrypta **H** Katharinenkapelle (roman., ab 1467 gotisiert) **I** großer Kreuzgang mit Resten eines Marienaltars (27), zahlreichen Grabmälern und Gedenktafeln **J** kleiner Kreuzgang mit Euphrosynengrab (24) und Epitaphen **K** Halle **L** Maria-Magdalena-Kapelle (um 1190, dann gotisiert und im 19. Jh. verkleinert) **M** Bischofshof **N** Hofkapelle **1** W-Portal mit Gewände v. gestuften Säulen und Archivoltenbaldachin, got. Bauplastik (um 1375) Ranken, Engel, Propheten und Bildhauergruppe; Reste eines Statuenzyklus (vor 1300?) mit Kaiserpaar Heinrich II. und Kunigund, Fürst der Welt und törichter Jungfrau; darüber Maßwerkfenster; im Giebel Statuen der thronenden Madonna und des Kaiserpaars **2** Vorhalle (um 1850 unter Verwendung des alten Lettners); darüber Orgel (1955) **3** Georgsturm (1414–29 durch Ulrich v. Ensingen und Johannes Kun) **4** Reiterstandbild: des hl. Georg Drachenkampf (Kopie, Original nach 1372) **5** Martinsturm (1470–75 durch Vinzenz Ensinger und 1488–1500 durch Hans v. Nusdorf) **6** Reiterstandbild des hl. Martin (Kopie, Original 13. Jh.) **7** Münch- oder Allerheiligenkapelle mit figürlichen Grabmälern aus dem 14. Jh. **8** Neuenburg- oder Marienkapelle mit Grabmälern, darunter das des Rudolf v. Tierstein († 1318), und Epitaphen **9** Mainzer- oder Marthakapelle mit Grabmälern, darunter das des Bischofs Arnold v. Rothberg († 1458) **10** Schaler- oder Eulogiuskapelle mit dem Nischengrab des Konrad Schaler († 1316), der roman. Relieftafel, die Legende des hl. Vencentius darstellend (um 1085/95?), und dem Epitaph des Erasmus v. Rotterdam († 1536) **11** Bebelnheim- oder Fridolinskapelle mit Fragmenten v. Grabplatten sowie Wappenscheiben (1598 und 1859) **12** Tegernau- oder Philippus-und-Jakobus-Kapelle mit Grabmal für Hermann v. Tegernau († 1320) **13** Gebwiler- oder Elftausendjungfrauenkapelle mit Grabmonument des Walter v. Klingen und Grabplatten **14** Fröwler- oder Matthäuskapelle mit spätroman. Altarnische (?) und Misericordia-Relief (um 1170) sowie der Aposteltafel (um 1090?) und Bodenplatten **15** Vierung mit Chorgestühlfragment (um 1375) und Abendmahltisch (1580 v. Daniel Heintz) **16** n Querhausflügel, Galluskapelle mit Grabmonument der Katharina v. Tierstein († 1385) und des Georg v. Andlau, dem 1. Rektor der Universität († 1466) **17** Galluspforte mit roman. Bauplastik, im Bogenfeld die klugen und törichten Jungfrauen sowie Petrus und Paulus bitten beim Auferstandenen für die Stifter; darüber Glücksradfenster mit Glasgemälden nach Entwürfen v. Ludwig Adam Kelterborn und Paul Deschwanden (1856) **18** s Querhausflügel, Stephanuskapelle mit Taufstein (1456) und Bischofsthron (um 1365) **19** Steinkanzel (1486, Hans v. Nusdorf zugeschrieben), davor Drachentondo (um 1170) **20** Kryptazugänge **21** Grabmal der Königin Anna v. Habsburg († 1291) und ihres Sohnes Karl **22** Weiheinschrift **23** Zugang v. der Rittergasse **24** Grabmal der hl. Euphrosyne (Beginn des 14. Jh.) aus dem Kloster Klingental **25** Portal zum Chorumgang **26** Denkmal des Reformators Johannes Oekolampad **27** Reste des Marienaltars

polygonale O-Chor zu 3 Jochen an, den 2 Seitenschiffkapellen zu 2 Jochen begleiten. Neben dem Chor steht im S ein kleiner Turm mit spitzem Helm v. 1423. Beachtenswert sind die extrem schlanken *Maßwerkfenster* im Chor. Von 1614 bis 1805 diente das Gotteshaus der protestantischen franz. Gemeinde. An der Mauer des ehem. Friedhofs befand sich bis 1805 der berühmte *Basler Totentanz,* Fresken aus dem 15. Jh.; Fragmente befinden sich im Historischen Museum.

**Kath. Pfarrkirche St. Clara:** Das urspr. Kloster der Sackbrüder, nach Aufhebung dieses Ordens 1279 den Klarissen übergeben, besaß ein für Bettelorden typisches Gotteshaus: basikales, flachgedecktes Langhaus mit anschließendem langgestrecktem überwölbtem O-Chor. Nach dem Erdbeben v. 1356 wurde das Langhaus er-

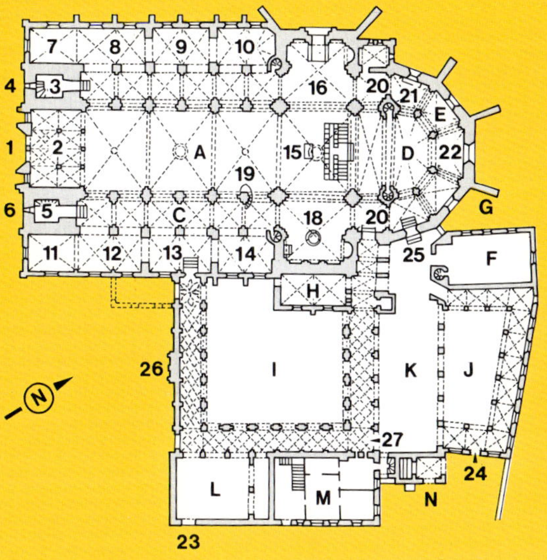


neuert, der Chor aber 1531 abgerissen. Die Kirche verfiel, bis sie 1859 v. Amadeus Merian* unter Verwendung des alten Mittelschiffs und des s Seitenschiffs im neugot. Stil vergrößert aufgebaut wurde.

**Kleines Klingental** (Unterer Rheinweg 26): Die Reste des 1273 in Kleinbasel gegr. *Dominikanerinnenklosters* dienen als *Stadt- und Münstermuseum* (→Museen).

**Ref. Elisabethenkirche:** Anstelle einer ma Kirche baute Christoph Riggenbach* 1857/66 nach Plänen v. Ferdinand Stadler* die neugot. Gruftkirche für den Stifter Christoph Merian. Die Emporenhalle schließt ein polygonaler Chor ab; dessen Maßwerkfenster zieren *Glasgemälde* der Brüder Burkhard*.

**Ref. Leonhardskirche:** Von der im 11. Jh. begonnenen Gründungskirche ist noch die *roman. Krypta* erhalten. Im 14. Jh. erfolgte ein vollständiger Neubau, v. dem die Chorpartie mit polygonalem Schluß und die W-Fassade in den 1480–1520 nach Plänen v. Hans Niesenberger* errichteten spätgot. Neubau integriert wurden. Die dreischiffige Halle zu 4 Jochen überspannen v. Pfeilern getragene sternförmige Rippengewölbe. Teile des für diese Kirche v. Konrad Witz* geschaffenen Hochaltars bewahrt das Kunstmuseum (→Museen) auf.

**Ref. Martinskirche:** Die wohl älteste, 1288 erwähnte Pfarrkirche v. B. entstand nach dem Erdbeben v. 1356 unter Verwendung röm. Fundamente und der Untergeschosse des Turms eines Vorgängerbaus als flachgedeckte dreischiffige Pfeilerbasilika mit seitlichem W-Turm (Wächterstube, Satteldach und Dachreiter) und einem kurzen überwölbten Polygonalchor. Die maßwerkverzierte steinerne *Kanzel* entstand 1495. Die Reste *spätgot. Wandmalereien* wurden 1928 stark restauriert.

**Ref. Peterskirche:** Einer karolingischen Gründung folgte ein frühroman. Bau, der dem weltlichen Chorherrenstift gehörte.

Seit Mitte des 13. Jh. entstand ein Neubau mit einem gerade geschlossenen Langchor zwischen 2 Türmen und Kapellen, Lettner und dreischiffigem Langhaus, das nach dem Erdbeben ersetzt wurde. 1460 wurde der Bau der Universität inkorporiert; im 15. Jh. wurde der s Turm abgerissen und ein neues Netzgewölbe im Chor eingezogen. 1686 und 1863 erweiterte man den Lettner zur Empore. In einer Nische befindet sich das bedeutende *Fresko* »Letzte Mißhandlung und Grablegung Christi« eines unbekannten Meisters (um 1350/60 oder 1380/90). Beachtenswert sind auch der *Taufstein* (1513/14) und das geschnitzte *Chorgestühl.*

**Ref. St.-Alban-Kirche:** Die got. Kirche geht auf ein Cluniazenserkloster zurück, v. dem nur noch der N-Flügel des *roman. Kreuzgangs* erhalten ist. Nach der Reformation verfiel sie. 1845 wurde sie v. Johann Jakob Stehlin d.J.* verkleinert und renoviert. Das zweijochige Langhaus überdeckt ein hölzernes Kreuzrippengewölbe.

**Ref. Theodorskirche:** Anstelle mehrerer Vorgängerbauten entstand diese 1. Pfarrkirche Klein-Basels zum großen Teil vor dem Erdbeben v. 1356 in hochgot. Formen. Die flachgedeckte Basilika schließt ein polygonaler Chor ab. Der S-Turm wurde gekappt, den erhaltenen *N-Turm* krönt ein Satteldach mit Dachreiter.

*Basel, Predigerkirche, Chor*

**Synagoge:** Sie wurde 1867 v. Hermann Gauss* erbaut und 1893 vergrößert und mit einer 2. Kuppel versehen.

**Weitere sehenswerte Kirchen:** *Kath. Bruder-Klaus-Kirche:* Monumentalbau 1957–61 nach Plänen v. Karl Higi*. – *Kath. Pfarrkirche St. Anton:* Sichtbetonbau v. Karl Moser* (1926–31); dreischiffige hohe Halle mit Kassettendecke, rechteckigem Chor und querrechteckigem Turm. Glasgemälde v. Otto Staiger* und Hans Stocker*, v. diesem auch das Christusmosaik im Chor. – *Kath. Heiliggeistkirche:* Neugot. Bau (1911/12) nach Plänen v. Gustav Doppler*, v. Max Merkel* überarbeitet; dreischiffige Halle mit Zellengewölbe. – *Ref. Pauluskirche:* Neuroman. Zentralbau (1898–1901) v. Robert Curjel* und Karl Moser*.

## PROFANBAUTEN

**Befestigungsanlagen:** Die ma *Ringmauer* v. 4 km Länge, mit 40 Türmen, 42 Letzinen und 1199 Zinnen wurde Mitte des 19. Jh. bis auf Reste der *St.-Alban-Mauer* mit Letzimauer und Letziturm (1676) geschleift. Erhalten sind noch:
*St.-Alban-Tor,* Einturmtyp in spätroman. Formen, erbaut 1360/70. – *St.-Johanns-Tor,* ebenfalls 1360/70 erbaut, mit Vortoren unter Erker v. 1679/80, neugot. Steinhelm v. 1874. – *Spalentor,* Dreiturmtyp, spätes 14. Jh., quadratischer Mittelturm unter farbig gerauteter Steinpyramide zwischen 2 vorgeschobenen runden Flankentürmen. An der Außenfassade 3 Konsolstatuen v. 1398, Madonna zwischen 2 Propheten. Vorwerk (1473/74) v. Jakob Sarbach*.

**Rathaus** (Marktplatz): Der Mitteltrakt mit 3 Geschossen und Arkaden wurde 1504–14 erbaut, ein älteres Hinterhaus 1517–21 aufgestockt. 1606–08 folgte der Anbau der vierstöckigen Kanzlei in got. Formen und 1898–1900 die Erweiterung durch den Turm, den N-Flügel und das Archivgebäude. Zur reichen spätgot. und Renaissance-Ausstattung gehören Wandgemälde, Möbel und Täfer. Im Innenhof steht die *Pfeilersta-*

*tue* des Munatius Plancus, des legendären Gründers v. B.

**Adelshöfe, Zunfthäuser, öffentliche Gebäude, Bürger- und Handwerkshäuser,** die, gut renoviert, noch heute bewohnt werden, können hier nur z.T. aufgezählt werden:

*Aeschenvorstadt:* Zum Raben (1763-65), Zum Kirschgarten (1777-80). - *Albangraben:* Antikenmuseum (1826/27), Kunstmuseum (1932/33). - *Freie Str.:* Hauptpost (1852/53), Zunfthaus zum Schlüssel (1483 unter Einbeziehung eines Adelssitzes aus dem 13.Jh., Fassade um 1730), Zum Kempfen (1904). - *Hebelstr.:* Markgräflerhof (1698-1705 und 1736-39), Lusthaus (1678/79), Holsteinerhof (1696, um 1750 modernisiert). - *Heuberg:* Spiesshof (1550-60, 1589 und 1724). - *Marktplatz:* Geltenzunft (1578). - *Martinsgasse:* Bärenfelserhof (1530?), Staatsarchiv (1898). - *Münsterplatz:* Bischofshof (15.Jh.), Domhof (1578, 1841 renoviert), Zum Flekkenstein (16.Jh.?), Mentelinshof (1765/70), Andlauershof (1762), Schürhof (1437/51), Haus zur hohen Sonne (1758), Haus zum Delphin (1760 und später), Ramsteinerhof (1727-32), Haus zur St.-Johanns-Kapelle (1839/41). - *Nadelberg:* Schönes Haus (Mitte 13.Jh.), Zerkindenhof (um 1600), Roßhof (um 1785), Haus zur Platte (um 1730). - *Petersgasse:* Ringelhof (1573). - *Petersplatz:* Universität (1937-39), Stachelschützenhaus (1546, 1625, 1707 und 1729), Wildtsches Haus (1762/63). - *Rheinsprung:* Wendelsdörfer- und Reichensteinhof, auch Weißes und Blaues Haus genannt (1763-70), Alte Universität (um 1400 und etappenweise 1460, um 1600 und 1859/60 erweitert) sowie kleinere Handwerkshäuser. - *St.-Alban-Tal:* Goldener Stern (zumeist 16.Jh.), Gallizianmühle (1788) und Wohnhaus (um 1450), heute Schweizerisches Papierhistorisches Museum. - *St.-Johanns-Vorstadt:* Erlacherhof (16.Jh., 1770), Formonterhof (1722, 1832), Antönierhof (um 1770). - *Schlüsselberg:* Im Haus zur Mücke (14.-15.Jh., 1549) wurde der Gegenpapst Felix V. gewählt. - *Spalenberg:* Spalenhof (13.Jh., barockisiert). - *Spalenvorstadt:* Mueshus (1652). - *Stadthausgasse:* Stadthaus (1771-75) und spätmittelalterliche Handwerkshäuser. - *Steinenberg:* Kunsthalle (1870-72). - *Totengäßlein:* Hohe Pfeiler (1529). - *Vorstadt St. Alban:* Löwenberg- oder Wildensteinerhof (um 1780), Zum Goldenen Löwen (um 1740), Zum Hohen Dolder (1502 und später). - *Klein-Basel:* Café Spitz (1838-41), Hattstätter Hof (um 1580), Badischer Bahnhof (1912),

*Basel, Barfüßerkirche*

Mustermesse (1925/26), Sandgrube (1745/46), Zum Roten Stein (1440) mit Totentanzbildern.

**Denkmäler:** *Französisches Denkmal:* 1946–48 v. Georges Salendre* gestaltet, wurde aus Dankbarkeit für humanitäre Hilfe im 2. Weltkrieg v. Frankreich gestiftet. – *St.-Jakobs-Denkmal,* 1872 v. Ferdinand Schlöth* geschaffen, erinnert an die Schlacht bei St. Jakob (1444). – *Straßburger Denkmal,* 1895 v. Frédéric-Auguste Bartholdi*, erinnert an die humanitäre Hilfe, die die Eidgenossenschaft der Stadt Straßburg während des Krieges 1870/71 leistete.

**Brunnen:** Von den vielen Brunnen der Stadt, z. T. durch Kopien ersetzt, seien hier nur einige erwähnt: *Augustiner-* oder *Basiliskbrunnen* (um 1530) mit Basilisk und Stadtwappen. – *Brunnen der faulen Magd* (16./17. Jh.). – *Caritasbrunnen* (1677). – *Fasnachts-* oder *Theaterbrunnen* (1977) v. Jean Tinguely* mit maschinell angetriebenen Eisenmobiles. – *Fischmarktbrunnen,* got. Pfeiler mit Maßwerk und den Statuen v. Maria, Johannes und Petrus (1390). – *Holbeinbrunnen* (16. Jh.) mit Rundrelief tanzender Bauern nach Hans Holbein d. J.* und auf der Brunnensäule Statue eines Dudelsackpfeifers nach Albrecht Dürer*. – *Lebensalterbrunnen* (1935/42) v. Alexander Zschokke* mit Reliefs v. Carl Burckhardt* und Portalskulpturen v. Jakob Probst*. – *Stäblinsbrunnen* (15. Jh.) mit der Legende v. Samson und Dalila. – *Vrenelibrunnen* (1955) v. Gertsel* mit badischem Trachtenmädchen »Zum Dank für menschliche Hilfe der Stadt Basel gestiftet von Kindern der badischen Nachbarschaft nach dem Kriege 1945«. – *Wettsteinbrunnen* (1955) v. Alexander Zschokke* mit Standbild des Johann Rudolf Wettstein und Figurenrelief.

**Konzerte und Theater:** Basler Sinfonie-Orchester, Radio-Sinfonie-Orchester, Bach-Chor, Kammerorchester, Kammerchor, Blasmusikvereine, Gesangvereine, Liedertafel und Männerchöre sorgen für ein reges Musikleben in der Stadt. – Konzerte finden regelmäßig im Musiksaal des *Stadtcasinos,* in der *Musik-Akademie,* dem *Studio v. Radio DRS,* der *Kongreßhalle* der Mustermesse, der Sporthalle St. Jakob und in zahlreichen *Kirchen* statt.

< *Basel, St.-Alban-Tor*

*Basel, Spalentor*

Das *Basler Stadttheater* ist ein Dreispartentheater mit einer großen und einer kleinen Bühne im 1975 neu erbauten Stadttheater und in der Komödie. Außerdem gibt es im *Théâtre fauteuil* mit 2 Bühnen, im *Neuen Tabourettli,* im *Piccolo* und *Piccolissimo,* auf der *Baseldytschi Bihni,* im Basler *Marionetten-Theater,* im *Basler Kindertheater* und in *dr Spilkischte* Aufführungen v. Boulevard- und Kriminalstücken, Musicals, Komödien-, Kabarett-, Mundart- und Kinderstücken. Im *Goetheanum,* dem Weltzentrum der anthroposophischen Gesellschaft in *Dornach* (10 km s), finden u. a. Theateraufführungen statt.

## MUSEEN

**Anatomische Sammlung** (Pestalozzistr. 20): Präparate zur Darstellung des Baus menschlicher Organe.

**Antikensammlung und Sammlung Ludwig** (St. Alban-Graben 5): Griech. und ital. Kunstwerke.

**Architekturmuseum** (Pfluggäßlein 3): Wechselausstellungen einzelner Architekten oder zu architektonischen Themen.

**Ausstellung der Basler Mission** (Missionsstr. 21): Von Missionaren gesammelte völkerkundliche Objekte.

**Ausstellungsraum Kaserne** (Kasernenstr. 23): Wechselausstellungen Malerei und Plastik v. meist Basler Künstlern.

**Feuerwehrmuseum** (Kornhausgasse 18): Dokumente und alte Geräte des Feuerlöschwesens.

**Gewerbemuseum** (Spalenvorstadt 2): Sammlung und Wechselausstellungen zu Handwerk und Gewerbe.

**Haus zum Kirschgarten** (Elisabethenstr. 27/29): Basler Wohnkultur im 18. und 19. Jh., Geschichte der Christoph-Merian-Stiftung.

**Historisches Museum in der Barfüßerkirche** (Barfüßerplatz): Kirchliche und profane Kunst des MA und der Renaissance, Münsterschatz, Stadtgeschichte, Münzkabinett.

**Jüd. Museum der Schweiz** (Kornhausgasse 8): Gegenstände des jüd. Kultus.

**Kunsthalle** (Steinenberg 7): Wechselausstellungen vorzugsweise zeitgenössischer Kunst.

**Kunstmuseum** (St.-Alban-Graben 16): Alte Meister und Kunst des 19. und 20. Jh.

**Kupferstichkabinett** (im Kunstmuseum): Zeichnungen und Druckgraphik des 15. bis 20. Jh.

**Kutschen- und Schlittensammlung** (Scheune bei der Villa Merian in Brüglingen).

**Museum für Völkerkunde** (Augustinergasse 2): Zur Kultur untergegangener und untergehender Völker.

*< Basel, Rathaus*

*Basel, Büste von J. P. Hebel vor der Peterskirche - Rechts: Augst (Basel), Römermuseum, Merkur-Statue*

**Naturhistorisches Museum** (Augustinergasse 2): Tiere der Schweiz und aus aller Welt, ausgestorbene Tiere, Mineralien.

**Pharmaziehistorisches Museum** (Totengäßlein 3): Historische Apotheken und Medikamente.

**Sammlung alter Musikinstrumente** (Leonhardstr. 8).

**Sammlung Karikaturen & Cartoons** (St.-Alban-Vorstadt 9): Originalwerke internationaler Künstler des 20. Jh.

**Schweizerisches Museum für Volkskunde** (Augustinergasse 2): Schweiz und Europa, Töpferei, Masken, religiöse Volkskunde, Sennenmalerei.

**Schweizerisches Papiermuseum und Museum für Schrift und Druck** (St.-Alban-Tal): Alte Papiermühle, papierhistorische Sammlung, Schriftgießerei, Buchdruck.

**Schweizerisches Schiffahrtsmuseum** (im Rheinhafen Kleinhüningen): Schiffahrt auf dem Rhein und auf hoher See.

**Schweizerisches Sportmuseum** (Missionsstr. 28): Zur Geschichte des Sports.

**Skulpturhalle** (Mittlere Str. 17): Bauwerk und Plastiken des Parthenons.

**Stadt- und Münstermuseum im Kleinen Klingental** (Unterer Rheinweg 26): Skulpturen des Basler Münsters, Stadtmodelle, Wechselausstellungen zur Stadt- und Baugeschichte.
**Außerdem sehenswert:** *Botanischer Garten* der Universität. - *Botanischer Garten* der Stadt. - *Zoologischer Garten,* liebevoll »Zolli« genannt. - *Tierpark* Lange Erlen. - *Rheinhäfen* in St. Johann und Kleinhüningen. - *Rheinschiffahrt* bis Rheinfelden stromauf- und bis Rotterdam stromabwärts.

**Messen:** Alljährlich im Frühjahr findet auf

dem Messegelände die *Schweizer Mustermesse* statt. Außerdem gibt es zahlreiche Fachmessen und die Herbstmesse mit Jahrmarkt.

**Brauchtum:** Weltbekannt ist die *Basler Fasnacht* seit dem 16. Jh. Seit 1834 beginnt sie am Montag nach Aschermittwoch morgens um 4.00 Uhr mit dem Morgenstreich, einem Umzug v. Cliquen mit Laternen, die kritisch-satirisch beschriftet und bemalt sind, zu Musik v. Trommeln und Pfeifen, und dauert 3 Tage. - Im Januar feiert Klein-Basel den *Vogel-Gryff-Tag,* an dem der Wilde Mann auf dem Rhein herbeifährt und dann mit Vogel Gryff (Greif) und Leu (Löwe) durch die Straßen tanzt.

## Umgebung

**Augst** (8 km ö): *Augusta raurica,* die um 15 v. Chr. angelegte zivile röm. Stadt bewohnten in der Blütezeit bis zu 15000 Einw. Gut erhalten sind Ruinen des Theaters, der Curia u. a. m. Die Funde werden im *Römermuseum* gesammelt und ausgestellt.
**Kaiseraugst** (9 km ö): Hier befindet sich das im 3. Jh. n. Chr. erbaute *Castrum rauracense.* Das Baptisterium einer frühchristl. Apsidenkirche aus dem 4. oder 5. Jh. ist freigelegt. - In der *christkath. Kirche St. Gallus* (barocker Saal mit got. Chor) wurden spätgot. Wandmalereien entdeckt, die Szenen aus dem Leben der Maria und des hl. Gallus darstellen und der Schule des Konrad Witz* zugeschrieben werden.
**Riehen** (5 km nö): Die *ref. Pfarrkirche St. Martin,* ein Neubau aus dem 17. Jh. in got. Formen, ruht auf karolingischen Fundamenten. - Im *Meierhof,* im *Klösterli* und im alten *Gemeindehaus* stecken noch ma Reste. - Im neuen Wettsteinhaus (um 1650) befinden sich das *Heimatmuseum Riehen* und das *Spielzeugmuseum.* Außerdem gibt es in Riehen das *Katzenmuseum* und das *Filmmuseum.* - In einem Park mit franz. und englischem Garten liegt der *Wenkenhof,* eine Gebäudegruppe, die aus dem Alten Wenken (Anfang 17. Jh.) und dem Neuen Wenken (1736, 1860 aufgestockt und 1917/18 restauriert) besteht. - Im *Atelier-Theater* finden Aufführungen verschiedener Art statt.

## D-6530 Bingen
Rheinland-Pfalz

Einw.: 25000 Höhe: 80 m S. 383 □ E 11

Bereits die Römer legten an der Mündung der Nahe in den Rhein, dort, wo heute die Burg Klopp steht, ihr Kastell *Bingium* an und bauten eine Brücke über die Nahe. Heute ist die in ihrer Geschichte mehrmals zerstörte Stadt, im 12. Jh. Wirkungsstätte der hl. Hildegard von Bingen, ein wichtiges Zentrum von Weinbau und -handel.

**Kath. Pfarrkirche/Ehem. Stiftskirche St. Martin** (Zehnthofstr.): Der erstmals im frühen 11. Jh. genannte Bau stammt in seiner heutigen Form im wesentlichen aus dem 15. Jh. Aus dem 11. Jh. blieb eine Krypta erhalten, der Barbarabau wurde 1502-05 angefügt. Werke des sog. Weichen Stils sind die um 1420 geschaffenen Figuren der *hl. Barbara* und der *hl. Katharina* auf den Seitenaltären des Mittelschiffs.

**Mäuseturm** (auf einer Rheininsel): Im 14. Jh. als Zollturm (Mautturm) errichtet, dient der Turm seit dem 19. Jh. als Signalstation für die Schiffahrt am ehemals sehr gefährlichen, engen Binger Loch. Die Sage, daß Bischof Hatto in diesem Turm durch Mäuse ein schreckliches Ende gefunden habe, hat ihre Wurzeln in einer Sprachklitterung: aus »Mautturm« machte der Dialekt »Mäuseturm«.

**Burg Klopp** (über Mariahilfstr.): Seit dem 13. Jh. saß hier eine Besatzung der Mainzer Erzbischöfe, die die Rheinpassage und den Naheübergang kontrollierte. Seit 1438 residierte hier ein Mainzer Domherr. Oftmals wurde die Burg eingeäschert, zuletzt wurde sie 1711 v. den Franzosen gesprengt. - Im 1875-79 errichteten *Neubau* ist seit 1896 die Stadtverwaltung, im *Burgturm* das *Heimatmuseum* (u. a. mit dem Arbeitsgerät eines röm. Arztes) untergebracht.

**Außerdem sehenswert:** Weithin sichtbar auf dem Rochusberg liegt die 1895 anstelle mehrerer Vorgängerbauten (u. a. v. 1666) errichtete neugot. *Rochuskapelle* mit einem v. Goethe gestifteten Bild des hl. Rochus (mit den Gesichtszügen Goethes!). - Im

Stadtteil *Bingerbrück* erinnert das *Hildegardis-Brünnlein* an die hl. Hildegard v. B. (1098–1179), deren ehem. Kloster (am linken Naheufer) nach mehreren Zerstörungen bis auf gut erhaltene Kellerräume heute vollkommen verschwunden ist. – Die im 10. Jh. erbaute Nahebrücke, später *Drususbrücke* genannt (mit Brückenkapelle), ist die wohl älteste aus dem MA erhaltene Steinbrücke in Deutschland. – *Wohnhäuser* des 17. und 18. Jh., Reste der *Stadtbefestigung*.

| **D-5300 Bonn**<br>Nordrhein-Westfalen | |
|---|---|
| Einw.: 296000 Höhe: 65 m | S.384 □E 14 |

Die ubische Fähr- und Fischersiedlung *Bonna* trat um 11 v. Chr. ins Licht der Geschichte, als der römische Feldherr Drusus hier zum Schutz der Rheinlinie eine Brücke über den Strom schlug und durch Truppen sicherte. 1989 feiert Bonn seinen 2000. Geburtstag.

400 Jahre Römerherrschaft, danach die Franken, häufige Zerstörungen und Plünderungen, 1244 Bau der Stadtmauer und Verleihung der Stadtrechte, 1597 offizielle Haupt- und Residenzstadt des Kurfürstentums Köln, 1797 Eingliederung in die französische Republik, 1815 preußisch, seit Mai 1949 Hauptstadt der Bundesrepublik Deutschland. Den Charakter der Stadt bestimmen nun – neben den u. a. unter den Wittelsbacher Kurfürsten entstandenen Bauten des 18. Jh. und der 1818 neu gegründeten Universität – auch die modernen Gebäude im Regierungsviertel. Bonns berühmtester Sohn ist der große deutsche Komponist Ludwig van Beethoven (1770–1827).

**Münster und Pfarrkirche St. Martin, ehem. Stiftskirche St. Cassius und Florentinus** (Münsterplatz): Die Kirche liegt an der Stelle einer aus der Zeit um 400 stammenden, im 8. Jh. erweiterten kleinen Märtyrerkirche, die nach der Legende v. der hl. Helena, der Mutter Konstantins d. Gr., gegr. worden sein soll. Um 1050–70 kam es zu einem umfassenden Neubau einer dreischiffigen Basilika, die bis ins 13. Jh. ständig erweitert, umgebaut oder z. T. auch wieder aufgebaut wurde. In der Vielgestaltigkeit seines Baukörpers (5 Türme, darunter der 92 m hohe achtseitige Vierungsturm, langgezogener Chor, Querhaus, Langhaus mit den wohl ältesten offenen Strebepfeilern in Deutschland) und in der reichhaltigen, die Vertikale betonenden Blendgliederung (z. B. an der O-Apsis mit Zwerggalerie) zählt das Bonner Münster zu den besten spätroman. Architekturen am Rhein. Der lichte *Innenraum* wurde barock gestaltet, v. der urspr. ma Ausstattung blieb nur wenig erhalten: so die aus dem Umkreis des Samsonmeisters* stammenden steinernen *Chorstuhlwangen* (um 1210) mit den Figuren eines Engels und eines Teufels oder das *Grabdenkmal des Erzbischofs Engelbert II. v. Falkenburg*. Im Chor steht ein hohes *Renaissance-Sakramentshaus*, im w Mittelschiff die um 1620 wahrscheinlich v. Jeremias Geißelbrunn* geschaffene *Bronzefigur der hl. Helena*. Stark restauriert sind die Reste der *Wandmale-*

*Bonn, Münster*

*< Bingen, Mäuseturm*

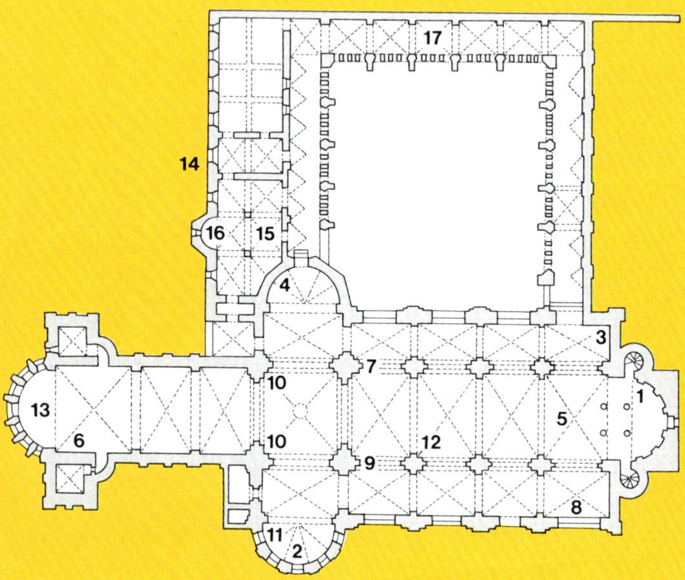


**Bonn, Münster und Pfarrkirche St. Martin** **1** Grabplatte des Engelbert v. Falkenburg, letztes Viertel des 14. Jh. **2** Grabmal des Ruprecht v. der Pfalz († 1480) **3** Maria-Magdalena-Altar, um 1600 **4** Sakramentsaltar, 1608 **5** hl. Helena, um 1620 **6** Sakramentshaus, 1619 **7** Geburt-Christi-Altar, 1622 gestiftet **8** Dreifaltigkeitsaltar, 1704 **9** Dreikönigsaltar, 1713 **10** Seitenaltäre v. Johannes Damm und Josef Metzler, 1735 **11** Allerseelenaltar, 1699, Antependium 1761 **12** Kanzel **13** Hochaltar, 1863 **14** Kapitelhaus **15** Kapitelsaal **16** Cyriakuskapelle **17** roman. Kreuzgang

*reien* des 13. und 14. Jh. Aus der Mitte des 11. Jh. erhalten blieb der w Teil der *Krypta,* aus der Zeit um 1140 stammt der sehr stimmungsvolle roman. *Kreuzgang* mit vorzüglichem Kapitellschmuck.

**Namen-Jesu-Kirche (Jesuitenkirche), heute Universitätskirche** (Bonngasse): Mit dem Bau dieser im Stil des späten rheinischen Manierismus errichteten fünfjochigen Hallenkirche wurde 1686 begonnen. Obwohl die v. 4 mächtigen Strebepfeilern mit korinthischen Kapitellen reich gegliederte, v. 2 wuchtigen Türmen (mit welschen Hauben) gerahmte Fassade bereits 1698 vollendet war, konnte die Kirche erst 1717 geweiht werden. Von der urspr. Ausstattung blieb nur die *Kanzel* v. 1698 erhalten.

**Kreuzbergkirche** (etwas außerhalb des Zentrums, B.-Poppelsdorf): Die Wallfahrtskirche wurde 1627 anstelle eines Vorgängerbaus über kreuzförmigem Grundriß (mit Seitenkapellen) errichtet und 1714 erneuert. 1746–51 ließ der baufreudige (Wittelsbacher) Kurfürst Clemens August nach einem Entwurf v. Balthasar Neumann* das *Haus des Pilatus* mit der prachtvollen *Hl. Stiege* (nach dem Vorbild der Scala Santa in Rom) und einem *Hl. Grab* (unter der Stiege) an den Chor anfügen. Auf dem Balkon über dem mittleren Portal des v. einer Laterne bekrönten Vorbaus (mit der Hl. Stiege) stehen die Statuen v. Jesus,

Pilatus und einem Kriegsknecht. Der doppelseitige *Hochaltar* im barocken Inneren stammt wahrscheinlich v. Balthasar Neumann*.

**St. Remigius** (Brüdergasse): Die Kirche des ehem. Minoritenklosters, eine dreischiffige Basilika mit niedrigen Seitenschiffen und hellem, fünfseitig geschlossenem Chor stammt aus dem 13.–14. Jh. Der sehr harmonisch konzipierte Raum ist gemäß den Regeln der Bettelorden sehr schlicht und fast ohne jedes Dekor. In dieser Kirche spielte der junge Beethoven die Orgel. Ihr Spieltisch steht im Beethovenhaus.

**Alter Friedhof** (Bornheimer Str.): Der v. Kurfürst Josef Clemens 1715 vor den Toren der damaligen Stadt angelegte Friedhof »vor gemeine Einwöhner, Paßanten und Soldaten« ist Begräbnisstätte vieler bedeutender Persönlichkeiten. U.a. wurden hier beerdigt E. M. Arndt, A. W. v. Schlegel, Argelander, Niebuhr, Dahlmann, Simrock, Beethovens Mutter, Schillers Frau Charlotte und sein Sohn Ernst, Adele Schopenhauer, die Wagner-Freundin Mathilde Wesendonck und ihr Gatte sowie Robert und Clara Schumann. – 1846 wurde die um 1230 entstandene *Deutschordenskapelle* aus dem rechtsrheinischen (Bonn-)Ramersdorf in den Alten Friedhof übertragen, um sie vor dem Abbruch zu retten. Der kleine dreischiffige Bau mit 3 Apsiden zeichnet sich im Inneren durch seine anmutige Leichtigkeit (schlanke Säulen mit Schaftringen und ohne ornamentierte Kapitelle) aus.

**Beethovenhaus** (Bonngasse 20): Das Bürgerhaus (18. Jh.), in dessen Hinterhaus Beethoven 1770 geboren wurde, ist seit 1889 *Museum* und enthält die größte und wertvollste Beethoven-Sammlung der Welt. – Ein *Beethoven-Denkmal* v. E. Hähnel* wurde 1845 auf dem Münsterplatz aufgestellt. Die neue *Beethovenhalle* (n der Kennedybrücke) erbaute 1959 S. Wolske*.

**Kurfürstliche Residenz, Universität** (Am Hofgarten): Nachdem 1689 B. fast völlig zerstört worden war, ließ Kurfürst Joseph Clemens v. 1697 bis 1702 nach Plänen des Graubündners Enrico Zuccalli* ein neues

*Bonn, Kreuzbergkirche*

barockes Schloß erbauen. 1715 noch einmal durch R. de Cotte* umgestaltet, vernichtete ein Feuer weite Teile des Schlosses. Der Wiederaufbau ging zunächst sehr zögernd – und nur in vereinfachenden Formen – voran und konnte im Grunde erst 1930 endgültig abgeschlossen werden. Seit 1818 ist die mehrgeschossige Anlage Sitz der *Rheinischen Friedrich-Wilhelms-Universität.* Zur Baugruppe der Residenz gehört auch das *Koblenzer Tor* (mit goldener Michaelsfigur v. 1750), das als ehem. Sitz des Michaelsordens auch Michaelstor genannt wird. Die an der S-Seite des *Hofgartens* gelegene, 1824 wohl unter maßgeblicher Beteiligung Karl Friedrich Schinkels* erbaute ehem. *Anatomie* beherbergt heute das *Akademische Kunstmuseum,* das 1819 gegr. älteste und bedeutendste systematische Universitätsmuseum in Deutschland, u.a. mit originalen griech. und röm. Antiken sowie mit Abgüssen antiker Plastiken. – Vor der *Universitätsbibliothek* (sö, Richtung Rhein) steht die *Wolkenschale* v. Hans Arp*.

**Poppelsdorfer Schloß, Schloß Clemensruhe** (Poppelsdorfer Allee): Das sehr elegante Schlößchen gehörte früher zur kurfürstlichen Residenz. Von dem 1715-56 nach Plänen R. de Cottes* (u.a. unter Mitwirkung Balthasar Neumanns*) errichteten Bau blieben nach dem 2. Weltkrieg nur die Vierflügelanlage mit Eck- und Mittelpavillons sowie ein Arkadenumgang im Rundhof erhalten. Aus dem barocken Zier- und Nutzgarten wurde nach 1819 der Botanische Garten, das Schloß selbst beherbergt heute Institute der Universität und das Mineralogisch-petrologische Museum.

**Rathaus** (Markt): Zu den Bonner Barockbauten aus der Zeit der Wittelsbacher Kurfürsten (hier wieder einmal Clemens August) gehört das 1737-38 nach Plänen v. M. Leveilly* erbaute Rathaus mit seiner festlichen, nach dem 2. Weltkrieg wiederhergestellten Fassade. Eine doppelläufige Freitreppe mit sehr schönem Eisengitter führt zum Portal hinauf; darüber eine v. Figuren flankierte Uhr und - vor das Mansarddach gesetzt - das kurfürstliche Wappen mit seitlich je einem Löwen.

**Regierungsviertel:** Die einzelnen Gebäude liegen zwischen den Stadtzentren der früher selbständigen Städte B. und Bad Godesberg, zwischen Adenauerallee und Rheinufer. Amtssitz des Bundespräsidenten ist die um 1860 erbaute *Villa Hammerschmidt* (im Inneren wertvolle Gemälde vom 18. Jh. bis zur Moderne). Vor dem *Palais Schaumburg* (1858-60), ehem. Wohnsitz der Prinzessin Victoria zu Schaumburg-Lippe und bis 1976 Bundeskanzleramt, wurde 1982 das moderne *Adenauer-Denkmal* v. Hubertus v. Pilgrim* aufgestellt. An der O-Seite des nahe gelegenen, 1974-76 erbauten neuen *Bundeskanzleramts* befindet sich seit 1979 die Monumentalplastik *Large Two Forms* v. Henry Moore*. Weiter s am Rhein stehen das *Bundeshaus* und das *Abgeordnetenhochhaus*, der sog. »Lange Eugen«, weiter n am Rhein das ehem. *Bundespostministerium* und das *Auswärtige Amt*. Südlich der Parlamentsgebäude sind neue Ministerien gebaut worden.

*Kurfürstliche Residenz, Koblenzer Tor*

**Rheinisches Landesmuseum** (Colmantstr. 14-16): Das 1820 gegr. Museum zeigt rheinische Kunst und Kultur v. der Vorgeschichte bis ins 20. Jh. Die wertvollsten Exponate sind die Schädelkalotte des vor etwa 50000 Jahren lebenden *Neandertalers*, der bronzezeitliche, um 1800 v. Chr. geschaffene *Fritzdorfer Goldbecher*, röm. Schmuck und Gläser, der röm. *Caelius-Stein* (1. Jh. n. Chr.) als einziges nichtliterarisches Dokument zur Schlacht im Teutoburger Wald, der unter dem Münster gefundene (röm.) *Matronen-Motivstein* v. 164 n. Chr. (Matronen waren - urspr. germanische - Fruchtbarkeitsgöttinnen), das *fränkische Grab* des um 600 gestorbenen Herrn v. Morken, die um 1300 entstandene, ungemein naturalistisch gestaltete *Pietà Röttgen* und das v. einem Kölner Meister gemalte *Marienaltärchen*.

**Städtisches Kunstmuseum** (Rathausgasse 7): Dieses Museum bietet einen umfassenden Einblick in die dt. Kunst des 20. Jh. Besonderes Gewicht ist auf Werke der Rheinischen Expressionisten um August Macke* (v. ihm u.a. der *Seiltänzer*), auf Werke der Maler der »Brücke« (Erich Heckel*, Ernst Ludwig Kirchner*, Karl

*Bonn, Kreuzbergkirche, Heilige Stiege* >

*Bonn, Poppesldorfer Schloß*

*Bonn, H.-Moore-Plastik im Bundeskanzleramt*

Schmidt-Rottluff*) und des »Blauen Reiters« (Wassily Kandinsky*) gelegt. 2. bedeutender Schwerpunkt ist dt. Kunst nach 1945, 3. eine Sammlung internationaler Druckgraphik.

**Weitere Museen:** *Ernst-Moritz-Arndt-Haus* (Adenauerallee 79), Wohn- und Sterbehaus E.M.Arndts (1769–1860): Stadtansichten v. B. und Rheinlandschaften. – *Bonner Bildungsmuseum, Kasimir-Hagen-Sammlung* (Wilhelmstr. 34): Malerei des dt. Jugendstils und des Rheinischen Expressionismus. – *Akademisches Kunstmuseum* →Kurfürstliche Residenz. – *Briefmarkenmuseum* (Bundespostministerium, Heinrich-v.-Stephan-Str. 1): Sammlungen v. Briefmarken-Neuerscheinungen der Dt. Bundespost. – *Zoologisches Museum Alexander Koenig* (Adenauerallee 150): Das wohl größte europ. Tiermuseum. – *Schumannhaus* (Sebastianstr. 182) mit Gedenkraum. – *Frauenmuseum* (Im Krausfeld 10), das bisher einzige dieser Art in Europa. – *Kunstzentrum am August-Macke-Platz* (Hochstadenring 22) mit zeitgenössischer Kunst. – *Wissenschaftszentrum* (Ahrstr. 45) vor allem mit Ausstellungen der Stiftung Preußischer Kulturbesitz Berlin.

**Außerdem sehenswert:** *Obelisk* auf dem Marktplatz (1777). – Das ehem. barocke *Kanonikerhaus* (heute Postamt) und das *Beethoven-Denkmal* (E.Hähnel) befinden sich am Münsterplatz. – *Alter Zoll* (ehem. Bastei) im O des Koblenzer Tors, weiter n in Richtung Kennedybrücke die 1963–65 erbaute *Oper der Stadt Bonn*. – *Sternwarte* v. 1839–46 an der Poppelsdorfer Allee.

## Stadtbezirke

**Bad Godesberg:** Der vom Kurfürsten Max Franz ausgebaute Kurort, beliebter Wohnsitz Bonner Diplomaten, wird v. der um 1210 erbauten und 1583 gesprengten *Godesburg* (erhalten sind lediglich der frei stehende Bergfried sowie Teile des Palas und der Ringmauern) überragt. – Am Fuß der Burg die *Michaelskapelle* mit roman. Chorabschluß und barockem Langhaus; im Inneren Stuckdekoration und Hochaltar. – Das Ballhaus *Redoute* und einige *Logierhäuser* (heute Teil des Rathauskomplexes) wurden gegen Ende des 18. Jh. erbaut. – Sehr sehenswert sind auch die wohl um 1200 errichtete, 1746 umgebaute *Martinskirche* und die in ihrer heutigen Form aus dem 18. Jh. stammende *ehem. Kommende des Deutschen Ritterordens* (seit 1952 Belgische Botschaft) im s *Muffendorf* sowie eine 1681 erbaute *Barockkapelle* im noch weiter s gelegenen *Mehlem*.

*Bonn, Schwarzrheindorf, St. Klemens.*

**Oberkassel:** Hier wurden die ältesten »Bonner« gefunden, ein Mann und eine Frau, die vor 14000 Jahren begraben wurden – zusammen mit einem Hund, dem ältesten bisher nachgewiesenen Haustier. Urspr. wohl aus dem 11. Jh. stammt der roman. *Kirchturm*.

**Ramersdorf:** Das *Schloß* ist die ehem. Deutschordenskommende (→Alter Friedhof).

**Schwarzrheindorf:** Die nahe dem vor 2000 Jahren erfolgten Brückenschlag des Drusus gelegene *Doppelkapelle und Pfarr-*

*kirche St. Klemens* zählt – u.a. wegen ihrer umlaufenden Zwerggalerie, der Rundbogen und Fensterformen – zu den reizvollsten Werken roman. Architektur des 12. Jh. in Deutschland. Der als Burgkapelle begonnene urspr. Zentralbau mit 4 Kreuzarmen wurde 1151 geweiht und nach 1170, nachdem bei der Kirche ein Benediktinerinnenkloster gegr. worden war, um das Langhaus erweitert; zugleich wurde der Turm erhöht (got. Zutat ist der spitze Helm). Die Form der Doppelkapelle (2 übereinanderliegende, durch eine Öffnung in der Mitte verbundene Räume) war bei roman. Burgkapellen durchaus verbreitet: Die Oberkirche war für Burgherren, die Unterkirche für das Gefolge bestimmt. Die bedeutenden roman. Wand- und Deckenmalereien (u.a. Visionen des Propheten Ezechiel und die Offenbarung des Johannes; jeweils auf stumpfem blaugrünem Grund) sind zur Bauzeit entstanden und v. großer Ausdrucksstärke. Aus dem 11. Jh. stammt eine holzgeschnitzte Madonnenfigur.

**Vilich:** Die *Pfarrkirche St. Peter* ist im wesentlichen ein Bau des 11.–13. Jh. Aus dem 18. Jh. stammt ein Grabmal mit der liegenden Figur der hl. Adelheid.

## Umgebung

**Siegburg** (12 km nö): Der Ort wird überragt v. seiner 1064 gegr. *Benediktinerabtei* auf dem Michaelsberg. Mit Ausnahme der Krypta (11. Jh.) stammen Kirche und Klostergebäude jedoch aus dem 17. und 18. Jh. Kostbarster Besitz der Kirche ist der um 1183 in der Werkstatt des Nikolaus v. Verdun* entstandene *Annoschrein,* ein reich mit Goldfiligran, Email und Edelsteinen besetztes Meisterwerk der Goldschmiedekunst des 12. Jh. In den Klostergebäuden sind u.a. ein Internat, die Bundesfinanzakademie und 2 Museen untergebracht. – Die urspr. aus dem 11. Jh. stammende *Pfarrkirche St. Servatius* wurde bis ins 19. Jh. mehrmals verändert. Sehr wertvoll ist der Kirchenschatz u.a. mit Emailarbeiten des 12. und 13. Jh., der Schrein der hll. Innocentius und Mauritius (beide um 1190), Tragaltäre des hl. Mauritius (um 1160) und des hl. Gregorius (um 1180). – Am unteren Marktplatz steht das *Geburtshaus* des Komponisten *Engelbert Humperdinck* (Märchenoper »Hänsel und Gretel«), das zum Siegburger Stadtmuseum ausgebaut wird.

< *Bonn, Bad Godesberg, Godesburg*

## D-5407 Boppard
Rheinland-Pfalz

Einw.: 17 500 Höhe: 70 m S.383 □ E 12

Am Bopparder Hamm, einer weit ausladenden Rheinschleife, siedelten bereits die Kelten. Das hier in der 1. Hälfte des 1. Jh. n. Chr. angelegte römische Kastell *Baudobriga* gehörte zu den Rheinbefestigungen des Drusus. Das malerische Weinstädtchen war freie Reichsstadt und im 13. und 14. Jh. Mitglied im Rheinischen Städtebund.

**St.-Severus-Kirche** (Marktplatz): Die im wesentlichen in der 1. Hälfte des 13. Jh. erbaute dreischiffige Emporenbasilika mit ihren charakteristischen, scheinbar zwischen Langhaus und reichgegliedertem Chor (Blenden auf schlanken Säulen, Zwerggalerien) gesetzten Türmen (Helme v. 1605) zählt zu den besten Leistungen der Spätromanik am Mittelrhein. St. Severus liegt an der Stelle zweier Vorgängerkirchen, die älteste aus dem 5. Jh. mit noch erhaltenem Taufbecken. Während die Arkaden und Emporen im Langhaus die schweren, gedrungenen Formen der Romanik zeigen, künden die Gewölbe und die spitzbogigen Fenster im Chor bereits die nahende Gotik an. Von der urspr. Ausstattung ist nur noch wenig erhalten, so eine *thronende Muttergottes mit dem segnenden Jesuskind* (um 1280) und das bedeutende staufische *Holzkruzifix* (um 1225) über dem Hochaltar. Die urspr. spätroman. Ausmalung wurde 1890 freigelegt und 1967 teilweise ergänzt.

**Außerdem sehenswert:** Die turmlose, äußerlich schlichte *ehem. Karmeliterkirche* (um 1330 und 1439–44) beeindruckt durch ihre reiche Ausstattung: ein Wandgemälde (1407), das Chorgestühl (um 1460), Wandgräber (16. Jh.) und Hochaltar (1699). – Die Gebäude des ehem. *Benediktinerinnenklo-*

*sters Marienberg* (im S über dem Ort) entstanden nach einem Brand im Jahre 1738. – Im Turm der urspr. aus dem 14. Jh. stammenden *kurtrierischen Burg* ist das *Städtische Heimatmuseum* (geöffnet Di–Fr 10.00–12.00, 14.00–17.00, Sa 10.00–12.00, So 14.00–17.00 v. April bis Oktober) u.a. mit frühgeschichtlichen und röm. Funden sowie der sog. Thonet-Abteilung (der in B. geborene Michael Thonet hatte im 19. Jh. die berühmten Wiener Kaffeehausstühle erfunden) untergebracht. – Neben *Fachwerkhäusern* finden sich in B. auch einige *Adelssitze* (z.B. Haus Schwalbach) und *palaisartige Wohnbauten* (z.B. die sog. Weiße Villa). – Bis heute erhalten sind einige Reste des *Römerkastells* aus dem 4. Jh. n. Chr. (Burggraben, Karmeliterstr.) sowie Tore und Mauern der ma Stadtbefestigung.

## Umgebung

**Bad Salzig** (4 km s): Das Heilbad mit Kurpark und -einrichtungen ist ringsum v. Obstplantagen umgeben.

**Hirzenach** (7 km s): Wohl aus dem frühen 12. Jh. stammt die *ehem. Propsteikirche* mit imposantem Turm. Der frühgot. Chor wurde etwa in der Mitte des 13. Jh. angesetzt. In der Nähe das *ehem. Priorat* (heute Pfarrhaus).

## D-5423 Braubach

Rheinland-Pfalz

| Einw.: 3700 | Höhe: 71 m | S.383 □ E 12 |
|---|---|---|

Der von der Marksburg überragte Weinort wurde bereits 631 erstmals erwähnt und 1276 zur Stadt erhoben.

**Marksburg:** Sie ist die einzige unzerstörte Höhenburg am Mittelrhein. Ihre vorzügliche Erhaltung und die beherrschende Lage auf einem Schieferkegel, knapp 150 m über dem malerischen Städtchen B., machen sie zu einem Anziehungspunkt ersten Ranges in dieser an Burgen reichen Region. Sie ist Sitz und Eigentum der Dt. Burgenvereinigung e.V. (Geschäftsstelle mit Bibliothek). Baubeginn der Burg im 12. Jh. Die Kernburg gruppiert sich um einen kleinen dreieckigen Innenhof mit dem Bergfried, dem sog. Kapellenturm an der Angriffsseite (S) und dem roman. Palas an der geschützten N-Seite. Im Mauerwerk des etwa 40 m hohen Bergfrieds wahrscheinlich die ältesten Bauteile. Im 3. Geschoß des Kapellenturms die architektonisch durch ein siebenteiliges Gratgewölbe bes. hervorgehobene Burgkapelle, dem namengebenden Schutzherrn St. Markus geweiht (1437 erstmals erwähnt; der Name »Marksburg« erstmals 1574 nach dem Bau der Philippsburg in B.). Nach 1350 Errichtung des got. Saalbaus mit der Küche im Erdgeschoß und dem Rittersaal im Obergeschoß. An die Wehrmauer angelehnt der nach dem Brand der Burg 1705 errichtete Rheinbau in Fachwerk, im Keller der Brunnen. Durch Vorlegen weiterer Ringmauern entstanden bis ins Spätmittelalter Zwingeranlagen. Im 16. und 17. Jh. zusätzliche Sicherungseinrichtungen durch Geschütz-

*Braubach, Marksburg*

*< Boppard, St.-Severus-Kirche, Thronende Muttergottes mit Kind*

*Bregenz, St. Gallus, Chorgestühl*

batterien. Im oberen Zwinger der ma Kräutergarten.
*Öffnungszeiten:* Von Ostern bis 31. Oktober täglich 10.00 bis 17.00 Uhr, Vom 1. November bis Ostern täglich 11.00 bis 16.00 Uhr.

**Außerdem sehenswert:** Turm der ehem. *Barbarakirche* (heute Gemeindezentrum), urspr. in die teilweise erhaltene *Stadtbefestigung* einbezogen (u.a. *Obertor*). - Vermutlich um 1000 erbaute *Martinskapelle* (im Inneren Malereien und Schnitzarbeiten des 16. Jh.) unterhalb der Marksburg mit altem Friedhof und *Gedenkstätte* des Kammersängers *Heinrich Schlusnus*. - *Philippsburg* (am s Ortsende), urspr. 1568 erbaut.
Reizvolle *Fachwerkhäuser* im Altstadtkern (historischer Marktplatz) und interessante Hausinschriften. - Wanderungen im *Naturpark Nassau,* Rheinhöhenweg (v. Burg zu Burg).

*< Bregenz, St. Gallus, St. Gallus am Hochaltar*

## A-6900 Bregenz
Vorarlberg

Einw.: 27 000 Höhe: 400 m S. 379 □ H 4

Am östlichen Bodenseeufer bestand die Siedlung *Brigantion* der Kelten, die im Seekrieg von den Römern vertrieben wurden. Im Jahre 260 zerstörten die Alemannen das römische *Brigantium.* 610 erfolgte eine Klostergründung durch den hl. Kolumban. 1408 Befreiung vom schwäbischen Ritterbund, Sitz der Grafen von Bregenz und Montfort. 1451 und 1523 war Bregenz habsburgisch, von 1806 bis 1814 bayerisch, dann wieder österreichisch. Seit 1919 ist es Landeshauptstadt und Sitz der Landesregierung.

**Kath. Pfarrkiche St. Gallus:** Die 1318 geweihte got. Kirche erhielt 1672 durch Michael Kuen* einen barocken Turm und wurde 1737/38 durch Franz Anton Beer* vergrößert und barockisiert. Beachtenswert ist der *Hochaltar* v. Johann Georg Brem*

(1740) mit den Statuen der hll. Gallus, Petrus, Paulus und Ulrich sowie dem Gemälde »Anbetung der Könige« v. F.G. Hermann*. Beachtenswert sind weiter der *Stuck* und das *Chorgestühl.*

**Zisterzienserabtei Mehrerau:** Die 1086 gegr. Benediktinerabtei wurde 1806 aufgehoben. 1854 ließen sich hier aus Wettingen/Schweiz vertriebene Zisterzienser nieder; deren Kloster besteht mit einer Unterbrechung v. 1941 bis 1945 noch heute. – Anstelle einer roman. Basilika erbaute Franz Anton Beer* 1740–43 unter Bewahrung der Apsis eine barocke Klosterkirche, die 1808 abgerissen wurde. Nach Plänen des bayerischen Hofbaudirektors Eduard v. Riedel* entstand auf den Fundamenten der Vorgängerbauten 1855–59 eine neue *Klosterkirche* im sog. Münchener Rundbogenstil mit Rundbogenfenstern, Blendarkaden und Rundbogenfries. Sie wurde 1961–64 nach einem Entwurf v. Hans Purin* neu gestaltet. Zur Ausstattung zählen der Hochaltar (Flügelaltar des Durs v. Aegerli*, 1582), 2 got. Madonnenfiguren sowie mehrere ältere Gemälde in den Seitenkapellen. Die monumentale Portalplastik aus Beton schuf Herbert Albrecht* 1963.
Die ebenfalls v. F.A. Beer* erbauten *Konventsgebäude* enthalten noch barock eingerichtete Räume, so die Bibliothek. Dem Klostergeviert wurden 1892–94 neuroman. Flügel zugefügt.

**Weitere Kirchen:** Die *Kirche des Kapuzinerklosters* erbaute 1636 Michael Kuen*. An der Klostermauer befindet sich ein *Bildstock* mit anbetender Maria und Pieta v. Franz Anton Kuen* (?). – Das *Kloster Thalbach* erbauten Michael Thumb* und Michael Kuen* (1674–77); seine Kirche (1609/10 v. Daniel Prato*) birgt eine *Sitzmadonna* (Anfang 14. Jh.) und eine Pieta (15. Jh.). – In der *Seekapelle St. Georg* (1408 gestiftet, 1690–98 neu errichtet) steht ein Renaissance-Altar (1610) aus Schloß Hofen.

**Martinsturm:** Auf roman. Fundamenten erbaute man im 14. Jh. diesen Teil der ehem. Befestigung. Im Untergeschoß liegt die 1361 gestiftete *Martinskapelle* mit Fresken (1662 datiert), die u.a. Christus in der Mandorla mit den Evangelisten und den Montforter Stiftern zeigen.

**Vorarlberger Landesmuseum:** Die reiche Sammlung besteht aus Exponaten zur Ur- und Frühgeschichte, Volkskunde und ma Kirchenkunst, des heimischen Gold-

*Breisach, Münster St. Stephan*

chmiedehandwerks und Gemälden aus dem 18., 19. und 20. Jh.

**Theater:** Das 1838 erbaute *große Kornhaus* wurde 1955 zum Theater umgestaltet. Im Juli und August finden die Bregenzer *Seefestspiele* mit Aufführungen auf dem See statt.

**Außerdem sehenswert:** Die noch ummauerte *Oberstadt* mit z. T. noch ma Baubestand.

## Umgebung

**Gebhardsberg** (3 km s): Die hier im 10. Jh. gegr. *Burg Hohenbregenz* wurde 1647 geschleift. Erhalten sind die Ringmauern und der Torbau.
Die *Wallfahrtskapelle St. Gebhard* (1723) war ursprünglich in den Palas der Burg eingebaut.

## D-7814 Breisach

Baden-Württemberg

Einw.: 9500 Höhe: 190–230 m S.380 ☐ D 5

Die im 2. Weltkrieg zu drei Vierteln zerstörte Stadt, heute Sitz großer Wein- und Sektkellereien, liegt auf einer felsigen Anhöhe über dem Rhein. Bereits die Römer befestigten den strategisch wichtigen *Mons Brisiacus* im 4. Jahrhundert durch ein Kastell. Nach der Gründung der Stadt (11. Jahrhundert) errichteten die Zähringer im 12. Jahrhundert eine mächtige Burg, die in den folgenden Jahrhunderten von Habsburgern und Franzosen als »des Heiligen Römischen Reiches Schlüssel und Ruhekissen« ständig umkämpft war. Im Jahre 1743 ließ Maria Theresia die noch um 1670 durch Vauban verstärkten Festungsanlagen schleifen.

**Münster St. Stephan:** Das im frühen 13. Jh. anstelle einer Stiftskirche des 12. Jh. begonnene Münster erhebt sich auf dem höchsten Punkt der Stadt, dem Münsterberg. Sehr deutlich sind die einzelnen Bauphasen zu erkennen; selbst das symmetrische Turmpaar unterscheidet einen rein roman. (mit Rundbogenfenstern, Dreiecksgiebeln und Pultdach) und einen got. aufgelockerten Teil (mit Maßwerkfenstern, Ecktürmchen und Spitzdach). Zu Beginn des 14. Jh. – als der (s) got. Turm vollendet wurde – ging man daran, das Münster zu einer Hallenkirche umzugestalten. Damals entstanden der polygonale O-Chor mit Strebepfeilern, Spitzbogenfenstern, Fialen und der nach

*Breisach, Münster, Hochaltar, Detail*

*Breisach, Münster, Hochaltar, Detail*

außen geöffneten Krypta sowie die W-Fassade mit zierlichem Kapellenturm und Hauptportal (im Tympanon Szenen aus dem Leben des Kirchenpatrons). Die letzte Bauphase (15. Jh.) betraf v. a. den nach 1945 stark restaurierten hellen Innenraum mit seinen kostbaren Ausstattungsstücken. 1931 legte man in der W-Halle das 1488–91 v. Martin Schongauer* geschaffene *Monumentalfresko* »Das Jüngste Gericht« frei. Ein sehr gutes Beispiel für die so detailverliebte spätgot. Steinmetzkunst bietet der *Lettner* (um 1490–1500) mit schlanken Arkaden, Maßwerk, Wimpergen und Baldachinen sowie den Figuren u. a. der Stadtheiligen Protasius und Gervasius, des Kirchenpatrons oder der Gottesmutter. 1523–26 schuf ein Meister HL* den berühmten *Hauptaltar:* In der Predella sieht man die 4 Evangelisten, im Mittelschrein (unter Dreipaß und reichem Rankenwerk) die Krönung Mariens durch die Hl. Dreifaltigkeit und in den Seitenflügeln die hll. Gervasius, Protasius, Stephanus und Laurentius. Den sehr zerbrechlich wirkenden feinen Baldachin schmücken eine Anna selbdritt, Engel und Heilige.
Erwähnenswert sind auch das spätgotische *Chorgestühl,* das *Sakramentshaus* (um 1520), die *Heiliggrab-Nische* und ein *Renaissancegrab.*

**Außerdem sehenswert:** Das 1670 v Vauban* errichtete *Rheintor* mit Prunkfassade ist als Rest der franz. Bastionen erhalten.
Im *Radbrunnen-Turm* auf dem Münsterberg ist eine Kunstgalerie, im Haus Nr. 21 in der Münsterbergstr. das *Museum für Ur- und Frühgeschichte* untergebracht.

## NL Brielle
Südholland

Einw.: 15000 S.386 □ A 17

Die auch Den Briel genannte Hauptstadt der Insel Voorne ist der Geburtsort des Seehelden Maerten Harpertszoon Tromp (1598–1653).

**St. Catharijnekerk:** Die unvollendete spätgot. Basilika v. 1417 besitzt einen imposanten Turm (Glockenspiel v. F. Hémony*, 1660) und einige bemerkenswerte Grabdenkmäler.

**Außerdem sehenswert:** Das urspr. im 14. Jh. entstandene *Stadhuis* erhielt 1792 eine neue Giebelfassade. – Im *Tromp-Museum* sind Objekte aus der Blütezeit der Stadt (16. Jh.) ausgestellt.

*Brühl, Schloß Augustusburg*

## Umgebung

**Abbenbroek** (8 km sö): *Niederländisch-ref. Kirche* mit bemerkenswertem Chor (um 1300), Turm (frühes 15. Jh.) und dreischiffigem Langhaus (um 1500).
**Heenvliet** (7 km sö): *Ruine Ravestein* mit einem höchst eigenartigen, aus einem Raum mit 4 runden Ecktürmen gebildeten Wohnturm.
**Oostvoorne** (5 km w): Der 1105 urkundlich genannte Ort liegt nach der Eindeichung in der Nähe zweier Seen. Die urspr. ma *niederländisch-ref. Kirche* wurde nach einem Brand (lediglich der Turm blieb erhalten) 1627 neu erbaut. 1935 wurden Fundamente der Burg der Herren v. Voorne ausgegraben.

## D-5040 Brühl

Nordrhein-Westfalen

Einw.: 42000  Höhe: 57–156 m  S.384 □ E 14

In Brühl, urkundlich erstmals 1180 genannt und 1285 zur Stadt erhoben, hatten sich bereits die Römer Landsitze errichtet. Später residierten hier Kölner Erzbischöfe und Kurfürsten (1469–1567).
**Schloß Augustenburg:** Der anstelle einer 1689 gesprengten Wasserburg errichtete Herrschaftssitz des Kurfürsten Clemens August, »die bedeutendste Leistung des Barock in den Rheinlanden«, dient heute der Bundesregierung als Repräsentationsgebäude. Die 1725 v. Johann Conrad Schlaun* noch ganz in der Art eines Wasserschlosses begonnene Anlage wurde zwischen 1728 und 1748 durch den bayerischen Hofarchitekten François de Cuvilliés* grundlegend verändert (Beseitigung der Türme, Überarbeitung der Fassade u.ä.) und letztlich 1768 vollendet. Die schweren Schäden des 2. Weltkrieges wurden bis 1961 behoben. Von O gesehen, zeigen die 3 Flügel noch Schlauns begonnene barocke Konzeption. Cuvilliés machte die S-Seite zur neuen Schauseite und verwandelte die Anlage (mit einer großzügigen Terrasse) in ein Gartenschloß. Den prachtvollen *Garten* legte der Franzose Girard an. Das *Treppenhaus* mit verschiedenfarbigen Stuckmarmorsäulen, weißen Figuren, goldgetönten schmiedeeisernen Geländern und hellen Stukkaturen hat Balthasar Neumann* entworfen, v.

**Brühl, Schloß Augustusburg 1** Treppenhaus **2** Gardensaal **3** Speise- und Musiksaal

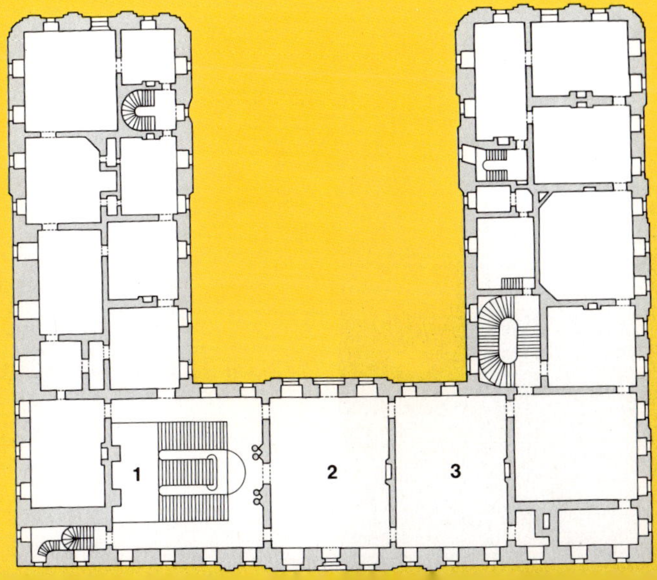

dem auch der Hochaltar in der *Schloßkirche* stammt. An das Treppenhaus schließt sich der *Gardensaal* im leichten, bereits klassizistisch gefärbten Barock an. Im N-Flügel befinden sich u.a. das *Blaue Winterquartier* und darüber das *Gelbe Appartement* mit dem *Cuvilliés-Speisezimmer*. – Restaurierung des Schlosses 1989/90. *Öffnungszeiten:* 9.00–12.00, 14.00–16.00 Uhr außer Mo und den Monaten Dezember und Januar sowie bei Empfängen.

**Außerdem sehenswert:** Das 1729–33 nach Plänen v. François de Cuvilliés* erbaute *Jagdschloß Falkenlust* (geöffnet wie Schloß Augustusburg) ist durch eine Allee direkt mit Schloß Augustusburg verbunden. – Der *Freizeitpark Phantasialand* (u.a. mit Westernstadt, Chinatown, Wildwasserbahn) ist einer der größten Freizeitparks in Europa.

## Umgebung

**Wesseling** (4 km ö): An der Stelle der heutigen Industrie- und Hafenstadt bestand einst ein Römerkastell. – Erwähnenswert ist die aus dem 13. Jh. stammende, nach der Zerstörung 1726 aufgebaute *Lucia-Kapelle* im *ehem. Sioniterhof.*

*Werdenberg (Buchs), Schloß Werdenberg, Bergfried*

## CH-9470 Buchs

St. Gallen

Einw.: 9200 Höhe: 477 m S.379 □ H 3

Der Ort liegt am Kreuzungspunkt de[r] Rheintalstraße in Nord-Süd-Richtung mi[t] der von Westen kommenden Arlberglinie die im Osten ins Toggenburgische führt 1839 wird er nach Dorfbrand wieder aufgebaut. Eine Georgskirche wird 850 erwähnt.

**Kath. Kirche Herz-Jesu:** Den Betonbau errichtete 1964/65 Justus Dahinden*; die Plastiken schuf Albert Wider*.

**Ref. Pfarrkirche:** Wilhelm Schäfer* und Martin Risch* bauten 1931/32 den Rechtecksaal mit Treppenvorhalle; der Turm trägt einen Spitzhelm.

## Umgebung

**Werdenberg** (2 km nw): Das 1289 erwähnte ma Burg- und Marktstädtchen am O-Fuß des Schloßhügels und am Ufer eines Sees blieb v. Feuersbrünsten verschont. Die beiden Tortürme wurden im 19. Jh. abgerissen. Werdenberg ist heute die am besten erhaltene *Holzbausiedlung* der Schweiz mit Fachwerkhäusern aus dem 15.–17. Jh., Strickbauten oder massiven Steinbauten in den urspr. Formen des 15.–17. Jh. mit Arkaden und Lauben. Seit 1960 wird der Ort durch die Stiftung »Pro Werdenberg« restauriert. – *Schloß Werdenberg* wurde 1230 wohl auf älteren Fundamenten durch Graf Rudolf v. Montfort erbaut und war nach Besitzerwechsel im 15. Jh. 1517–1798 glarnerischer Landvogteisitz mit insgesamt 97 Landvögten. Nach einem Brand (1695) wurde es erneuert und vergrößert. Seit 1956 gehört es dem Kanton St. Gallen, der es restaurieren ließ. Der fast quadratische, unter einem einheitlichen Walmdach über den Wohngebäuden liegende Baublock besteht aus dem Bergfried (12.–13. Jh.) in der w Ecke, der ein Zeltdach und ein barockes Zwiebeltürmchen trägt, dem n vorgelagerten Palas (frühes 15. Jh.), dem verbindenden Treppenhaustrakt (Ende 15. Jh.) und dem

*Niederrothweil (Burkheim), St. Michael, Fresko >*

sw angrenzenden sog. Glarnerbau (1695). Das Schloß mit bedeutender Innenausstattung beherbergt das *Rheinmuseum.*

## D-7801 Burkheim

Baden-Württemberg

Einw.: 850 Höhe: 212 m S.380 □ D 5

Eine befestigte Siedlung bestand 1000 v. Chr. Als *Villa Burchheim* wird Burkheim 778 erwähnt. Besitz des Klosters Einsiedeln und der Herren von Üsenburg. Im 13. Jh. erfolgte die Erhebung zur Stadt, 1330 der Verkauf an Österreich, 1806 fiel Burkheim an Baden.

**Kath. Pfarrkirche St. Pancratius:** Die 1742 barockisierte Kirche besitzt im Turmuntergeschoß *Fresken* (um 1500). Der spätgot. *Taufstein* (Ende 15. Jh.) und der barocke *Hochaltar* (um 1750) gehören zur Ausstattung.

**Rathaus:** Den dreigeschossigen Renaissancebau (1604) schmücken das Portal mit Wappen und der polygonale Treppenturm.

**Außerdem sehenswert:** Ruine des 1572-75 erbauten und 1672 zerstörten *Schlosses.* - Teile der *Stadtmauer* und das O-Tor. - *Fachwerkhäuser* aus dem 16., 17. und 18. Jh.

### Umgebung

**Achkarren** (6 km sö): In diesem Weindorf befindet sich das Kaiserstühler *Weinbaumuseum.*

**Bischoffingen** (2 km ö): In der *ev. Pfarrkirche* befinden sich stark restaurierte Wandgemälde aus dem 14. Jh.

**Jechtingen** (2 km n): Ein *röm. Grenzkastell* wurde 370 gegr. und diente vielleicht noch den Alemannen und Franken. - Die spätroman. *kath. Kirche St. Cosmas und Damian* mit frühgot. Kreuzrippengewölbe besitzt eine Holzstatue der hl. Margareta (spätes 15. Jh.). - Die Ruine der im Dreißigjährigen Krieg zerstörten *Burg Sponeck* erhielt 1930 einen fünfeckigen Turm.

**Niederrotweil** (2 km s): Die *kath. Kirche St. Michael* (8. Jh.?) wurde in der 2. Hälfte des 14. Jh. im got. Stil neu gebaut, der Turm ist z. T. noch roman. Der spätgot., virtuos geschnitzte *Hochaltar* gilt als Spätwerk des Meisters H. L.* Im Chor wurden *Fresken* aus dem 14. Jh. freigelegt.

Mit **Oberbergen, Oberrotweil, Sasbach, Schellingen** u. a. bilden diese Orte die Gemeinde *Vogtsburg im Kaiserstuhl,* die größte Weinbaugemeinde Baden-Württembergs. Auf dem Lößboden dieses Vulkankegels (bis 520 m hoch) gedeihen Rebsorten wie Weißburgunder, Ruländer, Weißherbst, Spätburgunder und Dunkelfelder.

# C

## CH-7000 Chur

Graubünden

Einw.: 33 100 Höhe: 600 m S.379 □ H 2

Die Geröllhalde um die rechtsrheinische Mündung der Plessur war seit 2500 v. Chr. besiedelt, dann von den kriegerischen Rätern bewohnt, die ab 200 v. Chr. in Oberitalien einfielen und 88 Como zerstörten. 15 v. Chr. erfolgten die Eroberung durch die Römer unter Drusus und Tiberius und die Gründung der römischen Provinz Rätia. Seit 284 war Chur Hauptstadt der Raetia prima. Mitte des 4. Jh. war Chur erster Bischofssitz nördlich der Alpen, seit 843 gehörte es zum Deutschen Reich. Zu Aufständen gegen den Bischof kam es 1421, 1434 und 1503; 1526 Reformation. 1556, 1566, 1628-31 und 163[illegible] wütete die Pest in Chur; 1464, 1574 und 1674 Stadtbrände. Nach 1620 Bündner Wirren. 1648 schied Chur aus dem Deut chen Reich aus. 1801 wurde Bünden durch Napoleon der Eidgenossenschaft zugeschlagen. Chur ist Kantonshauptort und als Ausgangs- bzw. Endpunkt mehrerer Paßstraßen wichtiger Handelsplatz.

**Kathedrale St. Mariä Himmelfahrt** (Hof 18): An der Stelle einer *prähistorischen Kultstätte* entstand um 450 n. Chr. eine erste Kirche, die nach 760 umgebaut und ab 1151 zu einer gewölbten Pfeilerbasilika zu 3 Jochen mit erhöhtem – aus Presbyterium und eingezogenem, rechteckigem Altarhaus bestehendem – *Chor,* unter dem sich eine doppelte *Krypta* befindet, vergrößert. Mit der Errichtung des Turms im Winkel zwischen n Seitenschiff und Chor war der Bau Ende des 13. Jh. vollendet. Es folgten 1467 der Anbau der späteren *Laurentiuskapelle* und vor 1517 der Einbau der *St.-Luzius-Kapelle* mit *Bischofsloge.* Der viereckige Turm mit achteckigem Glockengeschoß unter einer laternengekrönten Kuppel wurde 1828/29 neu errichtet. Das *W-Portal* ist zwar noch rundbogig, zeigt aber got. Formen. Die *Bauplastik* ist noch roman. Hervorzuheben sind die Kapitelle, die Apostelsäulen, der Löwenreiter und das spätgot. Sakramentshäuschen. *Spätgot. Flügelaltäre* sind der figurenreiche Hochaltar (1492 v. Jakob Russ*) und der St.-Luzius-Altar (1511). Der Altar der Krypta mit den Gebeinen des hl. Fidelis v. Sigmaringen stammt aus dem 12. Jh. Zur *Ausstattung* gehören u. a. der Taufstein (1612), die Kanzel (1733), das got. Chorgestühl (1420/30) sowie der Bischofsstuhl, die

**Chur, Kathedrale St. Mariä Himmelfahrt A** Mittelschiff **B** n Seitenschiff **C** s Seitenschiff **D** Presbyterium (Chor) **E** Altarhaus (Chor) **F** Sakristeigebäude **G** Laurentiuskapelle **H** Empore **I** Turm **J–M:** unter dem Chor D, E, F **J** vordere Krypta **K** Zwischenraum **L** hintere Krypta **M** Dommuseum **1** W-Portal **2** Seiteneingang **3** Grabplatte Jürg Jenatsch **4** St.-Katharinen-Altar **5** St.-Luzius-Altar **6** O-Joch des n Seitenschiffs, darüber St.-Luzius-Kapelle mit bischöflicher Betloge **7** Herz-Jesu-Altar **8** Sakramentshaus **9** Sünderkapitell **10** Aufgang zum Chor **11** Zugang zur Krypta **12** Altar des Hl. Kreuzes **13** Chorgestühl **14** Hochaltar **15** Danielskapitell **16** Altar St. Placidus und Sigisbert **17** St.-Laurentius-Altar **18** Kanzel **19** St.-Josephs-Altar **20** Rosenkranzaltar **21** Sarkophag des Bischofs Ortlieb v. Brandis **22** Wendeltreppe zur Empore **23** Apostelsäulen **24** Löwenreiter **25** Freisäule **26** Mittelsäule **27** Altar der Krypta

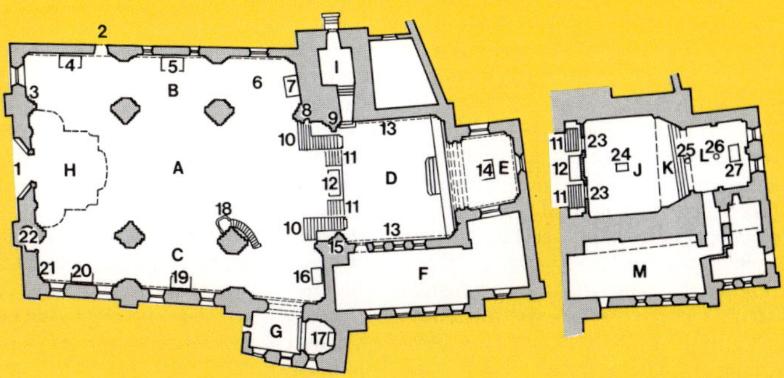

*Chur, Blick auf die Kathedrale*

Pieta (1490) aus der Werkstatt des Jakob Russ*, Grabmäler und -platten, darunter die des 1639 in Chur ermordeten Jürg Jenatsch.

**Weitere sehenswerte Kirchen:** Die *kath. Seminarkirche St. Luzi* (Alte Schanfigger Str. 9) wurde um 700 wohl für die Gebeine des Apostels Rätiens, des hl. Luzius, und seiner Schwester, der hl. Emerita, gegr. und besitzt aus dieser Zeit noch eine karolingische *Ringkrypta*. Nach Verfall wurde sie 1640 wiederhergestellt. An das Langhaus schließt ein erhöhter Chor an, der sich in Vorchor, Chor und eingezogenes, quadratisches Altarhaus gliedert. Über dem Langhaus wurden 1811 zwei Etagen für das Priesterseminar aufgestockt. - Die *kath. Heiligkreuzkirche* (Masanser Str. 161) ist ein Sichtbetonbau (1967-69 v. Walter M. Förderer*) mit katakombenhaftem Inneren. - Die *ref. Pfarrkirche St. Martin* (St.-Martins-Platz 10) geht auf eine karolingische Saalkirche zurück. Nach Um- und Neubauten des 15. Jh. stellt sie sich als zweischiffige Halle mit O-Chor und jüngerem hohem Viereckturm, den ein gebrochenes Zeltdach krönt, dar. Zur Ausstattung gehören der Taufstein (1685), das Chorgestühl (1490/1500, Werkstatt des Johannes Russ*) und 3 Glasgemälde im Hauptschiff (1918 v. Augusto Giacometti*). - Die *ref. Pfarrkirche St. Regula* (Reichsgasse 15) wurde Ende des 15. Jh. von Balthasar Bilgeri* als einschiffiges netzgewölbtes Langhaus zu 3 Jochen mit eingezogenem, dreiseitig geschlossenem Chor unter einem Sterngewölbe erbaut. Der in den unteren Geschossen noch roman. Turm wurde 1662 erhöht. Die modernen, farbenfrohen Glasgemälde (1973) schuf Hanns Studer*.

**Hof:** Den Platz vor der Kathedrale betritt man durch den *Torturm* (um 1200) mit got Trinkstube. Die Häuser stammen aus dem 17. bis 19. Jh. und sind Sitz der Bistumsverwaltung. Das *bischöfliche Schloß* besteht aus Bauten des 17. Jh., die sich um einen dreieckigen Innenhof gruppieren. Der W-

*Chur, Kathedrale, Sarkophag des Bischofs Ortlieb von Brandis*

Trakt wurde 1731–33 im Stil des damaligen österreichischen Barock umgebaut und reich mit Régencestuck ausgestattet. O-Trakt und Treppenturm wurden Mitte des 19. Jh. erneuert.

**Ehem. Befestigung:** Der *Marsölturm* auf dem Hof gehört zum Schloß und enthält die Bibliothek und die Kapelle des Bischofs. – Teile der ehem. *Ringmauer* bilden noch die Mauern des Hofs. Außerdem sind das *Obertor,* der *Pulverturm* und der *Sennhofturm* erhalten.

**Rathaus** (Poststr. 33): Das ma Rathaus brannte 1464 ab. Danach entstand ein mächtiger Gebäudekomplex, der sich über einer offenen Halle erhebt und v. einem großen ansteigenden Satteldach, das nach einer Seite als Krüppelwalmdach abschließt, überspannt ist. Sehenswert sind der holzgetäfelte Ratssaal, die Bürgerratsstube mit Täfer und zinnerner Waschnische aus dem Haus Menhard sowie das Altstadtmodell im Maßstab 1:500.

**Herren- und Zunfthäuser:** Das *Antistitium* (Kirchgasse 21; 1480–90) gehörte früher dem Abt v. Disentis, seit 1557 ist es Wohnung des protestantischen Hauptpfarrers; Martin Luther soll hier auf seiner Romreise abgestiegen sein. – Das barocke *Alte Gebäu* (Poststr. 14; 1727–29) mit sehr schön stuckiertem Treppenhaus und Dekkengemälden ist heute Gerichtsgebäude. – Das *Neue Gebäu* (Reichsgasse 35; 1751/52) mit stuckiertem Saal ist heute Sitz der Kantonsregierung. – *Oberer Spaniöl* (Kirchgasse 16; um 1640) mit frühbarocker Fassade war das 1. frei stehende Herrenhaus in Chur. – *Unterer Spaniöl* (Süßwinkelgasse 20; urspr. got. Reihenhaus, 1654 umgebaut) mit Stuckdecke über dem Vorplatz. – Im barocken *Haus Buol* (Hofstr. 1; 1672/73) befindet sich heute das Rätische Museum. – Im ehem. *Zunfthaus der Rebleute* (Kupfergasse 1; 1483, nach Bränden 1564 und 1664 wieder aufgebaut) ist die got. Zunftstube bemerkenswert. – Das ehem. *Zunfthaus der Schneider* (Kirchgasse 14; Anfang

*Chur, Bischöfliches Schloß*

16. Jh.) schmückt ein dreiseitiger Erker. – Das ehem. *Zunfthaus der Schuhmacher* (Süßwinkelgasse 8) wurde 1596 unter Einbeziehung eines ma Wohnturms gebaut und ist heute Sitz der Musikschule. – In der Altstadt finden sich zahlreiche ältere *Bürgerhäuser*. – In der Umgebung des Postplatzes stehen um 1900 errichtete *repräsentative Neubauten*.

**Museen:** *Bündner Kunstmuseum* (Postplatz): Kunst des 17.–20. Jh. unter Betonung schweizerischer und bündnerischer Künstler. – *Bündner Natur-Museum* (Masanerstr.): Sammlung zur Naturkunde Graubündens. – *Dommuseum* (Kathedrale: Hof 18): Kirchenschatz und sakrale Kunst vom 4. bis 18. Jh. – *Didaktische Ausstellung Urgeschichte* (Schulhausanlage Lachen, Tittwiesenstr. 100): Funde und Dokumentation bis zur Bronzezeit. – *Kutschensammlung* (Hotel Stern, Reichsgasse 11). – *Rätisches Museum* (Hofstr. 1): Archäologische, historische, kunstgeschichtliche und volkskundliche Sammlung Graubündens. – *Weinbaumuseum* (Ecke Neubruchstr./Falknisstr.): Sammlung zum Weinanbau in Graubünden. – *Röm. Ausgrabungen Areal Ackermann* (Seilerbahnweg, Nähe Luftseilbahn Brambrüesch/Markthallenplatz): In einem hier gelegenen Schutzbau sind die Mauerüberreste v. 3 röm. Gebäuden mit verkohltem Holzbretterboden und den Resten einer Hypokaustanlage (Unterbodenheizung) sowie eine kleine provisorische Fotoausstellung zu sehen. Der Schlüssel zum Schutzbau kann werktags gegen eine Depotgebühr bei der Verwaltung des Rätischen Museums ausgeliehen werden.

**Theater:** Die Aufführungen des festen Schauspielensembles werden durch Gastspiele auch mit Operette und Musicals ergänzt.

## Umgebung

**Domat/Ems** (6 km w, am rechten Rheinufer): Ems wird 765 als *Amede* urkundlich erwähnt. Mit Domat zusammengelegt, entwickelt es sich zum Industrievorort v. C. mit dem obersten Chemiewerk am Rhein. - Die *Alte kath. Pfarrkirche St. Johann Baptist* liegt auf einem Geschiebekegel und entstand in der 1. Hälfte des 12. Jh. als ummauerte Wehrturmanlage. 1504-15 wurde die Kirche erneuert. Der Eingang führt durch den Turm im W in das rechteckige Langhaus, das der erhöhte polygonale O-Chor abschließt. Dort steht ein spätgot. Flügelaltar, dessen Schnitzwerk der Werkstatt v. Syrlin d. J.* zugeschrieben wird. Beachtenswert ist eine roman. Holzfigur Johannes d. T. Zur Anlage gehören noch die offene Vorhalle, die Kapelle der schmerzhaften Muttergottes, die Heilig-Grab-Kapelle und das Beinhaus. - Die *kath. Pfarrkirche St. Mariä Himmelfahrt* ist ein spätbarocker Bau (1730-38) v. Giovanni Battista Berna*. - Auf einem der für die Gegend typischen Hügel (kegelförmige diluviale Ablagerungen), dem Tuma Casti, lag eine ma Burg, in deren ö Bezirk die *Antoniuskapelle* (1725) steht. Am Fuß des Hügels steht die aus karolingischer Zeit stammende *Peterskapelle;* sie wurde später umgebaut. Die Wandmalereien (1698) stammen von Fridolin Eggert*, einige Holzstatuetten entstanden im 14. und 16. Jh.

**Haldenstein** (3 km n, linkes Rheinufer): Im Turm der *ref. Kirche* (1732) stecken noch roman. Teile. - *Schloß Haldenstein* (1544-48; 1731-35 vergrößert) ist eine unregelmäßig rechteckige Anlage mit runden Ecktürmen und einer zinnenbesetzten Terrassenmauer zum Rhein. - In den Felsen über dem Ort liegen die Ruinen der Burgen *Haldenstein, Grottenstein* und *Lichtenstein.*

**Igis-Landquart** (12 km n, rechtes Rheinufer): Die *ref. Kirche* v. Igis (um 1300; 1486 got. erweitert) enthält Wandgemälde aus der 1. Hälfte des 15. Jh. - Das *ehem. Schloß Salis* (1630) ist heute Gemeindehaus. - In den Felsen über der Klus liegen die Ruinen der im 12. Jh. erbauten *Burg Falkenstein.* - *Landquart* ist ein mit dem Bau der Rhätischen Bahn entstandener Industrieort. - Zwischen den beiden Ortsteilen liegt *Schloß Marschlins,* ehemals ein Wasserschloß, ein Rechteckbau mit runden Ecktürmen und guter barocker Innenausstattung.

*Domat-Ems (Chur), St. Johann*

**Maienfeld** (19 km n, rechtes Rheinufer): Besiedlung seit der Jungsteinzeit, röm. Brückenstation, karolingischer Königshof und im 14. Jh. befestigte Stadt, deren Bauten aber durch Brände vernichtet wurden. Die heute zu sehenden Patrizier- und Bürgerhäuser entstanden meist nach 1720. - *Schloß Brandis* (um 1250 gegr., oft erweitert) besteht aus 2 Rechteckbauten und dem viereckigen N-Turm mit 6 Geschossen. - In den Weinbergen liegt *Schloß Salenegg,* das 1604 erbaut, im 17. und 18. Jh. erweitert wurde.

**Malans** (16 km n, rechtes Rheinufer): Hier wird seit 956 Wein angebaut. Oberhalb des Dorfs mit noch z. T. ma Häusern liegt in barockem Garten *Schloß Bothmar.* An die Burgen *Wynegg* und *Klingenhorn* erinnern nur noch Ruinen. - In der Rheinebene liegt die nach holländischem System v. franz. Truppen unter dem Herzog v. Rohan angelegte *Rohanschanze,* die bereits 1639 wieder geschleift wurde. Reste v. Wällen und Schanzen sind noch sichtbar.

*Igis-Landquart (Chur), Schloß Marschlins*

**Untervaz** (11 km n, linkes Rheinufer): Das Dorf entwickelte sich zu einem Industrieort mit Zement- und Kieswerk. - Eine karolingische Kirche mußte 1848 dem Neubau der *kath. Kirche St. Laurentius* weichen. Die *ref. Kirche* wurde um 1700 erbaut. - In der Nähe liegen die Ruinen der Burgen *Friewis, Neuburg* und *Rappenstein*.

**Zizers** (11 km n, rechtes Rheinufer): Die *kath. Pfarrkirche St. Peter und Paul* und die *ref. Kirche* erhielten im 18.Jh. ihre jetzige Gestalt. Für die Herren v. Salis wurden das *Obere* und das *Untere Schloß* im 17.Jh. erbaut. Letzteres, ein Rechteckbau mit kuppelgekröntem Turm, ist das Wahrzeichen des Orts.

## F-68000 Colmar

Haut-Rhin

Einw.: 70000 Höhe: 195 m S.380 □ D 5

Die etwa 10 km westlich des Rheins gelegene drittgrößte Stadt im Elsaß, Hauptstadt und kultureller wie auch - durch Weinhandel und Textilindustrie - wirtschaftlicher Mittelpunkt des Départements Haut Rhin (Oberelsaß), entwickelte sich aus dem 823 erstmals genannten Königsgut *Columbarium* (Taubenschlag). 1220 durch Mauern gesichert, 1226 durch Friedrich II. zur Reichsstadt erhoben, trat das mittlerweile sehr vermögende Colmar 1354 dem elsässischen Zehnstädtebund bei. Bereits 1360 entstand eine erste städtische Verfassung, und 1425 war die vollständige Unabhängigkeit erreicht. In dieser nun einsetzenden Blütezeit lebten und wirkten in Colmar z.B. der hier geborene Maler und Kupferstecher Martin Schongauer* (um 1445-91), der aus Würzburg stammende Maler Matthias Grünewald* (um 1475-1528) und der Arzt Paracelsus (1493-1541). Nach dem Dreißigjährigen Krieg wurde Colmar an Frankreich übergeben (1648), von 1871 bis 1918 kam es erneut zu Deutschland - beide Male hatten die Bewohner heftigen Widerstand geleistet. - Die mittelalterliche, unter Denkmal-

*Colmar, Saint-Martin, Tympanon des Hauptportals*

schutz gestellte Altstadt mit ihren Fachwerkhäusern, Kirchen und weltberühmten Kunstwerken ist bis heute, verschont von den Bomben beider Weltkriege, ausgezeichnet erhalten.

**Église des Dominicains** (Rue des Dominicains): Den Grundstein zum Bau dieser - nach den Bettelordensregeln - sehr schlichten Dominikanerkirche mit schlanken, weit auseinanderstehenden Säulen im Inneren legte 1283 König Rudolf v. Habsburg. Die im 13. und 14. Jh. entstandenen *Buntglasfenster* (u.a. ein Zyklus mit Szenen aus dem Leben Christi) in Chor und Mittelschiff halten durchaus einen Vergleich mit den Fenstern des Straßburger Münsters aus. Doch der wertvollste Kunstschatz ist die 1972 aus Saint-Martin gestohlene, 1973 wiedergefundene und heute in einem Schrein im Chor der Dominikanerkirche aufgestellte *Maria im Rosenhag*, die, bis 1473 entstanden, Martin Schongauers* frühestes und - wegen der sehr feinen, ausdrucksstarken Gesichtszüge - vielleicht auch großartigstes Gemälde ist. Urspr. aus Saint-Martin stammt auch die sog. *Colmarer Madonna* (15. Jh.). Im n anliegenden *Dominikanerkloster* (Kreuzgang des 15. Jh., großenteils veränderte Klostergebäude) ist seit 1941 die *Stadtbibliothek* untergebracht.

**Saint-Martin** (Place de la Cathédrale): Die v. den Colmarern »Münster« oder »Kathedrale« genannte Pfarrkirche geht in ihrer heutigen Gestalt im wesentlichen auf eine Bauzeit v. 1237 bis 1366 zurück. An den Arbeiten der bestehenden dreischiffigen Basilika mit ihrem als Wahrzeichen v. C. geltenden *S-Turm* wirkten v.a. Meister Humbret* (um 1260; Quer- und Langhaus), Meister Wilhelm v. Marburg* (seit 1310; Langhauswölbung, w Maßwerkgiebel) und Meister Henselin* (nach 1350; Langchor) mit. Das *Nikolausportal* an der s Stirnseite des Querhauses zeigt im unteren (roman.) Bogenfeld die Nikolauslegende (um 1230) und darüber in einem spitzbogigen Feld das Jüngste Gericht (nach 1250); unter den 14 Figuren am äußeren Bogen befindet sich, mit Winkelmaß und Reißbrett, auch Baumeister Humbret* (4. v. l). Im zweigeteilten Bogenfeld des w *Hauptportals* sind die Anbetung der Könige und erneut das Jüngste Gericht (13. Jh.) dargestellt. Der weite helle *Innenraum* bewahrt – trotz des Verlustes des Gemäldes »Maria im Rosenhag« – einige sehenswerte Kunstschätze, so ein *Abendmahlsgemälde* aus der Schongauer-Schule (um 1500), eine *Kreuzigungsszene* des 14. Jh., den *Heilsspiegel* aus dem 14. Jh. und ein kleines *Vierpaßfenster* mit Christuskopf aus dem 12. Jh.

**Weitere Sakralbauten:** Die v. 1290 bis 1340 erbaute, im 15. und 18. Jh. erweiterte *ehem. Franziskanerkirche* (Grand'Rue) besitzt einen Lettner zwischen Chor und Langhaus, einige Buntglasfenster des 14. und 15. Jh. (u.a. »Kreuzigungsfenster« v. 1470), ein Holzkruzifix um 1500 und eine Silbermann-Orgel v. 1702. – *Saint-Pierre* (Boulevard du Général Leclerc) wurde 1742–50 als Jesuitenkapelle über kreuzförmigem Grundriß erbaut. Das zugehörige *Kollegium* (heute Lycée Bartholdi) wurde 1720–77 erweitert. – *Catherinettes* (Rue Kléber), Klosterkirche (urspr. 14. Jh.) und Klostergebäude, wurden im 18. Jh. umgebaut. – Im *ehem. Augustinerkloster* (Rue des Augustins) des 14. Jh. befindet sich heute das Gefängnis. – *Ehem. Johanniterkomturei* (Rue Saint-Jean) mit spätgot. Portal. – Das weitläufige *Ancien Hôpital* (ehem. Spital, heute Technikum; Place du 2 Février) wurde 1735 im Barockstil errichtet. – *Neuer Friedhof* (Rue de Ladhof) mit Kruzifix v. 1507.

**Ancienne Douane/Altes Kaufhaus** (Place de l'Ancienne Douane): Das »Koifhüs« war einst wirtschaftlicher und politischer Mittelpunkt der Stadt: Während in der Halle Waren gelagert wurden, tagten (bis 1538) im Obergeschoß Rat und Schöffengericht. Bereits 1480 war das dem Marché-aux-Fruits zugewandte got. Gebäude mit Maßwerkbalustrade und hohem, mit buntglasierten Ziegeln gedecktem Walmdach erbaut worden. Der rechtwinklig angesetzte Bau mit Treppenturm stammt aus dem 16. Jh., die Freitreppe (auf der anderen Seite) erst aus der Zeit um 1700. – An der Place de l'Ancienne Douane liegen auch das *Haus des Pilgers* v. 1571, das *Geburts-*

**Colmar Saint-Martin 1** W-Fassade mit zweigeteiltem Hauptportal **2** s Querhaus mit Nikolausportal **3** Langchor mit Kapellenkranz **4** n Querhaus mit kleinem Doppelportal

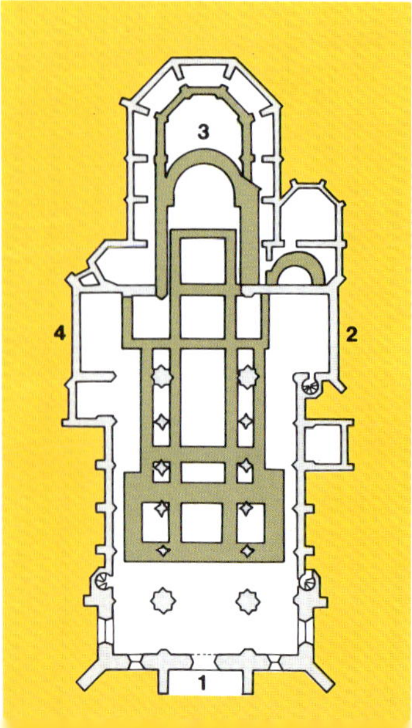


*Colmar, Portal des Zunfthauses der Bauern*

*haus* (16. Jh.) des Generals J. Rapp († 1821), das *Haus zum roten Hufeisen* und das *Haus des Wallfahrers,* am Marché-aux-Fruits das um 1600 erbaute *Haus Kern* mit hohem Volutengiebel.

**Maison des Têtes/Kopfhaus** (Rue des Têtes): Den Renaissancebau (heute Weinlokal) mit schönem Portal, Fassadenerker, Volutengiebel und etwa 100 Kopfmasken (an Fensterpfosten und Erker) errichtete 1609 A. Schmidt*.

**Maison Pfister** (Rue des Marchands): Das 1537 erbaute Pfisterhaus mit vorgelagertem Holzbalkon, zweistöckigem Erker und Treppenturm ist das wohl reizvollste Haus v. C. – Links anliegend ein *Fachwerkhaus* mit geschnitzter Holzfigur am Eckpfosten.

**Weitere Profanbauten:** *Maison des Arcades* (Grand'Rue), Renaissancehaus v. 1606 mit Lauben, Eckerkern und Volutengiebeln. – Das klassizistische *Palais du Conseil Souverain d'Alsace* (Marché-aux-Fruits) wurde 1765–71 aus rötlichem Sandstein erbaut. – Das im 15. Jh. entstandene *Huselin zum Swan* (Rue Schongauer) mit Erker wird, obwohl Schongauer in einem – zerstörten – Nachbarhaus lebte, auch *Schongauerhaus* genannt. – An der Place Saint-Martin befinden sich u.a. die 1350 erbaute *Maison Adolphe* (dem s Querhaus des Münsters gegenüber), ein *Renaissance-Eckhaus* (zur Krämergasse, l daneben) aus dem 16. Jh. oder das 1575 errichtete Gebäude des *Ancien Corps de Garde* (r v. Maison Adolphe) mit Halle, Renaissanceportal und Erker. – Reizvolle Fachwerkhäuser finden sich auch in der *Rue Turenne,* die auch *Krutenau/Krautenau* genannt wird, weil hier früher der Gemüsemarkt abgehalten wurde. Vom *Pont Saint-Pierre* (Brücke auf dem Boulevard Saint-Pierre s der Rue Turenne) bietet sich ein schöner Blick über die beiderseits der Lauch gelegenen Häuser bis zum Turm v. Saint-Martin. *Gerberviertel/Quartier des Tanneurs* mit zahlreichen Fachwerkhäusern. – *Rathaus* (Rue des Clefs) aus dem 18. Jh., *Zunfthaus der Bauern* (Rue Vauban) mit bemalter Fassade aus dem 16. Jh. – *Ehem. Rappoltsteiner Hof* (heute Hôtel Ribeaupierre) aus dem 17. Jh. und daneben *Amtsgericht* v. 1842 in der Rue des Augustins.

**Musée Bartholdi** (Rue des Marchands): Im Geburtshaus des Bildhauers Auguste Bartholdi* (1834–1904) hat man ein Museum zum Andenken dieses Künstlers eingerichtet, dessen bedeutendstes Werk wohl die Freiheitsstatue v. New York ist.

**Musée d'Unterlinden/Unterlinden-Museum** (Place d'Unterlinden): Das durch seine wertvollen Kunstwerke weltbekannte Museum wurde 1849 in den Räumen des 1232 gegr. und 1789 aufgegebenen Dominikanerinnenklosters (mit zentralem Kreuzgang und der 1269 v. Albertus Magnus geweihten Kapelle) eingerichtet. Die bedeutendsten Ausstellungsstücke befinden sich in der Kapelle, so auch der nach 1510 v. Matthias Grünewald* für das Antoniterkloster in Isenheim geschaffene *Isenheimer Altar.* Der ehem. Wandelaltar verschloß im Mittelteil den geschnitzten Schrein, dessen überlebensgroße Figuren (Kirchenväter) vermutlich Nikolaus v. Hagenau* schuf. Auf der geschnitzten Predella, die ebenfalls mit einem Gemälde (Grablegung) abgedeckt werden konnte, ist Jesus mit den Aposteln dargestellt. Um die einzelnen Bildtafeln besser betrachten zu können, wurde der Wandelaltar inzwischen in mehrere Teile zerlegt. Bei geschlossenem Zustand ist in der Mitte die

*Colmar, Maison des Têtes*

*Colmar, Unterlinden-Museum, Isenheimer Altar, Begegnung des hl. Antonius mit dem Eremiten Paulus*

düstere »Kreuzigung Christi« (auffallend die expressive Gestik der einzelnen Figuren, z.B. der lange Zeigefinger Johannes' d.T.) zu sehen, flankiert v. den hll. Sebastian und Antonius. Nach der 1. Öffnung erschienen v. l nach r die »Verkündigung an Maria«, ein »Weihnachten-Engelskonzert« und die »Auferstehung Christi«, an der man bes. gut die eigenwillige, ausdrucksstarke Farbgestaltung Grünewalds beobachten kann. Bei vollständiger Öffnung zeigte sich dann in der Mitte der bereits erwähnte Schrein, l die »Begegnung des hl. Antonius mit dem Eremiten Paulus« und r »Versuchung des hl. Antonius«. Ebenfalls in der Kapelle untergebracht sind 2 Werke v. Martin Schongauer*, die um 1475 entstandenen *Flügel vom Altar des Jean d'Orlier* sowie der unter Mitarbeit seiner Werkstatt geschaffene *Passionsaltar*. Im Erdgeschoß des O-Flügels sind v.a. Werke oberrheinischer Meister (v.etwa 1360 bis 1520) aufgestellt, darunter der 1462-65 v. Kaspar Isenmann* gemalte *Passionsaltar* und eine um 1380 auf Goldgrund gemalte *Kreuzigung*. Bemerkenswert sind auch Goldschmiedearbeiten, Skulpturen und Grabsteine, archäologische Fundstücke, die historische und volkskundliche Sammlung sowie einige moderne Kunstwerke v. Georges Braque*, Fernand Léger*, Pablo Picasso* und Victor Vasarely*. – Der *Brunnen der Schneiderzunft* (vor dem Eingang) entstand 1610.

**Außerdem sehenswert:** Geringe Reste der ehem. *Stadtbefestigung* finden sich noch an der Place des Six Montagnes Noires. – *Schwendibrunnen* und *Rebmännleinbrunnen* auf der Place de l'Ancienne Douane schuf Auguste Bartholdi*.

## Umgebung

**Ammerschwihr/Ammerschweier** (8 km nw): 1944 fast völlig zerstörter Weinort mit got. Kirche *Saint-Martin* (innen ein großes

*Colmar, Isenheimer Altar, Versuchung des hl. Antonius*

Kruzifix v. 1606) - sowie *Schelmenturm, Obertor* und *Bürgerturm* als Rest der Stadtbefestigung.

**Eguisheim/Egisheim** (6 km s): Das Städtchen ist der Geburtsort v. Papst Leo IX. (1002-54). Die noch v. *Stadtmauern* umzogene Altstadt mit zahllosen *Fachwerkhäusern, Pfarrkirche* mit roman. Turm und prachtvollem Portal des 17. Jh. sowie der urspr. staufischen, jedoch grundlegend veränderten *Burg* zählt zu den reizvollsten Ortsbildern im Elsaß. - *Les Trois Tours d'Eguisheim* (»die 3 Türme v. Eguisheim« = die Burgen Weckmund, Wahlenburg und Dagsburg) liegen gemeinsam mit der Hohlandsburg und der Pflixburg an der »Route des Cinq Châteaux« (»Fünf-Burgen-Straße«), die Eguisheim und Wintzenheim verbindet.

**Hohlandsbourg/Hohlandsburg** (11 km sw): Von der in etwa 640 m Höhe gelegenen, urspr. aus dem 13. Jh. stammenden und 1637 im Auftrag Richelieus zerstörten *Burganlage* sind neben Umfassungsmauern (z. B. mit Erkern) und Wohngebäuden auch Reste des Wartturms (mit Zisterne), eines Eckturms und des Eingangstors erhalten. - Ca. 2 km n (Richtung Wintzenheim) liegt die ebenfalls aus dem 13. Jh. stammende *Pflixbourg* mit gut erhaltenem, 25 m hohem Bergfried, Mauern und Wohngebäuden.

**Kaysersberg** (12 km nw): In dem malerischen, 1293 zur Reichsstadt erhobenen Winzerort wurde Albert Schweitzer (1875-1965) geboren. - *Pfarrkirche Sainte-Croix* (12.-15. Jh.) mit mehrfach gestuftem roman. W-Portal, spätgot. Hl. Grab, Schnitzaltar (1518) v. H. Bongart* und Triumphbogenkruzifix (um 1500). - Zweigeschossige *Chapelle Saint-Michel/Kapelle St. Michael* (14. Jh.) mit ehem. Beinhaus, *ehem. Franziskanerkirche* v. 1780 (heute Spital). - Bemerkenswerte Profanbauten sind u. a. das *Rathaus* (1521 und 1604) mit Erker und Treppenturm, das *Fachwerkhaus Brief* v. 1594 (l der Weißbrücke) mit Erker, offener Holzgalerie und Turm, die *Hostellerie du Pont* v. 1600 (r der Weißbrücke) oder das *Haus Loewert* (vor Sainte-Croix). Die mit Zinnen und Schießscharten befestigte *Weißbrücke* wurde 1514erbaut. - Von der *ehem. Stauferburg* sind der 20 m hohe Bergfried (um 1220) und Mauerreste erhalten. - In einem 1521 erbauten Haus in der Rue de Général-de-Gaulle ist das *Heimatmuseum* untergebracht.

**Turckheim/Türkheim** (8 km w): Malerisches altes Weinstädtchen mit *Fachwerkhäusern* (z. B. an der Place Turenne oder in der Grand'Rue), 3 wuchtigen *Tortürmen* und klassizistischer *Kirche* mit roman. Turm.

# D

**NL - Delft**
Südholland

Einw.: 86000 S.386 □ A 17

Bereits 1246 mit Stadtrechten versehen, entwickelte sich Delft durch Tuchhandel, Brauereien und Schiffahrt zu einer blühenden Handelsstadt, die 1536 aber in weiten Teilen niederbrannte. Im 16. Jh. entstanden die ersten Töpfereien, und im 17. Jh. erlebte die Stadt durch ihre Keramikindustrie (Delfter Blau) die größte wirtschaftliche Blüte. In Delft wurden Huig de Groot (1583-1645), als Hugo Grotius Initiator des modernen Völkerrechts, und Jan Vermeer* (1632-75), der die Delfter Malschule begründete, geboren. Delft war außerdem lange Zeit Residenz der Statthalter von Oranien.

**Nieuwe Kerk** (Markt): Die got. Neue Kirche wurde 1384-1496 erbaut; der 108 m hohe Turm trägt ein Glockenspiel der Brüder Hémony v. 1663. Das v. Hendrick de Keyser* 1614 begonnene und v. seinem Sohn Pieter 1622 vollendete monumentale *Renaissance-Prunkgrab Wilhelms von Oranien* steht im Chor. In der darunterliegenden *Gruft* ruhen 41 Fürstinnen und Fürsten des Hauses Nassau-Oranien. Im Chorumgang das *Denkmal König Wilhelms I.* († 1843) und das v. Antonio Canova* geschaffene *Grabrelief für Willem George Frederik v. Oranien* († 1709). An der n Chorwand ein *Marmordenkmal für Hugo Grotius,* dessen *Bronzestandbild* v. 1886 auf dem Marktplatz aufgestellt wurde.

**Oude Kerk** (Heilige Geestkerkhof): In der vom 13. bis 15. Jh. erbauten Kirche mit leicht geneigtem Turm (um 1300) und Kanzel aus dem Jahre 1548 sind die berühmten Admirale Piet Hein († 1629) und Maerten H. Tromp († 1653), der Maler Jan Vermeer (1632-75) und der Naturforscher Antony van Leeuwenhoek (1632-1723) beigesetzt.

**Begijnhof** (Oude Delft 215): Der Delfter Beginenhof besitzt ein spätgot. Tor mit einem Relief Johannes' d. Ev. Die *Oud-katholieke Schuilkerk* mit schöner Barockausstattung wurde 1743 v. Daniel Marot erbaut.

**Gemeenlandshuis van Delftland** (Oude Delft 167): Das Deichamt wurde um 1520 für den Deichgrafen und Schulzen Jan de Huyter erbaut, 1620 erneuert und ist seit 1645 Gemeenlandshuis. Das Haus besitzt einen schönen Giebel und ein beachtenswertes Portal mit darüber befindlichen farbigen Wappen.

**Oostpoort:** Das um 1400 entstandene O-Tor, das einzige noch erhaltene Tor der Stadtbefestigung, wird v. 2 runden Türmen mit schlanken Helmen (frühes 16. Jh.) flankiert.

**Prinsenhof** (Agathaplein 1): Um 1400 als Kloster St. Agatha erbaut, war der »Hof«

ab 1573 Residenz des Prinzen Wilhelm v. Oranien und später Mittelpunkt des Delfter Tuchhandels. Auf einer Treppe in diesem Haus wurde Wilhelm v. Oranien 1584 im Auftrag des spanischen Königs Philipp II. ermordet. Heute ist hier ein v.a. dem Krieg der Niederländer und Spanier (1568–1648) gewidmetes *Museum* untergebracht. Gezeigt werden darüber hinaus auch Delfter Fayencen, Gemälde der Delfter Maler u.ä.

**Stadhuis** (gegenüber Nieuwe Kerk): Von dem urspr. Rathausbau n aus der Zeit um 1300 steht nach 2 Bränden nur noch der *Turm Het Steen* mit schweren Backsteinuntergeschossen (obere Geschosse aus dem 15.Jh.). Das Gebäude (innen mit Ratssaal und Oranje-Galerie) selbst wurde 1618 nach Plänen Hendrick de Keysers* im Stil der niederländischen Renaissance erbaut.

**Außerdem sehenswert:** Das *Armentarium* (Waffenmagazin; Korte Geer) mit großem Marsrelief und Sammlung des niederländischen *Heer- und Waffenmuseums* wurde 1601 erbaut und 1692 erweitert. – Delft besitzt 3 Stiftsbauten: das malerische *Hofje van Gratie* (Van der Mastenstraat) v. 1575 mit 7 Häuschen und Innenhof, das 1707 für unverheiratete Frauen errichtete *Hofje van Pauw* (Verwersdijk) und das urspr. 1605 erbaute *Klaeuws Hofje* (Oranje Plantage). – Das 1660 nach Plänen v. Pieter Post* erbaute *Kruitmagazin* mit Torgebäude und Pulvertürmen liegt s der Stadt an der W-Seite der Schie. – Im *Rijksmuseum Lambert van Meerten* (Oude Delft) werden u.a. Fliesenbilder oder Silberarbeiten, im *Volkenkundig Museum Nusantra* (Agathaplein 4) Exponate aus dem indonesischen Kulturbereich gezeigt. Ein *Museum* ist auch im Haus des Malers Paul Tétar van Elven* (1823–96) am Kornmarkt eingerichtet. – Die alte Kunst des »Delfts Blauw« wird heute noch v. 3 (zu besichtigenden) Manufakturen gepflegt (*De Porceleyne Fles* am Rotterdamseweg, *De Delftse Pauw* am Delftsweg und *Atelier de Candelaer* an der Kerkstraat).

*Delft, Gemeenlandshuis van Delftland, Portal mit Wappen* >

HOLLANDIA
A° DOMINI
IUSTITIA
DEL PHENSIVM CVRIA REPARATA

## CH-8253 Diessenhofen
Thurgau

Einw.: 2900 Höhe: 412 m S.378 □ F 4

Um 757 gehörte Diessenhofen zu St. Gallen und war dann im Besitz der Kyburger; 1178 erfolgte die Erhebung zur Stadt und Ummauerung. 1284 kam es an Habsburg, war 1415–42 Reichsstadt, dann wieder österreichisch; es wurde 1460 von den Eidgenossen erobert. Das Brückenstädtchen hat seinen mittelalterlichen Charakter mit zahlreichen spätgotischen Profanbauten erhalten.

**Ref. Kirche St. Dionysius:** Eine Vorgängerkirche aus dem 7.–8. Jh. ist oft umgebaut worden, zuletzt 1838–39 durch Jean Ruch* und Nepomuk Keller* in eine neugot. Spitztonnenhalle mit eingezogenem langen Chor, der sich im S zur roman. Kapelle öffnet. Roman. Reste im Mauerwerk und Turm. Zur *Ausstattung* gehören die spätgot. Sakramentsnische, zahlreiche Epitaphe und die Glasgemälde (1970) v. Gian Casty*.

**Rheinbrücke:** Die 1292 erstmals erwähnte Holzbrücke wurde mehrfach erneuert, bis sie 1799 durch die Russen zerstört wurde. Man baute sie 1814–18 wieder neu. Nach Bombardierung durch die Amerikaner wurde sie 1945 renoviert.

**Außerdem sehenswert:** *Oberhof* (Hintergasse 47; 1520–27) mit Malereien v. Thomas Schmidt* v. 1527. – *Unterhof* (Obere Kirchgasse 15), die Burg der Truchsessen v. D. aus dem 12. Jh., erfuhr im 14., 16.–19. Jh. stärkere Umbauten. Im Erdgeschoß des Palas befinden sich Wandmalereien aus dem 14. Jh. – Das *Vordere oder Konstanzer Amtshaus* (Schwaderloch Nr. 7) wurde 1489 vom Konstanzer Domkapitel erworben, 1518–19 umgebaut und 1782 barockisiert. – Das *Hintere oder Petershauser Amtshaus* (Museumsgasse 11) wurde 1558 erbaut, 1586 vom Kloster Petershausen erworben und 1840 aufgestockt. Hier befinden sich heute das *Stoffdruckmuseum* und die *Gemäldesammlung* der Stiftung Carl Roesch.

*< Delft, Stadhuis*

*Diessenhofen, Stadttor*

### Umgebung

**St. Katharinenthal** (3 km w): Das *ehem. Dominikanerinnenkloster* (im 13. Jh. gegr.) wurde 1713–18 v. Franz Beer* erneuert. Die *Klosterkirche* entstand nach seinen Plänen durch Johann Michael Beer* 1732–35 im vorarlbergisch-schweizerischen Barock.

## NL - Dordrecht
Südholland

Einw.: 107 000 Höhe: 3–5 m S.386 □ B 17

Das malerisch auf einer gleichnamigen Insel gelegene Dordrecht, 1138 erstmals urkundlich genannt und 1220 mit Stadtrechten versehen, erlebte im 13. Jh. seine größte Blüte als Handelsstadt. 1421 trennte die St.-Elisabeths-Flut die Stadt von Brabant, 1572 war sie ein Stützpunkt im Freiheitskampf gegen Spanien.

**Grotekerk/Onze-Lieve-Vrouwekerk:** Die Liebfrauenkirche mit ihrem 70 m hohen, wuchtigen Turm und prächtigem Chor zählt zu den bedeutendsten Sakralbauten der Niederlande und ist darüber hinaus die einzige Kirche mit einem ganz in Stein überwölbten Langhaus. Der Baubeginn lag wohl in den 80er Jahren des 13. Jh., doch verzögerten Belagerungen, Brände und die St.-Elisabeths-Flut die Fertigstellung bis in die 2. Hälfte des 15. Jh. Die wertvollsten Ausstattungsstücke sind das Chorgestühl (1538–41) v. Jan Terwen*, die Messing-Chorschranken v. 1743, die Orgel v. 1671 und v.a. die Marmorkanzel v. 1765.

**Außerdem sehenswert:** Das urspr. 1544 erbaute *Stadhuis* (Rathaus) wurde 1835–42 u.a. mit 4 wuchtigen Säulen und Giebelfeld umgestaltet. – Der *Groothoofdspoort*, einziges erhaltenes ma Stadttor (mit Relief

< *Dordrecht, Grotekerk*

*Knechtsteden (Dormagen), St. Maria und St. Andreas*

der Stadtpatronin), wurde 1618 und 1692 barock umgestaltet.

In der Wjinstraat liegen u.a. *Haus Beverenburg* (Nr. 81) v. 1556 und das 1650 nach einem Entwurf v. Pieter Post* erbaute *Haus Nr. 79,* in der Museumstraat der *Arend Maertenshof* (Nr. 38) v. 1625 mit Schmiedeeisenbrunnen und das *Dordrechts Museum* (Nr. 40), u.a. mit Gemälden Dordrechter Maler.

Im *Museum van Gijn* (Nieuwe Haven) sind unter anderem Zimmer im Louis-quatorze-Stil, altes Spielzeug und historische Stiche zu sehen.

Der *Voorstraats Haven* ist der Dordrechter Hauptkanal.

## Umgebung

**Maasdam** (13 km w): *Niederländisch-reformierte Kirche* mit Turm aus der Zeit um 1650. In der Umgebung typisch holländische Landschaft mit Wasserläufen und Kopfweiden.

## D-4047 Dormagen

Nordrhein-Westfalen

Einw.: 57 000 Höhe: 45 m S. 384 □ E 15

Das links des Rheins an der Stelle des ehemaligen römischen Militärlagers *Durnomagus* gelegene Dormagen wurde 1969 zur Stadt erhoben und ist heute Sitz unter anderem von chemischer Industrie. Einzig erwähnenswert ist der Wildpark und geologische Park Tannenbusch.

## Umgebung

**Knechtsteden** (5 km w): Die ehem. Prämonstratenserkirche *St. Maria und St. Andreas,* eine roman. Gewölbebasilika mit Doppelchor (im O und W), wurde 1138–62 erbaut; lediglich der O-Chor ist got. erneuert (1477). Bes. sehenswert sind die Rund- und Halbrundsäulen im schlichten Innenraum, die Kapitellplastik am S-Portal und an den Chorschranken sowie v.a. das sehr bedeu-

*Dornbirn, Rotes Haus*

tende *Monumentalwandgemälde* (1162) in der Apsisrundung.

**Zons** (4 km nö): Die v. 1372 bis 1400 in der Nachfolge v. Neuss unmittelbar am Rhein errichtete *Kurkölnische Zollfestung* ist – u. a. mit Windmühlenturm (im SW), Zollturm (im NO) und zahllosen Wachttürmen – praktisch unversehrt erhalten geblieben. An der Rheinseite innerhalb der Mauern liegt das *Schloß Friedestrom* mit Juddeturm (14. Jh.) und Herrenhaus (heute Kreismuseum).

## A-6850 Dornbirn

Vorarlberg

Einw.: 40000 Höhe: 436 m S.379 □ H 3

Eine alemannische Siedlung bestand um 500. Nach 895 wird Dornbirn erstmals erwähnt (als *Torrinpuirrom),* 1168 gelangte es an Pfalzgraf Hugo v. Tübingen, den Stammvater der Grafen v. Montfort, 1379–80 wurde es österreichisch. Im 19. Jh. wurde Dornbirn zum Zentrum der Textilindustrie, 1901 Erhebung zur Stadt.

**Stadtpfarrkirche St. Martin** (Markt): 1839/40 entwarf Martin v. Klink* die Baupläne für eine klassizistische Halle mit Vorhalle und Chor. Der frei stehende Glockenturm v. 1670 erhielt 1767 ein barockes Obergeschoß. Grisaillemalereien (1849) stammen v. Kaspar Rick*, Deckengemälde (1876/77) v. Franz Plattner* und das Fresko der Vorhalle v. Josef Huber*.

**Rotes Haus** (Markt): Das typische Rheintaler Haus wurde 1634 erbaut. Von der dunkelroten Grundfarbe der Wände heben sich die hell- und dunkelbraunen Rankenornamente um die Fenster ab. Heute befindet sich hier ein Gasthaus.

**Museum** (Marktstr. 33): Die Vorarlberger Naturschau, eine auf Siegfried Fussenegger zurückgehende reiche Sammlung, befaßt sich mit der Berg-, Pflanzen- und

*)uisburg, Wilhelm-Lehmbruck-Museum, Skulptur von Henry Moore*

'ierwelt des Landes und deren Verände-ungen durch den Menschen.

| D-4100 Duisburg<br>Nordrhein-Westfalen | | |
|---|---|---|
| Einw.: 560000 | Höhe: 15-80 m | S.385 □ F 16 |

\n der Stelle eines frühmittelalterlichen landelsplatzes am Rhein wurde im 8. Jh. in 883 genannter karolingischer Königshof *'husburg* errichtet, der zur Pfalz ausgebaut nd schließlich zum Mittelpunkt einer um 100 befestigten Siedlung wurde. Als der Rhein im beginnenden 13. Jh. sein Bett um km nach Westen verlagerte, verlor Duis-urg (um 1150 Reichsstadt, um 1390 Hanse-Mitglied) seine wirtschaftliche Bedeutung. 831 wurde die Stadt durch einen Kanal vieder direkt mit dem Rhein verbunden. )ie »Stadt an Rhein und Ruhr« ist heute ührend in der deutschen Stahlerzeugung nd verfügt über den größten Binnenhafen ler Welt. Werften, Öllager, Pipelines, Hütten- und Chemiewerke prägen den Charakter der Stadt. Mit seiner Deutschen Oper am Rhein, seiner Universität (1655 gegründet, 1818 aufgehoben, seit 1972 Gesamthochschule und Universität) und seinem Wilhelm-Lehmbruck-Museum ist Duisburg aber auch ein kultureller Mittelpunkt am Niederrhein. - In Duisburg wirkte der Geograph und Kartograph Gerhard Mercator (1512-94), und der Bildhauer Wilhelm Lehmbruck* (1881-1919) wurde hier geboren.

**Salvatorkirche** (Salvator-Kirchplatz; am Alten Markt): Die urspr. aus dem 15. Jh. stammende Tuffsteinbasilika wurde nach dem 2. Weltkrieg originalgetreu wiederhergestellt. In einer Chorkapelle befindet sich das *Epitaph* für den Geographen Gerhard Mercator.

**Wilhelm-Lehmbruck-Museum** (Düsseldorfer Straße 51; Immanuel-Kant-Park): Die bis 1964 v. Manfred Lehmbruck errichtete Museumsanlage besteht aus 2 durch den *Skulpturenhof* voneinander getrennten Gebäuden, einer etwa 50 m langen, zweige-

*Duisburg, Wilhelm-Lehmbruck-Museum, Skulptur von Erich Hauser*

schossigen *Glashalle* (internationale Plastik, Kindermuseum) und einem würfelförmigen *Betonkörper* mit den Werken Wilhelm Lehmbrucks*. 1987 wurde der Erweiterungsbau mit Eigenplastik nach 1960, der Beuys-Sammlung und dem neuen Raum für Wechselausstellungen eröffnet. Außer den Arbeiten Lehmbrucks (u.a. die *Kniende*, Vorplatz; der *Gestürzte* und der *Stehende*) werden z.B. auch Plastiken v. Hans Arp*, Henry Moore* und Salvador Dalí* ausgestellt. Die Gemäldegalerie zeigt u.a. Werke v. Max Beckmann*, Max Ernst*, Lyonel Feininger*, Ernst Ludwig Kirchner*, Oskar Kokoschka*, August Macke*, Emil Nolde* und Karl Schmidt-Rottluff*. – In unmittelbarer Nähe, ebenfalls im Immanuel-Kant-Park, befindet sich das aus Privatsammlungen hervorgegangene **Niederrheinische Museum** (Eingang Friedrich-Wilhelm-Str. 64) mit kulturhistorischen Sammlungen zur Vor- und Frühgeschichte des Niederrheins, Stadtgeschichte v. D. und Wechselausstellungen.

**Außerdem sehenswert:** Das im Stil der dt. Frührenaissance erbaute *Rathau* (1897–1902) und die altgot., im 14. Jh. er richtete *Salvator-Kirche* liegen am Burg platz. – Ältestes erhaltenes Profangebäud v. D. ist das *Dreigiebelhaus* v. 1536 (Non nengasse 8). – Am König-Heinrich-Plat befinden sich die moderne *Mercator-Hall* und das *Stadttheater*.

## STADTTEILE

Über die *Schwanentorbrücke* gelangt ma in den n Stadtteil **D.-Ruhrort** mit den *Museum der Dt. Binnenschiffahrt* (am Ha fenmund), über die 1824 m lange *Berline Brücke* – ebenfalls in n Richtung – zu nächst nach **D.-Meiderich**, dann nach **D. Hamborn** mit einer um 1170 erbaute *ehem. Prämonstratenser-Klosterkirche* un letztlich in den nördlichsten Stadtteil **D. Walsum** mit Werften, Hafenanlagen un der naturgeschützten Rheinaue. Im S a das Zentrum anschließend **D.-Wedau** mi bekanntem Sportpark (Regattastrecke). I

**).-Mündelheim** (fast 15 km s) befindet sich ie bemerkenswerte *katholische Pfarrkirche* *'t. Dionysius,* eine Tuffsteinbasilika des 13. h. mit dekorativer Ausmalung und einigen Iolzskulpturen. Linksrheinische Stadtteile ind **D.-Rheinhausen** und (n davon) **D.- Iomberg** mit über 6 km langem Rheinufer- /eg und ehem. Hebeturm.

## Umgebung

**)inslaken** (ca. 15 km n vom Duisburger tadtzentrum): 1163 erstmals urkundlich enannte Industriestadt mit *kath. Pfarrkir- he St. Vincentius* aus dem 15. Jh., Kalva- ienberg des 15. Jh., *ev. Pfarrkirche* des rühen 18. Jh., Resten der Befestigungsan- agen und Heimatmuseum.

## D-4000 Düsseldorf

Nordrhein-Westfalen

Einw.: 570000 Höhe: 38 m S.385 ☐ E 15

)üsseldorf, als »Schreibtisch des Ruhrge- ietes« apostrophierte Hauptstadt Nord- hein-Westfalens, vereint die Atmosphäre iner Weltstadt mit natürlichem rheini- chem Charme. Das an der Mündung der )üssel in den Rhein gelegene *Düsseldorp* vurde 1135 erstmals urkundlich genannt ind 1288 von Graf Adolf von Berg zur Stadt rhoben. Unter Kurfürst Johann Wilhelm genannt Jan Wellem, Regierungszeit ab 679) blühende Residenzstadt, nach der /erlegung der Residenz in die Pfalz (1716) lurch Carl Philipp wieder wirtschaftlich einahe unbedeutend und seit 1815 preu- isch, wurde Düsseldorf nach den Zerstö- ungen des 2. Weltkriegs weiträumig und nodern wieder aufgebaut. Heute ist Düssel- lorf eine als Mode-, Kongreß- und Ausstel- ungszentrum sehr bedeutende Handelsme- ropole und mit seinen historischen und nodernen Bauwerken, seinen Museen, Ga- erien und Theatern, seiner Kunstakademie ind seiner Universität eine der führenden Kulturstädte in Deutschland. Weithin ekannt ist auch der Düsseldorfer Karne- 'al, der dem von Köln und Mainz in nichts iachsteht. In Düsseldorf geboren wurde der )ichter Heinrich Heine (13.12.1797 bis 7.2.1856).

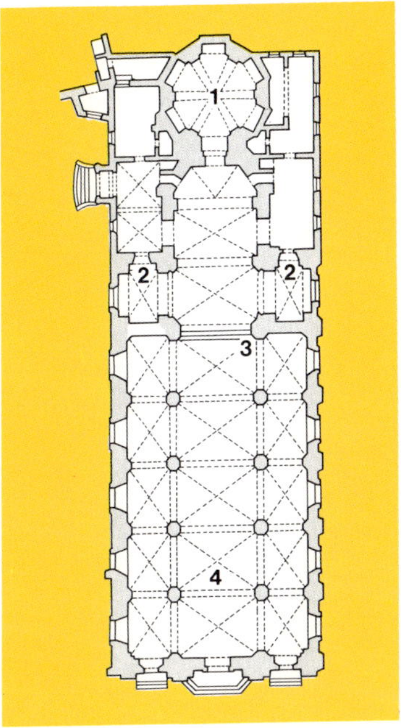


**Düsseldorf, kath. Pfarrkirche St. Andreas** **1** Mausoleum mit Sarkophagen der Neuburger **2** Seitenaltäre, 17. Jh. **3** Kanzel, Mitte 17. Jh. **4** Orgelprospekt

**Kath. Pfarrkirche St. Andreas** (Andreasstr.): Vorbild für den 1622–29 als Jesuitenklosterkirche und Grabkirche der Fürsten zu Neuburg errichteten Bau war u.a. die Hofkirche Neuburg an der Donau. Im stuckierten Innenraum finden sich das *Mausoleum für Kurfürst Johann Wilhelm II.* (1667), lebensgroße, holzgeschnitzte Apostel- und Heiligenfiguren und die Büste des *Pfalzgrafen Wolfgang Wilhelm.*

**Stiftskirche St. Lambertus** (Altstadt): Der 72 m hohe W-Turm (mit schiefem Dach) dieser 1288–1394 anstelle eines roman. Vorgängers erbauten got. Hallenkirche ist eines der Wahrzeichen v. D. Im überwiegend barock ausgestatteten Inneren sind Reste got. *Wandmalereien,* ein spätgot. *Sakramentshaus,* das *Grabmal der Gräfin*

*)üsseldorf, Schloßturm mit St. Lambertus*

*Aargarethe v. Berg* und das *Renaissance-Vandgrab Herzog Wilhelms des Reichen* 1594–99) hervorzuheben.

**.lt-St. Martin** (Bachstr./Martinstr.): Die rspr. im frühen 11. Jh. erbaute, im frühen 3. Jh. erweiterte Basilika ist der älteste er-altene Bau in D. Die Deckenmalereien im 'hor stammen aus dem 13. Jh. – An der Kreuzung Martinstr./Bilker Allee liegt die eugot., nach dem 2. Weltkrieg wieder auf-ebaute *Neue Kirche St. Martin.*

**Kath. Pfarrkirche St. Maximilian** (Zitadel-enstr.): Die 1734–36 aus Backstein erbaute hem. Franziskanerklosterkirche St. Anto-ius v. Padua entspricht dem Typus der iederrheinischen Hallenkirche. Im In-eren sind v. a. die reiche Rokoko-Ausstat-ıng (Stukkaturen, Chorgestühl, Kanzel, )rgelbühne) und das 1449 aus Messing ge-ossene Adlerpult zu beachten. Das

< *Düsseldorf, St. Andreas*

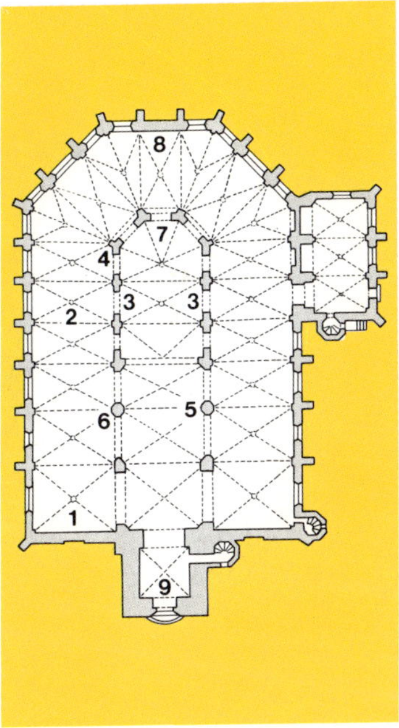


**Düsseldorf, Stiftskirche St. Lambertus 1** Vesperbild, um 1420, in einer Stele aus Muschelkalk v. K. M. Winter, 1975 **2** Taufbecken, 15. Jh. **3** Chorgestühl **4** spätgot. Sakramentshaus, **5** Kanzel **6** hl. Christophorus, Anfang 16. Jh. **7** Hochaltar, 1688 bis 98 **8** Wandgrab Herzog Wilhelms des Reichen **9** Bronzeportal v. E. Mataré, 1960

*Kloster* wurde 1805 säkularisiert; erhalten sind u. a. das Refektorium und Teile des Kreuzgangs.

**Schloß Jägerhof und Hofgarten** (Jägerhofstr.): Das Schloß (mit Goethe-Museum; w Ausgang des Hofgartens) wurde 1750 v. Johann Josef Couven* als fürstliches Jagdschloß mit vorgesetztem, wappengeschmücktem Mittelteil erbaut. In dem urspr. 1770 angelegten, 1801–13 in einen Landschaftspark umgestalteten *Hofgarten* finden sich zahlreiche Denkmäler (so die Heinrich-Heine-Gedenkstätte auf dem Napoleonsberg) und Brücken. Überwiegend

*Düsseldorf, Schloß Jägerhof*

am Rand des Gartens liegen der *Malkasten* (Haus des Künstlervereins, s vom Schloß), das 1802 erbaute ehem. *Hofgärtnerhaus* (mit dem Dumont-Lindemann-Archiv; s der Jägerhofstr.), das *Schauspielhaus* (s; Gustaf-Gründgens-Platz), das *Thyssen-Hochhaus* (s; Jan-Wellem-Platz), die *Dt. Oper am Rhein* (s; Heinrich-Heine-Allee 16a), das 1811-14 erbaute klassizistische *Ratinger Tor* (M.-Weyhe-Allee), die *Kunstakademie* (weiter w) sowie - am Hofgartenufer - die *Tonhalle* und der *Ehrenhof* (u.a. mit Kunstmuseum, →Museen).

**Schloßturm** (Burgplatz): Der urspr. aus dem 13.Jh. stammende, als Rest des 1872 niedergebrannten Schlosses erhalten gebliebene Turm ist - gemeinsam mit dem Turm der (nahen) Lambertuskirche - eines der Wahrzeichen der Stadt. Heute ist hier das *Schiffahrtsmuseum* untergebracht. An der N-Seite des Platzes steht der *Radschlägerbrunnen* v. 1954 als Denkmal für die bekannten radschlagenden Düsseldorfer Jungen.

**Rathaus** (Markt): Die Fassade dieses bi 1960 erneuerten Baus stammt noch aus de Zeit v. 1570-73; innen ist der Jan-Wellem Saal beachtenswert. - Auf dem Marktplat vor dem Rathaus steht das *Jan-Wellem Denkmal,* das 1703 gegossene und 171 aufgestellte bronzene Reiterstandbild de Kurfürsten Johann Wilhelm.

**Moderne Bauwerke:** Die moderne Archi tektur nimmt in D. ihren Anfang mit der 1907-09 erbauten viergeschossigen *Waren haus Tietz* (heute Kaufhof; Königsallee 1911-12 errichtet wurde dann - direkt ar Rheinufer - das monumentale, sehr sach lich gestaltete *Mannesmannhaus.* Die v W. Kreis* als Ausstellungsbau geplant 1926 fertiggestellte *Ehrenhofanlage* (Ho gartenufer) ist unterteilt in die heutige Ton halle (runder Kuppelbau des ehem. Pla netariums), das Gebäude des ehem Reichswirtschaftsministeriums und de Ehrenhof (mit Kunstmuseum). - 1922-2 erbaute W. Kreis* das *Wilhelm-Marx-Hau* (Heinrich-Heine-Allee) als eines der erste Hochhäuser in Deutschland. - Das für di Architektur nach dem 2. Weltkrie richtungweisende *Phönix-Rheinrohr-Hau* (heutiges Thyssen-Haus; zwischen Hofgar ten und Geschäftszentrum) wurde 1957-6 erbaut. - Der 1979-82 errichtete 234 m hohe *Rheinturm* (Fernmeldeturm der Bun despost) mit Weltzeituhr, Aussichtsplatt form und Drehrestaurant liegt unmittelba s der Rheinkniebrücke beim neue Landtag.

**Königsallee:** Die 1804 anstelle ehem. Befe stigungswerke angelegte weltbekannte Ein kaufs- und Promenadenstraße »Kö« ver läuft im Grunde in 2 eigenständige Straßenzügen zu beiden Seiten des heut kanalisierten, mit Bäumen, Plastiken un Schalenbrunnen parkartig gestaltete Stadtgrabens zwischen Botanischen Garten (mit Skulptur »Kugelspielerin« v 1932) im S und Schadowplatz im N Während am w Straßenzug überwiegen Verwaltungsbauten und Banken liegen findet man am ö Straßenzug zahllose Stra ßencafés, Restaurants, Modesalons un Kunstgalerien.

**Theater:** Die *Dt. Oper am Rhein* (Heinrich Heine-Allee 16a), ein Bau aus dem Jahr

*)üsseldorf, Kunstsammlung Nordrhein-Westfalen, Paul Klee, »Dame und Mode«*

875, wurde 1954–55 vollständig umgeaut.

)as *Schauspielhaus* (Gustaf-Gründgens-'latz) gehört zu den wichtigsten dt. Schaupielbühnen. Der jetzige Bau wurde 1970 röffnet.

)as Kom(m)ödchen (Hunsrückenstr., im ;ebäude der Kunsthalle) ist eines der beeutendsten dt. Kabaretts.

.ufführungen des *Theaters Rheinischer Aarionetten* (mit etwa 1 m großen Puppen) nden in der Bilker Str. 7 statt.

**Ietjens-Museum** (Schulstr. 4): Das nach einem 1906 gestorbenen Stifter bezeichete, 1913 um die keramischen Exponate er Kunstsammlung D. vergrößerte Auseum zeigt Keramiken v. etwa 6000 v. :hr. bis zur Gegenwart. Bes. beachtens-/ert sind u.a. chinesische Urnen aus der :eit um 2000 v. Chr., die *attische Amphore 'es sog. Princeton-Malers* (um 530 v. Chr.), ine glasierte *chinesische Pferdeskulptur* 7.–8. Jh.) und mehrere ma islamische Keamiken.

**Kunstmuseum** (im Ehrenhof, Pempelforter Str.): Das Museum ist thematisch in mehrere Abteilungen gegliedert, die jede für sich bedeutende Exponate vorzuweisen haben. – In der *Gemäldegalerie* (15. bis 20. Jh.) sind Werke v. Peter Paul Rubens*, Lucas Cranach d. Ä.*, niederländischen Malern des 17. Jh. und als Schwerpunkt Gemälde des 19. Jh., insbesondere der Düsseldorfer Malschule (Peter Cornelius*, Wilhelm v. Schadow*) zu sehen. – Die *Abteilung moderner Kunst* (Malerei und Plastik des 20. Jh.) zeigt u.a. Werke v. Ernst Ludwig Kirchner*, George Grosz*, Max Beckmann*, Otto Dix*, Joseph Beuys*, Frank Stella* und Gerhard Richter*, die *Graphische Sammlung* z.B. das nahezu vollständige druckgraphische Werk Albrecht Dürers*, Blätter und Handzeichnungen des 17.–19. Jh. (z.B. Caspar David Friedrich*), auch des frühen 20. Jh. (z.B. Max Beckmann*, August Macke*, Karl Schmidt-Rottluff*). – Die *Abteilung Plastik und Kunstgewerbe* bewahrt neben kunsthandwerklichen Ausstellungsstücken v.a.

*Düsseldorf, Kunstsammlung Nordrhein-Westfalen, Wassily Kandinsky, Komposition*

eine vorzügliche Sammlung spätmittelalterlicher niederländischer und niederrheinischer Skulpturen, darunter eine um 1515 geschnitzte Christophorusfigur. Ältestes Stück der bis ins zwanzigste Jahrhundert reichenden *Glassammlung* ist eine persische Trinkschale aus dem 5. Jh. vor Christi Geburt.

**Kunstsammlung Nordrhein-Westfalen** (Grabbeplatz): Den Grundstock für diese Sammlung v. Gemälden des 20. Jh. bilden 88 Werke Paul Klees*, die das Land Nordrhein-Westfalen 1968 erwerben konnte. Gezeigt werden Werke v. Paul Klee*, Ernst Ludwig Kirchner* (»Mädchen unter Japanschirm«), Max Beckmann* (»Die Nacht«), Marcel Duchamp*, Wassily Kandinsky*, Piet Mondrian*, Pablo Picasso* (u.a. »Zwei sitzende Frauen«), Max Ernst*, Kurt Schwitters* (Merzbilder), René Magritte*, Salvador Dalí*, Francis Bacon* bis zu Jackson Pollock* (»Nummer 32«), Andy Warhol*, Frank Stella*, Roy Lichtenstein* und Robert Rauschenberg*. Besonderen Wert legt man darauf, auch di Gegenwartskunst angemessen zu berücksichtigen.

**Weitere Museen:** Im 1874 gegr. *Stadtmuseum* (Bäckerstr. 7–9, im ehem. Graf-Spee Palais) wird anhand verschiedenster Exponate (z.B. Schmuck, Münzen, Gemäld und Dokumente) die Geschichte v. D. un seiner Umgebung seit der Vorgeschicht dargestellt.

Das aus der Privatsammlung A. Kippenbergs entstandene *Goethe-Museum* (im Schloß Jägerhof) besitzt mit übe 35 000 Exponaten die drittgrößte Goethe Sammlung überhaupt.

Das *Landesmuseum Volk und Wirtschaf* das im Ehrenhof untergebracht ist, ist ei in Deutschland einzigartiges Wirtschaftsmuseum.

Das *Heinrich-Heine-Institut* (mit umfangreicher Sammlung) befindet sich in de Bilker Str., das *Haus des dt. Ostens* (Expo

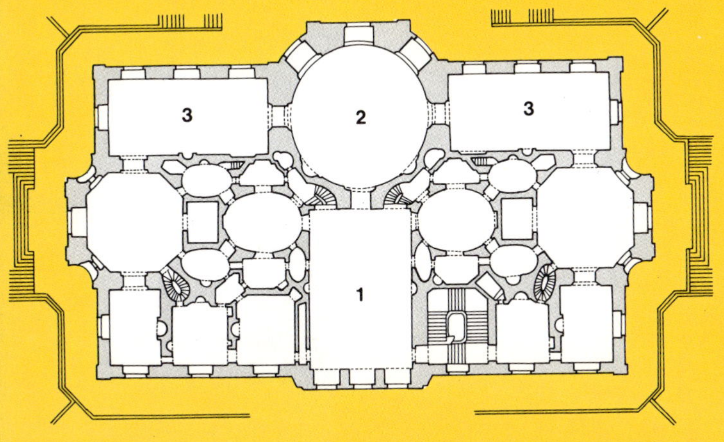


**Düsseldorf, Schloß Benrath 1** Vestibül **2** Salon **3** Gartensäle

nate zur Geschichte des dt. Ostens) in der Bismarckstr.

## STADTTEILE

**Benrath** (ca. 11 km sö): Das 1755–73 v. Nicolas de Pigage*, dem Baumeister der Schlösser von Mannheim und Schwetzingen, errichtete *Schloß Benrath* ist – neben Brühl – das schönste Jagdschloß des Spätbarock im Rheinland. Nur Vestibül, Gartensäle und Salon haben die v. außen vermutete Höhe, nach innen (zu den 2 ovalen Lichthöfen hin) ist der Bau dagegen in 4 Geschosse unterteilt. Die Ausstattung ist trotz des Verlustes der Originale im Geschmack der Zeit (Louis-seize, Rokoko) gehalten. Bemerkenswert sind auch die *Kavaliersbauten* (im W ein Naturkundliches Museum) zu beiden Seiten des Hauptbaus, der in den Plan Pigages einbezogene, im 19. Jh. z. T. als englischer Garten umgestaltete Schloßpark und der 1651–61 errichtete sog. *Prinzenbau* ö des Spiegelweihers.

**Gerresheim** (ca. 7 km ö): Die äußerlich sehr streng wirkende *ehem. Stiftskirche St. Margaretha* wurde bis 1236 erbaut. Im harmonisch gestalteten Inneren (mit erneuerter dekorativer Ausmalung) sind das spätgotische Sakramentshaus und bes. das überlebensgroße *Holzkruzifix* (über dem Hochaltar) aus dem letzten Drittel des 10. Jh. sehenswert.

**Kaiserswerth** (ca. 9 km n): Der Ort entwickelte sich um ein Benediktinerkloster, das der hl. Suitbertus hier in den letzten Jahren des 7. Jh. gegr. hatte. Die *ehem. Stiftskirche St. Suitbertus* (heute Pfarrkirche), eine dreischiffige frühroman. Pfeilerbasilika, wurde in der 2. Hälfte des 12. Jh.

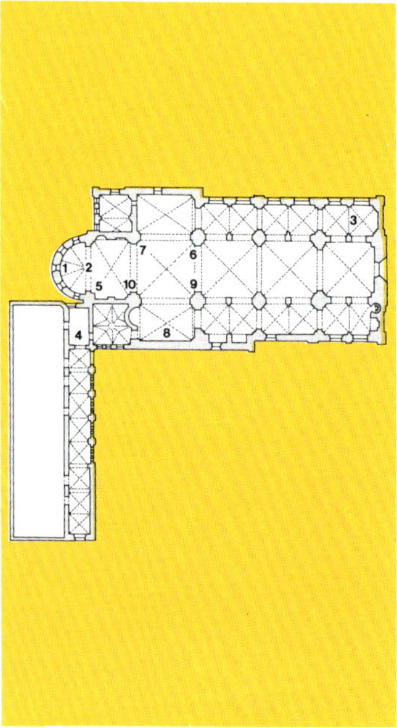

**Düsseldorf-Gerresheim, ehem. Stiftskirche St. Margaretha 1** Holzkruzifix, letztes Drittel 10. Jh. **2** Hochaltar mit roman. Mensa **3** Sarkophag des hl. Gerricus, 14. Jh. **4** Turmmonstranz, um 1400 **5** spätgot. Sakramentshaus **6** Muttergottes, Standfigur v. Anfang 16. Jh. **7** Marienleuchter, Anfang 16. Jh. **8** Chorgestühl, Anfang 18. Jh. **9** Kanzel, Anfang 18. Jh. **10** Reliquiennische, um 1500

errichtet und v. etwa 1230 bis 1240 um den Chor erweitert. Das kostbarste Stück des Kirchenschatzes ist der 1,60 m lange, aus vergoldeten Kupferplatten gearbeitete und mit Figuren besetzte *Suitbertusschrein*. Am Stiftsplatz befinden sich einige *Häuser* des 17. und 18. Jh. – Von der durch Friedrich Barbarossa zum Schutz des Klosters erbauten *Kaiserpfalz* sind nach der Zerstörung v. 1702 immerhin noch größere Teile wie die 50 m lange Außenmauer des Palas erhalten.

**Außerdem sehenswert:** Gute Beispiele für *klassizistische Wohnhäuser* findet man u. a. in der Bastionstr., in der Bilker Str. und der Elisabethstr. – *Rheinstadion* und *Messegelände* liegen etwa 2,5 km nw des Zentrums am Rhein.

## Umgebung

**Monheim** (20 km s): In der Industriestadt sind einige z. T. mit Fachwerk geschmückte *Häuser* des 18. Jh. und der sog. *Schelmenturm* des 15. Jh. erwähnenswert.

**Neandertal** (15 km ö): In einer Höhle im Neandertal fand man 1856 die Skelettreste des in diesem Gebiet vor etwa 60000 bis 150000 Jahren lebenden »Homo neandertalensis«. Die gefundenen Knochen wurden ins Rheinische Landesmuseum nach Bonn übertragen. Ein kleines *vorgeschichtliches Museum* befindet sich auch im Ort.

*Düsseldorf, Schloß Benrath*

**CH-8193 Eglisau**
Zürich

Einw.: 2500 Höhe: 390 m S.378 □ F 4

Bereits im Altertum befand sich hier ein Rheinübergang. Im 11.Jh. (?) wurde der links des Rheins liegende Brückenkopf Seglingen befestigt. Im 13.Jh. entwickelte sich rechts des Rheins die Stadt. 1496 erfolgte der Verkauf an die Stadt Zürich. Dem Bau des Kraftwerks Rheinfelden (1916) fielen die alte Brücke und eine Häuserzeile am Ufer zum Opfer.

**Ref. Pfarrkirche:** Von der got. Vorgängerkirche (um 1350) ist noch der Chor erhalten, an den sich die barocke dreischiffige Halle (1716/17) anschließt. Im Chor finden sich spätgot. Fresken (um 1490, möglicherweise v. Hans Fischer* und Hans Ott*).

**Museum** (im Weierbach-Huus): Das Ortsmuseum dokumentiert anschaulich die Geschichte der Stadt und die Fischerei am Hochrhein.

**Außerdem sehenswert:** In der Unter- und der Obergasse weisen zahlreiche *Fassaden* noch got. Formen oder solche der Renaissance und des Barock auf.

*Eglisau, Ref. Pfarrkirche, Spätgot. Fresko*

**D-6228 Eltville**
Hessen

Einw.: 16000 Höhe: 90–275 m S.382 □ F 11

Das malerisch am rechten Rheinufer gelegene Eltville (von lat. *alta villa* = »hoher Ort«), Sitz zahlreicher Wein- und Sektkellereien, ist die älteste Stadt des Rheingaus. Keimzelle des später oftmals umkämpften, 1332 mit Stadtrechten versehenen Ortes war eine zur Zeit der Völkerwanderung entstandene alemannische Siedlung. Literarischen Ruhm verschaffte Thomas Mann dem Städtchen: Der Held seiner »Bekenntnisse des Hochstaplers Felix Krull« erfand für die hier ansässige Firma E. Krull die Marke »Loreley extra cuvée«.

**Kath. Pfarrkirche St. Peter und Paul** (Rosengasse): Die Kirche mit ihrem weithin sichtbaren spätgot. Turm ist im wesentlichen in der 2. Hälfte des 14. Jh. entstanden. 1932–34 wurden ein viertes (ö) Seitenschiff und eine neue Sakristei hinzugefügt. 1961 legte man in der Turmhalle ein schönes *Fresko* des 15. Jh. frei. Zu der reichen Ausstattung gehören ein 1517 in der Werkstatt H. Backoffens* geschaffener *Taufstein* mit Evangelistensymbolen am Fuß, eine meisterhafte *Mondsichelmadonna* des 16. Jh. und mehrere *Grabsteine* und *Epitaphe* (darunter das für die 1553 gestorbene Agnes v. Koppenstein). Beachtenswert sind auch die *Ölberggruppe* (um 1520) und die *Kreuzigungsgruppe* (um 1505) in der 1717 erbauten *Friedhofskapelle*.

**Burgruine:** Die im 14. Jh. wahrscheinlich als Residenz der Kurfürsten errichtete Burg stößt auf einer Seite direkt an den Rhein, die 3 übrigen Seiten waren einst durch Zwinger geschützt. Erhalten ist v.a. der imposante *Bergfried* (1487) mit der *Historischen Sammlung Eltville* und einer *Gedenkstätte* für den Erfinder der Buchdruckerkunst, Johannes Gutenberg, der 1465 hier in E. zum Hofmann ernannt worden war.

*Eltville, Bergfried der Burgruine >*

**Außerdem sehenswert:** Zahlreiche *Bürger-* und *Adelshäuser* des 16. und 17. Jh. finden sich in der gesamten Altstadt; typisch sind die barocken *Hausmadonnen* und *Heiligenstatuen*. Hervorzuheben sind der *Stockheimer Hof* (16. Jh.), der *Gräflich Eltzsche Hof* (16. Jh.), der *Bechtermünzer Hof* (15. Jh.) und der urspr. roman., im 17. und 19. Jh. veränderte *Freyhof Crass*. Direkt beim Ort im Rhein liegt die ca. 2 km lange Insel *Eltviller Aue*.

## Umgebung

**Eberbach** (6 km nw): In einem Waldtal in der Abgeschiedenheit des Rheingaugebirges liegt – als ein Musterbeispiel eines hochmittelalterlichen Reformklosters – das 1135 gegr. *ehem. Zisterzienserkloster Eberbach*. Zeitweise lebten hier bis zu 300 Mönche und Laienbrüder; um 1215 wurde deshalb sogar ein eigenes Hospital errichtet. Nach der Säkularisation (1803) 100 Jahre lang Straf- und Irrenanstalt, wird das ehem. Kloster (seit etwa 800 Jahren Mittelpunkt einer hochstehenden Weinkultur) heute v. der Verwaltung der Staatsweingüter im Rheingau betreut und wirtschaftlich genutzt. Die *Kirche*, eine dreischiffige roman. Basilika mit schlichtem roman. Innenraum, wurde 1145–86 erbaut. Von der Ausstattung ist kaum etwas erhalten. Um so deutlicher rücken die *Grabmäler* in den Vordergrund, so das *Grabmal des Mainzer Domkantors Eberhard v. Oberstein* († 1331) oder die v. H. Backoffen* bzw. seinen Mitarbeitern geschaffenen *Grabmäler für Wigand v. Hynsperg* († 1511) und *Adam v. Allendorf* († 1518). Im N der Kirche schließen sich die *Klausurgebäude* (Refektorium mit Stuckdecke v. 1738), der *Kreuzgarten* und der *Kreuzgang* an. Westlich davon liegt der im 12.–13. Jh. für die Laienbrüder errichtete *Konversenbau*.

**Erbach** (1 km w): Bereits 980 urkundlich erwähnter Weinort mit *Pfarrkirche St. Markus* (15.–16. Jh.; innen Grabmäler), spätgot. *Rathaus*, *Fachwerkhäusern* des 16.–18. Jh. und dem 1754 aus 3 ma Höfen entstandenen *Schloß Reinhartshausen* (heute Hotel). – In den Weinbergen an der Straße nach Hattenheim befindet sich der 1814 v. Goethe beschriebene *Markobrunnen*.

*< Eberbach (Eltville), Zisterzienserkloster, Grabmal für Wigand von Hynsperg*

**Hattenheim** (5 km w): In diesem Weindorf sind die über einem karolingischen Vorgängerbau errichtete, v. a. im 18. Jh. veränderte *Pfarrkirche St. Vinzenz* mit Kreuzigungsgruppe, die aus dem 12. Jh. stammende *Burg* mit erhaltenem spätgot. Turm, *Adelshöfe* des 15.–18. Jh. und zahlreiche *Fachwerkhäuser* am Marktplatz sehenswert.

**Kiedrich** (3 km n): Mittelpunkt des Wein- und ehem. Wallfahrtsortes ist der v. einer Mauer umgebene Kirchbezirk mit Pfarrkirche, Totenkapelle und einigen Fachwerkhäusern. Die *Pfarrkirche St. Dionysius und Valentin* wurde im 14. und 15. Jh. erbaut und in der 2. Hälfte des 19. Jh. restauriert; bes. zu beachten sind das W-Portal mit Tympanonrelief »Verkündigung und Krönung Mariens« (um 1420), die Sterngewölbe im Chor, eine kölnische Sitzmadonna (um 1330), das originale Gestühl (um 1510) im Schiff und eine der ältesten noch bespielbaren Orgeln (um 1500) in Deutschland. – Die *Totenkapelle St. Michael* mit Totenhaus im Erdgeschoß sowie schmiedeeisernem Kronleuchter und lebensgroßer Doppelmadonna auf der Mondsichel (um 1520) im Obergeschoß stammt aus der Zeit um 1440. – Die erstmals 1211 genannte *Burgruine Scharfenstein* verfiel seit dem 17. Jh. – Erwähnenswert sind auch das 1585 erbaute *Rathaus* und einige *Adelshöfe*.

**Niederwalluf** (4 km ö): Am Eingang des Rheingaus gelegener, bereits 770 urkundlich genannter Weinort mit urspr. got., im 18. Jh. veränderter *Kirche St. Johannes*, einigen *Adelshöfen* und den Resten einer *Burg* des 9. Jh.

## D-4240 Emmerich

Nordrhein-Westfalen

Einw.: 30 000 Höhe: 19 m S. 385 □ F 17

Der 828 als *villa Embrici* erstmals urkundlich genannte, 1233 zur Stadt erhobene Ort erlebte als Mitglied der Hanse eine erste große Blütezeit. Im 2. Weltkrieg wurde Emmerich zu 97 Prozent zerstört, doch konnte beim Wiederaufbau das urspr. Gepränge der Stadt weitgehend wiederhergestellt werden. Die Nähe zur holländischen Grenze und der Rhein (Zollstation) haben Emmerich zu einer wichtigen Handelsstadt werden lassen. Emmerich ist der Geburtsort des Komponisten Eduard Künneke (1885–1953).

**Pfarrkirche St. Aldegundis** (St.-Aldegundis-Kirchplatz; nahe am Rhein): Die aus dem 15. Jh. stammende Kirche wurde nach dem 2. Weltkrieg getreu dem alten Vorbild neu errichtet. Die herausragenden Stücke der teilweise erhaltenen spätgot. Innenausstattung sind eine *Turmmonstranz* des 16. Jh. und einige Skulpturen.

**Ehem. Stiftskirche St. Martin** (am Rhein): Urspr. um 1040 als dreischiffige Basilika errichtet und bis ins 15. Jh. mehrfach grundlegend verändert, wurde St. Martin nach dem 2. Weltkrieg in vereinfachter Form wieder aufgebaut. Vom alten roman. Bau sind die *Hallenkrypta* und der bis 1984 originalgetreu restaurierte O-Chor erhalten. In 2 an die Krypta anschließenden Kapellen sind Reste roman. Wandmalereien (12. Jh.) zu sehen. Von der urspr. Ausstattung ist nur wenig erhalten, so Teile des *Chorgestühls* (1486) und ein geschnitztes *Kruzifix* (um 1200). Kostbarstes Stück des Kirchenschatzes ist die urspr. aus dem 11. Jh. stammende, um 1400 und um 1520 umgestaltete sog. *Arche des hl. Willibrord*, die wohl früheste niederrheinische Goldschmiedearbeit.

**Außerdem sehenswert:** Die *Christuskirche* stammt urspr. aus dem späten 17. Jh. – In der modernen *Heilig-Geist-Kirche* sind v. a. die Wandmalereien v. Interesse.
Die *Rheinbrücke* ist mit 1228 m die längste Hängebrücke in der Bundesrepublik Deutschland.
Das *Rheinmuseum* (Geistmarkt) ist das größte Schiffahrtsmuseum am Niederrhein. Über 90 Schiffsmodelle, ein Steuerhaus mit Radaranlage, Fischpräparationen und die stadtgeschichtliche Sammlung sind einen Besuch wert.

## Umgebung

**Hochelten** (5 km nw): Von der urspr. 963 gegr., im 1. Drittel des 12. Jh. erbauten *ehem. Abteikirche St. Vitus* (auf dem Eltenberg) sind noch bis heute wichtige Bauteile erhalten.
Wohl röm. Ursprungs ist der 57 m tiefe *Drususbrunnen*.

*Emmerich, St. Martin*

*Feldkirch, Churer Tor*

# F

## A-6900 Feldkirch
Vorarlberg

Einw.: 25000 Höhe: 459 m S.379 □ H 3

Der Ort wird im Jahre 909 als karolingischer Königshof *Veldkiricha* genannt. Die erste Erwähnung als Stadt erfolgt 1218 unter Hugo von Montfort. Seit dem 14.Jh. ist sie Amtssitz habsburgischer Vögte. Seit 1968 ist Feldkirch Sitz des Bischofs von Vorarlberg.

**Dom, früher Stadtkirche St. Nikolaus:** Der 1287 erwähnte Vorgängerbau wich dem 1478 begonnenen Neubau des Hans Sturn*, der 1520 mit dem Chor vollendet war. Das einfache Äußere kontrastiert mit dem überraschend schönen Inneren der zweischiffigen, überwölbten Halle. Im 19.Jh. wurde der Bau verändert. Im rechten *Seitenaltar* finden sich Teile des ehem. St.-Anna-Altars mit Gemälden v. Wolf Huber* (1521), einem Vorläufer der dt. Landschaftsmalerei und Vertreter der Donauschule. Das schmiedeeiserne Sakramentshäuschen (um 1520) wurde zur *Kanzel* umgebaut.

**Johanneskirche:** Die 1218 erstmals erwähnte Kirche war bis 1610 im Besitz der Johanniter, später der Stifte Weingarten und Ottobeuren.

**Weitere Kirchen:** *Frauenkirche* (1473, 1953 restauriert), *Peter-und-Pauls-Kirche* (1558 geweiht), *Hl.-Kreuz-Kapelle* (1380 gestiftet) mit bemerkenswerten got. Figuren.

**Schattenburg:** Stammsitz der Montforter Grafen. Friedrich v. Toggenburg († 1436) baute die Burg aus. Bergfried aus dem 13.Jh. Die Burg beherbergt heute das *Heimatmuseum.*

**Außerdem sehenswert:** *Rathaus* (1490–93 errichtet, 1697–1700 erneuert und in den 30er Jahren des 20.Jh. umgestaltet). Ratssaal und Ratsstube mit reichgeschnitzten Decken (um 1700). – *Palais Liechtenstein* mit Stadtarchiv und Humanistenbibliothek, heute Kulturhaus mit Wechselausstellungen. – *Katzenturm* (1491–1507). – *Wasserturm* (1482). – *Churer Tor* (1491).

## D-7800 Freiburg im Breisgau
Baden-Württemberg

Einw.: 176000 Höhe: 280 m S.380 □ E 5

Das von seinem berühmten Wahrzeichen, dem Münster, beherrschte Freiburg liegt im Tal der Dreisam zwischen den – beinahe bis in die Stadt drängenden – Schwarzwaldhängen (mit Freiburgs Hausberg Schauinsland im Süden) und der Oberrheinischen Ebene. 1091 gründeten die Zähringer auf dem Schloßberg eine Burg, zu deren Füßen sich schon nach

*Freiburg, Münster*

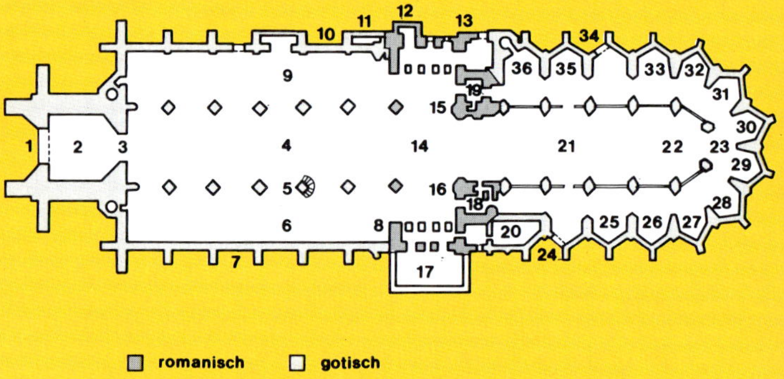


**Freiburg, Münster Unserer Lieben Frau 1** W-Turm mit Turmportal **2** Vorhalle **3** Hauptportal **4** Mittelschiff **5** Kanzel **6** s Seitenschiff mit Zunftfenstern der Schuster und Tuchmacher **7** s Seitenschiffportal (Lammportal) **8** Heiliggrabkapelle **9** n Seitenschiff mit Zunftfenstern der Küfer, Bäcker, Schmiede, Schneider und Maler **10** Grafenkapelle **11** Abendmahlskapelle **12** Peter-und-Paul-Kapelle **13** Alexanderkapelle **14** Vierung und Querhaus **15** Dreikönigsaltar **16** Annenaltar **17** Renaissancevorhalle vor dem s Querhausportal **18** Nikolauskapelle **19** Magdalenenkapelle **20** Sakristei und Schatzkammer **21** Chor **22** Hochaltar **23** spätgotischer Marienbrunnen (aus dem Jahre 1511 bzw. 1545) **24** s Chorportal **25** Stürzelkapelle mit Taufstein **26** Universitätskapelle **27** Lichtenfels-Krotzingen-Kapelle **28** Schnewlinkapelle **29** 1. Kaiserkapelle **30** 2. Kaiserkapelle **31** Villingen-Böcklin-Kapelle **32** Sotherkapelle **33** Lochererkapelle **34** n Chorportal (Schöpfungsportal) **35** Blumeneggkapelle **36** Heimhoferkapelle

wenigen Jahren ein wichtiger Handelsplatz (zwischen Schwaben und Elsaß) entwickelt hatte. Das Jahr 1120 gilt als offizielles Gründungsdatum des Marktortes Freiburg, der rasch zu einem blühenden Gemeinwesen aufstieg und bereits um 1200 befestigt war. Doch Silberabbau und Handel ließen die Stadt dermaßen anwachsen, daß sie sich bereits Mitte des 13. Jh. über die alten Mauern hinaus ausgebreitet hatte. Der Wille zur Unabhängigkeit hat die Stadt geprägt; schon 1368 kauften sich ihre Bürger von den Grafen von Freiburg (den Nachfolgern der Zähringer) frei und unterstellten sich den fernen Habsburgern. 1457 gründete Erzherzog Albrecht die Universität, 1498 hielt der spätere Kaiser Maximilian I. hier Reichstag. Die Reformation konnte sich in Freiburg nicht durchsetzen, vielmehr bot die Stadt vielen Religionsflüchtlingen Zuflucht. Während der Kriege des 17. und 18. Jh. v. a. zwischen Frankreich und Österreich hin und her gerissen, wurde Freiburg 1805 dem neu geschaffenen Großherzog-

*Freiburg, Münster, Portaltympanon*

tum Baden zugeschlagen. Als im November 1944 ein Bombenangriff weite Teile der Altstadt zerstörte, blieb das Münster wie durch ein Wunder unversehrt. Beim Wiederaufbau nach dem Krieg bemühte man sich v.a. darum, das Stadtbild wieder originalgetreu herzustellen, so daß man heute in der Altstadt nicht nur reizvolle Gassen, schmucke Häuser, Kirchen und Museen bewundern kann, sondern auch die typischen *Bächle* entlang der Straßen.

**Münster Unserer Lieben Frau** (Münsterplatz): Die *Geschichte* des Münsters, eines der großartigsten ma Gotteshäuser Deutschlands mit dem - wie man häufig sagt - »schönsten Turm der Christenheit«, beginnt um das Jahr 1200, als der letzte Zähringer, Berthold V., einen neuen Kirchenbau beginnen ließ. Noch ganz im Stil der Spätromanik entstanden zunächst Querhaus, Hahnentürme und Chorhaupt. Bereits frühgot. Formen nahm das Langhaus (um 1220–60) an, und der w Fassadenturm wurde schließlich um 1330 als ein hochgot. Meisterwerk vollendet. 1354 begann Hans v. Gmünd* mit dem Bau des neuen spätgot., erst 1513 geweihten Chors. *Außenbau:* Bis auf 115 m Höhe steigt der markante *W-Turm* auf: Ähnlich robust wie das durch mächtige Eckpfeiler gegliederte Untergeschoß mit getrepptem, v. einer Marienkrönung geschmücktem Turmportal wirken das folgende Kapellengeschoß und das Uhrengeschoß. Feiner und reicher mit Maßwerk und Fialen belebt sind die leicht eingezogenen folgenden (jüngeren) Geschosse (Glockenstuhl mit Hosannaglocke v. 1258) und der abschließende, aus offenen Kleeblattrosetten gebildete achteckige Helm. Wer schwindelfrei ist, sollte den Turm besteigen, Lohn der Anstrengung ist ein einmaliger Blick auf Stadt, Umgebung und Münster: Mächtige Strebebogen überspannen die Langhausdächer, Strebepfeiler stützen die Gewölbe, Spitzbogenfenster gliedern die Wände, und Wasserspeier, Statuen oder Balustraden bilden das vielfältige Dekor. Schlichte Formen weisen das Querschiff und die Unterge-

schosse der Hahnentürme als roman. aus. Bereits der Spätgotik zuzurechnen ist der Chor, wo Maßwerk und Figuren im Detail wesentlich feiner ausgearbeitet sind als am hochgot. Langhaus.
*Inneres und Ausstattung:* Zentrum der *Vorhalle* ist das *Hauptportal* mit dem in 5 »Etagen« gegliederten Tympanon: ganz unten Christi Geburt und Passionsszenen, darüber die Auferstehung der Toten, im nächsten Feld Kreuzigung, Selige und Verdammte, darüber Apostel und in der obersten Etage das Weltgericht. Am Türpfosten grüßt eine liebliche Madonna mit Kind (um 1290), und auch Portallaibungen und Archivolten tragen reichen Figurenschmuck. Die Darstellungen an den Wänden der ehemals auch als Gerichtshalle (Steinbänke) genutzten Vorhalle zeigen u.a. (n) Satan als Verführer, Voluptas (Wollust) als reizvolle Frau und die 5 klugen Jungfrauen sowie (s) die 5 törichten Jungfrauen und Allegorien der 7 freien Künste. Im Mittelschiff sind eine Marienstatue v. 1280 (W-Wand), die Bündelpfeiler mit Statuen der Apostel und Christi, das Schauinslandfenster (um 1350) im Obergaden und die *Kanzel* (1560) mit dem Abbild ihres Schöpfers Jörg Kempf* am Fuß beachtenswert. Bes. wertvoll sind die v. Handwerkszünften und einheimischen Familien gestifteten got., später z.T. ergänzten *Glasfenster* in den beiden Seitenschiffen. Ein ausdrucksstarkes Beispiel hochgot. Steinmetzkunst am Oberrhein ist die um 1330–40 geschaffene *Heiliggrabkapelle* (s Seitenschiff) mit dem auf einer Tumba liegenden Christus. Über das roman. Querhaus, u.a. mit dem *Lettner* v. 1579, der spätgot. *Alexanderkapelle* (Annafenster v. 1515) und vorzüglichen spätroman. *Fenstern,* gelangt man in den eleganten *Chor* mit schlanken Pfeilern und Netzgewölbe. Durch 11 *Maßwerkfenster* fällt das Licht auf den 1512–16 v. Hans Baldung, genannt Grien*, gemalten *Hochaltar,* das Hauptwerk des Künstlers und eine der beeindruckendsten Altarschöpfungen des frühen 16.Jh. Kraftvoll und v. großer farblicher Intensität sind Szenen aus dem Leben Mariens dargestellt: Verkündigung, Heimsuchung, Christi Geburt und Flucht nach Ägypten bei geschlossenen, Marienkrönung und Apostel bei geöffneten Flügeln. In das Kreuzigungsgemälde auf der Rückseite hat sich Hans Baldung selbst miteinbezogen. Das filigrane Rankenwerk und die Anbetung der Könige (Predella) schnitzte Hans Wydyz*. Die Kapellen im Chorumgang sind urspr. Stiftungen und heute nur im Rahmen einer Führung zu besichtigen. Hervorzuheben sind hier v.a. die 1505 gestiftete *Stürzelkapelle* mit einem Rokoko-Taufstein, die *Universitätskapelle* mit 2 Altarflügeln v. Hans Holbein d.J.* (1519–21), die *2. Kaiserkapelle* mit dem 1515 v. Hans Baldung* gemalten *Schnewlin-Altar* (u.a. Verkündigung), die *Villingen-Böcklin-Kapelle* mit roman. Böcklinkreuz (um 1200) und die *Lochererkapelle* mit einem 1521–24 v. Hans Sixt v. Staufen* geschnitzten Altar der Schutzmantelmadonna.

**Stadtpfarrkirche St. Martin** (Rathausplatz): Von dem ab 1262 errichteten ehem. Franziskanerkloster blieb – außer der Kirche – auch ein Teil des Kreuzgangs erhalten. Die im 2. Weltkrieg zerstörte Kirche wurde 1949–51 in ihrer urspr. Form einer got. Bettelordenskirche wieder aufgebaut. Das Martinsfresko (s Seitenschiff) mit einer Stadtansicht v. F. als Hintergrund wurde aus dem Münster übertragen.

**Adelhauser Neukloster** (Adelhauser Str.): Nach mehreren Zerstörungen im Dreißigjährigen Krieg verlegte der Dominikanerinnenorden sein Kloster aus Adelhausen in das Stadtgebiet, wo 1687 vermutlich v. einem franz. Architekten mit dem Neubau begonnen wurde. Aus der Ausstattung ragen heraus das sog. *Adelhauser Kruzifix* (14. Jh.), ein Vesperbild aus dem 16. Jh., und eine Sandsteinfigur der hl. Katharina (um 1275).

**Universitätskirche** (Bertoldstr.): Nachdem der zwischen 1692 und etwa 1700 als Jesuitenkirche errichtete Bau im 2. Weltkrieg ausgebrannt war, erneuerte man lediglich die Stukkaturen in den Seitenkapellen. Die gleichfalls vernichtete alte Ausstattung wurde durch moderne Stücke ersetzt. In den ehem. Kollegbauten sind heute Institute der Universität untergebracht.

*Freiburg, Münster, Fenster der Malerzunft* >

**Weitere Sakralbauten:** *Augustinerkloster* →Augustinermuseum. - *Kartause am Johannisberg* (Kartäuserstr.; heute Altersheim) v. 1753-56. - *Konviktskirche St. Karl Borromäus* mit Erzbischöflichem Konvikt (Herrenstr.), urspr. 1823-26. - *Lorettokapelle* (Kapellenweg) v. 1651. - Zwischen Karlstr. und Stadtstr. liegen die 1725 geweihte *Michaelskapelle* (auf dem Alten Friedhof; Stukkaturen, Decken- und Hochaltarbilder; Vorhalle mit Totentanzdarstellungen) und der im 17. Jh. angelegte *Alte Friedhof* mit schönen Grabsteinen. - Ein gutes Beispiel für modernen Kirchenbau ist die *ev. Ludwigskirche* (Stadtstr.). - *Peterhof* (Bertoldstr.; 16. Jh., im 18. Jh. barock erweitert) mit nicht öffentlich zugänglicher Kapelle v. 1587. - *Schwarzes Kloster* (St. Ursula; Rathausgasse) v. 1708-10, mit verspielten Stukkaturen und Hochaltarbild »Mariä Schneewunder«.

**Altes Rathaus** (Rathausplatz): Der reizvolle Bau wurde 1557-59 errichtet. Dahinter die urspr. aus dem 13. Jh. stammende Gerichtslaube.

**Neues Rathaus** (Rathausplatz): Das Gebäude entstand, indem man (1896-1901) 2 Bürgerhäuser des 16. Jh. verband. Bes. reizvoll ist das *Doppelhaus zum Rechen* mit Volutengiebeln und z. T. reliefgeschmückten Eckerkern.

**Basler Hof** (Kaiser-Joseph-Str.): Der wahrscheinlich 1494-96 für Konrad Stürzel, Kanzler Maximilians I., errichtete Bau mit seiner v. Erkern und Statuen belebten Fassade war 1588-1677 Exilresidenz des Basler Domkapitels (heute Sitz des Regierungspräsidiums).

**Colombischlößle** (Colombipark): Die Villa wurde 1859-61 im hierzulande relativ unbekannten Gothic Revival Style (englische Neugotik) errichtet und beherbergt heute das *Museum für Ur- und Frühgeschichte* mit Exponaten zur Geschichte des Oberrheingebietes v. der Altsteinzeit bis ins Frühmittelalter.

**Kaufhaus** (Münsterplatz): Der rot angestrichene spätgot. Bau mit Treppengiebeln entstand zwischen 1520 und 1532. Dem Marktplatz zugewandt, öffnet sich das Erdgeschoß in 4 wuchtigen Rundbogen. Die darüber an die Seiten gesetzten beiden Erker mit Wappen und Spitzhelmen (mit bunten Ziegeln) rahmen Balkon, 5 Fenster mit sog. Vorhangbogen und 4 um 1530 v. Hans Sixt v. Staufen* geschaffene Habsburgerstatuen. - Am Münsterplatz befinden sich u. a. auch die *Alte Wache* v. 1733, das 1756 erbaute *ehem. Haus zum Ritter* (Erzbischöfliches Palais), das *Haus zum schönen Eck/Wenzingerhaus* (Wohnhaus des Künstlers mit schönem Treppenhaus) und das 1970 rekonstruierte *Kornhaus* v. 1498.

< *Freiburg, Münster, Flügelaltar*

**Martinstor** (Kaiser-Joseph-Str.): Der um 1200 errichtete Torturm mit seinem v. Erkertürmchen flankierten steilen Helm wurde 1901-03 um 21 m aufgestockt.

**Schwabentor** (Salzstr.): Der mächtige quadratische Torbau aus der Mitte des 13. Jh. bildet zusammen mit dem angrenzenden Haus ein pittoreskes Ensemble. Auf der Landseite ist ein Bild des hl. Georg (v. 1903), auf der Stadtseite das berühmte Schwabenbild zu sehen.

**Universität** (Werthmannplatz): Hauptsitz der Universität ist das 1907-11 v. Hermann Billing* in Jugendstilformen errichtete Kollegiengebäude I. Das anschließende Kollegiengebäude II entstand 1957-61. Eine Arbeit v. Henry Moore* ist die 1952-53 entstandene »Liegende Figur«. Die 1896-1901 erbaute Alte Universitätsbibliothek (Kollegiengebäude IV) befindet sich in der Rempartstr.

**Weitere Profanbauten:** Das spätgot. *Haus zum Walfisch* (Franziskanergasse) mit zierlichen Erkern wurde 1514-16 erbaut. - In der Herrenstr. befinden sich die *Alte Münsterbauhütte* (Mitte des 16. Jh.) und das *Erzbischöfliche Ordinariat* v. 1903-06, in der Salzstr. die *Deutschordenskommende* (heute Gericht) v. 1768, das *Haus zum Herzog* (heute Stadtarchiv) aus der Mitte des 16. Jh. und das *Sickingen-Palais* (heute Landgericht) v. 1770. - *Haus zur lieben Hand* (Löwenstr.) v. 1769. - *Stadttheater* (Bertoldstr.) v. 1905-10. - *Gasthof zum roten Bären* (Oberlinden), ältestes Gast-

*Freiburg, Gerichtslaube im Rathaushof*

haus Deutschlands mit ununterbrochener Wirtefolge seit 1387. – Malerisches *Haus zum alten Kameltier* v. ca. 1710. – *Breisacher Tor* (Rempartstr.), einziger erhaltener Torbau der Vaubanschen Festung nach 1677.

**Brunnen:** Besondere Akzente verleihen u.a. auch der Bertoldbrunnen v. 1965 mit Reiterstandbild (Kaiser-Joseph-Str.), der aus dem 15.–16.Jh. stammende, 1970 versetzte *Fischbrunnen* (Münsterplatz) oder der *Oberlindenbrunnen* mit barocker Madonnenstatue (Oberlinden) dem Stadtbild.

**Augustinermuseum** (Augustinerplatz): Seit 1923 ist das aus der 1861 gegr. Städtischen Alterthümersammlung hervorgegangene Museum im ehem. Kloster der Augustinereremiten untergebracht. Sowohl Kirche (13.Jh.) als auch Klosterräume (14.Jh.) wurden in der Barockzeit tiefgreifend verändert; erhalten ist der alte Kreuzgang. Den Kern der Sammlung bilden oberrheinische Kunstwerke (Glasfenster, Skulpturen, Gemälde) aus dem MA und dem Barock sowie verschiedene volkskundliche Exponate (Trachten, Keramik, Uhren u.ä.). Zur Zeit Karls d.Gr. (um 800) entstand der kunsthistorisch bedeutende *Tragaltar* aus dem Kloster Adelhausen. Eine wichtige ma Goldschmiedearbeit ist das sog. *Erste Liebenauer Kreuz* (um 1340). Unter den größtenteils aus dem Münster übernommenen *Glasfenstern* sind v.a. zu beachten eine *Scheibe mit dem thronenden Christus Salvator* (um 1270) und ein *Fenster mit Maria und Johannes d.Ev. unter dem Kreuz* (um 1500). Herausragende ma Skulpturen sind die vom Münsterturm stammenden *Prophetenfiguren* (um 1300), eine *Christus-Johannes-Gruppe* aus Holz (um 1320), ein *Vesperbild* (um 1330) und eine *hl. Agnes* (um 1500) v. Hans Wydyz*. Bes. kostbar ist die ma Gemäldegalerie, u.a. mit dem um 1480 vom sog. Meister des Hausbuchs* geschaffenen *Passionsaltar,* dem 1524 v. Lucas Cranach d.Ä.* gemalten *Schmerzensmann,* dem *Brustbild Mariens mit dem schlafenden Je-*

*Freiburg, Kaufhaus*

*suskind* und dem *Schmerzensmann* v. Hans Baldung, genannt Grien* (beide frühes 16. Jh.), sowie dem *Maria-Schnee-Wunder* (1519) v. Matthias Grünewald*.

**Weitere Museen:** *Museum für Neue Kunst* (ehem. Adelhauser Schule, Marienstr.), Kunst des 20. Jh. mit Schwerpunkt Oberrhein. - *Museum für Völkerkunde* (Gerberau) mit Ostasien als Schwerpunkt. - *Museum für Ur- und Frühgeschichte* →Colombischlößle. - *Zinnfigurenklause* (Schwabentor) mit Modellen und Dioramen zur Geschichte des oberrheinischen Bauernkrieges. - *Zunfthaus der Breisgauer Narrenzunft* (Turmstr.) mit Sammlungen zur Freiburger Fasnet. - *Kleines Stuckmuseum* (Liebigstr.). - Das *Museum für Stadtgeschichte* (Wenzingerhaus, Münsterplatz) soll 1991 eröffnet werden.

**Stadtteile:** *Ebnet* (5 km ö): Der 1749-51 v. Christian Wenzinger* erbaute *Landsitz* der Freiherren v. Sickingen (Privatbesitz) gilt als das schönste Barockschloß im Breisgau.

*Munzingen* (8 km w): Das aus dem Jahre 1672 stammende *Barockschloß,* ein dreigeschossiger Bau unter Walmdach mit giebelgekröntem Mittelrisalit auf Hof- und Gartenseite wurde 1767 im Stil des Rokoko erweitert. Innen sind die Stukkaturen (z. B. in der Kapelle) und das Dekkengemälde (1767) des Hauptsaals bemerkenswert.

*St. Georgen* (4 km w): Die 1868 geweihte *Pfarrkirche St. Georg* lehnt sich an das Vorbild einer frühchristl. Basilika an. Im eleganten, hellen Innenraum sind u. a. ein Renaissance-Taufstein (um 1600), der Choraltar und der barocke Marienaltar beachtenswert.

**Veranstaltungen:** *Freiburger Fasnet* zwischen schmutzigem Donnerstag und Rosenmontag. - *Freiburger Weintage,* letztes Juni-Wochenende. - *Weinfeste* v. Mai bis Oktober.
Größter nichtkommerzieller *Flohmarkt,* Anfang Juli im Möslepark.

## Umgebung

**Merdingen** (13 km w): Den W-Turm der *Remigiuskirche* errichtete 1738-41 Johann Caspar Bagnato*. Bes. zu beachten sind die Sandsteinfigur der Immaculata (1741) über dem Portal sowie die Altäre und Stukkaturen im Inneren.

**Neuershausen** (12 km nw): Die *kath. Pfarrkirche St. Vinzentius* errichtete Philipp Johann Dano* 1758-65. Die Statue der Immaculata (in einer Nische außen am Chor), die 4 Statuen am Turm und die Figuren des Hochaltars schuf Franz Xaver Hauser*, das Hochaltarblatt und die Dekkengemälde Joseph Rösch. - Das *Schloß* wurde 1780 im Stil des franz. Klassizismus erbaut.

**Umkirch** (8 km w): Die *kath. Pfarrkirche St. Mária Himmelfahrt* enthält in Langhaus und Chor noch Teile eines Vorgängerbaus aus dem 11.-12. Jh. Das W-Portal ist got., die oberen Bauteile, die großen Fenster und der Turm wurden nach einem Brand v. 1739 neu gebaut. - Im SW des Ortes das aus dem 18. Jh. stammende *Schloß*.

*Friedrichshafen, Langenargen, Museum Langenargen*

## D-7990 Friedrichshafen
Baden-Württemberg

Einw.: 53000 Höhe: 402 m S. 379 □ H 4

Die Stadt am Nordufer des Bodensees entstand 1811 aus der Vereinigung der Reichsstadt Buchhorn mit Dorf und Kloster Hofen. Buchhorn war im 13. Jh. befestigter Markt. Es erlitt immer wieder Brände und Zerstörungen, zuletzt 1944. Das um 1085 gegründete Nonnenkloster wurde 1419 aufgehoben, von 1702 bis 1806 aber wieder von Benediktinerinnen bewohnt. Weltbekannt wurde die Industrie- und Hafenstadt durch den Luftschiffbau des Grafen Zeppelin.

**Ev. Schloßkirche, ehem. St. Andreas:** Anstelle einer älteren Klosterkirche erbaute Christian Thumb* 1695-1701 nach dem *Vorarlberger Schema* die überraschend große Kirche: Langhaus mit Seitenkapellen und Emporen zwischen den Wandpfeilern, Rechteckchor im O und Doppelturmfassade im W. Die reiche Stuckdekoration stammt v. den Wessobrunner Stukkatoren Johann, Franz und Joseph Schmuzer*. - Die Kirche wurde 1944 schwer beschädigt, seit 1950 aber ausgezeichnet restauriert.

**Schloß, ehem. Konventsgebäude:** Das Kloster wurde 1697-1701 ebenfalls v. Christian Thumb* unter Einbeziehung älterer Gebäude v. Michael Beer* als Dreiflügelanlage an der S-Seite der Kirche errichtet und nach der Säkularisierung zum Schloß umgebaut. Es ist seit 1919 im Besitz der herzoglich württembergischen Familie und der Allgemeinheit nicht zugänglich.

**Kath. Pfarrkirche St. Nikolaus** (Kirchplatz): Eine got. Vorgängerkirche wurde 1745-46 barock erneuert und nach schwerer Beschädigung 1950 wieder hergestellt.

**Museen:** Im Rathaus befindet sich das *Städtische Bodenseemuseum* (Kirchplatz), zu dem auch das *Zeppelinmuseum* gehört. - Ein *Schulmuseum* ist in der Friedrichstr. 14 untergebracht.
**Messe:** Alljährlich finden die internationale Bodenseemesse und die Bootsausstellung »Interboot« statt. - 1985 entstand das Kultur- und Kongreßzentrum »Graf-Zeppelin-Haus«.

## Umgebung

**Langenargen** (8 km sö): Im ehem. montfortischen Ort steht die einschiffige barocke *kath. Pfarrkirche St. Martin* (1718-22) mit einer W-Fassade, an der nur der n Turm ausgeführt wurde. Die Ausstattung mit Altären, Gemälden und Plastiken stammt meist aus dem 18. Jh. In der s *Marienkapelle* steht eine geschnitzte Muttergottes (um 1470-80). - Das *Hl.-Geist-Spital,* 1716-18 erbaut, ist eine Stiftung der Grafen v. Montfort. - Die spätgot. *St.-Anna-Kapelle* auf dem Friedhof ist der Chor einer 1478 abgebrochenen Martinskirche. - Das alte *Schloß Montfort* (1343 und 1667) wurde 1861 abgerissen und im maurischen Stil wieder aufgebaut; es dient heute als Kurhaus. - Im ehem. Pfarrhaus ist das *Museum Langenargen* mit einer lokalhistorischen Sammlung untergebracht.

G

# D-6222 Geisenheim

Hessen

Einw.: 12000 Höhe: 96 m S. 383 □ E 11

Das alte Weinstädtchen, einst Zollstation an einem nach Lorch führenden Kaufmannsweg, ist heute Sitz einer Forschungsanstalt und Fachhochschule für Wein-, Obst- und Gemüsebau.

**Kath. Pfarrkirche zur Kreuzauffindung** (Kirchplatz): Die um 1510-20 anstelle eines roman. Vorgängers erbaute spätgot. Hallenkirche wird v. der Bevölkerung voller Bewunderung »Rheingauer Dom« genannt. Grund für diese Bezeichnung sind die beiden weithin sichtbaren, zwischen 1836 und 1841 v. Philipp Hoffmann* aufgeführten neugot. Fassadentürme. Gleichzeitig zog Hoffmann auch die Emporen ein und wölbte das Langhaus. Die bemerkenswertesten Teile der Ausstattung sind der barocke *Altar* (um 1700) an der W-Wand des s Seitenschiffs, *Grabmäler* und *Epitaphe* des 16.-18. Jh. sowie der neugot. Hochaltar des 19. Jh.

**Adelshöfe:** Über den ganzen Ort verteilt findet man zahlreiche Adelshöfe, die urspr. Besitztum v. Familien aus dem Kreis des kurfürstlichen Hofstaates waren. - Der um 1550 erbaute *ehem. Stockheimer Hof* (Winkeler Str.), ein dreistöckiger Steinbau mit Steilgiebeln, Treppenturm, Erkertürmchen an den Ecken und großem Erker, war seit 1654 Eigentum der baufreudigen Grafen v. Schönborn. 1647 wurde in diesem Haus der Text für den Westfälischen Frieden, der ein Jahr später den Dreißigjährigen Krieg beendete, entworfen. - Das *ehem. Palais Ostein* (Rüdesheimer Str.), ein zweigeschossiger Barockbau mit Mansarddach, wurde 1766-71, der *ehem. Ingelheimer Hof* (Bahnstr.) als Sommerschloß der Grafen v. Ingelheim 1681 erbaut. -Der *ehem. v. der Leyensche Hof* (am w Ortsende) stammt in seinem Kern aus dem Jahre 1581.

**Außerdem sehenswert:** Das nach 1850 errichtete *Schloß Monrepos* beherbergt heute die Fachhochschule. - Unter der wahrscheinlich 600jährigen *Linde* vor dem Rathaus feiert man jährlich im Juli das Lindenfest. -Ein *Brunnen* erinnert an den amerikanischen Schriftsteller H. W. Longfellow, der 1835 oder 1836 G. besucht hatte.

## Umgebung

**Hallgarten** (8 km nö): In der *kath. Pfarrkirche* mit einem urspr. aus dem 18. Jh. stammenden, um 1895 erweiterten Langhaus befindet sich die um 1420 in feinen, zarten Formen aus Ton geschaffene sog. *Schröter-Madonna* (oder *Hallgartener Madonna*).

**Johannisberg** (4 km nö): Das über dem Rücken eines Weinberges gelegene *Schloß Johannisberg* wurde wohl seit 1718 über den Resten einer Klosteranlage des frühen 12. Jh. erbaut. Seit 1816 befindet sich das Schloß im Besitz der Familie v. Metternich. Hier kreierten einst Mönche - aus einer Notsituation heraus - die Spätlese. - Die *ehem. Klosterkirche* (unterhalb des Schlosses im Tal) wurde nach der Zerstörung im 2. Weltkrieg wieder ganz in ihren urspr. roman. Formen aufgebaut.
**Marienthal** (3 km n): Das *Kloster Marienthal* war seit 1313 eine bekannte Wallfahrtsstätte. Die 1330 geweihte, seit dem 18. Jh. verfallende *Klosterkirche* wurde 1857 in got. Formen wieder aufgebaut.
**Mittelheim** (4 km ö): Die v. Weinbergen umgebene, um 1135 erbaute *ehem. Augustinerinnenklosterkirche St. Ägidius,* eine dreischiffige flachgedeckte schlichte Pfeilerbasilika, ist eine der ältesten und bedeutendsten Kirchen im Rheingau. Das nahe gelegene *Rathaus* wurde 1504 erbaut.
**Oestrich** (5 km ö). Die *kath. Pfarrkirche St. Martin* (urspr. 12. Jh.) mit roman. Turm, spätgot. Langhaus und mehreren spätgot. Altären zählt zu den ältesten Kirchen des Rheingaus. Im Kirchhof eine Kreuzigungsgruppe des 16. oder 17. Jh. - Sehenswert sind außerdem *Fachwerkhäuser* des 17. und 18. Jh., das *Rathaus* (frühes 16. Jh.), der alte *Holzkran* (urspr. 16. Jh.; 1744 verändert) als Wahrzeichen des Ortes sowie, etwas außerhalb, das 1742 ehem. als Gut des Klosters Eberbach (→Eltville: Umgebung) erbaute *Schloß Reichartshausen.*
**Vollrads** (5 km nö): Das inmitten v. Weinhängen gelegene *Schloß Vollrads* (Besitz der Grafen v. Matuschka-Greiffenclau) besteht aus einem wuchtigen, v. Wassergräben umzogenen Wohnturm v. 1471 und dem eigtl. zweiflügeligen Schloßbau v. 1680.
**Winkel** (3 km ö): Das im späten 11. Jh., wahrscheinlich unter Verwendung v. Baufragmenten des 9. Jh., errichtete *Graue Haus* gilt als das älteste - noch bewohnbare - Haus in Deutschland. Angeblich soll hier auch der Mainzer Erzbischof Rhabanus Maurus (*Denkmal* vor der Pfarrkirche) gewohnt haben, der während einer Hungersnot im Jahre 850 die Bewohner v. Winkel mit Nahrungsmitteln versorgte und hier 856 starb. - Bemerkenswert sind einige *Fachwerkhäuser* des 16.-18. Jh. und das 1751 erbaute *Brentano-Haus* (Hauptstr.), wo Clemens v. Brentano einige Jahre lebte.

*< Geisenheim, Stockheimer Hof*

*Vollrads (Geisenheim), Schloß, Wohnturm*

| **D-6728 Germersheim** | | |
|---|---|---|
| Rheinland-Pfalz | | |
| Einw.: 13300 | Höhe: 105 m | S. 381 □ F 8 |

Der an der Stelle des ehemaligen Römerlagers *Vicus Julii* angelegte Ort wurde 1055 erstmals erwähnt und erhielt 1276 durch König Rudolf von Habsburg Stadtrechte. Heute ist Germersheim ein wichtiger Werftplatz am Rhein und Sitz des Fachbereichs Angewandte Sprachwissenschaft (Dolmetscher und Übersetzer) der Universität Mainz.

**Kath. Pfarrkirche:** Die ehem. Klosterkirche der Serviten wurde im 14. Jh. im spätgot. Stil erbaut und nach einem Brand in der 2. Hälfte des 17. Jh. neu aufgebaut.

*Lorsch (Gernsheim), Kapitell an d. Torhalle*

## Umgebung

**Philippsburg** (8 km ö): Das an einem alten Rheinarm gelegene, 1338 zur Stadt erhobene Philippsburg war im 17. Jh. eine berühmte Festungsstadt. Die *Festungsanlagen* (auf der sog. Rheinschanz) wurden 1674 v. Marschall Turenne eingenommen und um 1800 geschleift.
Die 1710 erbaute *kath. Pfarrkirche Mariä Himmelfahrt* bewahrt ein Epitaph aus der Mitte des 18. Jh. und einen Hochaltar aus der Baden-Badener Jesuitenkirche.
Die *Festhalle* wurde 1906 im Jugendstil erbaut.

## D-6084 Gernsheim
Hessen

Einw.: 8500 Höhe: 90 m S.382 □ F 10

An der Stelle eines ehemaligen Römerkastells wurde der Ort als fränkisches Königsgut Ludwigs des Deutschen erstmals 852 erwähnt. Die Verleihung der Stadtrechte durch Karl IV. erfolgte 1356.
Dem in Gernsheim geborenen Miterfinder und Vollender der Buchdruckerkunst, Peter Schöffer (1425–1503), 1. Mitarbeiter von Johannes Gutenberg in Mainz, wurde 1836 von J. B. Scholl* aus Darmstadt ein *Denkmal* gesetzt. Im *Schöfferhaus* befindet sich das *Heimatmuseum*.

*Weitere Sehenswürdigkeiten: Kath. Pfarrkirche St. Maria Magdalena*, 1750–53 von dem Mainzer Barockbaumeister Johann Valentin Thomann* erbaut. Hochaltar im Louis-seize-Stil von A. Diettmann* (1783) aus Gernsheim und Bildwerken (Rokoko) von J. Günther* (1776) aus Augsburg und S. Pfaff* (1780) aus Mainz. Wiederaufbau 1950–52 nach Zerstörung 1945. – In der südlichen Gemarkung befindet sich die aus dem 15. Jh. stammende *Wallfahrtskirche Maria Einsiedel* mit stilvollem spätgotischem Chor. Im Inneren ein Pieta-Vesperbild (Anfang 15. Jh.) und eine sogenannte »Schöne Madonna« aus Böhmen (Ende 15. Jh.). Jugendhaus mit Übernachtungen.

## Umgebung

**Biblis** (9 km s): Der Ort ist bekannt durch das am Rhein gelegene Kernkraftwerk, das zu den größten der Erde zählt.

**Kühkopf** (8 km n): In dem v. einem alten Rheinarm umschlossenen *Naturschutzgebiet Kühkopf* leben noch viele seltene Wasservögel. – Im n Bereich erhebt sich die marmorne, v. einem Löwen bekrönte *Schwedensäule*, die zur Erinnerung an den Rheinübergang des Schwedenkönigs Gustav Adolf 1631 aufgestellt worden war. Angeblich soll in diesem Gebiet einst der Nibelungenschatz versenkt worden sein.

**Lorsch** (14 km s): Der Besuch dieses ein wenig abseits (vom Rhein) gelegenen Städtchens ist unbedingt zu empfehlen. – Die 764 gegr. *ehem. Benediktinerabtei* galt seit Karl d. Gr. als das reichste, sowohl kulturell als auch politisch bedeutendste Kloster des Abendlandes. Nach dem Niedergang im 12. Jh. brannte der umfangreiche Komplex 1621 fast völlig nieder. Außer einigen Resten der *Ringmauer* und Teilen einer *Vor-*

*Lorsch (Gernsheim), Torhalle der ehem. Benediktinerabtei*

*kirche* (um 1150) blieb v.a. die *Torhalle* erhalten, die einst den Auftakt eines Triumphweges durch den Klosterbezirk zum Heiligtum mit den Reliquien karolingischer Könige bildete. Die wohl gegen 774 vollendete zweigeschossige Torhalle mit ihren durch rote und weiße Steinplatten reich gegliederten Schauseiten ist als ein typisches Bauwerk der karolingischen Architektur v. außerordentlicher kunstgeschichtlicher Bedeutung. Im 14.Jh. wurde das Obergeschoß in eine Marienkapelle umgestaltet und das got. Dach aufgesetzt. - Im Ort selbst sind auch das 1715 erbaute *Rathaus* und das *Kurfürstliche Haus* aus dem späten 17.Jh. erwähnenswert.

## NL - Gorinchem

Südholland

Einw.: 29000 — S. 387 □ C17

Gorinchem (kurz auch Gorkum) wurde 1572 als einer der ersten niederländischen Orte der spanischen Fremdherrschaft entrissen. Noch heute ist die Innenstadt von Wällen und Bastionen umgeben.

**Niederländisch-ref. Kirche:** Von der alten Pfarrkirche blieb nur der 60 m hohe St.-Jans-Turm (1517) erhalten. Das riesige Kirchengebäude selbst stammt aus dem Jahre 1845.

**Außerdem sehenswert:** In dem 1566 im Stil der Renaissance erbauten *Bethlehemshuis* (Gasthuisstraat) mit reichverziertem Giebel ist das *Museum »Dit is in Bethlehem«* untergebracht. - Das zweiflügelige Haus *De Doelen* (Molenstraat) mit schlankem sechseckigem Türmchen an der Rückseite stammt aus dem späten 16.Jh. - Ebenfalls in der Molenstraat liegt das Haus *Matthijs-Marijke* mit schönem Renaissancefries über dem Eingang. - Der *Dalempoort* ist das einzige erhaltene Tor der Stadtmauern des 16.Jh. - 2 *Kornmühlen* des 18.Jh. befinden sich auf den Wällen. - *Stadtpumpe* v. 1607 in der Pompstraat.

## Umgebung

**Loevestein, Kasteel** (10 km sö): Die wahrscheinlich um 1360 gegr. *Burg* hat sich trotz der Veränderungen des 17. und 18. Jh. ihr ma Aussehen mit 2 mächtigen Türmen an der O-Seite des Hauptgebäudes, Mauern mit Torturm und dem runden Kruittoren erhalten können. 1621 entkam Huig de Groot (Hugo Grotius) in einer Bücherkiste aus dem damals als Staatsgefängnis genutzten Bau.

**Woudrichem** (9 km sö): Die urspr. aus dem 15. Jh. stammende *niederländisch-ref. Kirche* wurde nach einem Brand ab 1573 wieder aufgebaut. Im Vergleich zu ihrem mit Strebepfeilern, Bogenfriesen und -nischen reich gegliederten Turm wirkt die Kirche selbst äußerst schlicht. Das prächtige Orgelgehäuse v. 1680 stammt aus der Klosterkerk in →'s-Gravenhage. – *Ehem. Radhuis* (Rathaus) aus dem Jahre 1592. – *Waterpoort,* Tor aus dem 16. Jh. mit auskragendem Erker, einst Teil der Umwallung v. etwa 1580. – Einige *Häuser* aus der Zeit um 1600 finden sich in der Hoogstraat.

## NL – Gouda
Südholland

Einw.: 60 000 — S. 386 □ B 17

Nach dem 1722 zur Stadt erhobenen Gouda, seit jeher ein wichtiger Handels- und Lagerplatz, ist eine weltbekannte Käsesorte benannt.

**St. Janskerk:** Die urspr. aus dem 13. Jh. stammende, mehrmals durch Brände zerstörte kreuzförmige Basilika ist die längste Kirche der Niederlande – allein ihr Schiff mißt etwa 123 m. Den Neubau der 1552 bis auf den Chor niedergebrannten Kirche leitete Cornelis Frederiksz*. Die kostbarsten Ausstattungsstücke sind die etwa 70 farbigen *Fenster* (darunter 13 v. den Brüdern Dirk und Wouter Crabeth*, 1555–71), die Chorschranken v. 1778–82 und die Orgel v. 1733–36. – Außen hinter

< *Gouda, Stadhuis, Detail*

dem Chor der Kirche befindet sich die zwölfeckige *Jeruzalemkapel* mit einem Sterngewölbe aus der Zeit um 1496.

**Stadhuis:** Das frei auf dem Markt stehende Rathaus wurde 1448-59 v. Jan III Keldermans* anstelle eines Vorgängerbaus des 13. Jh. errichtet. Giebelfront und Seitengiebel sind Rekonstruktionen des 19. Jh. An der linken Gebäudeseite ein Figurenspielwerk, an der Rückseite ein steinernes Schafott.

**Außerdem sehenswert:** Die aus dem 16. Jh. stammende *Barbarakapel* (Kuiperstraat) wurde 1635 erneuert. - Am Markt steht das 1688 v. Pieter Post* erbaute *Waaghuis* (Waage) mit schönem Relief einer Wiegeszene, in der Spieringstraat das *Weeshuis* (Waisenhaus) mit Wappenrelief und geschwungenem Giebel (1643). - *Altersheime* (Fundatie) v. 1625 und 1700 am Nieuwe Haven. - *Liebfrauenturm* (Onze-Lieve-Vrouwetoren) aus der Zeit um 1490. - Der *Vismarkt* besteht aus 2 offenen hölzernen Säulenbauten des 17. Jh. - *Kornmühle »Het Slot«* auf einem Bollwerk an der Hollandse IJssel.
Im *Catharinenhospiz* v. 1665 ist das *Stedelijk Museum »Het Catharina Gasthuis«* (Achter de Kerk) u. a. mit einem Doktorenzimmer v. 1699 und Gemälden des 19. Jh. untergebracht. - Das *Goudse Pijpen- en Aardewerkmuseum De Morjaan* (Westhaven 29; Pfeifen- und Tonwarenmuseum) ist in einem ehem. Tabak- und Kräuterladen untergebracht.

## Umgebung

**Bodegraven** (8 km n): Bereits 1018 erwähntes Städtchen am Oude Rijn mit ursprünglich spätgotischer, nach dem Brand von 1672 wieder aufgebauter *Kirche*, schönem alten *Bauernhof* (in Richtung Zwammerdam) und *Kornmühle »De Arkduif«* (spätes 17. Jahrhundert).

**Haastrecht** (7 km ö): Das vornehme *Haus der Familie Bisdom* beherbergt heute ein *Museum* mit Einrichtungsgegenständen des 19. Jahrhunderts und einer Porzellan sammlung.

## NL - 's-Gravenhage/Den Haag

Südholland

Einw.: 450 000 S. 386 □ A 18

Ganz am Anfang der Stadtgeschichte stand ein Jagdschlößchen der Grafen von Holland, 's-Gravenhage (»das Gehege des Grafen«). 1248 erbaute Wilhelm II ein Schloß, das von seinen Nachfolgern zum heutigen Binnenhof erweitert wurde und um das sich rasch die aufstrebende Stadt entwickelte. Von Moritz von Oranien (1567-1625) zur Residenz auserkoren, war 's-Gravenhage seither Sitz der Statthalter und der Regierung. Von 1584 bis 1795 traten hier die Generalstaaten zusammen, doch das Stadtrecht erhielt 's-Gravenhage erst von Louis Bonaparte, dem Bruder Napoleons, der allerdings auch den Regierungssitz nach Amsterdam verlegte (1813 wieder zurück nach 's-Gravenhage). Um die Jahrhundertwende wurde die Stadt als Konferenzplatz und Sitz wichtiger Institutionen (z. B. Internationaler Gerichtshof

*Den Haag, St. Jacobskerk*

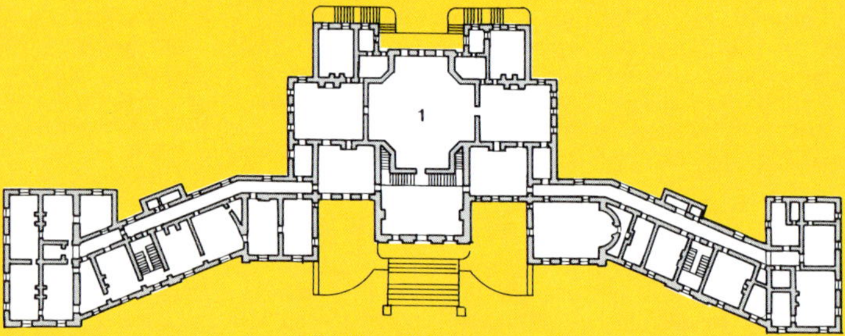


Den Haag, Huis ten Bosch

der Vereinten Nationen) bekannt. Heute ist das großzügig mit Grünanlagen, breiten Straßen und Plätzen angelegte 's-Gravenhage die drittgrößte Stadt der Niederlande und als Hauptstadt der Provinz Südholland Sitz der Regierung und Residenz der königlichen Familie, ein Zentrum des politischen Lebens.

**Grote Kerk oder St.Jacobskerk** (Kerkplein): Die urspr. im 14.Jh. erbaute Hallenkirche erhielt nach dem Brand v. 1539 ihr heutiges Aussehen. Der fast 100 m hohe sechseckige Turm und das große Glockenspiel datieren v. 1959. Beachtenswert sind die Kanzel v. 1550 und einige Grabdenkmäler.

**Nieuwe Kerk** (Spui 173 a): Pieter Noorwits* schuf 1649 bis 1665 den bedeutenden Kirchenbau, dessen Sparrenkonstruktion (Fortfall aller Stützen im Inneren) aus dem urspr. Langbau ein zentralisiertes Raumgebilde entstehen ließ.

**Rathaus** (Kerkplein/Groenmarkt): Das klar gegliederte Gebäude entstand 1564–65 als eines der ersten wichtigen Renaissancebauwerke in den Niederlanden. Der hohe, sich in 4 Arkaden öffnende Dacherke wird v. einem Giebel bekrönt. Der große Flügel an der Seite zum Kirchplatz wurde erst 1733 im Louis-quatorze-Stil angebaut Im ehem. Gerichtssaal (Erdgeschoß) befindet sich noch die urspr. Schöffenbank mi 3 allegorischen Darstellungen v. 1671.

**Binnenhof** (Stadhouderslaan): Der älteste Teil des früheren Innenhofs des Schlosses der Grafen v.Holland ist das hohe rechteckige Gebäude v. 1230 mit dem *Rolsaal* dahinter der nach den 7 Leinwandgemälden des Gerard de Lairesse bezeichnete Lairessesaal v. 1688. Westlich davon, im Mittelpunkt des gesamten Komplexes liegt der 1256–96 v. 2 runden Türmen flankierte *Rittersaal.* Im letzten Jh. erhielten die Seitenfronten, wohl ganz nach den Originalzustand, einen Wehrgang mi Zinnen und Türmchen. In diesem Saa wird am Prinsjesdag (3.Dienstag im September) unter Teilnahme der Königin die Parlamentseröffnung gefeiert. – Die um den Rittersaal gruppierten Gebäude werden heute v. der Regierung benutzt, so das *ehem. Goud- en Zilversmidsgildehui* mit schmalem Giebel des 17.Jh. Von den zahlreichen Torbauten des Binnenhofs se die 1634 erbaute *Grenadierspoort* an der O-Seite genannt. In den w Vorhof *(Buitenhof)* gelangt man durch die *Stadhouderspoort*.

**Gevangenpoort** (Buitenhof): Dem im 14. Jh. erbauten Torgebäude wurde im 15. Jh. ein Gefängnis angeschlossen. Heute ist hier das *Stedelijk Museum* (Geschichte des Strafvollzugs, u. a. mit Foltergeräten) untergebracht.

**Huis ten Bosch** (Haagse Bas): Das 1645 v. Pieter Post* für Amalia v. Solms errichtete Schloß wurde 1734–37 v. Daniel Marot* umgebaut und 1751 um die beiden Seitenflügel erweitert. Den berühmten *Oraniensaal* ließ Amalia v. Solms zur Verherrlichung ihres Mannes mit Malereien ausschmücken. Das größte Bild mit dem Triumph des Prinzen stammt v. Jacob Jordaens*.

**Mauritshuis** (Plein 29): Dieses bedeutende Bauwerk wurde 1633 v. Jacob van Campen* und Pieter Post* für Johan Maurits v. Nassau-Siegen, Gouverneur v. Brasilien, begonnen. In hellem Haustein kontrastieren Erdgeschoß, Mittelrisalit, Pilaster und Fensterrahmungen wirkungsvoll mit dem dunklen Backstein des Baukerns. In dem Gebäude ist heute das *Koninklijk Kabinet van Schilderijen* untergebracht, eine kostbare Gemäldesammlung mit Werken u. a. v. Jan Vermeer* (z. B. »Ansicht v. Delft«), Rembrandt* (z. B. »Anatomie des Doktor Tulp«), Peter Paul Rubens*, Hans Holbein d. J.*, Hans Memling* und Jacob Jordaens*.

**Paleis Nordeinde** (Lange Vorhout): Das urspr. 1533 errichtete und 1640 v. Jacob van Campen* und Pieter Post* umgebaute königliche Palais (Amtssitz der Königin) erhielt 1814 unter König Wilhelm I. sein heutiges Aussehen.

**Vredespaleis** (Carnegieplein, inmitten einer Gartenanlage): Der durch viele Stiftungen finanzierte, 1907–13 v. L. M. Cordonnier* erbaute neugot. Friedenspalast ist Sitz des 1920 gegr. Internationalen Gerichtshofs und der Akademie für Völkerrecht.

**Gemeentemuseum** (Stadhouderslaan 41): In dem 1927–35 erbauten Museum werden neben einer Sammlung moderner Kunst (Werke u. a. v. Piet Mondrian*) altes Kunsthandwerk, Musikinstrumente und Exponate zur Stadtgeschichte ausgestellt.

*Den Haag, Binnenhof, Rittersaal*

**Museum Mesdag** (Laan van Meerdervoort): Gezeigt werden hier u. a. Gemälde der Haager Schule, der Schule v. Barbizon, v. Camille Corot* und Gustave Courbet*.

**Schilderijenzaal Prins Willem V.** (Buitenhof 35): Der noch heute wie 1774–95 eingerichtete Gemäldesaal war das 1. Museum in den Niederlanden. Die Wände sind vollständig bedeckt mit Werken v. Peter Paul Rubens*, Jacob Jordaens* und vielen anderen.

**Weitere Museen:** *Museum Bredius* (Prinsengracht 6) mit Gemälden der holländischen Schule des 17. Jh. und altem Porzellan. – *Stedelijk Museum* →Gevangenpoort. – *Kostuummuseum* (Lange Vijverberg 14) mit Kostümen v. 1760 bis zur Gegenwart. – *Letterkundig Museum* (Juffr. Idastraat 11) mit Dokumentation und Kuriosa niederländischer Literatur. -*Koninklijk Kabinet van Schilderijen* →Mauritshuis. - *Museum Meermanno Westreenianum* (Prinsessegracht 30): Buchmuseum. - *Museum voor het Onderwijs* (Hemsterhuisstraat 2 E): Unterrichtsmuseum. - *Oudheidkundig en Visserijmuseum* (Neptunusstraat 92): Fischereimuseum. - *Panorama Mesdag* (Zeerstraat 65 b): Dieses größte Panoramabild der Welt (1700 qm) zeigt die Stadt Scheveningen aus der Zeit um 1880. - *Koninklijk Penning-Kabinet* (Zeerstraat 71 b): Münzkabinett. - *Museum voor het Poppenspel* (Nassau-Dillenburgstraat): Puppenspielmuseum. - *Schelpenmuseum* (Zuid Hollandlaan 5): Muschelmuseum.

**Außerdem sehenswert:** Die *Klosterkerk* (Lange Vorhout 2) stammt aus dem frühen 15. Jh. - *Kath. Schuilkerk* (Juffr. Idastraat 13) v. 1722 mit schöner Barockeinrichtung. - *Ev. Lutherse Kerk* (Luthers Burgwal 8) aus dem 18. Jh. - Die *ehem. Koninklijke Bibliotheek* (Lange Vorhout 34) mit reicher barocker Giebelfassade wurde 1734 v. Daniel Marot* erbaut. - Im *Pagehuis* (Lange Vorhout 6) mit prächtigem Treppengiebel wohnten im 18. Jh. die Pagen des König-Statthalters Wilhelms III. - Vom *Hofvijver* (Hofteich) aus hat man einen wundervollen Blick auf Binnenhof und Mauritshuis. - *Congrespaleis* v. 1964-68 mit Mosaik v. Karel Appel*. - Grote Markstraat mit dem *Gebäude »De Volharding«* v. 1828.

**Stadtteile und Vororte**

**Rijswijk:** Charakteristische ehem. Landhäuser sind *Huis Hoflust* (ehem. Rathaus) und *Huis Hornwijk*. Aus dem 17. Jh. stammt *Huis Cromvliet*. - *Museum Rijswijk* in der Herenstraat 67.

**Scheveningen:** Das einstige Fischerdorf hat zwar auch heute noch eine große Fischerflotte (Fischversteigerung am Neuen Hafen), ist aber v.a. der größte und berühmteste Badeort des Landes mit *Promenade* am etwa 3 km langen *Sandstrand*, *Kurhaus* v. 1884, *Spielkasino* und *Wellenbad*. Sehenswert sind die *Visserkerk* (Keizerstraat 8) aus dem 15. Jh., das *Museum »Oud Scheveningen«* (Neptunstraat 92) und - in Richtung 's-G. - die reizende Miniaturstadt *Madurodam*.

**Voorburg:** Dieser Ort liegt vielleicht an der Stelle des röm. Schiffsstützpunktes *Forum Hadriani*. In der Herenstraat sind die *niederländisch-ref. Backsteinkirche* - mit Turm des 14. Jh. und Chor v. 1511, das *Huis Swaensteyn* v. 1632 und daneben das *Gasthaus*

*Den Haag, Paleis Nordeinde mit Statue Wilhelms I. von Oranien*

't *Swaentje«* beachtenswert. Das *Kasteel 'e Binkhorst* stammt aus dem 14. Jh., das *Iuis Hofwijk* (Westeinde 2) erbaute Pieter 'ost* 1641–43 für C. Huygens.

## Umgebung

**eidschendam** (4 km nö): Die 1654 erbaute chteckige *niederländisch-ref. Kirche* wurde 865 grundlegend umgestaltet. – Beachenswert sind das *Automobilmuseum* (Veurestraatweg 280), die *Schleuse* v. 1887 und las *Schleusenhaus* v. 1888.

# H

## D-6900 Heidelberg

Baden-Württemberg

Einw.: 135 000 Höhe: 110 m S. 381 □ F 9

Die malerisch am Neckar zwischen Odenwald und Rheinebene gelegene alte Universitätsstadt Heidelberg zählt mit ihrer romantischen Schloßruine und ihrer stimmungsvollen, engen Altstadt zu den meistbesuchten (und -besungenen) Städten in Deutschland. Schon im 1. Jh. v. Chr. gab es auf dem Heiligenberg (wenige km nördlich) ein Keltenheiligtum, wenig später auch eine römisch-heidnische Kultstätte. Doch begann die Geschichte des 1196 erstmals urkundlich genannten Ortes eigentlich erst im frühen 13. Jh., als die Kurfürsten von der Pfalz Heidelberg zu ihrer Residenzstadt bestimmt hatten. 1386 gründete Kurfürst Ruprecht hier die – nach Prag – 2. deutsche Universität. Obwohl Schloß und Stadt im Pfälzischen Erbfolgekrieg zweimal (1689 und 1693) von den Franzosen zerstört worden waren und die Kurfürsten 1720 ihre Residenz nach Mannheim verlegt hatten, entwickelte sich das im 18. Jh. über dem alten »gotischen« Stadtgrundriß ganz barock wieder aufgebaute Heidelberg dank seiner Universität zu einem angesehenen Wissenschaftszen-

*Ieidelberg, Panorama mit Schloß*

trum. Im frühen 19. Jh. wirkten hier die Heidelberger Romantiker. 1805–08 redigierten und edierten hier (in der Hauptstr. 151) Achim von Arnim und Clemens Brentano die Sammlung »Des Knaben Wunderhorn«, Joseph Viktor von Scheffel dichtete 1852 sein »Alt-Heidelberg, du feine ...« Das im 2. Weltkrieg mit Ausnahme einiger Brücken völlig unzerstört gebliebene Heidelberg ist heute Sitz einiger Max-Planck-Institute, und auch einige Buchverlage und Industriebetriebe (meist am Stadtrand) finden sich hier. Aber v. a. ist Heidelberg nach wie vor Universitätsstadt und ein traditionsreicher touristischer Anziehungspunkt allererster Güte in Deutschland. – In Heidelberg wurde der 1. deutsche Reichspräsident Friedrich Ebert (1871–1925) geboren.

**Heiliggeistkirche** (Hauptstr.): Das mit seinem Turm aus der Altstadt hochragende, v. einem Kranz idyllischer Verkaufsläden umgebene Gotteshaus wurde zwischen 1400 und 1441, also wenige Jahre nach Gründung der Universität, als Grabesstätte der Kurfürsten v. der Pfalz erbaut. Ihr Mansarddach erhielt die Kirche 1698, ihren barocken Turmhelm erst im beginnenden 18. Jh. Die eigenartigen Emporenaufbauten in den Seitenschiffen waren urspr. als Bibliotheksraum der Universität gedacht und sollten die berühmte *Biblioteca Palatina* aufnehmen, die jedoch 1622 als Kriegsbeute und Schenkung nach Rom kam. Interessantestes Ausstattungsstück ist die *Grabplatte* des Universitätsgründers Ruprecht und seiner Gemahlin Elisabeth v. Hohenzollern.

**Ehem. Jesuitenkirche** (Schulgasse): Die heutige kath. Pfarrkirche, eine dreischiffige offene Halle, wurde 1712 v. dem einheimischen Architekten A. Breunig* erbaut, dem H. u. a. auch das benachbarte *Jesuitenkolleg*, die Universitätsbauten, das Palais Morass (Kurpfälzisches Museum) und das Haus zum Riesen zu verdanken hat. Im kühl und beinahe klassizistisch wirkenden Innenraum sind v. a. die Stuckkapitelle und die Paul Egell* zugeschriebenen Plastiken eines Salvator mundi und zweier Heiliger beachtenswert.
**Schloß** (Schloßberg): Den schönsten Blick auf Heidelbergs Schloß (und die Altstadt) hat man vom Philosophenweg am gegenüberliegenden Neckarufer aus. Die vom 13. Jh. bis 1632 entstandene Anlage wurde nach den Zerstörungen durch die Franzosen (1689 und 1693) nicht wieder aufgebaut und ist heute als »gewachsene« und »gepflegte« Ruine in aller Welt, insbesondere in den Vereinigten Staaten v. Amerika, berühmt. Die ältesten Stücke des Schlosses sind die *röm. Granitsäulen* in der *Brunnenhalle* (r nach dem Durchschreiten des Torturms), die Kurfürst Philipp (1476–1508) aus der Kaiserpfalz Karls d. Gr. in Ingelheim herbeischaffen ließ. Zuvor war die Burg schon v. Kurfürst Ruprecht, dem späteren dt. Kaiser und Gründer der Universität, gesichert und um die O-Türme erweitert worden. Aus dieser Zeit (um 1400) stammt auch der v. M. Gerthener* erbaute, im 16. Jh. im Stil der Renaissance umgestaltete *Ruprechtsbau* (r nach dem Durchschreiten des Tors). Die Zeit der Bauernkriege und der Reformation ließ weitere Befestigungen entstehen. Um 1520 entstand der *Bibliotheksbau* (S-Seite), um 1540 der *Frauenzimmerbau* (O-Seite) mit dem noch heute für Konzerte genutzten *Königssaal*. Um 1545 wurde der nach den Spiegeln, die man in die Pfeiler eingelassen hatte, benannte *Gläserne Saalbau* (an der N-Seite des Hofs) erbaut. Im 1556–59 errichteten *Ottheinrichsbau* (O-Seite des Hofs) zeigen sich sowohl die charakteristisch ital. (horizontale) Geschoßordnung als auch die ausgeprägte niederländisch-dt. Schmuckfreude. Dieser wohl bedeutendste Palastbau der dt. Frührenaissance beherbergt heute (im Kellergeschoß) das *Dt. Apothekenmuseum* mit Exponaten v. der altertümlichen Kräuterkammer bis zur modernen Pharmazie. An beiden Schauseiten (zum Hof und zur Stadt hin) des *Friedrichsbaus* (1601 bis 1607) wurde der Dekor dann bis ins Bombastische gesteigert, wozu der Ausbau der Ruine um 1900 noch ein übriges getan hat. Die Figurenreihe in den Nischen des Friedrichsbaus zeigt die fürstliche Ahnenreihe v. Karl d. Gr. bis zum Erbauer Friedrich IV. (r unten). Den Ausklang der Renaissance bildet der *Englische Bau* (im NW der Anlage, neben dem gesprengten

*Heidelberg, Heiliggeistkirche* >

)*icken Turm*), den der »Winterkönig« ˀriedrich V. für seine englische Gemahlin rrichten ließ. Aus England brachte er uch den Gartenarchitekten mit, der auf len *Terrassen* einst den *Hortus Palatinus,* inen Garten im Stil der ital. Spätrenaissance, angelegt hat. Das erst 1751 aufgetellte, vielbesungene *Heidelberger Faß* (im og. Faßbau) sollte mit seinen über 220 000 itern Fassungsvermögen den Zehnten der Veinernte im Pfälzer Land als kurfürstlihen Anteil aufnehmen. - Im Schloßhof inden alljährlich im Sommer *Festspiele* tatt, u.a. wird das nach dem Bühnenstück Alt-Heidelberg« entwickelte Musical Student Prince« (mit dem H. in den Verinigten Staaten berühmt geworden war) ufgeführt.

**lte Brücke** oder **Karl-Theodor-Brücke:** )ie in sanftem Bogen über den Neckar ührende, mit Denkmälern ihres Erbauers Kurfürst Karl Theodor und Pallas Athenes eschmückte 1. steinerne Brücke der Stadt vurde zwar 1945 gesprengt, nach dem Krieg jedoch wieder original aufgebaut. )as *Brückentor* mit den beiden Rundtürnen (v. 1786-88) blieb völlig unbeschadet rhalten.

**lauptstr.:** An der etwa 2 km langen, wichgsten Straße v. Alt-H. findet sich zwichen Bismarckplatz im W (s der 'heodor-Heuss-Brücke) und dem Karlstor v. 1775) im O das *Haus zum Riesen* Nr. 52), wahrscheinlich 1707 erbaut. - benfalls auf der rechten Seite, einige chritte weiter, die urspr. 1659-61 erbaute *v. Providenzkirche* mit Turm v. 1717-38. - chräg gegenüber im 1712 erbauten *Baockpalais Morass* (Nr. 97) mit Treppenaus und Festsaal das →*Kurpfälzische Museum.* - Wieder gegenüber, auf der echten Seite, der *ehem. Wormser Hof* Nr. 110) mit Eckerkern aus der Mitte des 6. Jh. und Renaissanceportal vom Ende es 16. Jh. - Auf der rechten Seite, s der →*Heiliggeistkirche,* befinden sich dann as 1592 im Auftrag des Hugenottenkaufanns Bélier nach dem Vorbild des Otteinrichsbaus auf dem Schloß im Renaisancestil erbaute fünfgeschossige *Haus zum Ritter* (Nr. 178) mit Erkern und geschwungenem Giebel sowie die um 1700 erbaute *ehem. kurfürstliche Hofapotheke* (Nr. 190) mit Pilastergliederung. - Unmittelbar hinter der Heiliggeistkirche das urspr. 1701-05 erbaute, später veränderte und erweiterte *Rathaus* und davor der *Marktbrunnen* v. 1710. - Über den (s gegenüberliegenden) *Kornmarkt* mit einer barocken *Marienstatue* v. 1718 gelangt man (auf einem kurzen Abstecher) zum Karlsplatz mit der urspr. 1712 erbauten *Akademie der Wissenschaften.* - Wieder zurück auf der Hauptstr. folgen l das 1714 errichtete, im frühen 19. Jh. veränderte *Freudenbergsche Haus* (Nr. 235; ehem. Palais Weimar) mit dem *Völkerkundemuseum* und gegenüber das aus dem frühen 18. Jh. stammende, wohl im frühen 19. Jh. grundlegend umgestaltete *Haus Buhl* (Nr. 232-234) mit Freitreppe und einem v. einem Bau des 16. Jh. übernommenen (w) Hofportal, bevor man auf das Karlstor, als w Schlußpunkt der Hauptstr., trifft.

: *Heidelberg, Schloß, Krautturm*

**Universitätsviertel** (am Universitätsplatz; unmittelbar s der Hauptstr.): Die *Alte Universität,* ein schlichter Bau mit Pilastergliederung und geschwungenem Dach, wurde zwischen 1712 und 1728 erbaut. Im ö angesetzten Pedellenhaus (Augustinergasse) der berühmte, noch 1914 benutzte Studentenkarzer. - Weiter s, in Richtung Schloß, liegt die um 1930 erbaute *Neue Universität* mit dem urspr. aus dem 13. Jh. stammenden *Hexenturm* als Rest der ma Stadtbefestigung im Innenhof. Gegenüber die 1903-05 erbaute *Universitätsbibliothek* (Grabengasse) mit einem Bestand v. weit über 1 Million Büchern und einer berühmten Handschriftensammlung. Die wertvollsten Stücke sind der *Codex Manesse* (eine Liederhandschrift mit Miniaturen der Minnesänger) aus der Zeit um 1320, die 2. Fassung der *Evangelienharmonie* des Otfried v. Weißenburg (9. Jh.) und der *Sachsenspiegel* (13. Jh.). - Das *ehem. Jesuitengymnasium* (Schulgasse) v. 1715-17 ist heute Seminargebäude der Universität, die weiter s gelegene, in ihrer heutigen Form aus dem 15. Jh. stammende, später mehrmals veränderte *ev. Peterskirche* (zahlreiche Grabdenkmäler) ist heute v.a. Universitätskirche. - *Universitätsneubauten* finden sich im Stadtteil Neuenheim.

*Heidelberg, Universitätsbiliothek. – Rechts: Universitätsbibliothek, Eingang*

**Kurpfälzisches Museum** (Hauptstr. 97): Das im 1712 erbauten *Palais Morass* (→Hauptstr.) untergebrachte Museum zeigt Gemälde v. Künstlern, die das romantische H. entdeckt haben (z.B. Karl Philipp Fohr*, Karl Rottmann*), aber auch röm. Fundstücke, Münzen oder Exponate zur Stadtgeschichte (u.a. eine Kopie des Unterkiefers des sog. Homo heidelbergensis, der vor etwa 500000 Jahren lebte). Das wertvollste Stück des Kurpfälzischen Museums ist der durch Ersteigerung in den Besitz des Museums gelangte Windsheimer *Zwölfbotenaltar* (1509) v. Tilman Riemenschneider*.

**Außerdem sehenswert:** *St.-Annen-Hospital* (Plöck 4–6) und r ansetzend *St.-Anna-Kirche* (innen mit Scheinkuppel, v. etwa 1750) wurden um 1715 erbaut.

Auf dem im Jahre 1844 angelegten *Bergfriedhof* sind unter anderem der Dichter Johann Heinrich Voß (1751–1826) und der Dirigent Wilhelm Furtwängler (1886–1954) beigesetzt.

Am Neckarstaden (zwischen Neckar un[d] Hauptstraße) liegen der *ehem. Marsta[ll]* (Mensa) mit Ecktürmen am Nordtrakt un[d] die beachtenswerte *ehemalige Stadthalle.* Auf dem Heiligenberg (wenige km n) findet sich die Ruine der aus dem 11.Jh stammenden *Michaelsbasilika.*

## Umgebung

**Handschuhsheim** (4 km n): In der ursp[rünglich] aus der Mitte des 11.Jh. stammenden, u[m] 1200 erweiterten und später mehrmals ve[r]änderten *kath. Pfarrkirche St. Vitus un[d] St. Georg* sind neben den Wandmalereie[n] des 15.Jh. an der ö und w Langhauswan[d] v.a. mehrere bedeutende Grabdenkmäle[r] v. Interesse. An erster Stelle ist der 1519 ge[]schaffene Grabstein für Johann v. Inge[l]heim und Margarete v. Handschuhshei[m] (ö Seitenschiff) mit den hervorragende[n] Porträtköpfen der Verstorbenen z[u] nennen.

## CH-Hinterrhein
Schweiz

S.378 □ G 1

)er Hinterrhein (roman.: Rein Posteriur), in Quellfluß des Rheins, entspringt im ;anton Graubünden etwa 6 km ö des St.-ernhard-Passes auf 2278 m Höhe aus em Zapportgletscher des Rheinwaldge-irges und fließt zunächst durch das Hoch-ebirge der Talschaft Rheinwald.
m über dem linken Ufer gelegenen Dorf **Iinterrhein** (1620 m) überquert ihn die 692 errichtete *Landbrugg*. Hier steht eine ɜtzt *ref. Kirche* aus dem 12. Jh. mit einem 'hor aus dem 14. Jh. - Die *Kirche* in **ufenen** (1569 m) ist ein bescheidener Ba-ɔckbau aus dem Jahre 1643.

**'H-7435 Splügen** (400 Einw.; 1450 m): An er Verzweigung der St.-Bernhard-Straße nd der Splügenroute liegt der 831 erst-ıals erwähnte Paßfußort. Die *ref. Kirche* t ein barocker Bau (1687-89) des Peter urr*. Erwähnenswert sind der Taufstein 1689), das Chorgestühl (1629) und Epita-he (17. und 18. Jh.) - Im Schul- und Ge-ıeindehaus (1716) mit Stuckdekoration efindet sich das *Heimatmuseum Rhein-'ald* mit einer heimatkundlichen Samm-ıng.

ei **Sufers** (1420 m) ist der H. zum Sufersee ngestaut. Eine *Kirche* wird bereits 831 rwähnt; die jetzige ist ein barocker Bau 1618-25). Im Dorf steht eine alte *Mühle*. - Veiter unterhalb stürzt das Wasser durch ie Felsen der *Rofflaschlucht*, eine Felsga-ɜrie führt bis unter den Wasserfall. Kurz arauf mündet v. SO der Averser Rhein n, der H. fließt nun durch die Talschaft chams.

**'H-7440 Andeer** (600 Einw.; 1000 m): Das 150 urkundlich erwähnte Dorf ist heute n aufstrebender Badekurort mit einem 980/82 neu eröffneten Heilbad. - Die *ref. 'irche* ist ein Barockbau (1673), dessen urm in den unteren Teilen v. einer um 584 errichteten Vorgängerkirche stammt; er achteckige Aufbau mit Zwiebelhaube ıtstand 1827. - Die *kath. Fatima-Kirche* 'urde 1961-63 als Rechtecksaal mit Vor-alle gebaut. In einer Nische steht die

*Splügen (Hinterrhein), Dorfansicht*

Statue der Fatima-Madonna. - Die Außenwände des *Hauses Pedrun* (1501) wurden im 16. Jh. vollständig mit einer reichen, tapetenartig wirkenden Sgraffitodekoration überzogen. - Im S des Dorfs liegt hoch über der Hinterrheinschlucht die *Ruine Bärenburg*, in deren Nähe man die Reste der ehem. *Kapelle St. Stephan* fand.

**CH-7431 Zillis-Reischen** (300 Einw.; 933 m): Die *ref. Kirche St. Martin* (um 800 gegr., in roman. Zeit erneuert, 1509 durch einen got. Choranbau verändert) enthält im Schiff eine einzigartige bemalte Kassettendecke (1. Hälfte des 12. Jh.). Sie besteht aus 153 Bildtafeln, die thematisch 2 Zyklen unterscheiden lassen; einen äußeren, durch Wasserstreifen verbundenen und einen inneren, meist mit Pflanzen als irdisch ausgewiesenen. Der äußere zeigt Meeresungeheuer und 3 Fischerszenen sowie in den Ecken die Engel des Jüngsten Gerichts; der innere schildert das Leben Christi v. seinen Vorfahren bis zur Dornenkrönung, seine 9 letzten Tafeln sind der

Legende des hl. Martin gewidmet. – *Tgea da Schons,* das Museum des Schamser Tals, zeigt Exponate zum bäuerlichen Leben und zum Bergbau. – Reste *ma Wohntürme* stecken in einem Haus am Dorfplatz v. Zillis und in der höher gelegenen *Burganlage Reischen.* – Im NO des Dorfs hat man die Ruinen der ma *Burg Haselstein* ausgegraben und frei rekonstruiert. – Im S fand man geringe Reste der *Burg Hasenstein.*

Nördlich v. Zillis-Reischen stürzt sich der H. durch die berühmte **Via Mala,** eine enge, v. 500 m hohen Kalkfelsen umstandene Schlucht, durch die bereits die Römer einen Weg gebaut hatten. Spätere Straßenbauten mit Brücken, Galerien und Tunnels folgten etwa 1300, 1473, 1819 und 1967. Am n Ende der Schlucht steht auf hohem Fels die *Burgruine Hohenrätien* mit der *Kirchenruine Johann Baptist.* Der H. hat das fruchtbare Domleschg, das Burgenland Graubündens, erreicht, dessen linke Seite Heinzenberg genannt wird.

**CH-7430 Thusis** (2600 Einw.; 700 m): Der Hauptort des Tals war schon im frühen MA wichtiger Umschlagplatz. Er wurde immer wieder durch Brände zerstört, zuletzt 1845. Danach erbaute man das Neudorf mit klassizistischen Häusern. – Die *kath. Pfarrkirche Guter Hirte* erbaute 1965/66 Otto Capeder*, die Ausstattung besorgte Georg Malin*, die Glasfenster schuf Dea Murk*. – Die *ref. Kirche,* ehem. Unserer Lieben Frau geweiht, ist ein spätgot. Bau v. 1506. Der viereckige Turm trägt seit 1727 einen Achteckaufbau mit Zwiebelhaube. – Der *Via-Mala-Brunnen* mit Löwe und Rad (1952/53 v. Gian Pedretti* geschaffen) erinnert an die Eröffnung der Via-Mala-Straße 1473. – Die renovierte *Burgruine Obertagstein* liegt im S des Orts in einer Höhe v. 1132 m.
Auf dem Heinzenberg liegen die Dörfer **Flerden** (in der *Kirche* Freskenfragmente um 1300), **Masein** (spätgot. *Kirche* v. Andres Bühler*, *Burgruine Untertagstein*), **Portein** (Reste einer 1720 abgestürzten *Kirche*), **Präz** (*Kirche* v. 1488, bemalte

*< Zillis-Reischen (Hinterrhein), St. Martin, Deckendetail »Einzug in Jerusalem«*

NORDEN

OSTEN | WESTEN

| | | | | | | | | | | | | | | | | |
|---|---|---|---|---|---|---|---|---|---|---|---|---|---|---|---|---|
| 9 | 10 | 11 | 12 | 13 | 14 | 15 | 16 | 17 | 18 | 19 | 20 | 21 | (22) | (23) | (24) | (25) |
| 8 | 55 | 62 | 69 | 76 | 83 | 90 | 97 | 104 | 111 | 118 | 125 | 132 | 139 | 146 | 153 | 26 |
| 7 | 54 | 61 | 68 | 75 | 82 | 89 | 96 | 103 | 110 | 117 | 124 | 131 | 138 | 145 | 152 | (27) |
| 6 | 53 | 60 | 57 | 74 | 81 | 88 | 95 | 102 | 109 | 116 | 123 | 130 | 137 | 144 | 151 | (28) |
| 5 | 52 | 59 | 66 | 73 | 80 | 87 | 94 | 101 | 108 | 115 | 122 | 129 | 136 | 143 | 150 | (29) |
| 4 | 51 | 58 | 65 | 72 | 79 | 86 | 93 | 100 | 107 | 114 | 121 | 128 | 135 | 142 | 149 | (30) |
| 3 | 50 | 57 | 64 | 71 | 78 | 85 | 92 | 99 | 106 | 113 | 120 | 127 | 134 | 141 | 148 | (31) |
| 2 | 49 | 56 | 63 | 70 | 77 | 84 | 91 | 98 | 105 | 112 | 119 | 126 | 133 | 140 | 147 | 32 |
| 1 | 48 | 47 | 46 | 45 | 44 | 43 | 42 | 41 | 40 | 39 | 38 | 37 | (36) | (35) | (34) | (33) |

SÜDEN

**:illis, ref. Kirche St. Martin.** Schema der heutigen 3ilderfolge der roman. Felderdecke, in Klammern 'ie 13 erneuerten Bilder **1-48** äußerer Zyklus: **1, 9, 5** und **33** Engel des Jüngsten Gerichts mit Tuben, ugleich Personifikation der 4 Winde **2-8, 13-24, 6-32** und **34-48** auf durchgehender Wellenzone 'abelwesen und Nereiden als Sinnbilder des Bö- en, davon **10-12** Fischerszenen (Jonasgeschich- e?) **49-153** innerer Zyklus, davon **49-146** Leben :hristi und **147-153** Szenen aus dem Leben des l. Martin **49-51** Könige David, Salomo und Reha- eam **52** Synagoge **53** Ecclesia **54** und **55** Verkündi- ung an Maria **56** und **57** Josefs Zweifel **58** Mariä nd Elisabets Heimsuchung **59** Verkündigung an ie Hirten **60-62** Christi Geburt **63-66** v. Engel geführter Zug der Hll. Drei Könige **67-69** die Hll. Drei Könige vor König Herodes mit den wartenden Pferden **70-76** die Hll. Drei Könige, vom Engel geführt, auf dem Heimweg **77** die Hll. Drei Könige **78** Mariä Reinigungsopfer **79** Darstellung im Tempel **80** Josefs Traum **81-83** Flucht der Hl. Familie nach Ägypten **84** die Hl. Familie **85** und **86** Herodes befiehlt seinen Schergen, die Kinder zu töten **87-90** betlehemitischer Kindermord **91** der Jesusknabe belebt den tönernen Vogel **92** und **93** der zwölfjährige Jesus im Tempel **94-97** Johannes predigt in der Wüste **98** Christi Taufe **99-101** der Teufel versucht Christus **102** Christus mit 2 Engeln **103** und **104** Hochzeit zu Kana **105** Christus und der Hauptmann v. Kafarnaum **106-111** Christus heilt Kranke **108** den Besessenen v. Gresana **109** die Kananiterin **110-111** den Krüppel am Teiche Betesda **112** Heilung eines Krüppels **113-115** Auferwekkung des Lazarus **116** Christus und die Samariterin **117** und **118** Christus lehrt in der Schule v. Nazaret **119** Christus und die Kinder **120-122** Aussendung der Apostel **123-125** Verklärung, Christus zwischen Mose und Elija, 3 kniende Apostel **126-130** Christi Einzug in Jerusalem **131** und **132** Reinigung des Tempels **133** und **134** Verrat des Judas **135** Fußwaschung **136** und **137** Abendmahl **138** und **139** Christus am Ölberg **140-143** Judaskuß und Gefangennahme Christi **144** Christus vor Pilatus **145** und **146** Verspottung und Dornenkrönung **147** und **148** der hl. Martin mit Pferd und Bettler **149** Hilarius weiht St. Martin **150** der hl. Martin erweckt einen Toten **151-153** der Teufel erscheint dem hl. Martin in der Gestalt eines Königs

Iäuser, *Burgruine Heinzenberg* mit Resten les Turms und des Palas), **Sarn** (*Barockkir- he,* schöner Dorfplatz), **Tartar** (ma *Kirche*), **Tschappina** (Walserdorf mit spät- nittelalterlicher *Kirche*) und **Urmein** *Kirche* v. 1722).

*< Tumegl (Hinterrhein), St. Mariä Krönung, Wandmalerei »Einzug in Jerusa- em«*

**CH-7408 Cazis** (1550 Einw.; 661 m): In der Gegend entdeckte man Siedlungsreste aus der Jungsteinzeit, Bronze- und Römerzeit. Um 700 wurde hier ein *Frauenkloster* gegr., um das sich das Dorf entwickelte. Den Längsbau des Klosters v. 1770 ergänzte man 1930 durch einen Querbau. – Im SO des Dorfs steht die *Alte Pfarrkirche St. Maria* (vor 1100), ein chorloses Rechteckschiff, Turm mit modernem Zeltdach. – Um 1500 baute Andreas Bühler* die spätgot. *kath. Pfarr- und Klosterkirche St. Peter und Paul.* An das vierjochige Langhaus schließt im O der nur schwach eingezogene Polygonalchor an. Wandgemälde, gemalter Wandtabernakel (1504) und der Reliquienschrein des hl. Viktor v. Tomils gehören zur Ausstattung. – Die *Burgruine Niederrealta* und der *Turm Rentiel* stammen aus dem MA.

**CH-7403 Rhäzüns** (800 Einw.; 658 m). Das alte Dorf wurde 1900 durch Brand zerstört. In der *ehem. Pfarrkirche St. Paul* (Ende des 15. Jh.) befinden sich bedeutende Wandgemälde, die teils vom Waltensburger Meister* (2. Viertel 14. Jh.), teils aus dem frühen 15. und vom Anfang des 16. Jh. stammen. – Die *Neue Pfarrkirche St. Mariä Geburt* ist ein um 1700 errichteter Barockbau, dessen Form die dahinter gelegene *Kapelle St. Apollonia* verkleinert wiederholt. – In der *kath. Kirche St. Georg* finden sich bedeutende hochgot. Wandgemälde des Waltensburger Meisters* (um 1350) im und am Chor und des Rhäzünser Meisters* (gegen Ende des 14. Jh.) an den Schiffswänden. – Das 1288 erstmals erwähnte *Schloß* wurde bis 1700 mehrmals vergrößert. Es ist heute in Privatbesitz. Wandgemälde vom Ende des 14. Jh. stellen die Tristansage und eine Bärenjagd dar.

**CH-7402 Bonaduz:** Ein Brand zerstörte 1908 das Dorf. – Der spätgot. Chor der *kath. Pfarrkirche Mariä Himmelfahrt* (Neubau v. 1924) ist mit Deckengemälden aus der Renaissance (um 1625) versehen. – Reste der *Burg Wachenau* und eine Mauer der abgestürzten *Burg Sculms* liegen w des Dorfs.

Die rechte Talseite, das eigtl. Domleschg, ist seit der Bronzezeit dicht besiedelt. An den Außenwänden der *kath. Pfarrkirche St. Andreas* in **Almens** befinden sich Fresken aus dem 15., 16. und 19. Jh. – Die *kath. Kapelle St. Maria Magdalena* in **Dusch** (um 1000) ist mit Fresken des Waltensburger Meisters* (um 1350) ausgemalt. – **Feldis/Veulden** besitzt mit dem *Museum*

*Dusch (Hinterrhein), St. Maria Magdalena, Wandmalerei aus dem Magdalenenzyklus*

*Sontg Hippolytus* eine kleine heimatgeschichtliche Sammlung. – In **Fürstenau** stehen das *untere, ehem. bischöfliche Schloß* und das *obere, ehem. Schauensteinsche Schloß*. Beide gehen auf ma Anlagen zurück. – Die *kath. Pfarrkirche St. Johann Baptist* in **Paspels** wurde 1846 unter Einbeziehung eines Vorgängerbaus v. 1662 errichtet. Außerhalb des Dorfs steht auf einem zum H. hin steil abfallenden Felskopf das roman. *Kirchenkastell St. Lorenz* mit spätroman. Wandgemälden. Das *Schloß*, 1695 errichtet, 1730 und 1892/93 umgebaut, hat auf der Gartenseite eine schöne Freitreppe mit schmiedeeisernem Geländer. Die ma *Burgruine Alt-Süns* liegt im W und die *Burgruine Neu-Süns/Canova* im SO des Dorfs. – In **Pratval** befindet sich das aus dem 12. Jh. stammende, aber heute noch bewohnte *Schloß Rietberg* mit seinem mächtigen Bergfried. Hier ermordete Jürg Jenatsch 1621 Pompejus v. Planta. Im W des Dorfs liegen die Ruinen der *Burg Hasensprung*. – Die weithin sichtbaren *Burgruinen Hochjuvalt* und *Innerjuvalt* gehören zum Dorf **Rothenbrunnen.** – Auf dem Friedhof v. **Sils im Domleschg** steht die roman. *Kapelle St. Cassian*. Außer der bereits erwähnten Burgruine Hohenrätien (→S. 133) befinden sich auf dem Gemeindegebiet noch

die Burganlage *Baldenstein* in der Nähe der Albulamündung, über dem Albulatal die *Burgruine Campell/Campi* und im S die als Jugendherberge genutzte *Burg Ehrenfels*.

Die *Pfarrkirche St. Mariä Krönung* in **Tumegl/Tomils** (1486 geweiht) besitzt einen spätgot. Flügelaltar v. 1490 und spätgot. Wandgemälde. *Schloß Ortenstein* liegt in einem nach 3 Seiten steil abfallenden Hinterrheintal. Die um 1250 erbaute Anlage brannte im Schamser Krieg nieder, wurde aber wieder aufgebaut und später oft verändert. Zentrum der Anlage ist der Bergfried. Am Fuß des Felsens liegt die *Kapelle St. Viktor v. Tomils*.

Bei *Schloß Reichenau* vereinigt sich der H. mit dem Vorderrhein zum Alpenrhein.

## A-6845 Hohenems
Vorarlberg

Einw.: 12500 Höhe: 430 m S. 379 □ H 3

1170 wurde die Burg Alt-Ems ausgebaut und befestigt. Reichsministerialen waren die Grafen von Ems, zu deren Verwandtschaft die Medici und Carlo Borromeo gehörten. Mark Sittich III. von Ems wurde 1561 Kardinal und Erzbischof von Konstanz. Nach dem Aussterben der Emser fiel die Grafschaft an Habsburg. Seit 1983 ist Hohenems Stadt.

**Pfarrkirche zum hl. Karl Borromäus:** Anstelle einer Vorgängerkirche wurde 1796–98 dieser Saalbau mit flachem Tonnengewölbe errichtet. Der *Renaissance-Hochaltar* enthält Figuren aus Flandern (Marienkrönung) in einem v. Esaias Gruber* geschnitzten Rahmen.

**Palast Hohenems:** Im Auftrag v. Mark Sittich v. Ems erbaute der Mailänder Martino Longo* 1562–67 den Renaissancepalast als Rechteckbau mit doppelachsigen Risaliten und Portal. In der Schloßbibliothek fand man 1755 und 1779 die Handschriften A und C des Nibelungenlieds. Daran erinnert der 1955 aufgestellte *Nibelungenbrunnen*.

**Außerdem sehenswert:** Die staufische *Reichsburg Alt-Ems* wurde im 16. Jh. zur

Festung ausgebaut, ist aber heute zur Ruine verfallen. – Die *Burg Neu-Ems,* auch Burg Glopper genannt, wurde 1343 erbaut und nach der Zerstörung im Appenzeller Krieg (1407) wieder aufgebaut.

**Veranstaltung:** Jeweils im Juni findet im Palast mit einer Reihe v. Konzerten die *Schubertiade* statt.

## D-6507 Ingelheim

Rheinland-Pfalz

Einw.: 20000 Höhe: 125 m S.382 □ F 11

Die 1939 aus 3 selbständigen Gemeinde (Ober-Ingelheim, Nieder-Ingelheim, Frei Weinheim) gebildete Stadt besitzt ein bereits 2000jährige Rotweintradition. In Ingelheim wurde der Theologe und Kosmograph Sebastian Münster (1488-1552 geboren, und Karl d. Gr. nimmt man, wei er hier im späten 8. Jh. eine prächtige Pfal hatte errichten lassen, gern als Sohn Ingelheims an.

**Ev. Burgkirche** (Ober-Ingelheim = Ingelheim-S): Die mit dem umgebenden Friedhof v. einer hohen Mauer mit Zinnen und Wehrgang umschlossene got. Kirche wurde im 15. Jh. unter Beibehaltung de roman. Turms (12. Jh.) erbaut. Bes. auffallend sind die 4 unterschiedlich hohen und abweichend gestalteten Dächer. Die kostbarsten Teile der Ausstattung sind die zahlreichen *Grabmäler* des v.a. einheimischen Adels (an den Langhauswänden), die 196 freigelegten spätgot. *Rankenmalereien* i

*Ingelheim, Ev. Burgkirche*

den Gewölben und einige Glasgemälde (u.a. Mittelfenster des Chors aus dem 15. Jh.).

**Kaiserpfalz** (»Im Saal«, Nieder-Ingelheim = Ingelheim-Mitte): Die durch Karl d. Gr. im späten 8. Jh. über einem Merowingerhof begonnene und wahrscheinlich unter seinem 840 in Ingelheim gestorbenen Sohn Ludwig dem Frommen im wesentlichen fertiggestellte Kaiserpfalz war als eine der größten und bedeutendsten karolingischen Pfalzanlagen im MA mehrfach Tagungsort für wichtige Zusammenkünfte (wie z.B. den Reichstag). Nach der Zerstörung durch die Franzosen im Jahre 1689 sind heute nur wenige Reste z.B. der unterirdischen *Badeanlagen,* der spätgot. *Wehrmauern* (mit Turm) und des ehem., für Versammlungen genutzten großen *Reichssaals* (mit Apsis) erhalten. Die *ehem. Pfalzkapelle* aus der Zeit um 1160 bildet heute den Chor und die Vierung der *ev. Saalkirche;* bes. bemerkenswert sind hier die figürlichen Tragsteine (außen) und die sehr schmuckvoll gemeißelten Pfeilerplatten (innen). - Teil eines *fränkischen Königshofs* war wohl die bereits in der Mitte des 8. Jh. genannte heutige *kath. Pfarrkirche St. Remigius* mit hohem roman. Turm und Langhaus v. 1739. - Ein Modell, besser eine versuchte Rekonstruktion der Kaiserpfalz, ist im *Stadtmuseum* zu besichtigen.

*Kaiserstuhl, Lällenkönig auf d. Rheinbrücke*

# K

**CH-8434 Kaiserstuhl**
Aargau

Einw.: 370 Höhe: 347 m S.378 □ F 4

Die um 1254 gegründete Brückenstadt mit dreieckigem Grundriß hat ihren mittelalterlichen Charakter bis heute bewahrt.

**Kath. Pfarrkirche St. Katharina:** Einen ma gewölbten Turm (vermutlich Wohnturm) verwendete man nach dem um 1500 errichteten Anbau des Schiffs als Kirchturm. Der Bau wurde 1609 erweitert und 1755 barockisiert. Zur Ausstattung gehören ein *spätgot. Sakramentshäuschen* mit Maßwerk und die 1756 v. Franz Ludwig Wind* geschnitzte *Rokokokanzel.*

**Befestigung:** Die Stadtmauer ist z.T. erhalten. Markant ist der quadratische *Obere Turm* (12. oder 13. Jh.). Außerdem steht noch der *Storchenturm.*

**Rheinbrücke:** Die Brücke mit sog. Lällenkönig und Nepomukstatue (beide 1752 v. Franz Ludwig Wind*) führt zu dem auf dt. Ufer gelegenen markgräflichen *Schloß Röteln.*

**Außerdem sehenswert:** *Haus zur Linde* (1764) mit Rokokowappenkartusche über dem Eingang und figurengeschmückter

*Kalkar, St. Nikolai, Hochaltar, Detail*

Treppenhausbalustrade. – *Ehem. Amtshaus des Klosters St. Blasien* (1562–64), spätgot. Winkelbau mit abgetreppter Doppelgiebelfront. – *Mayenfisch-* oder *Marschallhaus* (1764), dreigeschossige Dreiflügelanlage mit Rokokotreppenhaus und Stuckdecke. – Schulhaus, *ehem. Rathaus* (1617), spätgot. Giebelbau mit Rundbogenportalen und Stadtwappen in Rokokokartusche (1760) an der Fassade. – *Gasthof zur Krone* am Widderplatz (Mitte 16. Jh.). – *Widderbrunnen* (1615) v. Jakob Stern*. – *Kapelle zu den Vierzehn Nothelfern* (im Friedhof jenseits der Bahnlinie), ein polygonaler Bau v. 1530. – Rheinaufwärts bei Weiach und rheinabwärts bei Rümikon wurden Reste *röm. Wachttürme* gefunden.

**D-4192 Kalkar**
Nordrhein-Westfalen

Einw.: 11000 Höhe: 20 m S.385 □ E 17

Das in der Niederrheinischen Tiefebene, wenige km südlich vom Rhein gelegene Kalkar hat sich bis heute sein mittelalterliches Stadtbild bewahren können. Nachdem die Grafen von Kleve erst 1230 den Ort (damals noch auf einer Rheininsel) gegründet und nach einem vorgegebenen Entwurf angelegt hatten, wurde Kalkar 1242, also nur 12 Jahre nach seiner Gründung, mit den Stadtrechten ausgezeichnet. Ihre größte Blütezeit erlebte die schon bald durch Tuch-, Korn- und Bierhandel vermögende Stadt im 15. und 16. Jh. – sowohl in wirtschaftlicher als auch in kultureller Hinsicht: Als Hansemitglied pflegte Kalkar intensive Handelsbeziehungen vor allem mit nord- und nordwesteuropäischen Staaten. Nikolaikirche, Rathaus und zahlreiche Bürgerhäuser wurden erbaut, und die berühmte *Kalkarer Schule* (als wichtiges Zentrum der Holzschnitzkunst am Niederrhein) entstand. In jüngster Zeit kam die Stadt vor allem durch den heftig umstrittenen Bau eines Kernkraftwerkes (des Schnellen Brüters) ins Gespräch.

**Kath. Pfarrkirche St. Nikolai** (Jan-Joest-Str.): Die dreischiffige got. Hallenkirche mit 3 parallelen Satteldächern, hohen schmalen Fenstern, abgestuften Strebepfeilern und weitem, lichtem Innenraum ist die wohl herausragendste Leistung des sog. Klevischen Backsteinbaus. 1409 wurde mit dem Bau begonnen, doch verging nahezu 1 Jh., bis die verschiedenen Vorhallen, Kapellen und die Sakristei fertiggestellt waren. Die eigtl. Bedeutung der Kirche liegt in ihrer wertvollen und außergewöhnlichen Ausstattung mit Werken der Kalkarer Schule. Der v. Arnt v. Zwolle* begonnene, v. Meister Loedewich* vollendete *Hochaltar* (1498–1501) zeigt mit über 200 plastischen Figuren in sehr naturalistischer Weise Szenen aus der Passion Christi. Die 20 Bilder der v. Jan Joest* gemalten Flügel dieses Altars sind sowohl in ihrer Farbigkeit als auch in der lebendigen Schilderung der Passionsgeschichte v. hohem Rang. Im s Nebenchor steht, als eine Glanzleistung der Kalkarer Schule, der 1518–22 v. Heinrich Douvermann* virtuos geschnitzte *Altar der Sieben Schmerzen Mariens*. Mittelpunkt ist eine wundervolle Pietà (Maria mit dem Leichnam Christi), umrahmt v. Szenen der Sieben Schmerzen Mariens und Rankenwerk. Bereits im Stil der Frührenaissance schuf Arnt van Tricht* den *Dreifaltigkeitsaltar* (1518–28; s Seitenschiff) mit der zentral gesetzten Figur der Maria Magdalena und den gegenüberliegenden *Johannesaltar* (1541–43). Bes. beachtenswerte Werke sind außerdem der *Georgsaltar* v. 1480–84 (l vor dem Chor), der *Altar der Sieben Freuden Mariens* (r vor dem Chor), der zierliche *Marienleuchter* v. 1508 mit der Doppelfigur der Madonna (Mittelschiff) und eine *Kreuzigungsgruppe* aus der Zeit um 1500 (über dem N-Portal).

**Rathaus** (Marktplatz): Der got. Backsteinbau (1431–45) erhält durch seinen Zinnenkranz mit Ecktürmchen und durch seinen die Mitte betonenden Treppenturm den Charakter eines sehr wehrhaften Schlosses. Teile des Rathauses und des Renaissanceportals (1588) wurden nach den Kriegszerstörungen wieder rekonstruiert.

**Außerdem sehenswert:** In der gesamten Altstadt blieben einige außergewöhnliche

*Kalkar, Rathaus, Renaissanceportal* >

*Bürgerhäuser* v.a. des 15. und 16.Jh. erhalten. Das *Haus am Kirchplatz 2* besitzt innen im sog. Vorhuis (mit geschnitzten Konsolen und Deckenbalken) bes. seltene Wandmalereien, u.a. mit einer Darstellung des zu Roß mit dem Drachen kämpfenden hl. Georg. Ältestes erhaltenes Haus der Stadt ist das um 1400 erbaute *Bürgerhaus Hanselaerstr. 5* (heute Teil des Stadtmuseums). Den Grundstock des in 3 Gebäudeteilen untergebrachten *Stadtmuseums* bildet das reiche und bedeutende Stadtarchiv. Gezeigt werden u.a. auch Exponate zur Stadtgeschichte und Plastiken und Gemälde des 19.-20.Jh.

## Umgebung

**Moyland** (4 km nw): Das bereits im frühen 14.Jh. bestehende, im 15.Jh. als vierflügelige Wasserburg ausgebaute, in der Mitte des 19.Jh. in romantisierenden Formen veränderte *Schloß* wird restauriert und soll später die Kunstsammlung der Brüder van der Grinten (u.a. große Beuys-Sammlung) aufnehmen.
**Rees** (12 km ö): Das malerische Städtchen besitzt entlang des Rheins noch Reste der *ma Stadtbefestigung* (Mauern, Mühlen- und Zollturm). – Im Inneren der beeindruckenden klassizistischen *Kirche Mariä Himmelfahrt* (urspr. 1820–28) sind das Tonnengewölbe und eine Sitzmadonna des 14.Jh. sehenswert.
**Wissel** (7 km n): Die im 11.Jh. v. den Grafen v. Kleve als Grabesstätte gegr. *Stiftskirche St. Clemens* ist eine urspr. um 1150 erbaute Basilika mit 2 den Chor flankierenden O-Türmen und einem im 15.Jh. in got. Stil veränderten Chor. Die Schäden des 2. Weltkrieges wurden letztlich erst 1983 beseitigt.

*Kamp-Bornhofen, Burg Sterrenberg*

# D-5424 Kamp-Bornhofen

Rheinland-Pfalz

Einw.: 2000 Höhe: 80 m S.383 □ E 12

Der traditionsreiche, direkt am Rhein gelegene Wein- und Wallfahrtsort wird von den berühmten »feindlichen Brüdern«, Burg Sterrenberg und Burg Liebenstein, überragt. Nach einer der bekanntesten Sagen am Rhein lebten auf Burg Sterrenberg einst 2 Brüder und ihre blinde Schwester. Als nach dem Tod des Vaters das Erbe zu verteilen war, betrogen die Brüder ihre Schwester um fast das gesamte, ihr zustehende Erbteil. Das Mädchen soll nun, wenig später, unterhalb der Burg ein Kloster gegründet und dort bis zu ihrem Tod gelebt haben. Die Brüder aber zerstritten sich, und es entstand eine zweite Burg (Liebenstein), die schließlich durch die sogenannte Streitmauer von der ersten Burg (Sterrenberg) getrennt wurde. Als es nach vielen Jahren doch wieder zur Versöhnung gekommen war und man sich zur Jagd verabredet hatte, soll der Sterrenberger seinen Bruder auf tragische Weise, nämlich völlig unbeabsichtigt, mit einem Pfeil getötet haben.

**Kloster und Marienwallfahrtskirche** (Ortsteil Bornhofen): Die 1435 geweihte got. Kirche bewahrt ein Gnadenbild der schmerzhaften Mutter, das noch immer Ziel so mancher Wallfahrt ist. Die anschließenden Klostergebäude wurden um 1680 errichtet.

**Liebenstein:** Die wahrscheinlich im 13.Jh. als Vorfestung v. Sterrenberg erbaute (s) Burg befindet sich heute in Privatbesitz.

**Sterrenberg** (direkt über Bornhofen, n Burg): Vielleicht schon vor 1100 als Reichsburg erbaut, zählt Sterrenberg wohl zu den ältesten Hochburgen am Rhein. 1568 wurde Sterrenberg verlassen und verfiel. Erst 1970 baute man das sog. Frauenhaus als Wohnturm aus. Eine grabenbewehrte Mauer trennt beide Burgen, da ihre Herren auch in der Geschichte stark zerstritten waren.

**Außerdem sehenswert:** Unmittelbar n an Bornhofen angesetzt ist der *Ortsteil Kamp* mit spätgot. *ehem. Klosterkirche der Franziskanerinnen, ehem. v. der Leyensche Hof* (heute Hotel) mit Rollwerkgiebel und einigen *Fachwerkhäusern.*

## Umgebung

**Filsen** (3 km n): In diesem am Fuß der *Filsener Ley* gelegenen, durch seine Kirschen berühmten Dorf befindet sich ein 1611 über einem Stadttor erbautes, 1982 restauriertes malerisches *Fachwerkrathaus.*

**Osterspei** (5 km n): Der mit seinen zahlreichen Fachwerkhäusern sehr reizvolle Ort wird v. dem um 1700 als Jagdschloß der Herren v. Liebenstein erbauten, im 19. Jh. grundlegend veränderten *Burg Liebeneck* überragt. – Im Dorf liegt am Rheinufer eine *ehem. Wasserburg* mit Wohnturm des 14. Jh., roman., ausgemalter Kapelle und Fachwerkbau des 20. Jh. – Die *Pfarrkirche St. Martin* mit roman. Turm (12. Jh.) und Langhaus v. 1778 besitzt eine bemerkenswerte Ausstattung, z. B. Hochaltar, Kanzel (um 1700) und Orgel v. 1795.

# D-7500 Karlsruhe

Baden-Württemberg

Einw.: 270000 Höhe: 116 m S. 381 □ F 8

Das an den nördlichen Schwarzwaldausläufern, nur wenige Kilometer östlich vom Rhein gelegene Karlsruhe ist eine der jüngsten (Groß-)Städte der Bundesrepublik. Nachdem 1689 die Burg der Markgrafen von Baden-Durlach zerstört worden war, legte Markgraf Karl Wilhelm 1715 im Hardtwald, seinem Jagdrevier im Westen Durlachs (dieser wohl im 12. Jh. gegründete Ort ist heute Stadtteil von Karlsruhe), den Grundstein für seine neue Residenz: Mittelpunkt sollte das Schloß sein, für das zuerst der achteckige Turm errichtet wurde und von dem 32 Straßen strahlenförmig »der Sonne entgegen« auslaufen. Wie für die weit ausgreifenden Schloßflügel und die Nebenbauten war die Bauweise auch für die anschließenden Gebäude genau vorgeschrieben. In dieses »Carols Ruhe« lud der Stadtgründer Karl Wilhelm Siedler aller Bekenntnisse aus ganz Deutschland ein. Auch nach seinem Tod bestimmte der vorgeschriebene Raster den weiteren Ausbau von Karlsruhe. Um 1800 nahm sein Nachfolger Karl Friedrich (1738 bis 1811) den Architekten Friedrich Weinbrenner* in seine Dienste, der die parallel zum Schloß verlaufende Kaiserstr. anlegte und z. B. durch den Bau der ev. und kath. Stadtkirchen, des Markgräflichen Palais, des Rathauses und der Münze der Stadt seinen klassizistischen Stempel aufdrückte.

Das durch die Bomben des 2. Weltkrieges schwer zerstörte Karlsruhe ist heute Universitätsstadt (u. a. mit einer Kunstakademie und der Hochschule für Musik) und mit seinem Schloß, seinen Museen, Theatern und Kirchen ein wichtiges kulturelles Zentrum. Außerdem ist Karlsruhe aber auch Sitz des Bundesverfassungsgerichts

*Karlsruhe, St. Stephan*

*Karlsruhe, Ev. Stadtkirche*

und des Bundesgerichtshofs, das wohl führende deutsche Kernforschungszentrum und Industriestandort u.a. mit Erdölraffinerien im etwa 6 km vom Stadtzentrum gelegenen Rheinhafen.
Karlsruhes berühmteste Söhne sind der Erfinder des Laufrads, Karl v. Drais (1785-1851), der Schriftsteller Joseph Viktor v. Scheffel (1826-1886) und der Motorenkonstrukteur Carl Benz (1844-1929). Z. T. lebten, wirkten und starben hier auch der Dichter Johann Peter Hebel (1760-1826), die Maler Karl Friedrich Lessing* (1808-80), Hans Thoma* (1839-1924) und Wilhelm Trübner* (1851-1917) sowie der Schauspieler und Direktor des Badischen Hoftheaters, Eduard Devrient (1801-77).

**Kath. Stadtpfarrkirche St. Stephan** (Friedrichsplatz): Der Architekt Friedrich Weinbrenner* orientierte sich bei seinen Plänen für diese Kirche (1808-14) am Pantheon in Rom. Über einem kurzen griech. Kreuz errichtete er einen Zentralbau mit gewaltiger Kuppel (30 m Spannweite) und Säulenportikus. Die Kirche wurde nach dem 2. Weltkrieg vereinfacht wieder aufgebaut, wobei u.a. die ehem. Holzkuppel in Stahlbeton ausgeführt wurde. Beachtenswert sind z. B. die Kreuzwegstationen und die bronzenen Reliefs am Hauptportal.

**Ev. Stadtkirche** (Marktplatz): 1807-11 errichtete Friedrich Weinbrenner* diese Kirche für die Protestanten mit einem Säulenportikus nach Art röm. Tempel. Beim Wiederaufbau der im 2. Weltkrieg stark zerstörten Kirche wurde das Innere modern gestaltet. 1958 wurde das Grab Weinbrenners vom Alten Friedhof hierher in die Krypta der Vorhalle übertragen. - Am Markplatz befinden sich außerdem das 1805-25 ebenfalls v. Weinbrenner* erbaute, nach dem 2. Weltkrieg wiederhergestellte *Rathaus* (davor ein Brunnen von 1832) und - als Wahrzeichen der Stadt - die urspr. in Holz ausgeführte, um 1823 nach einem Entwurf Weinbrenners* aus rotem Sandstein erbaute 6,50 m hohe *Pyramide* über der Gruft des Stadtgründers Karl Wilhelm.

**Ehem. Großherzogliches Schloß** (Schloßplatz): Vom alten Schloß blieb nur der Turm (1715) als der Mittelpunkt des städtebaulichen Zirkelschlags erhalten. Die übrigen Teile der urspr. Anlage wurden 1749-81 durch Um- oder Neubauten, die jedoch den Grundrissen des alten Plans exakt folgten, abgelöst. Dabei wurden in den endgültigen Plan F. v. Keßlaus* Entwürfe vieler Architekten (wie z. B. Balthasar Neumann*) miteinbezogen. Auffallend ist der reiche Skulpturenschmuck am Mittelbau und an den Seitenpavillons. Nach den Zerstörungen im 2. Weltkrieg wurde das Schloß außen originalgetreu wiederhergestellt und innen - für das →Badische Landesmuseum - großzügig neu gegliedert. An den W-Flügel des Schlosses - axial - anschließend die 1968 erbaute Gebäudegruppe des *Bundesverfassungsgerichts* und die 1838-46 im Stil der ital. Renaissance erbaute →*Staatliche Kunsthalle*; unmittelbar n dahinter liegen die 1853-54 erbaute langgestreckte *Orangerie* mit

*Karlsruhe, Großherzogliches Schloß, Torbau des Botanischen Gartens* >

Kuppel und der *Botanische Garten* mit Gewächshäusern und einem doppeltürmigen Torbau. Auf dem v. den Flügeln des Schlosses und den anschließenden Nebengebäuden umrahmten *Schloßplatz* (mit Garten) steht das 1844 gegossene *Denkmal Karl Friedrichs.* Hinter dem Schloß erstreckt sich – auf dem n, gleichsam vom Zirkel gezogenen Halbkreis – der *Schloßgarten* mit Teich, zahlreichen Denkmälern (u.a. eine Büste f. J.P. Hebel v. 1835) und – etwas weiter nw – dem 1802 erbauten sog. Griechentempelchen. Im N des Ahaweges liegt die sehr angesehene *Staatliche Majolika-Manufaktur Karlsruhe,* im O dann der *Fasanengarten* (ehem. Wildgehege) mit dem 1764 erbauten *Fasanenschlößchen,* im NO schließlich die seit 1889 erbaute neugot. *großherzogliche Grabkapelle.*

**Badisches Landesmuseum** (im Schloß): Den Grundstock für die bedeutende, umfangreiche Sammlung bilden u.a. die ehem. Kunstkammer der Markgrafen, das 1890 v. Friedrich I. gegr. Kunstgewerbemuseum, das ehem. Münzkabinett und die sog. Türkenbeute des »Türkenlouis« (Markgraf Ludwig Wilhelm). Gezeigt werden Exponate zur Vor- und Frühgeschichte, ägyptische, etruskische, griech. und röm. Kunst, Skulpturen und Kunsthandwerk vom MA bis zur Gegenwart. Bes. wertvoll sind z.B. Tongefäße der Michelsberger Kultur (um 2000 v.Chr.), griech. Vasen und Kelche (um 450 v.Chr.), Teile einer röm. Reitergruppe mit Jupiter (frühes 3.Jh.), das O-Portal der ehem. Petershausener Abteikirche (12.Jh.), spätgot. Plastiken des Oberrheins, Glasgemälde aus der Zeit der Spätgotik und der Renaissance, Barockplastiken, Beutestücke des Türkenlouis (Roßschweife, Sättel, Panzerhemden, Waffen, Fahnen u.ä.) sowie Jugendstilmöbel, -gläser oder -schmuck.

**Staatliche Kunsthalle** (Hans-Thoma-Str. 2): Die in einem 1838–46 errichteten, 1896 und 1906 erweiterten Gebäude untergebrachte Kunsthalle gehört zu den wichtigsten dt. Gemäldegalerien überhaupt. Die Bestände (v.a. dt., aber auch franz. oder niederländische Malerei des 14.–20. Jh.) setzen sich zu einem ganz beträchtlichen Teil aus den Sammlungen der kunstsinnigen Markgrafen v. Baden zusammen. Ausgestellt werden u.a. Werke v. Hans Baldung, genannt Grien* (z.B. »Geburt Christi« oder das »Ungleiche Liebespaar«), Matthias Grünewald* (»Kreuzigung«, »Kreuztragung«), Albrecht Dürer* (»Schmerzensmann«), Lucas Cranach d.Ä.* (»Urteil des Paris«), Peter Paul

*Karlsruhe, Ehem. Großherzogliches Schloß*

Rubens* (u.a. »Bildnis der Marchesa Veronica Spinola-Doria«, »Brustbild des Philosophen Seneca«), Rembrandt* (»Selbstbildnis«), Jacob Jordaens (»Moseswunder«), Jacob van Ruisdael* (»Landschaft«), Claude Lorrain* (»Anbetung des Goldenen Kalbs«), Anselm Feuerbach* (»Gastmahl des Plato«), Caspar David Friedrich* (»Felsenriff am Meeresstrand«) und v. dem ehem. Direktor der Kunsthalle, Hans Thoma* (»Kinderreigen«, »Geschwister«). Die großen Wandgemälde im Treppenhaus schuf Moritz v. Schwind* 1840-44. - In der 1853-57 erbauten benachbarten *Orangerie* (Hans-Thoma-Str.6) ist die Neue Abteilung der Kunsthalle untergebracht. Zu sehen sind hier u.a. Gemälde v. Courbet*, Manet*, Cézanne*, Monet*, Liebermann*, Corinth*, Kirchner*, Nolde*, Kandinsky*, Marc*, Macke*, Klee*, Beckmann* und Kokoschka*. - Das der Kunsthalle gegenüberliegende Gebäude des *Badischen Kunstvereins* (Waldstr.3) wurde 1901 in neubarockem Stil erbaut.

**Stadtteile**

**Bulach** (2,5 km s): Das *Jagdschloß Scheibenhardt* wurde urspr. 1699-1704 für den »Türkenlouis« Ludwig Wilhelm erbaut.

**Durlach** (4 km ö): Noch aus dem 12.Jh. stammt der W-Turm der 1698 wieder aufgebauten *ev. Stadtkirche*. - Das *ehem. Markgrafenschloß* (16.Jh.) mit Prinzessinnenbau und Schloßkapelle beherbergt heute das *Pfinzgaumuseum*. - *Turmberg-Ruine* (urspr. 12.Jh.) mit Bergfried des 13.Jh. und Treppenturm des 17.Jh. - *Basler Torturm* als Rest der ehem. Stadtbefestigung.

**Grötzingen** (7 km ö): Spätgot. *ev. Pfarrkirche* (15.Jh.) mit Fundamenten eines roman. Turmchores und vorzüglichem Kruzifix (um 1500) am Chorbogen. Gegenüber das *ehem. markgräfliche Schloß Augustenburg* (urspr. 15.Jh.; um 1565 Umbauten) mit einem v. runden Ecktürmen flankierten Mittelbau (sog. »Hohes Haus«, 15.Jh.) und doppelläufiger Freitreppe. - *Rathaus* mit steinernem Unterbau von 1583 und Fachwerkoberbau v. 1688.

**Grünwettersbach** (8 km sö): Die *ev. Pfarrkirche* war einst die Mutterkirche der Gegend rund um K. Der mit Friesen, skulptierten Köpfen und Fenstersäulen geschmückte Turm stammt aus dem 12.Jahrhundert. Im Innern ein Taufstein des späten 15.Jahrhunderts.

**Außerdem sehenswert:** Frühklassizistische sog. *Kleine Kirche* (Kaiserstr.) v. 1773-76 mit flacher Fassadengliederung und weißem Innenraum. - *Kath. Bernhardus-kirche* (Durlacher Tor; am ö Endpunkt der Kaiserstr.) v. 1896-1901 in neugot. Stil. Noch etwas weiter ö die 1907 im Jugendstil als Zentralbau errichtete *Lutherkirche* (Gottesauer Platz) und in der Gottesauer Str. die Ruine des urspr. aus dem späten 16.Jh. stammenden *Gottesauer Schlosses*. - Die *Christuskirche* (Mühlburger Tor) mit achteckigem Turm wurde 1896-1900 erbaut; die *Bonifatiuskirche* (Sophienstr.) wurde 1905-08 als imposante neuroman. Basilika errichtet. - In der v. der Hans-Thoma-Str. abzweigenden Stephanienstr. liegen die nach einem Entwurf Weinbrenners* bis 1826 erbaute, original (also unbeschädigt) erhaltene *Münze* und das *Rechtshistorische Museum* (Nr.13).
Von dem 1803-14 v. Weinbrenner* erbauten *ehem. Markgräflichen Palais* (Rondellplatz, mit einer v. Weinbrenner* entworfenen *Verfassungssäule*) blieb nach dem 2.Weltkrieg lediglich die Fassade erhalten, heute ist hier eine Bank untergebracht. - Das 1893-97 erbaute *ehem. Großherzogliche Palais* (Herrenstr.) beherbergt heute den *Bundesgerichtshof*, das 1891-97 erbaute *Prinz-Max-Palais* (Karlstr.) die *Städtische Galerie*.
Das *Landesmuseum für Naturkunde* (mit Vivarium) liegt am Friedrichsplatz, das *Verkehrsmuseum* in der Werderstr., das *Oberrheinische Dichtermuseum* (mit dem Nachlaß v. J.V.v.Scheffel) in der Röntgenstr., die *Badische Landesbibliothek* (mit ma Handschriften) im Nymphenpark und das 1970-75 erbaute *Badische Staatstheater* am Ettlinger Tor.
Im O des Schlosses befinden sich mehrere *Universitätsbauten*. Um den sog. *Festplatz* gruppieren sich u.a. die Stadthalle, das Konzerthaus, die Nancy- und die Schwarzwaldhalle. Unmittelbar s anschließend der *Stadtgarten* (u.a. mit Weltsonnenuhr und Teichen) und der Zoo.

*Ettlingen (Karlsruhe), St. Martin*

## Umgebung

**Bickesheim** (12 km sw): Die *Wallfahrtskirche Maria Bickesheim* wurde 1256 anstelle einer roman. Kapelle erbaut und später mehrfach erneuert. Bemerkenswert sind der Katharinenchor mit bunten Glasfenstern und Wandmalereien (2. Hälfte 14. Jh.), die Kanzel v. 1671 und der Hochaltar v. 1737 mit dem neu gefaßten Gnadenbild (13. Jh.).

**Ettlingen** (8 km s): Das erstmals 788 als *Ediningom* erwähnte, 1192 zur Stadt erhobene Ettlingen wurde urspr. bereits im 1. Jh. n. Chr. v. den Römern gegr. Nachdem die Stadt 1689 v. den Franzosen zerstört worden war, wurden viele Bauten entweder im Stil des Barock wieder aufgebaut oder neu errichtet. - Die *kath. Stadtkirche St. Martin* wurde einst über einer röm. Badeanlage errichtet. Nach dem Brand v. 1689 sind vom urspr. Bau des 12.-15. Jh. roman. Fundamente des Chorturms und der Sakristei sowie der got. hohe Chor mit Sterngewölbe erhalten. Beim barocken Wiederaufbau entstand die durch Kolossalpilaster gegliederte und mit einem Schweifgiebel versehene W-Fassade. - Das urspr. wohl aus dem späten 13. Jh. stammende, um 1600 erneuerte *Schloß*, heute äußerlich eine eher schmucklose Vierflügelanlage mit s Rundtürmen, ließ Markgräfin Sibylla Augusta 1728-33, etwa 40 Jahre nach der Zerstörung durch die Franzosen, als ihren Witwensitz wieder aufbauen und im Barockstil neu gestalten. Der wertvollste und zweifellos schönste Raum ist die *ehem. Kapelle* im O-Flügel (auch *Asamsaal* genannt; heute Konzert- und Festsaal) mit den 1732 v. Cosmas Damian Asam* gemalten Fresken (Martyrium und Glorifikation des hl. Nepomuk) an Decken und Wänden. Bes. beachtenswert sind auch einige stuckierte Räume des S-Flügels, die barocke Hoffassade des S-Flügels mit Portal und zierlichem Balkon, der Delphinbrunnen v. 1612 im Hof und der Neptunbrunnen v. 1549 vor dem Schloß. Im Schloß sind heute das *Albgaumuseum* (Geschichte der Stadt), das *Karl-Albiker-Museum* (v. a. Werke des Bildhauers Karl Albiker*), das *Karl-Hofer-Museum* (v. a. Gemälde v. Karl Hofer*) und das *Museum für Ostasiatische Kunst* untergebracht. - Das *Rathaus*, ein Barockbau mit elegantem Schweifgiebel, wurde 1738 erbaut. Daneben der *Stadtturm* mit ma Unterbau und barokker Haube. *Lauerturm* (15. Jh.) als Rest der ehem. Stadtbefestigung. Enge Gäßchen und z. T. mit Fachwerk verzierte alte Häuser (v. a. des 18. Jh.) verleihen dem historischen Stadtkern eine idyllische Atmosphäre.

## D-5425 Kaub
Rheinland-Pfalz

Einw.: 1500 Höhe: 80 m S. 383 □ E 11

Das am Rhein gelegene, 983 erstmals genannte Städtchen, einst Zentrum des Schieferabbaus, Wohnsitz der Rheinlotsen und Zollstätte, ist mit seiner Anbaufläche von 70 ha noch heute einer der wichtigsten Weinorte am Rhein. Hier in Kaub überquerte der preußische Feldmarschall Blücher in der Neujahrsnacht zwischen 1813 und 1814 den Rhein.

*Kaub, Pfalzgrafenstein* >

*Kaub, Pfalzgrafenstein mit Burg Gutenfels*

**Gutenfels** (oberhalb des Ortes): Von der in ihrem Kern noch aus der 1. Hälfte des 13. Jh. stammenden, u. a. im Dreißigjährigen Krieg zerstörten und seit dem 19. Jh. ausgebauten und restaurierten Burg genießt man einen großartigen Blick auf K. und den Strom mit Pfalzgrafenstein. Stattliche Anlage mit 2 langen parallelen Flügeln, Zinnen, Torbau, Bergfried und Holzlauben im Hof. Heute Hotel.

**Pfalzgrafenstein:** Die unter dem Namen »Pfalz bei Kaub« bekannte Burg wurde 1326 auf einer Rheininsel als Zollfestung erbaut. Mit ihren 1609 angesetzten Bastionen (barocke Haubendächer v. 1734) wirkt die Anlage wie ein wuchtiges steinernes Schiff im Strom. Zu einem historischen Begriff wurde die »Pfalz« durch Blüchers Rheinübergang auf seinem Feldzug gegen Napoleon. Zugänglich mit Ausnahme des 1. Werktags in der Woche.

**Außerdem sehenswert:** An den preußischen Marschall Fürst Blücher erinnern ein *Denkmal* und das *Blüchermuseum* (Metzgergasse 6; geöffnet außer Di) im ehem Gasthaus Stadt Mannheim, einem eleganten Barockbau v. 1780, in dem Blücher vo der Rheinüberquerung übernachtet hatte. - Mehrere bemerkenswerte *Bürgerhäuse* stehen v. a. an Kirch- und Marktplatz. - Bi in die Mitte des 18. Jh. besaß der Ort ein *Simultankirche* sowohl für Protestanten al auch Katholiken. Erst 1769 wurde an de Stelle des Chors eine eigene kath. Pfarrkirche errichtet. - Die ma *Stadtbefestigun* hat sich bis heute mit Wehrgang un einigen Türmen noch großenteils erhalten

| **D-7640 Kehl**<br>Baden-Württemberg | | |
|---|---|---|
| Einw.: 30 000 | Höhe: 142 m | S. 381 □ D 7 |

Die zwischen Rhein und Unterlauf de Kinzig gelegene Grenz-, Industrie- un

*Willstätt (Kehl), Kanzelaltar*

INRI

Hafenstadt entwickelte sich ursprünglich aus einem Flößer- und Fischerdorf. Seit 1388 Brückenkopf nach Straßburg, das hier eine erste feste Rheinbrücke erbaute, wurde Kehl im 17. Jh. zur Festung ausgebaut und seitdem als strategisch wichtiger Ort mehrmals (zuletzt im 2. Weltkrieg) zerstört.

**Hanauer Museum** (Friedhofstr. 5): In diesem stadt- und regionalgeschichtlichen Museum sind in der ur- und frühgeschichtlichen Abteilung Funde aus dem Hanauerland ausgestellt, darunter z. B. Elefantenzähne aus der letzten Eiszeit, Beile aus der Jungsteinzeit, keltische Münzen, röm. Terra-sigillata-Gefäße und merowingische Grabfunde. Gezeigt werden außerdem Gerätschaften zur Hanfverarbeitung und Hanauer Trachten. Das Museum ist sonntags zwischen 14.00 und 17.00 Uhr geöffnet, für Gruppen auch nach Vereinbarung.

**Außerdem sehenswert:** An der Hauptstr. stehen die 1822–24 erbaute klassizistische *Christuskirche,* das *Weinbrennerhaus* v. 1819 und die neugot. *Friedenskirche* v. 1847–51. – Das 1819 urspr. als Kaserne erbaute *Rathaus* erhielt 1923 seine eigenwillige Fassade mit dem vorspringenden hohen Säulenportikus. – Die K. und Straßburg verbindende *Europabrücke* wurde 1960 fertiggestellt.

*Herbolzheim (Kenzingen), St. Alexius*

## Umgebung

**Honau** (10 km n): In der 1845 erbauten *Michaelskirche* befindet sich auf einem Seitenaltar eine wertvolle oberrheinische Holzplastik der Krönung Mariens (um 1500).

**Kehl-Auenheim** (5 km n): Die heutige *ev. Kirche* wurde 1792 an der Stelle einer urspr. aus dem 10. Jh. stammenden Vorgängerkirche erbaut. – Ein bemerkenswerter Fachwerkbau ist das *Gasthaus Blume* v. 1790.

**Kehl-Kork** (5 km ö): Die *ev. Kirche* wurde 1731–33 unter Beibehaltung des got. Chorraums eines vielleicht schon im 8. Jh. bestehenden Vorgängerbaus errichtet. Orgel (1778) v. einem Silbermann-Schüler. Auf dem Korker Bühl befindet sich ein malerisches Ensemble v. *Fachwerkhäusern* des 18. Jh. – Das *Korker Schloß* wurde 1728–3 im Stil eines barocken Landhauses erbaut.

**Rheinau-Freistett** (15 km n): Das frühroman. *Heidenkirchle* wurde wohl um 1000 v. iroschottischen Mönchen gegr. Der sattelgedeckte Chorturm stammt aus dem 13. Jh.

**Willstätt** (7 km sö): Die barocke *Pfarrkirche* mit Fassadenturm und einer Kreuzigungsgruppe (um 1760) über dem außergewöhnlichen Kanzelaltar wurde 1756 erbaut.

## D-7832 Kenzingen

Baden-Württemberg

| | | |
|---|---|---|
| Einw.: 7100 | Höhe: 177 m | S. 380 □ D 6 |

Das im 13. Jh. auf einer Elzinsel südlich des gleichnamigen alten Dorfes ganz nach dem Vorbild von Zähringerstädten wie Freiburg oder Villingen angelegte Kenzingen hat sich bis heute eines der besterhaltenen mittelalterlichen Stadtbilder im Breisgau bewahren können.

**Kath. Pfarrkirche St. Laurentius** (im Zentrum der Stadt): Das urspr. noch im 13. Jh. erbaute Gotteshaus wurde vom 1 bis zum 18. Jh. mehrmals umgestaltet. In der s Kapelle, der sterngewölbten Taufkapelle, befindet sich die Familiengrabstätte des Wolf v. Hürmstein mit außergewöhnlichen Bildnisgrabsteinen des 16. Jh. Bemerkenswert sind auch die n Seitenkapelle mit einer Ölberggruppe v. 1734, der neugot. Hochaltar, die Holzfiguren Johannes' d. T. und des hl. Sebastian (im Chorbogen) vom ehem. barocken Hochaltar und Reste v. Wandmalereien (um 1300) in der s Turmkapelle.

**Außerdem sehenswert:** *Ev. Kirche* (mit ehem. Franziskanerkloster) aus dem frühen 17. Jh. – *Friedhofskapelle* mit einer Muttergottesfigur (um 1400) im Inneren. – Vom 1242 gegr. *ehem. Zisterzienserinnenkloster Wonnental* (s Ortsrand) sind nur geringe Reste erhalten. – Urspr. aus der Mitte des 16. Jh. stammt das *Rathaus* mit rundbogigen Türen und Fenstern (13. Jh.) im Erdgeschoß, dreigeteilten Kreuzstockfenstern im Obergeschoß und Staffelgiebel (19. Jh.) – An den größtenteils in der 2. Hälfte des 17. Jh. und im 18. Jh. erbauten *Bürgerhäusern* findet man häufig Bauteile v. Vorgängerbauten der Spätgotik und der Renaissance. – Als Rest der Stadtbefestigung ist das *Schwabentor* erhalten. – Im S des Ortes (in K.-Hecklingen) liegt die Ruine der aus dem 12. Jh. stammenden *Burg Lichteneck*. – Die *Oberrheinische Narrenschau* (Museum; Alte Schulstr. 20) präsentiert eine lebensvolle Darstellung des Fastnachtsbrauchtums am Oberrhein.

## Umgebung

**Herbolzheim** (3 km n): Der erstmals 1108 urkundlich erwähnte Ort besitzt neben *Fachwerkhäusern* (v. a. des 16. und 17. Jh.) noch einige barocke *Bürgerhäuser* (v. ca. 1714–1800) mit prunkvollen Portalen. – Das *Rathaus* ist ein 1891 umgebautes Backgebäude mit verklinkerter Fassade, Wappenstein und geschwungenem Giebel. – Die *kath. Pfarrkirche St. Alexius* wurde 1752–54 als barocke Saalkirche mit eingezogenem Chor und W-Turm erbaut. Im Inneren sind die vorzüglichen Rokokostukkaturen, die Deckengemälde und der prachtvolle Hochaltar beachtenswert. – Die um 1660 erbaute, 1747 erweiterte und 1981 renovierte *Wallfahrtskirche Maria Sand* besitzt eine um 1450 aus Terrakotta geschaffene Muttergottesstatue als Gnadenbild. – Die aus roman. und got. Bauteilen bestehende *Margarethenkapelle* bewahrt in ihrem Inneren Wandmalereien aus der Zeit der Romanik bis zum Frühbarock.

**Weisweil** (7 km w): Turm und Chor (beide mit Kreuzrippengewölben) der *ev. Pfarrkirche* sind got., das Langhaus wurde im 18. Jh. erneuert und verlängert.

## D-4190 Kleve

Nordrhein-Westfalen

Einw.: 45 000 Höhe: 20–106 m S. 385 □ E 17

Die ehemalige Hauptstadt des gleichnamigen Herzogtums liegt an einem Höhenrükken links des unteren Niederrheins. Im Schutz der um 1050 auf diesem Höhenrücken errichteten Schwanenburg entwikkelte sich zunächst ein Dorf mit einer Kirche und erst später eine zweite Ansiedlung (nördlich), die 1242, bereits wenige Jahre nach ihrer Gründung, Stadtrechte erhielt. 1341 wurde eine beide Siedlungen und die Burg umgebende Mauer angelegt und mit dem Bau der Stiftskirche begonnen. Nach dem Aussterben des Hauses Kleve kam das Herzogtum 1614 (endgültig 1666) an Brandenburg-Preußen, 1795–1813 an Frankreich und 1815 wieder an Preußen. Im 2. Weltkrieg zu 80 Prozent zerstört, ist der Luftkurort (seit 1742) Kleve heute sowohl kultureller als auch wirtschaftlicher Mittelpunkt am unteren Niederrhein nahe der deutsch-niederländischen Grenze.

**Ehem. Stiftskirche St. Mariä Himmelfahrt** (am Kleinen Markt): 1341 begann Meister Konrad v. Kleve* mit dem Bau dieser dreischiffigen Kirche. Doch obwohl der Chor bereits 1356 geweiht worden war, konnten Langhaus und W-Türme erst 1426 vollendet werden. Mit seinem stark überhöhten Mittelschiff ist der Bau das erste Beispiel der sog. Klevischen Stufenhalle. Der nach den schweren Schäden des 2. Weltkrieges in neuer Raumordnung gestaltete Innenraum wurde vor wenigen Jahren im got. Farbsystem neu gefaßt. Von der einst

*Kleve, Schwanenburg*

reichen Ausstattung blieb nur wenig erhalten, so Teile des *Marienaltars* (1513-15, Chor) v. H. Douvermann* und J. Dericks* sowie einer thronenden Marienfigur aus dem 14. Jh., der *Kreuzaltar* (um 1540; S-Chor) und Reste des *Hochaltars* v. 1843 (n Turmkapelle). Da die Kirche einst Grablege der Herzöge v. K. war, finden sich (in der Fürstengruft und in der Michaelskapelle) mehrere *Grabmäler* des 14.-16. Jh., darunter das *Doppelgrab* für Arnold II. und seine Gemahlin Ida und das Grabmal für Graf Adolf I. mit vollplastischer Liegefigur.

**Ehem. Minoritenkirche St. Mariä Empfängnis** (Kavariner Str.): Die heutige kath. Pfarrkirche aus der Zeit um 1440 ist ein charakteristisches Werk der got. Bettelordensarchitektur: zweischiffig, langgestreckt und mit sehr schlichten Maßwerk- und Detailformen. Außergewöhnlich reich verziert ist dagegen das Chorgestühl v. 1474.

**Schwanenburg:** Von der urspr. Anlage des 11. Jh. ist nichts erhalten, aus staufische Zeit (12. Jh.) nur einige Teile eines ehem Prachtportals, die an 4 Türen im Schloßho verwendet worden sind. Aus der Zeit de got. Ausbaus (1429-70) stammen auße einem Gebäude mit Ecktürmen und Wehrgang v. a. der imposante Schwanenturn und der Spiegelturm. Angeblich soll di Schwanenburg (heute Sitz des Landgerichts) einst Schauplatz der Lohengrinsag gewesen sein.

**Städtisches Museum Haus Koekkoek** (Ka variner Str.): Das im 1845-47 errichtete ehem. Wohnhaus des berühmten nieder ländischen Landschaftsmalers der Roman tik, Barend Cornelis Koekkoek (1803-62), untergebrachte Museum zeig neben einer umfangreichen Sammlung Werken Koekkoeks auch Gemälde seine Schüler und seiner Familie sowie Expona te (v. a. Skulpturen) zur niederrheinische Kunst seit dem Spätmittelalter und zu Kunst des 20. Jh. (Ewald Mataré H. Lamers*).

**Außerdem sehenswert:** Zwischen 1650 und 1677 ließ Prinz Johann Moritz v. Nassau-Siegen in der ganzen Stadt umfangreiche Gärten und Parks anlegen: So führen zu dem neuen *Tiergarten* im NW strahlenförmig 12 Alleen. Unterhalb in einer natürlichen Schlucht liegt das sog. *Amphitheater* mit Ceres-Tempel und Minerva-Statue. – Seine *Grabstätte,* eine im Halbkreis v. röm. Denkmälern gerahmte gußeiserne Tumba, ließ sich Johann Moritz in der Nähe des *Alten Tiergartens* (in Berg und Tal) erbauen.

## Umgebung

**Kranenburg** (11 km w): Der 1294 zur Stadt erhobene Ort liegt nur wenige km ö der dt.-niederländischen Grenze. – Die um 1410–47 als got. Backsteinbasilika mit w Fassadenturm errichtete *kath. Pfarr- und Wallfahrtskirche St. Peter und Paul* bewahrt mehrere vorzügliche Altäre des 16. Jh. – Bes. zu beachten sind im Ort außerdem das um 1450 errichtete zweigeschossige *Katharinenstift* (heute Kunstmuseum), die *ev. Pfarrkirche* v. 1696, die im S noch fast vollständig erhaltene *Stadtmauer* v. 1370 mit dem *Mühlenturm* (heute Heimatmuseum) und das v. Joseph Beuys* geschaffene *Grabmal* für Joseph und Maria van der Grinten auf dem Friedhof.

## D-5400 Koblenz

Rheinland-Pfalz

Einw.: 115000 Höhe: 60 m S. 383 □ E 12

Dort, wo Mosel und Rhein zusammenfließen, entstand unter Kaiser Tiberius (14–37 n. Chr.) das Römerkastell *Castrum apud Confluentes,* von dem sich der Name der Stadt Koblenz (*Confluentes* = »die Zusammenfließenden«) ableitet. Zur Zeit der Franken (seit dem 6. Jh.) Königspfalz, seit 1018 Besitztum der Trierer Erzbischöfe, erlebte die mehrmals befestigte Stadt vor allem vom 12. bis zum 14. Jh. ihre größte Glanzzeit. 1794 fiel Koblenz an Frankreich und 1815 an Preußen, das die Burg Ehrenbreitstein zur stärksten Rheinfestung ausbaute und Koblenz 1822 zur Hauptstadt der Rheinprovinz erhob. Das im 2. Weltkrieg zu fast 85 Prozent zerstörte Koblenz ist heute größter Bundeswehrstandort, Handels- und Verwaltungszentrum sowie dank seiner malerischen Lage an der Moselmündung in den Rhein und dank seiner liebevoll und sorgsam wieder aufgebauten Altstadt eines der beliebtesten deutschen Touristenzentren.

**Ehem. Stiftskirche, ev. Pfarrkirche St. Florin** (Florinsmarkt): Die um 1100 anstelle eines ottonischen Vorgängerbaus errichtete roman. Basilika mit hochragender Doppelturmfassade wurde bis 1350 um ihren got. Chor (über den Resten eines Römerturms) erweitert und bis ins frühe 18. Jh., als man die ehemals flache Decke durch got. Gewölbe ersetzte, mehrmals verändert. Im Inneren der 1950 wieder aufgebauten Kirche sind v. a. die *got. Wandmalereien* in den Nischen des Vorchors (14. Jh.) und die Fenster mit *Glasmalereien* aus der Zeit um 1330 v. Interesse. – Schräg gegenüber, an der N-Seite des Florinsmarktes stehen unmittelbar beieinander der 1659 als Adelspalais erbaute *Bürresheimer Hof* (l), das 1425 erbaute, später häufig veränderte ehem. *Kauf- und Danzhaus* (in der Mitte) mit barockem, leicht vorgesetztem Uhrturm und das 1530 errichtete *Schöffenhaus* (r) mit 4 Ecktürmchen. In diesen 3 Häusern ist seit 1965 das →*Mittelrheinmuseum* untergebracht.

**Ehem. Stiftskirche, kath. Pfarrkirche St. Kastor** (Kastorplatz): Auf der Landzunge zwischen Mosel und Rhein, nahe bei der→Deutschordenskommende, liegt St. Kastor, die künstlerisch bedeutendste Kirche in K. Reste des 836 geweihten karolingischen Vorgängerbaus blieben in den Untergeschossen der beiden *W-Türme* erhalten. Wie diese beiden im 11.–12. Jh. entstandenen Türme, so zählt auch der *Chor* mit seiner Zwerggalerie zu den Glanzleistungen rheinischer Romanik. Nachdem die dreischiffige Basilika 1209 geweiht worden war, wurden 1496–99 lediglich noch Mittelschiff und Vierung gewölbt. Im Inneren sind außer den roman. *Arkaden* und den weit gespannten got. *Netzgewölben* v. a. die beiden *Grabtumben* unter got. Wandbaldachinen für die Kurfürsten Kuno v. Falkenstein und Werner v. Königstein, das ausdrucksstarke *Kruzifix* v.

*Koblenz, Liebfrauenkirche, Grabstein*

1685 am Hochaltar und die *Kanzel* v. 1625 beachtenswert. - 1882 wurde auf dem Platz vor der Kirche der urspr. 1794 gefertigte *Kastorbrunnen* aufgestellt.

**Liebfrauenkirche** (Am Plan): Seit dem MA war Liebfrauen die Hauptkirche in K. Die roman. Emporenbasilika wurde zwischen 1180 und 1250 über röm., fränkischen und karolingischen Fundamenten errichtet. Ein Meisterwerk der Romanik stellt die durch Gesimse, Lisenen, Friese, Blendbogen und ein Maßwerkfenster reichverzierte *w Doppelturmfassade* dar. Von besonderer Qualität ist auch die lebensgroße barocke Muttergottesstatue in einer Nische am Fenster. Der spätgot. Chor stammt aus dem 15. Jh., die barocke Bekrönung der beiden Türme aus dem späten 17. Jh. Im Inneren sind das got. *Gewölbe* des Mittelschiffs, 3 *Renaissance-Grabsteine*, eine *Immaculata* und ein *hl. Joseph* (beide um 1750) sowie der *Nikolausaltar* (1680) mit einer alten Darstellung der Stadt hervorzuheben. - Außen an der S-Seite der Kirche steht die 1660 erbaute ehem. Grabkapelle des alten Friedhofs *S Michael.*

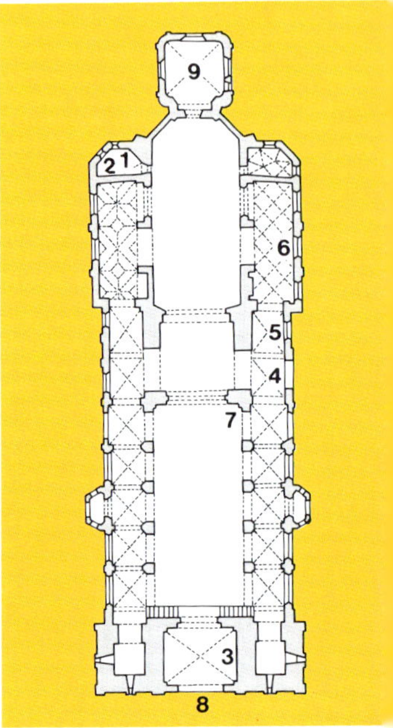


**Koblenz, Liebfrauenkirche** **1** Kruzifix Mitte 14. Jh. **2** Glasfenster mit Kreuzigung um 1460–70 **3** Grabsteine der Familie v dem Burgtorn **4** Altaraufsatz v. Silveste Baumann, 1680 **5** Stifterbüste des Johan Crampich v. Cronefeld († 1693) v. Ja Blommendael **6** Epitaph Langnas († 171 **7** Immaculata, um 1750, am Chorbogen Nische mit Muttergottes am W-Bau, 170 **9** Sakristei v. Nikolaus Lauxem, 1776

**Adelshöfe und Bürgerhäuser:** Geht man der Kastorkirche in w Richtung, so gelan man in die Kastorstr. mit dem 1556–67 e bauten vierflügeligen ehem. *Von der Le enschen Hof* (Nr. 2) und - an der Ecke z Kornpfortgasse - dem v. Kriegszerstöru gen verschont gebliebenen *Haus Deutsch*

*Koblenz, St. Kastor*

*Kaiser,* einem fünfstöckigen zinnenbewehrten und rot angestrichenen Wohnturm (heute Gasthaus) aus dem Jahre 1520. In der Kornpfortgasse befinden sich der 1701 erbaute, nach einer Reliefdarstellung der Hll. Drei Könige am Erker auch *Dreikönigenhaus* genannte ehem. *Eltz-Rübenacher-Hof* (Nr. 15), der im frühen 18. Jh. an der Stelle eines Merowingerhofs des 5. Jh. erbaute *Fränkische Königshof* (daneben) und das *Krämerzunfthaus* (gegenüber) v. 1710 mit reliefverziertem Erker. Weiter über den Florinsmarkt (→St. Florin) und die Burgstr. erreicht man nun den Münzplatz mit dem 1763 erbauten ehem. *Wohnhaus des Münzmeisters* (Nr. 1) und den im späten 17. Jh. errichteten *Metternichschen Hof* (Nr. 8), wo 1773 der große Diplomat des Wiener Kongresses, Clemens Wenzeslaus Metternich, geboren wurde und wo heute Werke zeitgenössischer Kunst des →Mittelrheinmuseums gezeigt werden. Weiter s kommt man an die Kreuzung v. Marktstr.-Löhrstr.-Am Plan-Altengraben, die nach den reichgestalteten Erkern der sich hier gegenüberliegenden Häuser auch *Vier Türme* genannt wird. Weiter s gelangt man in die Pfuhlgasse und – direkt anschließend – in die bei der Stadterweiterung durch Kurfürst Clemens Wenzeslaus im späten 18. Jh. entstandene Clemensstr. mit einigen beachtlichen *frühklassizistischen Häusern* (z. B. Nr. 2, heute Bank).

**Alte Burg** (Peter-Altmeier-Ufer): Von der 1260–86 als Trutzburg errichteten, durch Gräben und Mauern gesicherten urspr. Anlage ist heute noch das mehrfach veränderte Burghaus mit 2 Rundtürmen, Treppenturm und hohem Mansarddach erhalten. Heute sind hier das Stadtarchiv und die Stadtbibliothek untergebracht.

**Deutschordenskommende** (zwischen St. Kastor und Deutschem Eck): Die im 2. Weltkrieg stark zerstörte Anlage der hier seit 1216 ansässigen Deutschordensritter wurde fast vollständig und in ihren alten Formen wieder aufgebaut. Im Sommer finden im Blumenhof Konzertabende statt.

**Ehem. Kurfürstliches Residenzschloß** (Clemensplatz, an den Rheinanlagen): Diesen klassizistischen, streng symmetrisch geordneten Schloßbau (1777–86) ließ sich Clemens Wenzeslaus, der letzte Trierer Kurfürst und Erzbischof, errichten, als er seine Residenz (Philippsburg) unterhalb v. →Ehrenbreitstein in die Koblenzer Neustadt verlegte. In dem 1944 völlig ausgebrannten, heute – als Sitz v. Behörden – wiederhergestellten Schloß (mit schönem

*Koblenz, Dreikönigenhaus, Dreikönigsrelief*

Treppenhaus) wohnte 1849–57 der spätere dt. Kaiser Wilhelm IV.

**Rathaus, ehem. Jesuitenkolleg** (Jesuitenplatz): Das 1694–1701 für den Jesuitenorden als Kollegium errichtete Renaissancegebäude mit reizvoller Fassade beherbergt seit 1895 das Rathaus (im Hof der Scängelbrunnen v. 1940). Von der anschließenden *ehem. Jesuitenkirche* blieb lediglich die 1959 an die moderne Johanneskirche angebaute prachtvolle Barockfassade mit reichverziertem Portal, riesiger Fensterrosette und geschweiftem Giebel erhalten. Am Platz finden sich außerdem einige bemerkenswerte Bürgerhäuser.

**Balduinbrücke** (bei der Alten Burg): Von den urspr. 14 Bogen der 1332 unter dem Erzbischof und Kurfürsten Balduin v. Luxemburg erbauten Brücke mußten 1964 wegen der notwendigen Moselregulierung einige Bogen abgebrochen werden.

**Deutsches Eck:** Die Landzunge zwischen Mosel und Rhein erhielt ihren Namen »Deutsches Eck« nach den hier ansässigen Deutschordensrittern (→Deutschordenskommende). Das 1893–97 errichtete Denkmal für Kaiser Wilhelm I., urspr. ein hoher Sockel mit Pfeilerhalle und 15 m hohem Reiterstandbild, wurde nach der Zerstörung im 2. Weltkrieg 1953 – ohne die Figurengruppe mit dem Reiter – zu einem *Mahnmal der dt. Einheit* umgestaltet.

**Mittelrheinmuseum:** Seit 1965 ist dieses Museum in den 3 Gebäuden Kauf- und Danzhaus, Bürresheimer Hof und Schöffenhaus am Florinsmarkt (→St. Florin) untergebracht. Schwerpunkte der umfangreichen Sammlung sind Exponate zur Stadtgeschichte (u. a. röm. Meilensteine, der sog. Cosedo-Teller, ma Töpferwaren), ma Kunst am Mittelrhein (z. B. ein Kreuzigungs-Flügelaltar, das sog. Keltertreter-Triptychon; zahllose qualitätvolle Plastiken des 13. bis 16. Jh. wie die Traubenmadonna), barocke Plastiken und Gemälde (u. a. mehr als 40 Ölbilder von Januarius Zick*), niederländische Malerei sowie Werke mittelrheinischer, häufig Koblenzer, Künstler des 19.–20. Jh. Die Abteilung zeitgenössischer Kunst ist im Metternichschen Hof am nur wenige Meter s gelegenen Münzplatz zu besichtigen.

**Stadtteile** (die Entfernungsangaben sind jeweils auf das Stadtzentrum v. K. zu beziehen).

**Arzheim** (3 km ö): Die mit Chor und W-Turm aus dem 14. Jh. stammende, 1901 und 1970 erweiterte *Pfarrkirche St. Aldegundis*

*Koblenz, Deutsches Eck*

*Koblenz, Bürresheimer Hof*

bewahrt eine Steinstatue der hl. Aldegundis aus dem späten 15. Jh. – Die neuroman. *Kapelle* an der sog. Arzheimer Schanze wurde in der Mitte des 19. Jh. erbaut.

**Ehrenbreitstein** (1,5 km ö): Auf dem 118 m hohen, teilweise steil abfallenden Bergrükken über dem Rhein errichtete Ritter Ehrembert noch im 10. Jh. eine erste, Ehrenbertstein genannte Burg. 1020 gelangte diese Burg an die Erzbischöfe v. Trier, die in den folgenden Jh. den gesamten Komplex ständig ergänzten oder erweiterten. Im 12. Jh. entstanden z. B. der Bergfried und die s vorgelagerte Burg Helfenstein, im 16. Jh. war die Burg dann v. a. Residenz, wurde aber gleichzeitig durch erste Bastionen verstärkt. In ihrer gesamten Geschichte konnte die *Burg Ehrenbreitstein* niemals erobert werden, nur durch Belagerung, d. h. durch Aushungern, konnten ihre Herren zur Aufgabe gezwungen werden. Nachdem die Franzosen 1801 die Anlagen gesprengt hatten, wurde Ehrenbreitstein 1816–32 v. den Preußen als stärkste dt. Festung – über den alten Grundrissen, aber zusätzlich auch mit Forts und Batterien – wieder aufgebaut. Architektonisch beachtlich sind v. a. die *Kurtine* mit dreiteiliger Bogenreihe, der klassizistische *Portikus* an der O-Front und die kasemattenartige *Festungskirche* mit Emporen und Tonnengewölbe. In der Landbastion ist heute das *Landes- und Rheinmuseum* (Exponate zur Geschichte des Weinbaus, des Handwerks und der Rheinschiffahrt), in der Rheinbastion das *Bundesarchiv* untergebracht. Vom Schloßplatz hat man einen prächtigen Blick auf K., die nahe Umgebung, Rhein und Mosel. – Die unterhalb der Festung gelegene *ehem. kurfürstliche Residenz Philippsburg* wurde 1626–32 für Kurfürst Clemens Philipp v. Soetern erbaut. In den letzten Jahrzehnten des 18. Jh. herrschte hier noch reges geistiges Leben. Goethe und Wieland waren hier Gäste der Schriftstellerin Sophie v. la Roche, und 1778 wurde hier Clemens Brentano geboren. Aber wenige Jahre, nachdem Clemens Wenzeslaus seine kurfürstliche Residenz nach Koblenz verlegt hatte, wurde der größte Teil der prachtvollen Anlagen zerstört. Erhalten sind noch die 1690 erbaute *Pagerie,* das 1739 nach Entwürfen Balthasar Neumanns* errichtete schloßartige barocke *Dikasterialgebäude* (heute Finanzamt) mit reichem Skulpturenschmuck am Giebel des Mittelrisalits sowie – hinter dem Dikasterialgebäude – der 1762 erbaute *ehem. Marstall* mit skulpturenverziertem Mittelbau. – Im Ort sind außerdem die schlichte *ehem. Kapuzinerklosterkirche St. Franziskus* (um 1630) mit guter Rokokoausstattung und einige *Häuser* des 17. und 18. Jh. beachtenswert.

**Güls** (3 km sw): Ein vorzügliches spätroman. Bauwerk ist die im frühen 13. Jh. erbaute *ehem. Pfarrkirche und heutige Klosterkirche St. Servatius* mit quadratischem Chor, kleiner Apsisnische, n Vorhalle und Wandmalereien des 13. Jh. (u. a. Jüngstes Gericht) im Inneren. – Ganz in der Nähe liegt die 1833–40 zur Zeit der Romantik errichtete *neue Pfarrkirche* mit 2 Fassadentürmen und weitem Innenraum.

**Kapellen-Stolzenfels** (5 km s): Das sich hoch über dem Rhein, gegenüber der Lahnmündung, erhebende *Schloß Stolzen-*

*Koblenz, Ehrenbreitstein*

*els* zählt zu den hervorragendsten Leistungen der romantischen neugot. Baukunst im 19. Jh. An der Stelle des Schlosses wurde bereits 1242 eine Burg erbaut, die jedoch nach der Zerstörung durch die Franzosen (1689) verfiel. 1836 beauftragte der spätere Preußenkönig Friedrich Wilhelm IV. den großen Baumeister Karl Friedrich Schinkel*, diese Ruine wieder aufzubauen, wobei v.a. die geringen ma Bauteile (wie der hochragende alte *Bergfried* aus der Mitte des 13. Jh.) mit einbezogen wurden. Bes. beachtenswert sind der *Burghof* (weiter Ausblick), der *Pergolagarten*, die *Treppenhalle*, die im - romantischen - Geschmack des 19. Jh. gestalteten *Wohnräume* des Königs und seiner Gemahlin, der gewölbte *Große Rittersaal* mit Waffen und Ritterrüstungen sowie die neugot. *Schloßkapelle* mit Wandgemälden und kunstvoll gestalteter gußeiserner Wendeltreppe. - Unterhalb des Schlosses liegt im Ort Kapellen die urspr. aus dem 14. Jh. stammende, 1826-33 nahezu neu erbaute *Pfarrkirche St. Menas* mit Statuen des hl. Sebastian (um 1500) und einer Muttergottes (frühes 16. Jh.).

**Moselweiß** (1 km s): Die *kath. Pfarrkirche St. Laurentius* stammt wahrscheinlich aus den ersten Jahren des 13. Jh. Im Inneren dieser gewölbten Pfeilerbasilika sind die erneuerte urspr. Ausmalung, eine roman. Altarmensa, ein roman. Taufstein und bes. eine kostbare Steinkanzel v. 1467 mit den Relieffiguren v. Christus und den 4 Evangelisten v. Interesse.

**Außerdem sehenswert:** Das *Stadttheater* (Deinhardplatz, s der Clemensstr.) mit beachtlicher klassizistischer Fassade wurde 1787 als Hoftheater für Clemens Wenzeslaus erbaut; auf dem Platz ein *Brunnen* mit Obelisk. - An den Rheinanlagen, entlang dem Konrad-Adenauer-Ufer, liegen der alte *Rheinkran* v. 1611 und das 1902-05 erbaute neuroman. *Alte Regierungsgebäude*. - Unmittelbar s der *Pfaffendorfer Brücke* befinden sich die *Rhein-Mosel-Halle* und - am Rhein - das 1925 angeleg-

e berühmte *Weindorf* mit einigen Rekontruktionen bekannter Fachwerkhäuser. – Auf dem Hauptfriedhof liegt Karl Baedeker (1801–59) begraben, der einst in K. die rsten dt. Reiseführer verlegt hatte. – *Mitelrheinisches Postmuseum* am Friedrich-Ebert-Ring.

**Veranstaltungen:** Alljährlich am 2. Samstag m August findet zwischen K. und →Braubach (s) das sehr beeindruckende Lichterpektakel *Der Rhein in Flammen* statt.

## Umgebung

**Bassenheim** (10 km w): Die 1899 erbaute *ath. Pfarrkirche* bewahrt eines der schönten Werke ma Plastik, den vom Naumburer Meister* im 13. Jh. geschaffenen sog. *Bassenheimer Reiter* (St. Martin mit dem Bettler).

## D-5000 Köln

Nordrhein-Westfalen

Einw.: 980000 Höhe: 55 m S.384 □ E 14

Köln war schon in der Römerzeit die Hauptstadt am Rhein. Hier wurde um 38 . Chr. jenes ca. 1 qkm große Lager angelegt, dessen Mittelachse dort zu suchen ist, wo heute die Hohe Straße (Fußgängerzone) erläuft. Dieses Lager wurde um 50 n. Chr. on der in Köln geborenen Kaiserin Agripina (Gemahlin des Claudius) zur Veteraenstadt erhoben und seither *Colonia Claudia Ara Agrippinensis* genannt. Das CCAA, Monogramm der Stadt, erscheint anach immer wieder auf alten Römersteien und Inschriften. Und der Umfang der Römerstadt läßt sich noch heute deutlich an Befestigungsresten ablesen. So steht an der St.-Apern-Straße ein Römerturm (1. Jh. . Chr.), der einst die Nordwestecke der tadt bildete. Die Südgrenze verlief etwa wischen St. Aposteln und Maria im Kapitol, wo sich seit dem 1. Jh. ein röm. empel befand. Das auf der anderen Rheinseite liegende Kastell *Divitia* (Deutz) war mit der Stadt durch eine Brücke verbunden. Aus der Römerzeit sind außerdem noch erhalten das Nordtor vor dem Dom und die Reste des Prätoriums unter dem Neuen Rathaus. Seit dem späten 5. Jh. fränkisch, seit 785 Erzbistum und seit dem frühen 13. Jh. wichtiges Mitglied der Hanse, wurde Köln – auch wenn es offiziell erst 1475 Freie Reichsstadt war – de facto bereits seit 1288 von seinen vermögenden Kaufmannsfamilien regiert. Der mittelalterliche Stadtbereich aus der Zeit nach 1200 ist durch »Wall«-Straßen gekennzeichnet, Reste der damaligen Befestigungsanlagen sind Eigelsteintor, Severinstor und Hahnentor. Etwa 40000 Menschen lebten im 12./13. Jh. in Köln, und etwa 150 Kirchen sind damals entstanden. Seit 1794 von den Franzosen besetzt, fiel die Stadt (mit dem Rheinland) 1815 nach dem Wiener Kongreß an Preußen. Der zu dieser Zeit angelegte Befestigungsring wurde 1919 geschleift und ist heute als etwa 10 km langer Grüngürtel erhalten. Seit dem späten 19. Jh. erlebte Köln – nach einigen Jahrhunderten Stillstand – neuen Aufschwung: die Stadt wuchs über ihre Ringanlagen hinaus, 1880 wurde der Dom – ihr Wahrzeichen – nach 600 Jahren Bauzeit vollendet und 1919 die Universität (1388–1798) wieder eröffnet. Der 2. Weltkrieg hat die Innenstadt zu 90 Prozent zerstört, aber fast alle wertvollen Baudenkmäler sind wiederhergestellt worden.

Mit seinen römischen Baudenkmälern und mittelalterlichen Kirchen, seinen Museen, Theatern und Kunstmärkten, seiner Universität und seinen Rundfunk- und Fernsehanstalten ist Köln – nach wie vor – eine der bedeutendsten Stätten von Wissenschaft und Kultur in der Bundesrepublik. Heute genießt die alte Bischofsstadt aber auch als verkehrsgünstig gelegener Handels- und Messeplatz sowie als Wirtschaftszentrum mit Niederlassungen verschiedenster Industriezweige (z. B. Maschinen- und Fahrzeugbau, Ford) einen sehr guten Ruf. Und wie der Dom, so gehören – untrennbar – auch der Karneval und das in den Altstadtkneipen ausgeschenkte Kölsch zu dieser Stadt, in der u. a. Persönlichkeiten wie Albertus Magnus, Thomas von Aquin, Meister Eckhart, Stephan Lochner, Karl Marx oder Heinrich Böll gelebt und gearbeitet haben.

: *Koblenz, Kapellen-Stolzenfels, Schloß Stolzenfels*

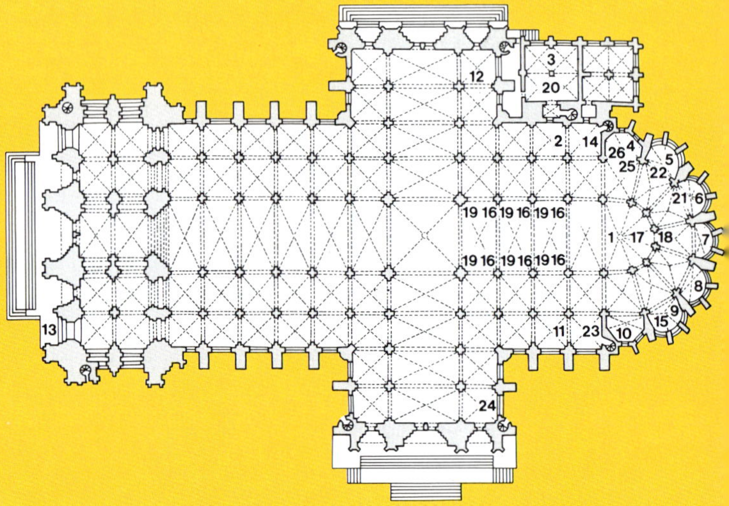

**Köln, Dom St. Peter und Maria 1** Hochchor **2** Kreuzkapelle **3** Sakramentskapelle **4** Engelbertuskapelle **5** Maternuskapelle **6** Johanneskapelle **7** Dreikönigskapelle **8** Agneskapelle **9** Michaelskapelle **10** Stephanuskapelle **11** Marienkapelle **12** Schatzkammer **13** Petrusportal **14** Gerokreuz, um 970 gestiftet **15** Sarkophag des Erzbischofs Gero, um 970 **16** Chorschranken **17** Altar **18** Dreikönigenschrein, 12.-13. Jh. **19** Chorgestühl, um 1320 **20** Mailänder Madonna **21** Denkmal des Erzbischofs Konrad v. Hochstaden, um 1320 **22** Grabmal des Erzbischofs Philipp v. Heinsberg, um 1360 **23** Dombild v. S. Lochner, um 1440 **24** Agilolphusaltar, um 1520 **25** Georgsaltar, Anfang 16. Jh. **26** Epitaph des Erzbischofs Anton v. Schauenburg († 1556)

## SAKRALBAUTEN

**Dom St. Peter und Maria** (Domterrasse): *Baugeschichte:* Nachdem Reinald v. Dassel 1164 den Schrein mit den Gebeinen der Hll. Drei Könige (deren Symbol, die 3 Kronen, noch immer das Stadtwappen schmücken) aus Mailand nach K. überführt hatte, entwickelte sich die Stadt zu einem der meistbesuchten Wallfahrtsorte in Europa. Schließlich entschied man sich an der Stelle der alten Bischofskirchen einen neuen Dom im Stil der nordfranz. Hochgotik errichten zu lassen. Die 1248 v. Meister Gerhard* begonnenen Bauarbeiten wurden zunächst v. Meister Arnold (1271–1308) und dessen Sohn Johann (1308–31) fortgeführt. 1322 konnte der Hochchor geweiht werden, anschließend wurde das Querschiff begonnen, am Langhaus gebaut und der S-Turm bis zum Glockenstuhl aufgeführt – bis 1559 alle Arbeiten eingestellt wurden. Den nach W hin offenen O-Chor verschloß man mit Brettern, und der Kran auf dem halbvollendeten S-Turm prägte nun jahrhundertelang die Silhouette der Stadt. Erst 184[illegible] (kurz zuvor hatte man alte Originalrisse gefunden) wurde der Bau fortgesetzt, und

Köln
300 m
Fußgängerzone
Eigelsteintor
Bastei
Dagobert-str.
St. Kunibert
Machabäerstr.
St. Ursula
Hansaring
Maybachstraße
Gereons-wall
Plank-g.
Eintracht-str.
Klingelpütz
Gereonswall
Kyotostr.
Victoriastr.
Ursulastr.
Eigelsteinstraße
Nord-Süd-Fahrt
Maxim.-str.
Dom-str.
Johannisstr.
Am Alten Ufer
Konrad-Adenauer-Ufer
Rhein
Christoph-str.
Hauptbahnhof
St. Mariä Himmelfahrt
Goldg.
St. Gereon
Gereonstr.
Gereons-hof
U. Sachsenhsn.
An den Dominikanern
ALTSTADT — NORD
St. Andreas
Hohenzollern-brücke
Mohrenstr.
Kardin.-Frings-Str.
Stadtmuseum
Komödien-str.
Zeughausstr.
Burg-mauer
Dom St. Peter u. Maria
Wallraf-Rich.-M./ Museum Ludwig, Philharmonie
Röm.-German. Mus.
Friesen-str.
Tunis-str.
Mus. f. Angewandte Kunst
Am Hof
Diözesanmus.
Albertusstr.
Auf dem Berlich
Minoritenkirche
Budeng.
Neues Raths.
Groß St. Martin
Alter Markt
Breite-str.
Glockengasse
St. Kolumba
Altes Raths.
Frankenwerft
Opernhs.
Offenbach-Platz
Käthe-Kollwitz-Mus.
Schauspielhs.
Alt St. Alban Gürzenich
Richmod-str.
Mittelstr.
Schilder-gasse
Antoniterkirche
Hohe Straße
Gürzenichstr.
Heumarkt
Deutzer Brücke
St. Aposteln
Neumarkt
Augustinerstr.
Cäcilien-str.
Pipinstr.
Am Leystapel
Marsil-stein
Lungeng.
Städt. Kulturzentrum
Schnütgen-Mus. (St. Cäcilia)
St. Maria im Kapitol
Rheingasse
Overstolzenhs.
Mauritiussteinweg
L.-Tietz-Str.
St. Peter
Sternengasse
Hohe Pforte
Filzengraben
Bobstr.
St. Mauritius
Peter-str.
Nord-Süd-Fahrt
Mühlenbach
Trinitatiskirche
St. Maria Lyskirchen
Agrippa-str.
mkt.
Thiebolds-gasse
Griechen-mkt.
Kl. Griechen-mkt.
Gr. Griechen-mkt.
Poststr.
Georgstr.
St. Georg
Jahnstr.
Kl. Witschg.
Holzmarkt
Severinsbrücke
Blau-bach
Severinstr.
Weyerstr.
Rothgerberbach
Perlengraben
Neue Weyerstr.
Kloster
Weidenbach
St. Pantaleon
Mechtildisstr.
Barbarossa-platz
Salierring
ALTSTADT — SÜD
Severin-straße
Am Weisenhaus
Vor den Siebenburgen
Rosen-str.
Anno-str.
Bayenstr.
Burgunder Str.
Pfälzer str.
Kartäuserwall
Sachsen-ring
Ulrich-gasse
Kartäusergasse
Lothringer straße
Dreikönigenstr.
St. Severin
Severinskirch-platz
Eifel-platz
Kaesenstr.
Ulre-pforte
Vorgebirgs-str.
Rautenstrauch-Joest-Mus. f. Völkerkunde
Volksgartenstraße
Lothringer Str.
Severinstor
Volksgarten
Eifel-str.
Chlodwigpl.
Ubierring

*Köln, Dom*

*Köln, Dom, Mittelportal der Südfassade*

1880 konnte der Dom in Gegenwart
Kaiser Wilhelms I. endlich geweih
werden.
*Baubeschreibung:* Mit seinen 156 m hohen
Türmen war der Dom nicht nur das
damals höchste Bauwerk der Welt
sondern er ist – bei 144 m Länge, 45 m
Breite, 43 m Innenhöhe und 75 m Länge
der Querschiffe – auch heute noch eine
der größten Kirchen der Christenheit
Vorbild für den Kölner Dombau war die
Kathedrale v. Amiens, jedoch mit 5 Schif
fen im Langhaus, einem dreischiffigen
Querhaus, einem zweischiffigen Chorum
gang sowie 2 Kapellen im Vorchor und
7 Kapellen im Chorhaupt. Der Chor ist
zumindest innen, unverändert aus der Ent
stehungszeit erhalten. Die Hauptfassade
zeigt statt der urspr. geplanten 5 nur 3 zwi
schen die imposanten Türme gedrängten
Portale.
*Inneres und Ausstattung:* Im Langhaus, da
auf den v. W Eintretenden wie eine steile
schmale Schlucht wirkt, stammt die Aus
stattung aus dem 19. Jh. Dagegen gehören
die Plastiken an den Pfeilern (u. a
12 Apostel) und Fenstern im Hochchor den
13. und 14. Jh. an, und die Glasfenster i
Hochchor und Kapellenkranz sind ab 126
entstanden. Auch der Querarm hat alt
Stücke, so die Steinfiguren an den Dom
chorpfeilern (um 1320) und die sog. *Mailän
der Madonna* in der Sakristei. Über den
zweireihigen Chorgestühl (104 Sitze un
Sondersitze für Papst und Kaiser) befinde
sich alte Wandmalereien aus der Zeit ur
1330. Der *Hochaltar* (um 1320) ist ein m
Figuren geschmückter Block, auf dem (an
stelle des heute in der Marienkapelle aufbe
wahrten Altarbildes) der sehr kostbare *Dre
königenschrein,* eine Glanzleistun
niederrheinischer alter Gold
schmiedekunst, aufgestellt wurde.
Dieser 2,10 m lange, um 1181 v. Nikolau
v. Verdun* begonnene und erst um 122
vollendete, wohl berühmteste Reliquien
schrein des MA hat die Form einer Basi
ka und ist mit Figuren und Rankenwe
bes. reich verziert. Das um 970 v. Bisch
Gero gestiftete *Gerokreuz* in der Kreuzk
pelle ist eines der ältesten und bedeuten
sten Werke der europ. Monumentalpl
stik. In der Marienkapelle findet man d

*Köln, Dom, Mittelpartie (s), Detail*

berühmte *Dombild* Stephan Lochners* (Anbetung der Könige, um 1440) und – davor – das *Grabmal des Erzbischofs Friedrich v. Saarwerden* (†1414). Im s Querhaus stehen u.a. die um 1470 vom Kölner Meister T. van der Burch* geschaffene Steinfigur des hl. Christophorus und eine Madonna (um 1420). Bes. beachtenswert sind auch die v. Peter Paul Rubens* entworfenen, nur zu Pfingsten und Weihnachten im Langhaus aufgehängten 11 *Teppiche* (»Triumph der Eucharistie«), die reiche *Schatzkammer* mit Handschriften, Gewändern und Meßgerät sowie das *Petrusportal*, v. dem aus man über 509 Stufen den S-Turm (mit der größten schwingenden Glocke der Erde und Aussichtsplattform) besteigen kann.

**St. Andreas** (Komödienstr.): Die dreischiffige Basilika mit spätroman. Langhaus, gewaltigem Vierungsturm (um 1200) und einer got., anstelle des alten Chors errichteten Halle (1414–20) liegt an dem Platz mehrerer Vorgängerbauten des in der Mitte des 10. Jh. gegr. Andreasstiftes. In einer Grabkapelle, die an die wieder freigelegte Krypta anschließt, befinden sich – in einem röm. Sarkophag – die Gebeine des *hl. Albertus Magnus* (†1280). Beachtenswert sind auch die roman. *W-Vorhalle* mit gezackten Gurtbogen, das *Löwenportal* (um 1200, in der Sakristei), das *Chorgestühl* aus der Zeit des Weichen Stils (um 1425), der *Hochaltar* des Kölner Malers Bartholomeus Bruyn d. J.* (um 1550) sowie der 1474 vom Kölner Meister v. St. Severin* geschaffene *Flügelaltar* der (1474 gegr.) Rosenkranzbruderschaft.

**St. Aposteln** (beim Neumarkt): Die dreischiffige Basilika mit dem gewaltigen, »Apostelklotz« genannten Turm wurde zwischen 1192 und 1230 z. T. auf den Resten eines Vorgängerbaus (um 1030) und offenbar nach dem Vorbild byzantinischer Kuppelkirchen errichtet. Mit ihren 3 Konchen (Nischen, an Chor und Querarmen) und dem Ensemble ihrer Türme bietet St. Aposteln vom Neumarkt aus ein recht ungewöhnliches Bild roman. Architektur. Die erst 1955 freigelegte *Krypta* unter dem W-Turm entstand um 1150, die 12 *Apostelstatuetten* in der (modernen) Werktagskapelle stammen aus der Zeit um 1330, der *Heribertskelch* als wertvollstes Stück des Kirchenschatzes datiert aus der Zeit um 1190.

**St. Georg** (Georgsplatz/Waidmarkt): Die ältesten Bauteile dieser an der Stelle eines Römertempels und einer merowingischen

*Köln, Dom, Blick zum Chor. – Rechts: Christophorus*

Kirche gelegenen dreischiffigen Basilika sind O-Chor und Querschiff (1059–67). Erst 1188 kam der quadratische, urspr. als Turmuntergeschoß geplante W-Chor – mit zwar 5 m starken Mauern, aber dennoch reicher Gliederung im Inneren – hinzu. Das *Gabelkreuz* im W-Chor stammt aus der Zeit der Mystik (um 1380), der *Beweinungsaltar* v. Bartholomeus Bruyn d.J.* aus der Zeit vor 1558 und der *Taufstein* aus der Zeit um 1240. Die nach dem letzten Weltkrieg erneuerten *Glasfenster* schuf urspr. Jan Thorn Prikker* (1930).

**St. Gereon** (Gereon-/Christophstr.): Die mit dem Dom zu Florenz (Kuppel) oder der Hagia Sophia in Istanbul zu vergleichende Kirche zählt zu den großartigsten und außergewöhnlichsten Bauten des Abendlandes. Im 4. Jh., noch zur Zeit der Römer, wurde hier an der Stelle eines röm. Gräberfeldes eine frühchristl. Märtyrerkirche erbaut, die als Oval mit 10 Nischen noch heute das Kernstück des bestehenden Baus bildet. Nachdem im 11. und 12. Jh. Chor und Krypta angefügt worden waren, wurde v. 1219 bis 1227 das antike Oval zu einem gewaltigen viergeschossigen Zehneck vergrößert und die Taufkapelle gebaut. 10 freistehende Pfeiler mit Strebebogen umklammern den turmartigen Bau und stützen die 34 m hohe Sternkuppel (Außenmaß 48 m). Das zehneckige Zeltdach darüber war urspr. vergoldet. Die herausragenden Ausstattungsstücke (im Inneren) sind die im 13. Jh. entstandenen berühmten *Wandmalereien* (St. Gereon und andere Märtyrer der thebaischen Legion) in der *Taufkapelle,* die bedeutenden *Glasmalereien* (in sehr feinen Formen gestaltete Heiligenfiguren) in der hochgot. *Sakristei* v. 1315 sowie die *Fußbodenmosaiken* (1067–69, jetzt erneuert) in der *Krypta.* Beim Wiederaufbau der im 2. Weltkrieg schwer getroffenen Kirche hat Alfred Manessier* moderne Glasfenster geschaffen, ein Fensterzyklus stammt v. Georg Meistermann*.

**St. Kunibert** (Konrad-Adenauer-Ufer): Die Kirche, ein Jahr vor Baubeginn am Dom vollendet (1247), ist die letzte und reichste der spätroman. Kirchen in K. und entstanden in der Nachfolge v. St. Gereon und St. Aposteln. Wie dort, so ist auch hier der dekorative Chor v. Türmen flankiert. Die Formen aber sind schlanker und schmaler als z. B. in St. Aposteln: Frühgot. klingt an. Der *Glasfensterzyklus* (1220–30) in Chor und ö Querschiff ist der wohl bedeutendste der Spätromanik in Deutschland, und mit der *Marienverkündigung* (an den Pfei-

*Köln, St. Aposteln, Apsis. – Rechts: St. Gereon, Kuppel*

*Köln, St. Mariä Himmelfahrt, Fassade*

lern in der Vierung) besitzt St. Kunibert außerdem auch ein sehr wichtiges Werk got. Plastik. Die *Fresken* im s (= Taufkapelle) und n Chorraum wurden um 1250 im sog. Zackenstil gemalt. Zum *Kirchenschatz* gehören u. a. ein sassanidischer Seidenstoff mit Jagdszenen (7. Jh.) und die Ewaldidecke (10. Jh.), das zeitweise als Altartuch verwendete Bahrtuch der hl. Ewalde.

**St. Mariä Himmelfahrt** (Marzellenstr.): Die 1618 nach Plänen Christoph Wamsers* begonnene und 1678 geweihte Kirche ist der bedeutendste (manieristische) Jesuitenbau in Nordwestdeutschland. Die Fassade mit dem großen »got.« Fenster und den »roman.« Türmen zeigt die Tendenz der Gegenreformation, die »heilige« Bauformen wiederbeleben wollte. Auch im Inneren wurden Stilelemente der Gotik (z. B. Spitzbogengewölbe) verwendet. Die dem Bau zeitgemäße barocke Ausstattung wurde im 2. Weltkrieg größtenteils vernichtet, einige Altäre wurden rekonstruiert. Das künstlerisch beste Stück ist die *Kanzel* (1634) des Augsburgers Jeremias Geißelbrunn*, v. dem u. a. auch die Figuren der *12 Apostel mit Christus und Maria* (an den Pfeilern) stammen.

**St. Maria im Kapitol** (Pipinstr./Marienplatz): An der Stelle der heutigen Kirche stand in der Römerzeit ein Tempel der kapitolinischen Gottheiten Jupiter, Juno und Minerva. Hier gründete die hl. Plektrudis im 7. Jh. ein Damenstift. Der heutige Westbau mit dem Mittelteil, den Treppentürmen und einer Damenempore im Inneren stammt wohl aus dem 10. Jh., der übrige Bau mit dem Langhaus und dem berühmten, später v. mehreren Kölner Kirchen wie St. Aposteln oder Groß St. Martin nachempfundenen *Kleeblatt-Chor* aus dem 11. Jh. Die *Krypta* ist nach der des Kaiserdoms in Speyer die größte in Deutschland. Bei der Wiederherstellung der im 2. Weltkrieg schwer getroffenen Kirche wurden alte Formen z. T. stark vereinfacht. Die bedeutendsten Ausstattungsstücke sind die um 1050 entstandene urspr. bemalte *Holzrelieftür* (Darstellungen aus dem Leben Christi), der im W-Teil aufgestellte, 1523 gestiftete *Lettner* (aus Marmor und Alabaster) des belgischen Meisters J. van Roome*, die um 1060 gefertigte *Grabplatte der hl. Plektrudis* (in der Vierung), ein *Gabelkreuz* aus der Zeit um 1304 (n Seitenschiff), eine *thronende Madonna* (um 1185, byzantinisch) sowie eine 1466, v. einem Meister aus der Werkstatt N. G. van Leydens geschaffene *Marienkrönung* (in der Hardenrathkapelle). Im *Kreuzgang* wurde die *Trauernde* v. Gerhard Marcks* als Totenmal für die Kölner Kriegsopfer aufgestellt.

**St. Maria Lyskirchen** (Am Leystapel): Die im 13. Jh. anstelle eines Vorgängerbaus des 10. Jh. errichtete sog. »Kirche der Rheinschiffer« überstand den 2. Weltkrieg zwar fast ohne jeden Schaden, ist aber im 17. Jh. durch gotisierende Fenster und Gewölbe sowie im 19. Jh. durch neuroman. Restaurierungen wesentlich verändert worden. Von großer Bedeutung sind die wohl in der 1. Hälfte des 13. Jh. entstandenen *Malereien*

*Köln, Groß St. Martin* >

*Köln, St. Pantaleon*

in den Gewölben des Mittelschiffs (24 Bildfelder mit Szenen aus der Bibel), über dem Haupteingang (Anbetung der Könige) und im s Turmgewölbe (Szenen aus der Nikolauslegende). Die *Schiffermadonna,* eine über 2 m hohe, neu gefaßte Figur, wurde um 1420 im sog. Weichen Stil geschaffen. Die *Glasmalereien* im n Nebenschiff stammen aus der Zeit um 1520/30.

**Groß St. Martin** (An St. Martin/Nähe Alter Markt): Die nach einem Brand (ab 1150) nahezu neu erbaute Kirche weist in ihrem O-Teil die typische Kölner Dreikonchenanlage auf. Der mächtige, 84 m hohe *Vierungsturm* mit seinen 4 an die Kanten gesetzten Begleittürmchen wurde zwischen 1185 und 1220 aufgeführt und gilt – gerade auch mit dem Hintergrund des Doms – als eines der Wahrzeichen der Stadt.

**Ehem. Minoritenkirche St. Mariä Empfängnis** (Minoritenstr.): Die turmlose Minoritenkirche wurde, auch wenn sie wie aus einem Guß erscheint, v. 1244 bis in die Mitte des 14. Jh. aus Tuffstein und Trachit erbaut. Das Strebewerk über den Seitenschiffen stellt eine Frühstufe des got. Systems dar. Wie üblich ist auch in dieser Bettelordenskirche der (nicht erlaubte) Turm durch einen Dachreiter ersetzt, und Pfeiler und Gewölbe sind v. großer Schlichtheit. In St. Mariä Empfängnis sind der Theologe und Gelehrte Duns Scotus (1260–1308) und der kath. Gesellenvater Adolf Kolping (1803–65) beigesetzt.

**St. Pantaleon** (zwischen Am Weidenbach und Waisenhausgasse): Der Bau mit seinem berühmten monumentalen Westwerk (Vorhalle, quadratischer Mittelturm, flankierende schlanke Treppentürme) zählt zu den großen kaiserlichen Architekturen des späten 10. Jh. Er diente urspr. nicht nur dem Gottesdienst, sondern war gleichzeitig auch Gerichtsort, Taufkapelle und Sängertribüne. Die beiden Seitenschiffe stammen aus der Zeit um 1170/80, der im W mit der Orgel verbundene Lettner aus der Zeit der Spätgotik. Die bedeutendsten Teile der Ausstattung sind der *röm. Sarkophag mit den Gebeinen des Erzbischofs Bruno* (†965), das *Grab der Kaiserin Theophano* (†991; Gattin Ottos II.), die *Reliquienschreine* (um 1170/90) der *hll. Maurinus und Albinus* sowie wertvolle *Goldschmiedearbeiten,* die wohl größtenteils im ehem. Benediktinerkloster (St. Pantaleon war dessen Klosterkirche) hergestellt wurden.

**St. Peter** (L.-Tietz-Str.): Die Basilika mit niedrigen Seitenschiffen und breiten Emporen wurde v. 1515 bis 1530 anstelle eines Vorgängers des 12. Jh. errichtet und nach dem 2. Weltkrieg teilweise geringfügig verändert wieder aufgebaut. An der O-Wand des n Seitenschiffs befindet sich die *Kreuzigung Christi* (um 1639/40), eines der letzten Werke v. Peter Paul Rubens*, der in der Pfarrei St. Peter aufgewachsen ist und dessen Vater hier begraben liegt.

**St. Severin** (Severinskirchplatz): Der Bau mit Krypta v. 1043, Chor v. 1230–37 sowie got. Langhaus und W-Turm liegt, wie Ausgrabungsfunde bewiesen haben, an der Stelle einer Kirche des 4. Jh., die vermut-

*Köln, Altes Rathaus, Loggia* >

lich für den hier auch begrabenen hl. Severin, Bischof v. K., errichtet worden war. Von der spätroman. Ausstattung ist im Chorgewölbe eine *Kreuzigungsdarstellung* (um 1260) erhalten. Über dem gegen Ende des 13. Jh. geschnitzten *Chorgestühl* (mit Tieren, Menschenköpfen und Laubwerk) zeigen *20 Bilder* aus der Werkstatt des Kölner Meisters der Ursulalegende* (um 1500) die *Severinslegende*. In der got. *Sakristei* (Margarethenkapelle) befinden sich ein *Wandgemälde* (Kreuzigung, v. 1441) des berühmten Kölner Veronika-Meisters* und einige *Tafeln* jenes Meisters v. St. Severin, v. dem auch die *Glasgemälde* (Kreuzigung) im s Seitenschiff stammen. Bemerkenswert sind auch eine große *Madonnenstatue* (um 1290) aus Kalkstein und ein *Kruzifixus* (um 1330).

**St. Ursula** (Ursulaplatz): An der S-Wand des hochgot. Chors (1287) ist die Inschrifttafel eines Bürgers Clematius angebracht, der hier um 400 auf einem Gräberfeld, »wo heilige Jungfrauen für den Namen Christi ihr Blut vergossen haben«, eine Kapelle errichten ließ. In der Legende wuchs die Zahl der urspr. 11 Jungfrauen auf 11 000 - an ihrer Spitze St. Ursula. Ein regelrechter Handel entstand, ganz Europa wurde mit Reliquien der (11 000) Jungfrauen beliefert, nur etwa 100 Büsten verblieben in dieser Kirche, die in ihrer bestehenden Form im wesentlichen dem 12. und 13. Jh. zuzurechnen ist. Von der Ausstattung sind die um 1490 vermutlich v. T. van der Burch gemeißelten überlebensgroßen Figuren der *Schutzmantelmadonna* (n Nebenapsis) und des *Salvators* (S-Schiff) zu nennen. Das bedeutendste Stück in der 1643 im s Querschiff eingerichteten, an ihren Wänden mit Reliquiennischen und Menschengebeinen überzogenen *Goldenen Kammer* ist der roman. *Aetherius-Schrein* (um 1170; nach der Legende war Aetherius der Bräutigam der hl. Ursula).

**Weitere Kirchen:** *St. Alban* →Gürzenich. - In der um 1350 entstandenen *Antoniterkirche* (Schildergasse) befindet sich über einer Totengedenkplatte der expressionistische Grabesengel v. Ernst Barlach*. - *St. Cäcilia* →Schnütgen-Museum. - Die im 2. Weltkrieg schwer zerstörte Kirche *St. Kolumba* (Kolumbastr.) wurde 1949-52 unter Verwendung geringer alter Reste nahezu neu aufgebaut. Bemerkenswert sind v. a. die sog. »Trümmermadonna« aus dem alten Bau sowie die Fenster v. Georg Meistermann und Ludwig Gies*. - Die mit ihrer Fassade zwischen die Häuserfront gefügte ev. *Trinitatiskirche* (Filzengraben) wurde 1857-60 v.

*Köln, Museum Ludwig, Roy Lichtenstein »M-Maybe«*

Friedrich August Stüler* im Stil altchristl. Basiliken errichtet. Im 2. Weltkrieg bis auf die Mauern zerstört, in den 60er Jahren wieder aufgebaut. Im hellen, festlichen Inneren fallen v.a. die weitgespannten Emporen auf.

## PROFANBAUTEN

**Gürzenich** (Gürzenichstr.): Die Fassade (feingliedriges Maßwerk über einem sehr derben Sockel) des 1441-47 erbauten alten städtischen Fest- und Tanzhauses wurde nach dem 2. Weltkrieg originalgetreu wieder aufgebaut. Mit dem Gürzenich durch ein Treppenhaus verbunden ist die Ruine v. *Alt St. Alban* (11.-12. Jh.), in der - zum Gedächtnis an die Kölner Kriegstoten - das *Trauernde Elternpaar* v. Käthe Kollwitz* in einer Nachbildung v. Ewald Mataré* aufgestellt worden ist.

**Altes Rathaus** (Judengasse): Während der fünfgeschossige schmuckreiche Rathausturm (urspr. 1407-14) nach dem 2. Weltkrieg neu aufgebaut werden mußte, blieben Teile des Hansa-Saals (um 1330) mit den Steinfiguren der »Neun Guten Helden« (um 1360) und die zweigeschossige Vorhalle (prachtvolle Loggia v. 1569-73) relativ unbeschadet erhalten.

**Neues Rathaus** (Untere Goldschmied-/Kleine Budengasse): Im Keller des 1954-55 anstelle des sog. Spanischen Baus errichteten Rathauses befinden sich die Reste des ehem. röm. *Prätoriums*. Bemerkenswert sind auch das Europamosaik v. H. J. Grummer* und das Stadtgeschichtsfenster v. G. Meistermann*.

**Overstolzenhaus** (Rheingasse): Das spätroman. Wohnhaus mit Treppengiebel (13. Jh.) ist nach Zerstörungen im 2. Weltkrieg wiederhergestellt worden und wird heute v.a. für Ausstellungen verwendet. Im Inneren ist ein frühgot. Fresko (Turnier) erhalten.

## MUSEEN

**Museum Ludwig** (Bischofsgartenstr. 1): Dieses 1986 im wesentlichen aus den Stiftungen (etwa 340 Kunstwerke der Gegenwart) des Aachener Fabrikanten und Kunstsammlers Peter Ludwig aufgebaute Museum ist gemeinsam mit dem →Wallraf-Richartz-Museum und dem (unterirdischen) Konzertsaal der Kölner Philharmoniker in einem 1986 eröffneten spektakulären Neubau untergebracht. Ausgestellt sind v.a. Werke der *amerikanischen Pop-art der 60er Jahre* (Warhol*, Lichtenstein*, Segal*, Wesselmann* u.a.), die nach ihrem Stifter benannte bedeutende *Haubrich-Sammlung dt. Expressionisten* sowie Werke v. Gründungsmitgliedern der *Brücke*.

**Röm.-Germanisches Museum** (Roncalliplatz): Das Museum wurde 1970-74 an der Stelle einer ehem. Römervilla erbaut, v. der man 1941 einen 7 × 10,5 m großen Mosaikfußboden, das berühmte *Dionysos-Mosaik* (2. Jh. n. Chr.), entdeckte. Neben diesem Mosaik ist das fast 15 m hohe *Grabmal des Lucius Poblicius* (1. Jh. n. Chr.) das 2. bedeutende Exponat der inzwischen sehr umfangreichen Sammlung. Zum Konzept des Museums gehört es, nur schwer zu transportierende Funde - in aller Regel - an ihrem urspr. Platz zu belassen. Beispiele dafür sind das *Prätorium*

*Köln, Römertor*

unter dem Neuen Rathaus, der *Römerturm* an der St.-Apern-Str., Reste des *ehem. Nordtors* am Dom oder - weiter außerhalb in Köln-Weiden (w des Stadtzentrums) - eine *röm. Grabkammer* (2. Jh. n. Chr.) mit einem prachtvollen Sarkophag. - Herausragende *Glassammlung* (Diatretgläser).

**Schnütgen-Museum** (Cäcilienstr.): Das in der *ehem. Cäcilienkirche,* einer roman. Basilika des 12. Jh. untergebrachte Museum besitzt eine hervorragende Sammlung v. überwiegend sakralen Skulpturen, Goldschmiede- und Elfenbeinarbeiten, Fenstern, Gläsern, Gewändern und Handschriften vom MA bis ins 18. Jh.

**Wallraf-Richartz-Museum** (Bischofsgartenstr. 1; in dem gemeinsam mit dem Museum Ludwig und der Philharmonie genutzten Bau): Auch dieses Museum verdankt - wie so viele in Köln - sein Bestehen großzügigen Stiftern: dem Kanonikus Ferdinand Franz Wallraf (1748-1824), der der Stadt u.a. 1616 Gemälde und 1875 Zeichnungen vermacht hatte, und Johann Heinrich Richartz (1795-1861), der 100 000 Taler für einen Museumsbau (unter Einbeziehung des Kreuzgangs des ehem. Minoritenklosters) zur Verfügung stellte. Zu den herausragenden Stücken der Sammlung gehören »Maria im Rosenhag« und »Weltgericht« v. Stephan Lochner*, »Pfeifer und Trommler« v. Albrecht Dürer*, das »Urteil des Paris« v. Lucas Cranach d. Ä.*, ein aus seinen letzten Lebensjahren stammendes »Selbstbildnis« v. Rembrandt*, der »Seerosenteich« v. Claude Monet*, die »Zugbrücke« v. Vincent van Gogh* sowie Werke u.a. der Kölner Schule des 14.-16. Jh., v. Rubens*, Friedrich*, Courbet*, Cézanne* und Renoir*.

**Weitere Museen:** *Rautenstrauch-Joest-Museum für Völkerkunde* (Ubierring) mit Objekten exotischer Kunst aus allen Erdteilen, v. a. präkolumbische und afrikanische Kunst. - *Museum für Ostasiatische Kunst* (Universitätsstr.) mit bemerkenswerten chinesischen, japanischen und koreanischen Exponaten. - Das *Kölner Stadtmuseum* im Renaissance-Ziegelbau des 1594 erbauten Zeughauses (Zeughausstr.) bietet Dokumente zur Stadtgeschichte vom 14. bis ins 20. Jh., darunter ein Stadtmodell nach dem Plan des Geographen Mercator v. 1571. - Das *Erzbischöfliche Diözesanmuseum* (Roncalliplatz) zeigt v. a. kirchliche Kunst und Kunstgewerbe aus K. und seiner Umgebung. - Das *Museum für Angewandte Kunst* (ehem. Kunstgewerbemuseum) ist im renovierten ehem. Wallraf-Richartz-Museumsbau (An der Rechtschule) untergebracht. Gezeigt werden kunstgewerbliche Objekte unterschiedlichster Werkstoffe und Verwendung. - *Harbig-Haarhaus-Lackmuseum* (Vitalistr. in K.-Bickendorf) mit einer Sammlung europ. und ostasiatischer Lackkunst. - Beachtenswert sind u. a. noch das (private) *Käthe-Kollwitz-Museum* (Neumarkt 18-24) und das moderne *Städtische Kulturzentrum.*

**Außerdem sehenswert:** Als ma Torburgen erhalten sind *Hahnentor* (im W), *Eigelsteintor* (im N) und *Severinstor* (im S). - Reste des ehem. bedeutenden *Römerkastells Alteburg* liegen in K.-Marienburg (s Vorstadt). - *Heinzelmännchenbrunnen* v. 1899 in der Straße »Am Hof« (s des Doms). - Skulpturen der Kölner Originale *Tünnes und Schäl* (vor Groß St. Martin 8 a). - Das *Opernhaus* wurde 1954-56, das *Schauspielhaus* 1959-62 erbaut. Die *Philharmonie* ist im Neubau des Museums Ludwig/Wallraf-Richartz-Museum untergebracht. - *Bastei* (Aussichtsrestaurant auf einem ehem. Artilleriestand, 1891 am Rhein), am Konrad-Adenauer-Ufer. - Eine 1949-51 erbaute *Brücke* mit 315 m Spannweite führt über den Rhein in den Stadtteil *Mülheim.* - *K.-Riehl* (an der Mülheimer Brücke) mit *Zoo* und dem als höchstes europ. Wohnhaus 137 m hohen *Colonia-Haus.* - Durch die *Hohenzollernbrücke,* die *Deutzer Brücke* oder die *Severinsbrücke* mit K. verbunden ist der rechtsrheinische Stadtteil *Deutz* (das ehem. röm. Castellum Divitia) mit Messegelände und Kongreßzentrum. - *K.-Porz* (ca. 8 km s. v. K.-Deutz) ist Sitz wichtiger Industrien. - Die *Nikolauskirche* in *K.-Westhoven* entstand 1128, der *Zollturm* in *K.-Zündorf* stammt aus dem 13. Jh. und das *Schloß* in *K.-Wahn* in seiner heutigen Gestalt wohl aus der Mitte des 18. Jh.

*Köln, Wallraf-Richartz-Museum, Rubens »Juno und Argus«* >

## Umgebung

**Altenberg** (ca. 20 km nö): Der *Altenberger Dom* (auch »Bergischer Dom«), ehem. Kirche einer 1133 gegr. Zisterzienserabtei und im MA Ziel einer großen Wallfahrt, gilt als eine der größten Kostbarkeiten got. Baukunst in Deutschland. Zwischen 1255 und 1379 wurde die Kirche nach den Vorbildern franz. Zisterzienserarchitektur erbaut: eine dreischiffige Basilika mit Querschiff, Chorumgang und Kapellenkranz, turmlos, nur mit einem Dachreiter, alles sehr schlicht und ohne plastischen Schmuck. 1803 säkularisiert, wurde das Kloster zunächst als Fabrik genutzt. 1815 richtete ein Brand schweren Schaden an, doch erst 20 Jahre später begann man mit umfassenden Restaurierungsarbeiten, die letztlich 1895 zur vollständigen Wiederherstellung des Doms führten. Im sehr lichten und klaren Inneren sind v.a. eine Verkündigungsgruppe des 14. Jh., die Grabmäler, das Sakramentshäuschen und das riesige Maßwerkfenster der W-Fassade hervorzuheben. – Die *Klostergebäude* (mit Martinskapelle des 13. Jh.) wurden zur Barockzeit umgestaltet.

*Köln, Severinstor*

**Bensberg** (ca. 13 km ö): Das *Neue Schloß* (heute Kaserne) wurde zwischen 1705 und 1716 durch den v. Kurfürst Johann Wilhelm beauftragten Grafen M. Alberti* nach dem Vorbild Versailles' errichtet. – Einige Bauteile (Türme, Umfassungsmauern) der aus dem 12. Jh. stammenden, seit dem 18. Jh. verfallenen *Alten Burg* wurden 1964 geschickt in den modernen, burgähnlich wirkenden *Rathauskomplex* einbezogen. – In dem nahe bei diesem außergewöhnlichen Rathaus gelegenen *Türmchenhaus* ist das *Bergische Museum* für Bergbau, Handwerk und Gewerbe untergebracht.

**Brauweiler** (ca. 10 km w): Die *Benediktinerabtei* Brauweiler zählt zu den wichtigsten Klöstern im Rheinland. Die *ehem. Abteikirche,* eine dreischiffige Basilika mit Querhaus, Vierung, Staffelchor, Langhaus und imposantem Westwerk, wurde ab 1048 an der Stelle eines erst kurz zuvor v. Mathilde (der Tochter Ottos III.) und deren Gemahl Ezzo errichteten Familienklosters begonnen. 1061 konnte zwar die Oberkirche geweiht werden, an Westbau, Dreiturmgruppe und Langhaus jedoch wurde bis in die 1. Hälfte des 12. Jh. gebaut. Erst 1514 zog man die Rippengewölbe ein, und die O-Seite mit ihren Türmen wurde gar erst im 19. Jh. vollendet. Dennoch, in der reichen Gliederung des Baukörpers, in der einheitlichen Verteilung v. Fenstern und schmückenden Zutaten ist Brauweiler ein Musterbeispiel roman. Architektur. Das w Hauptportal mit Tierfiguren stammt vermutlich v. einem lombardischen Meister; S-Portal mit 2 Löwen als Wächter; die Türen zu den Nebenchören mit Tympanonfiguren der Stifter Ezzo und Mathilde. In dem nach dem Vorbild spätroman. Reste ausgemalten Inneren sind hervorzuheben der wohl noch aus dem frühesten Bau übernommene Zyklus figürlicher Reliefplatten, die Chorschranken (1174 und 1201), die Stiftertumba, ein steinernes Altarretabel mit Madonna und Heiligen (um 1190), eine Holzfigur des thronenden Nikolaus (spätes 12. Jh.), Heiligenfiguren (frühes 14. Jh.) an den Langhauspfeilern

*Köln, Wallraf-Richartz-Museum, Dürer, »Pfeifer und Trommler«* >

sowie 2 Frührenaissance-Altäre. Erhalten sind noch der ö und der s *Kreuzgangflügel* sowie der um 1150 erbaute, bis 1174 eingewölbte und anschließend mit Fresken des sog. Weichen Stils ausgemalte *Kapitelsaal.*
**Leverkusen** (ca. 10 km n): Die erst 1930 entstandene Industriestadt, Sitz der Bayer-Werke, wurde nach dem Fabrikanten Dr. Leverkus benannt. Bemerkenswert sind das ehem. *Schloß Morsbroich* (Städtisches Museum), die urspr. roman. Kirchen in den Stadtteilen Rheindorf und Bergisch-Neukirchen, das Forum-Theater sowie der Japanische Garten am 122 m hohen Bayer-Hochhaus.
**Rheinkassel** (ca. 12 km n): Die *kath. Pfarrkirche St. Amandus* wurde vermutlich zwischen dem 10. und 13. Jh. erbaut.

## D-5330 Königswinter

Nordrhein-Westfalen

Einw.: 35000   Höhe: 48 m   S.384 □ E 13

Der idyllisch am Rhein gelegene alte Weinort wird gern als Standort für Ausflüge ins sagenumrankte Siebengebirge, Deutschlands ältesten Naturpark, besucht. Haupterwerbsquelle der Bewohner waren einst die Trachytsteinbrüche am Drachenfels (→Umgebung), die bis ins 17. Jh. das Material für viele bedeutende Kirchenbauten (z. B. für den Kölner Dom) lieferten.

**Kath. Pfarrkirche St. Remigius:** Die dreischiffige klassizistische Hallenkirche mit Halbkreisapsis und fünfgeschossigem Chorturm wurde 1779 anstelle eines roman. Vorgängers erbaut. Mit Ausnahme des Hochaltars (aus der Bauzeit) ist St. Remigius neubarock ausgestattet. Ein sehr seltenes Stück ist das Armreliquiar der hl. Margaretha (14. Jh.).

**Außerdem sehenswert:** In der Hauptstr. stehen die beiden im 17. Jh. erbauten Fachwerkhäuser *Jesuitenhof* und *Tubak* sowie mehrere *Steinhäuser* des 18. Jh. – Der *Heisterbacher Hof* (Rheinallee) wurde 1763–67 als Residenz der letzten Heisterbacher Äbte erbaut. – Von Königswinter aus führt eine über 1500 m lange *Zahnradbahn* (1883) vorbei an *Nibelungenhalle, Reptilienzoo* und *Schloß Drachenburg* zum *Drachenfels.* – Das in einem Gebäude v. 1732 untergebrachte *Siebengebirgsmuseum* (Kellerstr.) zeigt u. a. Architekturfragmente aus Kloster Heisterbach und ein Missale (13. Jh.) aus der Burgkapelle auf dem Drachenfels.

## Umgebung

**Drachenfels** (2 km s): Die auf dem 321 m hohen Drachenfels über dem Rhein aufragende, in der Mitte des 12. Jh. erbaute und 1634 geschleifte *Burg Drachenfels* konnte erst 1836 vor dem endgültigen Verfall bewahrt werden, als man den Trachytabbau am Berghang einstellte. Der Sage nach soll hier in einer Felsenhöhle der Drache gehaust haben, den Siegfried tötete. Am N-Hang des Drachenfelsens wurde 1879–84 als eines der herausragenden Werke der historisierenden Rheinromantik *Schloß Drachenburg* (reiche Innenausstattung) erbaut, am S-Hang gedeiht der berühmte Rotwein »Drachenblut«.
**Heisterbach** (5 km n): Die in einem einsamen Waldtal gelegene *Zisterzienserkirche* v. 1202 blieb bis zur Säkularisation (1803) unversehrt erhalten. Danach wurde sie verkauft und bis auf Apsis und Chorumgang abgebrochen. Doch noch an der Chorruine (ein Kapellenkranz, darüber die Fenster des Umgangs und abschließend die Rundfenster des Hochchors) läßt sich die einstige Großartigkeit der imposanten spätroman. Gewölbebasilika erkennen. Die Gebäude des nahen Zellitinnenklosters stammen aus dem 18. Jh.
**Oberpleis** (8 km nö): Die ehem. Propsteikirche und heutige kath. Pfarrkirche *St. Pankratius,* eine dreischiffige Pfeilerbasilika mit fünfgeschossigem W-Turm, entstand im 12.–13. Jh. Die kostbarsten Ausstattungsstücke im Inneren sind das zu den bedeutendsten Leistungen hochroman. Plastiken zählende Dreikönigerelief (um 1150–60) auf dem Hochaltar und die erst 1974 entdeckten Teile eines Fliesenbodens (u. a. eine riesige Rosette als Kosmos). Beachtenswert sind auch die Arkadenreihen, die sehr mystisch wirkende Krypta mit einem v. 16 Säulen getragenen Kreuzge-

*Heisterbach (Königswinter), Ruine der ehem. Zisterzienserkirche* >

*Konstanz, Münster, Thomasaltar »Marientod«*

wölbe und die restaurierten roman. und got. Wand- und Gewölbemalereien.

**D-7750 Konstanz**
Baden-Württemberg

Einw.: 70000 Höhe: 379 m S.379 □ G 4

Die Gegend am Ausfluß des Rheins aus dem Bodensee wurde seit der mittleren Steinzeit besiedelt; in der Jungsteinzeit wurden Pfahldörfer angelegt. Spätkeltische Siedlung im Bereich der Niederburg. Eine röm. Siedlung entstand unter Kaiser Tiberius (14–37 n.Chr.). Unter Kaiser Constantius II. befand sich um 335 ein ummauerter Vicus auf dem heutigen Münsterberg, aus dem 6.Jh. ist der Name *Constantia* überliefert. Um 600 wurde Konstanz Bischofssitz mit Ansiedlung von Hörigen. Schon vor 900 erhielt es das Marktrecht für eine Kaufleutesiedlung, nach der Zerstörung durch die Ungarn erfolgte 925 der Wiederaufbau. Seit Ende des 12.Jh. ist Konstanz freie Reichsstadt, 1312 erfolgte die Grün dung des von Konstanz geführten Bunde der Reichsstädte am Bodensee mi St.Gallen, Schaffhausen und Zürich 1414–18 fand das Konstanzer Konzil stat mit der Verurteilung des böhmischen Re formators Johannes Hus zum Scheiterhau fen und der Wahl des Papstes Martin V 1430 endeten die Kämpfe um die Stadt herrschaft durch paritätische Verteilun der Sitze in den Räten zwischen Patrizier und Zünften. Nach der Einführung de Reformation zog der Bischof nach Meers burg um. Seit dem Ende des Schwaben krieges 1499 war Konstanz Grenzstadt 1548 verlor es die Reichsfreiheit, Konstan wurde habsburgisch und rekatholisiert Seit etwa 1460 und besonders nach der Dreißigjährigen Krieg kam es zu einen starken Rückgang der Wirtschaft. 163 wurde Konstanz von den Schweden bela gert. 1744/45, 1796 und 1799 wurde es vo den Franzosen besetzt. 1806 kam die Stad an Baden, 1827 wurde das Bistum nac Freiburg verlegt. 1848 erfolgte die Prokla

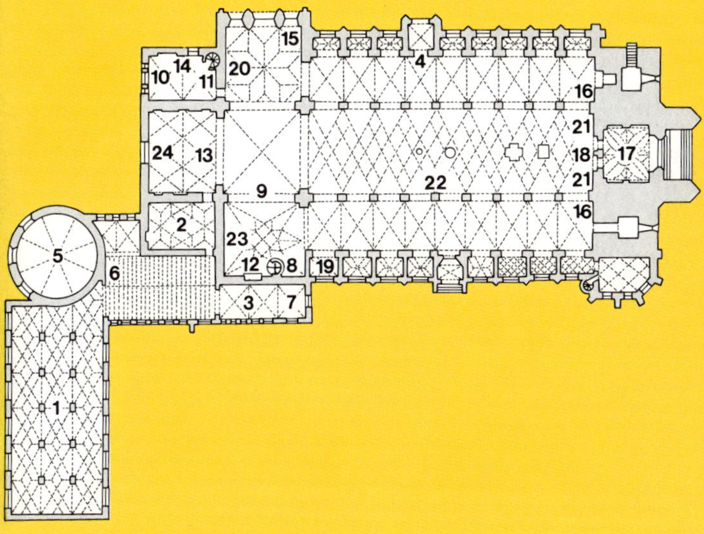


ıation der deutschen Republik durch 'riedrich Hecker in Konstanz. Durch In- ustrialisierung, Anschluß an das Eisen- ahnnetz, Eröffnung der Bodenseefähre owie Entwicklung zum Kongreß- und Ta- ungsort und Zentrum des Fremdenver- ehrs setzte der wirtschaftliche Aufstieg in. Konstanz ist seit 1966 Universitäts- tadt. In den 70er Jahren erfolgte die Ein- emeindung der Orte Litzelstetten, Din- elsdorf und Dettingen und der Insel ⁄Iainau.

Jnter der Rheinbrücke beginnt die Rhein- ilometrierung mit Rhein-km 0.

**/lünster Unserer Lieben Frau:** Ein Vorgän- erbau wird erstmals um 615 erwähnt. Äl- ester heute noch bestehender Bau ist die ıehrräumige Krypta aus dem 10.Jh. Die irche stürzte 1052 ein. Weihe des Ieubaus 1089, dessen Langhaus im 12.Jh. rhöht wurde. Der N-Turm war um 1100, er S-Turm zu Beginn des 13.Jh. vollendet. b 1432 wurden Chor, Quer- und Seiten- chiffe eingewölbt, das Mittelschiff erhielt sein Netzrippengewölbe erst 1679–83. Die Bauhütte stand 1449–87 unter der Leitung v. Vincenz Ensinger* und 1490–1502 unter der v. Lukas Böhlinger*. Der Mittelturm

**Konstanz, Münster Unserer Lieben Frau 1** Kapitelsaal **2** Sakristei **3** Alte Nikolauska- pelle **4** Goldscheiben, 11.–13.Jh. **5** Hl. Grab in der Mauritius-Rotunde **6** Kreu- zigungsbild, 1348 **7** Wandmalereien, um 1425 **8** Schnegg (Wendeltreppe), 1438 **9** Chorgestühl, um 1467 **10** Glasfenster, Mitte 15.Jh. **11** Wandbild, Mitte 15.Jh. **12** Marientodgruppe, 1460 **13** Grabplatte des Erzbischofs v. Salisbury († 1417) **14** Grabmal Bischof Otto v. Hachberg († 1434) **15** Grabmal Bischof B. v. Randeck († 1466) **16** Christophorusbilder, 15.Jh. **17** Haupt- portal **18** Orgel, 1517–20; Entwurf wahr- scheinlich v. Peter Flötner **19** Flügelaltar, 1524 **20** Mariä-End-Altar, 1637; Altarbild v. J. Rieger, 1710 **21** Totenbild **22** Kanzel, 1680 **23** Thomasaltar, 1682 **24** Hochaltar mit Mariä Himmelfahrt, 1774

ntstand etappenweise v. 1497 bis 1525. Im 5. Jh. wurden die Kapellen entlang der eitenschiffe angebaut. 1627 erfolgte der Jmbau des S-Portals. 1679–83 wurden die oman. Fenster vergrößert und die Kapel-n neu gedeckt. 1775–77 erfolgte eine klas-izistische Umgestaltung des Chors durch Aichel d'Ixnard*, ihr folgte die Stuckde-orierung des Querschiffs durch Johann 'erdinand Bickel*. 1846–53 kam es zu iner gründlichen Restaurierung durch Ieinrich Hübsch* mit der Erneuerung des I- und S-Portals und der Hinzufügung der urmbrüstung, des Turmaufsatzes und der 'iguren über dem Portal.

)ie in ihrer Anlage immer noch roman. reischiffige, kreuzförmige Säulenbasilika iit quadratischem Chor und einer Kapelle n SO-Winkel besitzt einen W-Bau, der us einer Doppelturmfassade hervorgegan-en ist. Im SW liegen 2 Sakristeien und da-inter eine Rotunde, an die sich abgewin-elt der Kapitelsaal anschließt. Über die age der Altäre, Kapellen und wichtigsten usstattungsstücke gibt die Zeichnung uskunft.

)er Bildersturm hat zahlreiche Standbilder ernichtet. Erhalten geblieben sind der *iroße Herrgott v. Konstanz,* ein Kruzifix us dem 15. Jh. und die *spätgot. Wendel-eppe,* sog. Schnegg, im n Querschiff mit Darstellungen aus dem Alten und Neuen estament. Das wohl berühmteste Ausstat-ingsstück ist das hochgot. *Hl. Grab* in der Iauritius-Rotunde (um 1280), ein zwölf-ckiger 5 m hoher Sandsteinbau mit Maß-erkfenstern, 12 Apostelfiguren und Ge-alten aus der Jugend Jesu; im Inneren egt das v. Wächtern umgebene Grab. Das *'horgestühl* (um 1467) und die geschnitz-n *Türen des Hauptportals* (1470) stammen us der Werkstatt des Simon Haidler*. Altaraufsätze der n Seitenkapellen schuf ranz Morinck*.

n Münsterhof steht eine *Mariensäule* mit er 1682 v. Valentin Algeyer* gegossenen ehenden Muttergottes mit Zepter.

**hem. Augustinerkirche zur Hl. Dreifaltig-eit:** Die querschifflose Basilika (2. Hälfte 3. Jh.), deren got. Pfeiler Rokokokapitelle agen, besitzt ein *Deckengemälde* v. Franz oseph Spiegler*. Die barocken Altäre

: *St. Martin (Wollmatingen), Altarflügel*

stammen aus Zug. Berühmt sind die *spätgot. Wandmalereien* im Langhaus, die im Auftrag Kaiser Sigismunds 1417 v. Heinrich Grüber*, Kaspar Sünder* und Hans Lederhoser* gemalt wurden. Sie zeigen den Stammbaum der Augustinerre-gel und Szenen des Einsiedlerlebens. Die monumentalen Gestalten in den Bogen-zwickeln stellen Heilige aus der böhmi-schen Heimat des Stifters dar. Die Gemälde wurden 1907 v. Kaltenbacher z. T. stark restauriert.

**Ehem. Dominikanerkirche:** Das Kloster und seine Kirche, eine dreischiffige, flach-gedeckte Säulenbasilika aus der 1. Hälfte des 13. Jh., sind heute in das Inselhotel in-tegriert. Teile der Glasmalerei hat das Frei-burger Münster gekauft. Reste der bedeu-tenden *got. Wandmalereien* (um 1300) sind in dem zum Speisesaal umgebauten Lang-haus und in einigen Gängen erhalten. Im frühgot. *Kreuzgang* schildern Wandgemäl-de des Karl v. Haeberlin* die Geschichte des Klosters.

**Ehem. Jesuitenkirche St. Konrad:** Das jetzt v. der altkath. Gemeinde genutzte Gottes-haus ist nach 1604 als einschiffige Halle mit Stichkappengewölbe und flachen Sei-tennischen erbaut worden. Die *Stuckdeko-*

*Konstanz, Münster, Heiliges Grab*

*Konstanz, Kaufhaus, sog. Konzilsgebäude*

*ration* ist um 1680 entstanden. *Altäre* und *Kanzel* stammen aus dem 18. Jh. Im Chor befinden sich Bilder der 4 japanischen Heiligen des Ordens. Zur *Ausstattung* gehören ein Kreuzigungsrelief und das Gemälde der 15 Geheimnisse des Rosenkranzes v. Kaspar Memberger d. Ä.* (beide 16. Jh.) sowie ein Kruzifixus (17. Jh.).

**Kath. Pfarrkirche St. Stephan:** Eine 613 erwähnte Kirche entwickelte sich durch Neubauten im 10. und Erweiterungen im 12. Jh. zu einer roman. Säulenbasilika, die 1428–86 zu einer querschifflosen, flachgedeckten Pfeilerbasilika mit gerade geschlossenem Chor umgebaut wurde. Das Chorgestühl ist aus roman. und got. Resten zusammengesetzt. Das *Sakramentstabernakel* schuf 1594 Hans Morinck*, v. dem wohl auch der Epitaph für seine Frau mit dem Relief einer Beweinung Christi und 3 Passionsreliefs stammen. Das *Gewölbefresko* malte Franz Ludwig Hermann*.

**Altes Rathaus:** Es wurde 1484 gebaut, 1732 v. Johann Michael Beer* stark barockisie und im 19. Jh. aufgestockt. Bemerkenswe ist das mit Engeln, Heiligen und Wappe geschmückte Doppelportal.

**Neues Rathaus:** Das ehem. Zunfthaus zu Salzscheibe ist 1592–94 zur Ratskanzle umgebaut worden. Es besteht aus 2 durc einen Hof getrennten Gebäuden, v. dene das hintere sehenswert ist. Zwischen runden Treppentürmen befindet sich ir Erdgeschoß eine Laube mit 3 Arkader darüber liegen 3 Doppelfenster mit halb kreisförmigen Bogen und im Dach ein ge schweifter Zwerchgiebel.

**Kaufhaus** (sog. Konzilsgebäude): Für de Leinwandhandel wurde am Hafen berei 1388 dieser Bau mit 2 übereinanderlieger den dreischiffigen Hallen erbaut. Da große Walmdach hat an den Ecken Krar erker.

**Haus zur Kunkel:** *Profane Wandgemäl* (um 1300) mit Sujets der Leinenweber

:onstanz, St. Stephan

'nd in einem Zimmer im 2. Stock zu be-
.chtigen.

**:hem. Befestigung:** Es stehen noch das *:chnetztor,* der *Rheintorturm* und der *Pul-erturm.*

**⁄luseen:** Im *Rosgartenmuseum,* einem hem. Zunfthaus, sind Exponate zur Vor-
nd Frühgeschichte, Kulturgeschichte, 'olkskunst, Kunsthandwerk und Numis-
ıatika zu sehen.

)ie *Städtische Wessenberg-Galerie* bewahrt Iandzeichnungen, Gemälde und Kupfer-
:iche bedeutender Künstler wie Dürer*, Ians Baldung, genannt Grien*, Raffael*, :embrandt*, Tiepolo*, Tizian*, Meister er Donauschule u.a. auf.

n Gebäude des *Südkurier-Verlags* werden ;eräte, Maschinen, Publikationen etc. zur ;eschichte des Drucks und der Zeitung ach Voranmeldung gezeigt.

)as *Hus-Museum* erinnert an den 1415 in :onstanz verbrannten böhmischen Refor-
ıator Hus.

Konstanz, Zeppelinhaus

**Theater und Konzert:** Das *Bodenseesinfonieorchester* hat seinen Sitz in K.

Das *Konstanzer Stadttheater* mit 400 Plätzen beschäftigt ein festes Schauspielensemble.

**Außerdem sehenswert:** Das *Dominikanerinnenkloster Zoffingen* wurde 1257 gegr. Seine ehem roman. *Kirche St. Katharina* wurde 1506 und 1664/66 völlig umgestaltet. Zur Ausstattung gehören Rosenkranzbilder (Anfang 17. Jh.) v. Kaspar Memberger d. Ä.* und ein Vesperbild (1684) von Christoph Daniel Schenck*.

Im *Haus zum Guten Hirten* wohnte der Bildhauer Hans Morinck*, v. dem sich hier noch ein Relief befindet.

Im *Haus Marktstätte 8* (Zum Goldenen Adler) wohnte 1580 der französische Philosoph Michel de Montaigne.

Im *Haus zur Täschen* soll um 1295 der Mystiker Heinrich Seuse geboren worden sein.

In der *Villa Seeheim* hat ab 1890 der Schriftsteller Wilhelm v. Scholz gewohnt.

## Umgebung

**Dingelsdorf** (8 km n): Die *kath. Pfarrkirche St. Nikolaus* oberhalb des S-Ufers des Überlinger-Sees ist ein 1493 vollendeter spätgot. Bau, der 1740 stark verändert wurde. An den S-Wänden finden sich Reste spätgot. Malereien.

**Mainau** (5 km nö): Die Insel fiel 724 aus fränkischem Krongut an das Kloster Reichenau, kam dann 1272 an den Dt. Orden und nach der Säkularisation an Baden. Sie wechselte dann durch Kauf oder Erbschaft häufig den Besitzer, bis sie im Jahre 1930 Eigentum des schwedischen Grafen Lennart Bernadotte wurde, der sie zur Begegnungsstätte und gern besuchten Blumeninsel ausbaute.
Die einschiffige barocke *Schloßkirche* (1732–39) malte Franz Joseph Spiegler* aus, die Figuren schuf Joseph Anton Feichtmayr*. Das anschließende *Schloß,* eine Dreiflügelanlage mit dem in feinem Rokokostuck der Familie Pozzi* dekorierten Weißen Saal, errichtete der Deutschordensbaumeister Johann Caspar Bagnato*, dessen Epitaph sich in der Schloßkirche befindet.
Auf der Brücke zur Insel steht eine Bronzegruppe des Gekreuzigten zwischen de beiden Schächern, das sog. *Schwedenkreu* v. 1577.

**Oberdorf** (6 km n): Die *Hl.-Kreuz-Kapel* baute Johann Caspar Bagnato* 1747 a Rechteckbau mit gerundeten Ecken, de wie ein Zentralbau wirkt. Die Stukkature schufen Vater und Söhne Pozzi*, das Dek kengemälde mit der Kreuzfindung durc die hl. Helena Joseph Appiani*.

**Petershausen** (am O-Rand der Stadt): Di Gebäude der einst bedeutenden Reichsab tei wurden nach der Säkularisierun Kaserne, die St.-Gregor-Kirche wurd 1831/32 abgebrochen. – Im Jahre 195 baute Max Schätzle* die *katholisch Bruder-Klaus-Kirche.*

**Wollmatingen** (im NW der Stadt): Ch und Turm der *kath. Kirche St. Martin* sin spätgot., das Langhaus wurde 1961/6 gebaut. Am neugot. Altar befinden sic bemalte Flügel aus der Zeit um 1510, di dem Konstanzer Maler Peter Igel* zuge schrieben werden. Ein Zyklus v. Wandbi dern mit Passionsszenen, Weltgericht, ve schiedenen Heiligen und Szenen aus der Leben des hl. Wolfgang stammt aus de Zeit um 1480.

*Mainau (Konstanz), Schloß und Schloßkirche*

## D-4150 Krefeld

Nordrhein-Westfalen

Einw.: 235000 Höhe: 40 m S.385 □ E 16

Das 1105 erstmals urkundlich genannte und 1373 zur Stadt erhobene Krefeld erlebte nach der Einführung der Seidenweberei durch Adolf von der Leyen im Jahre 1656 einen außergewöhnlichen wirtschaftlichen Aufschwung. Trotz zahlreicher Niederlassungen der Maschinen- und der chemischen Industrie und trotz seines Rheinhafens (Uerdingen) ist Krefeld noch heute vor allem als Samt- und Seidenstadt bekannt. Die seit dem 18.Jh. mehrmals erweiterte Altstadt bedeckt ein von 4 Wällen (heute breite Straßen) umzogenes Rechteck.

**Kath. Pfarrkirche St. Matthias** (Stadtteil Hohenbudberg): Die malerisch über dem Rheinufer gelegene Kirche wurde 1852–54 unter Beibehaltung des roman. W-Turms eines ma Vorgängerbaus in neugot. Stil errichtet. Bedeutend ist die aus westfälischen Gotteshäusern zusammengetragene Ausstattung: ein spätgot. Schnitzaltar mit bemalten Flügeln (15.Jh., Unterbau neugot.), Schnitzereien des 15. und 16.Jh. auf beiden Seitenaltären und ein Holzkruzifix aus der Mitte des 13.Jh.

**Burg Linn, Niederrheinmuseum** (Stadtteil Linn, Albert-Steeger-Str.): Von der urspr. aus dem späten 12.Jh. stammenden, im 14.Jh. veränderten Wasserburg (in einem alten Rheinarm) sind nur noch die an den Torbau anschließenden Flügel, Palas und Wohngebäude erhalten. Nachdem der Komplex im Spanischen Erbfolgekrieg (1701–04) zerstört worden war, wurde 1740 im Bereich der Vorburg ein Jagdschloß errichtet. In der Hauptburg, im Jagdschloß und einem (nahen) ehem. Bunker sind heute die Bestände des *Niederrheinmuseums Burg Linn* mit Exponaten zur Geschichte und zur Volkskunde am Niederrhein untergebracht. Bes. bemerkenswert sind einige röm. Fundstücke sowie ein vergoldeter Helm aus einem fränkischen Fürstengrab des 6.Jh.

**Deutsches Textilmuseum** (Stadtteil Linn, Andreasmarkt 8): Das 1981 neu eröffnete Museum ist mit etwa 20000 Textilien aus aller Welt v. der Spätantike bis zur Gegenwart die größte Sammlung dieser Art in Deutschland. Bes. sehenswert sind ägyptische Schlitzwebereien (5.–6.Jh.) und die Jugendstilabteilung.

**Kaiser-Wilhelm-Museum** (Karlsplatz 35): Das in einem imposanten Bau des späten 19.Jh. untergebrachte Museum ist in 3 große Bereiche gegliedert. In der *kulturhistorischen Abteilung* (Gemälde, Skulpturen und Kunsthandwerk v. der Gotik bis zum Jugendstil) sind u.a. niederrheinische Töpferwaren, ital. Renaissance-Kunsthandwerk oder das sog. Von-der-Leyen-Zimmer zu sehen. In der *Gemäldegalerie* (beginnendes 19.Jh. bis zum Konstruktivismus) werden u.a. Werke v. Hans Thoma*, Wilhelm Trübner*, Ferdinand Hodler*, Claude Monet*, Auguste Renoir*, Ernst Ludwig Kirchner*, Emil Nolde*, Karl Schmidt-Rottluff*, Lyonel Feininger*, Heinrich Campendonk*, Wassily Kandinsky*, Max Ernst*, Paul Klee* und Piet Mondrian* gezeigt. Die 3. Abteilung widmet sich der *zeitgenössischen Kunst* v. den späten 50er Jahren bis zur Gegenwart. Ausgestellt sind hier z.B. Yves Klein*, Andy Warhol*, Roy Lichtenstein* und Joseph Beuys*. – Hauptsächlich für Wechselausstellungen genutzt werden die 1928 v. Mies van der Rohe* errichteten

*Krefeld, Niederrheinmuseum, Römischer Grabstein*

Gebäude *Haus Elsters* und *Haus Lange* in der Wilhelmshofallee.

**Außerdem sehenswert:** Die 1754 erbaute, 1840 erweiterte dreischiffige *Dionysiuskirche* mit dreischiffigem Querhaus liegt n des Kaiser-Wilhelm-Museums, die im 17. und 19. Jh. veränderte *kath. Klemenskirche* mit dreigeschossigem W-Turm des 12. Jh. im Stadtteil Fischeln.

Zahlreiche weitere Gotteshäuser wie die *Liebfrauen-* oder *Stephanskirche* stammen aus dem 19. Jh.

Das 1791–94 erbaute, später mehrmals veränderte und nach dem 2. Weltkrieg wiederhergestellte *ehem. Schloß von der Leyen* beherbergt heute das *Rathaus* (Von-der-Leyen-Platz 1).

Das dreiflügelige *Haus Neuleyenthal* (Cracauerstr. 32) wurde im späten 18. Jh. als Sommersitz der Familie von der Leyen errichtet.

Das *Floh'sche Haus* (Friedrichstr. 27) wurde 1766 erbaut, die alte *Post* (Dreikönigenstr. 163) 1904. Am Marktplatz des Stadtteils Uerdingen stehen die urspr. 1800 errichtete *Pfarrkirche*, das 1724 erbaute *Alte Rathaus* und die 1832 erbauten klassizistischen *Herberzhäuser* mit Stuckfassade und prachtvollen Treppenhäusern.

Den Stadtteil Linn sollte man nicht nur seiner Burg und seiner Museen wegen besuchen, sondern auch wegen seiner 1819 erbauten *Pfarrkirche St. Margaretha* (innen ein Holzkruzifix des 15. Jh.) und einiger urspr. aus dem 17. und 18. Jh. stammender Häuser.

## CH-8280 Kreuzlingen

Thurgau

Einw.: 16500 Höhe: 400 m S. 379 □ G 4

Um 950 erfolgte der Bau eines Spitals durch den Konstanzer Bischof Conradus, 112[illegible] Augustiner-Chorherrenstift. Nach der Säkularisation von 1848 wurde es Lehrerseminar. 1928 wurden Emmishofen-Bernrain

urzrickenbach und Egelshofen zur Ein-
eitsgemeinde zusammengeschlossen.

**hem. Augustinerstift:** Die ersten Anlagen urden 1499 und 1633 v. den Konstanzern erstört. Die jetzigen Bauten (nach 1660) ammen v. Michael Beer* v. Au und akob Sayler*, die Rokokoausstattung ent- and in der Mitte des 18. Jh. Nach 1848 urden Teile des W-Flügels und die Gruft- apelle abgebrochen, die Konventsgebäu- e aber 1924-29 und 1933-60 renoviert. Ein rand zerstörte die Anlage 1963. Beim Viederaufbau wurde auf die völlig zerstör- n Räume verzichtet.

**hem. Klosterkirche St. Ulrich und St. Afra:** 'on dem Stadtbaumeister Stephan Gu- ertsrainer* und dem Steinmetzen Mel- hior Gruber* wurde der Bau 1650-53 er- chtet. 1760 erfolgte der Anbau der lbergkapelle. Die Kirche wurde nach 774 im Stil des Rokoko umgestaltet. Den rand v. 1963 überstanden die Umfas- ungsmauern des Schiffs, die Ölbergkapel- e und der stark eingezogene, dreiseitig ge- chlossene Chor sowie der Turmstock im n Vinkel. Unter Hans Burkhard* erfolgten 963-67 in historischer Treue Wiederauf- au und Restaurierung. – Zu der reichen usstattung gehören: Die polychrome *tuckierung;* die nach Franz Ludwig Herr- nann* v. Karl Manniger* kopierten *Dek- engemälde* mit Darstellungen aus dem eben des hl. Augustinus; das *Chorgitter* 1737) und das Gitter zur Kapelle v. Jakob loffner*, in Gold und Elfenbeinfarbe neu efaßt; Orgelbühne und -prospekt mit *chnitzwerk* musizierender Putten an der alustrade nach Josef Raindl*; die *Choror- el* mit dem Prospekt (1764) v. Josef aindl*; der rekonstruierte *Hochaltar* mit er überlebensgroßen Statue des hl. Ulrich, er Statue der hl. Afra nach Hans Chri- oph Schenck* und der v. Karl Manniger* ergestellten Kopie des Altarblattes v. hristoph Storer* (1663). – In der *Ölberg- apelle* befinden sich ein *Deckengemälde,* ach Franz Ludwig Herrmann* kopiert v. Ianfred Leichtenmeier*, sowie der be- ihmte *Ölberg,* ein aus Buchenholz und tuck v. Innozenz Beck* aufgeschichtetes ompliziertes Gelände mit über 300 etwa 0 cm großen, ungefaßten Arvenholzstatu- tten, v. denen etwa 250 noch die um

*Kreuzlingen, St. Ulrich und St. Afra, Deckengemälde*

1720-30 in südost-alpenländischer Werkstatt geschnitzten Originale sind (den Rest kopierte Hermann Kohler*). Aus derselben Werkstatt stammen auch die Krippenfiguren. In der Gloriole steht das *Gnadenkreuz,* ein Bildwerk mit angeblich echtem Haupthaar aus dem späten 14. Jh.

**Heimatmuseum:** Im Haus Rosenegg (17.-18. Jh.), Ortsteil Egelhofen, wird eine heimatkundliche Sammlung gezeigt.

## Umgebung

**Gottlieben** (4 km nw): Die gut erhaltene ehem. befestigte Siedlung zwischen Ober- und Untersee wurde 1251 gegr. Seit 1678 ist sie Marktflecken. – Das *Schloß,* eine ehem. Wasserburg, entstand in mehreren Etappen. 1837 kaufte es Prinz Louis, der spätere Kaiser Napoleon III.; er ließ es in neugot. Formen umbauen und den Wassergraben auffüllen. 1849 wurde die Schloßkapelle geweiht. – Die schlichte *ref. Kirche* wurde

1812 errichtet. – Am schönen *Dorfplatz* stehen viele alte Häuser, darunter die sog. *Drachenburg* (1620, 1674 und 1884 umgestaltet), das *Bürger- und Gemeindehaus* (um 1835), das *Grüne Haus* (17.Jh., 1812 umgestaltet), und das *Waaghaus* (1687).

**Münsterlingen** (4 km sö): Die Legende berichtet, daß die aus Seenot gerettete Tochter des englischen Königs Eduard I. im 10.Jh. das Kloster gestiftet hat. Historisch nachweisbar ist vor 1100 ein Spital, ab 1125 eine Augustinerinnengemeinschaft und seit der Reformation bis 1848 ein *Benediktinerinnenkonvent.* – 1709–13 erfolgte durch Franz und Ignaz Beer* der Neubau des Konventgebäudes, 1711–13 der der Kirche. Sie entspricht dem Typus des Vorarlberger Barocks mit tonnengewölbtem Schiff, Flachkuppeln über Vierung und Chor und kreuzgewölbtem Altarhaus. Die *Stuckdekoration* schufen Wessobrunner Meister, die *Deckengemälde* sind das Werk v. Jakob Carl Stauder* (1719–22). *5 Altäre* gestaltete 1736 Hans Georg Greising* unter Verwendung von Statuen (um 1678) v. Christoph Daniel Schenck*, aus dessen Werkstatt das *Chorgestühl* stammt. Die *Altarblätter* malte Jakob Carl Stauder*. – Seit 1963, dem letzten Zufrieren des Sees, wird hier die spätgot. *Johannes-Büste* aus der Werkstatt des Jakob Ruess* aufbewahrt, bis sie traditionsgemäß bei der nächste »Seegfrörni« in einer Prozession wiede nach Hagnau geführt wird.

# L

**D-5420 Lahnstein**
Rheinland-Pfalz

Einw.: 20000 Höhe: 70 m S.383 □ E 12

Die zu beiden Seiten der Lahnmündung i den Rhein gelegene Stadt wurde 196 durch den Zusammenschluß des ehemal

*Kreuzlingen, St. Ulrich und St. Afra, Ölberg, Detail*

urtrierischen Niederlahnstein (nördlich, echtes Lahnufer; Stadtrecht seit 1332) mit 'em ehemals kurmainzischen Oberlahn-:ein (südlich, linkes Lahnufer; Stadtrecht eit 1324) gebildet.

**'farr- und Klosterkirche St. Johannes d. T.** Niederlahnstein, an der Mündung): Die n 12. Jh. anstelle älterer Vorgängerbauten ls 1. Emporenkirche am Mittelrhein ent-tandene Pfeilerbasilika wurde nach einem rand 1856–66 in den Formen des 12. Jh. estauriert. Der mächtige sechsgeschossige V-Turm mit kurzem Pyramidendach zeigt ie typisch rheinische Rot-Schwarz-Eck-uaderung. Emporenöffnungen und Säu-enarkaden prägen den Innenraum.

**urg Lahneck** (Oberlahnstein): Die im rühen 13. Jh. zum Schutz der Stadt L. rbaute, 1688 v. den Franzosen zerstörte urg wurde ab 1854 – unter Wahrung des lten Baubestandes – im Stil der englischen Neugotik auf- und ausgebaut. Von der Burg ietet sich ein prächtiger Blick auf Lahn, Rhein und das gegenüberliegende Schloß tolzenfels (→Umgebung v. Koblenz).

**Aartinsburg** (Oberlahnstein): Die 1298 v. en Mainzer Erzbischöfen als Wasser- und ollburg (ältestes Zollamt Deutschlands) rbaute Anlage stammt in ihrer heutigen rscheinung im wesentlichen aus dem 14., 5. und 18. Jh. Bes. bemerkenswert der infgeschossige S-Turm.

**ußerdem sehenswert:** Am Salhofplatz in *Oberlahnstein* befindet sich der *ehem. alhof* (12. Jh., im 17. Jh. verändert) mit oman. Rundbogenfenstern. Am alten Aarktplatz steht das spätgot. *Rathaus* 16. Jh.) mit steinernem Erdgeschoß, Fach-verkobergeschoß, hohem Giebel und Ba-ocktürmchen. In Oberlahnstein sind au-erdem noch beachtenswert der *Hexenturm* mit dem *Stadtmuseum*, Reste er alten *Stadtbefestigung*, die *Hospitalka-elle St. Jakobus* sowie s die *Liebfrauenka-elle* (wo 1400 König Wenzel entthront vorden war) und ö über der Stadt die *Kur-inrichtungen* und der *Naturpark Nassau.* – n *Niederlahnstein* gibt es einige ehem. Adelshöfe wie z. B. den *Arnsteiner Hof* Emser Str.) mit spätgot. Kapelle, das rspr. roman. *Heimbach'sche Haus* (Heim-bachgasse 2) mit rot-weißen Rundbogen und den spätgot. *Nassau-Sporkenburger Hof* (Johannisstr.). Am Ufer der Lahn, ebenfalls in Niederlahnstein, liegt das malerische *Wirtshaus an der Lahn,* ein Fachwerkhaus v. 1697, in dem einst Goethe eingekehrt war. Im O v. Niederlahnstein der 157 m hohe Allerheiligenberg mit einer neugot. *Wallfahrtskirche*.

*Lahnstein, Burg Lahneck, Bergfried*

## Umgebung

**Bad Ems** (9 km ö): Das 1234 zur Stadt erhobene Bad Ems entwickelte sich seit dem 17. Jh. zu einem berühmten Kurort. Hier trafen sich am 13. 7. 1870 der franz. Botschafter Graf Benedetti und der preußische König (und spätere dt. Kaiser) Wilhelm I. zu einem Gespräch, in dem es um die Frage der spanischen Thronkandidatur ging. Den stark gekürzten – und verschärften – Inhalt dieser Unterredung veröffentlichte am 14. 7. 1870 Bismarck in der sog. »Emser Depesche«, was letztlich am

9 7. 1870 zur Kriegserklärung Frankreichs n Preußen und damit zum Dt.-Franz. ;rieg v. 1870/71 führte. - Im Ort sehens- ˌert sind das im 18. Jh. erbaute vornehme *;urhaus*, der *Kurpark*, die *Karlsburg* v. 696 und die 1720 wieder aufgebaute *Mar- inskirche*. Auf dem linken Lahnufer befin- en sich die *Kirche Maria Königin* Spießer-Kapelle) v. 1661, die *Kaiser- Vilhelm-Kirche* (1898) und die *russische* *;irche St. Alexandra* (1876).

## D-7630 Lahr

Baden-Württemberg

Einw.: 35000 Höhe: 170 m S.380 ☐ E 6

)as nur wenige Kilometer östlich des ;heins am Schwarzwaldrand gelegene, im . Weltkrieg stark zerstörte Industriestädt- hen entwickelte sich im Schutz einer um 220 erbauten Wasserburg der Herren von ieroldseck und erhielt bereits 1278 Stadt- echte. Wie Funde bezeugen, lebten in iesem Gebiet bereits um 20000 v. Chr. Ienschen, im 2. Jh. siedelten sich hier ;elten an, die nur 1 Jh. später von Germa- en vertrieben wurden. Am Platz des heuti- en Stadtteils Dinglingen bestand außer- em vom 1. bis zum 3. Jh. n. Chr. eine ;ömersiedlung.

**,v. Kirche, ehem. St. Peter** (im nö Stadtteil urgheim): Die ehem. Lahrer Pfarrkirche )is 1492) geht auf einen karolingischen au des frühen 8. Jh. zurück, der 1035 eine V-Apsis erhielt. Im 12. Jh. wurde dann ein rößerer Neubau errichtet, über dessen 'hor im späten 12. Jh. der noch heute er- altene (Chor-)Turm hochgezogen wurde. n 15. Jh. wurde das Langhaus verlängert, ,obei man das alte roman. Portal wieder- erwendete. Die Wandmalereien im Lang- aus (u. a. hl. Christophorus, Hl. Dreifaltig- eit) entstanden 1463, die im Chor (u. a. 'hristus und Apostel) 1482.

**v. Pfarrkirche, ehem. Stiftskirche .L. Frau** (sö der Innenstadt, an der 415): Von der im 13. Jh. erbauten 'ühgot. dreischiffigen Basilika sind heute ur noch die Grundmauern und die ö Teile mit dem Chor erhalten. Das übrige ist das Ergebnis der grundlegenden Restaurierungsarbeiten aus der Mitte des 19. Jh. Neu errichtet wurden die W-Fassade (unter Verwendung der 3 spätgot. Portale) und der Turm. Im *Denkmalhof* neben der Kirche befinden sich u. a. eine bemerkenswerte spätgot. Kreuzigungsgruppe und mehrere Grabplatten des 14. Jh.

: *Lahnstein, St. Johannes d. T.*

**Altes Rathaus** (Kaiserstr. 1): Das rot angestrichene Gebäude mit spätgot. Freitreppe, Fruchthallenarkaden, Spätrenaissancefassade und Uhrtürmchen wurde urspr. 1608 errichtet und später, v. a. um 1880, z. T. unglücklich verändert.

**Storchenturm** (Markstr./Kreuzstr.): Der um 1220 aus Buckelquadern erbaute Rundturm mit Zeltdach ist der einzige Rest der nach 1677 abgetragenen ehem. Wasserburg der Herren v. Geroldseck. Das hier eingerichtete *Museum* mit Dokumenten zur Herrschaft Geroldseck ist lediglich im Sommer geöffnet.

**Außerdem sehenswert:** Das klassizistische *Neue Rathaus* (Rathausplatz 4) mit Säulenhalle im Obergeschoß wurde 1808 als Stadtpalais für die Familie Lotzbeck errichtet. - Die *Stiftsschaffnei* wurde in der 2. Hälfte des 16. Jh., das *Henkershüsli* 1564, das *Stoesser'sche Haus* (Kaiserstr.) nach 1783 und das *Vogtszollhaus* 1788 errichtet. - Das *Museum im Stadtpark* zeigt v. a. stadtgeschichtliche Exponate, das im Keller desselben Hauses untergebrachte *Museum für Ur- und Frühgeschichte* Funde aus dem Unteren Breisgau.

### Umgebung

**Allmannsweier** (7,5 km w): Die *ev. Pfarrkirche* mit mächtigem Turm und Emporen im Inneren wurde 1781 erbaut.

**Friesenheim** (5 km n): Die *ev. Pfarrkirche* (1768) besitzt einen Chorturm (1496) mit origineller Rokoko-Zwiebelhaube.

**Meißenheim** (10 km nw): Die 1763-66 erbaute *ev. Pfarrkirche* besticht mit einer glanzvollen Rokoko-Ausstattung. - Im *Kirchhof* die Grabplatte für Friederike Brion (1752-1813), eine Jugendfreundin Goethes.

**Niederschopfheim** (10 km n): Die spätbarocke *Pfarrkirche St. Brigitta* mit dreigeschossigem Fassadenturm wurde 1754–56 rbaut. Im Inneren Spiegelgewölbe mit )eckengemälde der Vita Christi (1756) ınd barockem Hochaltar (1757).

**ichuttern** (7 km n): Die 1773 spätbarock rneuerte *Kirche Mariä Himmelfahrt* rkennt man schon v. weitem an ihrem ıohen Fassadenturm. Kostbarstes Ausstatıngsstück ist eine spätgot. Straßburger 1uttergottesfigur (um 1480) im s Querausarm. Von der Vorgängerkirche tammen Teile eines Bildmosaiks (10. bis 1. Jh.) mit der Darstellung des Bruderıords an Abel.

## CH-4335 Laufenburg

Aargau

| | | |
|---|---|---|
| Einw.: 1800 | Höhe: 315 m | S. 378 □ E 4 |

eit 1180 Sitz der Grafen von Habsburg, 'urde Laufenburg 1207 als an beiden Ifern des Rheins gelegene Stadt durch .udolf II. v. Habsburg gegründet. Durch rbteilung 1232 wurde die Linie Habsırg-Laufenburg neu begründet. Diese erkaufte Laufenburg 1386 an Habsburg Haus Österreich), Verwaltung durch deren ögte bis 1748. Der Friede von Lunéville :hlug das linksrheinische Groß-Laufenırg dem schweizerischen Kanton Aargau ı, das rechtsrheinische Klein-Laufenburg urde 1803 badisch. 1909–14 erfolgte die ufstauung des Rheins für das Kraftwerk hina, die Stromschnelle verschwand.

**ath. Stadtkirche St. Johann Baptist:** Das loster Säckingen stiftete die Kirche wahrheinlich noch vor der Stadtgründung. er in der letzten Hälfte des 15. Jh. errichte Neubau wurde 1750–53 barockisiert. ie dreischiffige flachgedeckte Basilika :hließt im O mit einem gewölbten Polygoılchor. Die Seitenschiffe weiten sich ıerhausähnlich aus. Den S-Turm v. :91–93 krönt eine welsche Haube v. 1653. er Innenraum ist mit *Rokokostuck* v. ans Michael Hennevogel* dekoriert, die usionistischen *Deckengemälde* v. Anton orath* stellen die Evangelisten und Apostel sowie Szenen aus dem Leben des Kirchenpatrons, der hl. Secunda und Franz Xaver dar. Die *Altäre* und zahlreiche *Grabmäler* stammen aus dem 17. und 18. Jh. Unter dem n Seitenschiff liegt die *Beinhauskapelle* mit einem Schnitzaltar (1727) v. Hans Freitag*, der den Tod des hl. Joseph darstellt.

*Niederschopfheim (Lahr), St. Brigitta*

**Befestigungen:** Von der Burg der Habsburger sind nur der weithin sichtbare *Bergfried* und Teile der Wehrmauern erhalten. Die ringförmige alte *Stadtmauer* ist z. T. erhalten; es stehen noch der *Pulver-* und der *Schwertlisturm* sowie an der Straße nach Basel der rechteckige Torbau mit Zeltdach und Glockentürmchen des *Wasenturms,* der 1953/54 renoviert und 1957 mit einem Sgraffito v. I. Weber* versehen wurde.

**Außerdem sehenswert:** *Gerichtsgebäude* (1525, 1771 barockisiert) mit Rokokostukkaturen v. Lucius Gambs* und Bildnissen österreichischer Herrscher des 18. Jh. im Gerichtssaal. – Zahlreiche *got.* und *barocke Häuser,* darunter das Geburtshaus des Komponisten Hermann Suter (1870–1926), das v. Johann Caspar Bagnato* errichtete *Pfarrhaus* und das um 1600 als Spital erbaute *Rathaus.* – Die Brücke v. 1910 führt ins benachbarte dt. L. – *Museum zum Schiff* (Fluhgasse): Gebäude v. 1607 mit Fassadenmalerei des 18. Jh. Exponate zur Geschichte v. L. sowie jährliche Wechselausstellungen. *Geöffnet* Mi–Fr 14.00–16.00, Sa und So 14.00–17.00 Uhr; Mitte April bis Mitte Mai geschlossen.

### Umgebung

**Leibstadt** (8 km ö): In der Nähe des Orts steht das erste Atomkraftwerk am Rhein.

## D-7887 Laufenburg (Baden)

Baden-Württemberg

| | | |
|---|---|---|
| Einw.: 7500 | Höhe: 320–650 m | S. 378 □ E 4 |

Auf einer schön gelegenen Terrasse nordöstlich der Stadt lag ein *römischer Gutshof,* eine villa rustica, dessen Ruinen 1929 entdeckt und 1970/71 rekonstruiert wurden. Es konnten 4 Bauphasen mit Umbauten

*Hochsal (Laufenburg), Rhein-Panorama*

und Erweiterungen innerhalb von 200 Jahren nachgewiesen werden. Polychrome Wandmalereien und ein Mosaikboden mit Inschrift wurden freigelegt. Weitere Funde bewahrt das Hochrheinmuseum in Säckingen auf. - Zur weiteren Geschichte siehe Laufenburg (CH). - 1933 erfolgte die Eingemeindung der Dörfer Rhina und Stadenhausen, 1971-75 der Orte Binzgen, Grunholz, Hauenstein, Hochsal, Lüttingen und Rotzel. Chemische und Metallindustrie.

**Kath. Pfarrkirche Hl. Geist:** Der neugotische Sandsteinbau mit eingezogenem Chor steht an der Stelle einer ma Kirchenanlage.

**Schlößli:** Die Amerikanerin Mary Codman ließ die Villa im Stil des franz. Barock und der franz. Renaissance erbauen. Sie stiftete auch das Jugendstilhaus »Maria Grün«. Beide Gebäude sind heute im Besitz der Stadt. Das letztere birgt die Zunftstube der Narro-Altfischerzunft 1386.

**Rathaus:** Es befindet sich in eine Torhaus aus dem 17. Jh.

**Bürgerhäuser:** Sie stammen aus dem 1 17. und 18. Jh. und säumen die zum Rhe hin abfallende Hauptstraße.

**Denkmal:** Über dem Rheinufer steht e Kriegerdenkmal.

## Umgebung

**Hänner** (4 km nw): 1220 urkundli erwähnt. Zur guten Ausstattung der *ka Pfarrkirche* (Rokokobau v. 1750) zähl einige Figuren des Bildhauers Christi Wenzinger*.
**Hochsal** (5 km nö): Die *kath. Pfarrkir St. Pelagius*, im 11. Jh. als flachgedeck Pfeilerbasilika erbaut, wurde im 14. Jh. Anlehnung an die Stiftskirche v. Säcking

*Laufenburg, St. Johann Bapt Sebastiansaltar*

167

gotisiert. Den mächtigen Chorturm aus dem 15. Jh. erhöhte man im 16. Jh. Als »Alte Hotz« ist er das Wahrzeichen des Hotzenwaldes. Die Dekoration mit Rokokostuck und Deckengemälden (17. Jh.) lehnte sich wieder an die Säckinger Stiftskirche an. In der Krypta steht der Steinsarg der hl. Mechthildis (1081). Spätgot. sind das Sakramentshäuschen und das Relief des Maria-End-Altars sowie der Ölberg in einer neben der Kirche gelegenen Kapelle.

**Hauenstein** (4 km nö): Die hier gelegene *Burg* ist 1503 ausgebrannt.

## NL - Leerdam

Südholland

Einw.: 16000 S.387 □ C 17

Das Städtchen an der Linge, heute ein Zentrum der Glasindustrie und der Käseherstellung (Leerdamer), besitzt noch Reste seiner alten Befestigung und als Besonderheit 3 Turmwohnungen auf den Wällen.

**Hofje van Aerden:** Das Frauenstift v. 1770 erhebt sich an der Stelle des früheren Schlosses der Familie van Arkel. Im Rokoko-Regentenzimmer ist heute eine Gemäldesammlung mit Werken (meist Porträts) u. a. v. Frans Hals* untergebracht.

**Außerdem sehenswert:** Spätgot. *niederländisch-ref. Kirche* mit z. T. noch roman. Turm und Chor mit Netzgewölbe des 15. Jh. - Im *Nationaal Glasmuseum* sind antike und moderne Glaskunstwerke und Gebrauchsgläser des In- und Auslandes zu sehen.

## NL - Leiden

Südholland

Einw.: 104000 S.386 □ B 18

Eine bereits im 10. Jh. erwähnte Niederlassung *Leythen* entwickelte sich rasch zum Hauptort des Rheingebiets und erhielt 1266 Stadtrechte. Im 14. und 15. Jh. blühendes Zentrum der Tuchindustrie, erlebte Leiden durch die 1575 von Wilhelm von Oranien gegründete Universität als »Hort der Gelehrsamkeit« eine weitere Blütezeit Hier studierte z. B. der französische Philosoph Descartes und lehrte der Mediziner Hermannus Boerhaave. Die nach dem goldenen 17. Jh. verarmte Stadt ist heute wieder ein wissenschaftlich und wirtschaftlich bedeutsames Zentrum. An Rembrand (1606–69), den berühmtesten Sohn Leidens, erinnert ein Gedenkstein an einem Haus am Weddesteg.

**Marekerk** (Oude Vest): Die niederländisch-ref. Renaissancekirche wurde 1639–49 als achtseitiger Zentralbau errichtet und wenig später mit dem monumentalen Portal versehen. Die Kanzel datiert v 1649, die Orgel v. 1629.

**Pancras- oder Hooglands Kerk** (Hooi gracht): Ältester Teil der einstigen Kapitelkirche ist der Turm des 14. Jh. Der Cho stammt aus dem späten 15. Jh., das Querhaus aus der Zeit um 1500 und das Langhaus wohl aus der 1. Hälfte des 16. Jh. Bemerkenswert sind v. a. das gotisierend W-Portal v. 1665, die Steingewölbe in Seitenschiffen und Chorumgang, die Holzgewölbe (19. Jh.) in Chor und Querschif sowie das 1661 geschaffene Epitaph de Bürgermeisters van der Werft.

**Pieterskerk:** Die im späten 14. Jh. begonnenen Arbeiten am Bau dieser spätgot. kreuzförmigen Basilika leitete ab 1409 de Erbauer des Utrechter Doms, Aerr Bruun*. Die Sakristei war 1399 fertiggestellt, der Chor wurde 1412 geweiht. Da bis zum Ende des 15. Jh. entstandene fünfschiffige Langhaus wurde 1512 nach der Einsturz des damaligen Turms erweiter zuvor war um 1500 das zweischiffige Querhaus angefügt worden. Im weiten, lichte Inneren sind die reichgeschnitzte Kanz (um 1525), die Orgel v. 1639, das 1663 au weißem Marmor geschaffene Grabmal fü J. A. Kerchove (n Querschiff) und das 176 aufgestellte Monument für den Medizin Hermannus Boerhaave (s Querschiff) beachtenswert. An der Außenwand erinne eine Tafel an John Robinson und die Pi gerväter, die vor ihrer Auswanderur (1620) auf der »Mayflower« nach Amerik in L. Zuflucht gefunden hatten.

**Academie** (Rapenburg 73): 1516 als Kirc

des Dominikanerinnenklosters geweiht, wurde der Bau 1581 zum Hauptgebäude der Universität bestimmt und 1670 mit einem Holztürmchen versehen. An die urspr. Bestimmung erinnert ein Renaissancegrabmal v. 1556. Die Senatskammer wurde 1733–37 neu gestaltet. – In der Nähe liegt die 1655 erbaute *Bibliotheca Thysiana* (Rapenburg 25) mit Pilastergliederung im Obergeschoß und Einrichtung des 17. Jh.

**Burcht:** Die wohl um 1200 auf einem künstlich angelegten Hügel erbaute Burg wurde später häufig erneuert. Die den Burgplatz umgebende Ringmauer hat an der Innenseite Bogennischen und darüber einen Wehrgang.

**Hofjes:** L. besitzt eine große Anzahl sog. Hofjes, Wohnhöfe, die meist nach ihren Stiftern benannt und zur Unterstützung v. Bedürftigen erbaut wurden. Das 1492 gestiftete *St. Annahofje* (Hooigracht 9) hat trotz der Reformation eine Kapelle mit urspr. Einrichtung bewahrt. – Das *Hofje van Broekhoven* (Papengracht 16) wurde 1640, der *Trevelingshof* (Vierde Binnenvestgracht 7) 1666 erbaut. – Das größte Hofje der Stadt ist die 1681 gestiftete sog. *Meermansburg* (Oude Vest 159).

**Stadhuis** (Breestraat): Das urspr. ma Rathaus erhielt 1594–97 seine schöne Renaissance-Giebelfassade, die nach dem Brand v. 1929 restauriert werden konnte, während man das übrige Gebäude neu aufbauen mußte.

**Stedelijk Museum »De Lakenhal«** (Oude Singel 28–32): In der 1639–40 v. Arent van s'Gravesande erbauten ehem. Tuchhalle befindet sich heute das sehenswerte Städtische Museum. In der Gemäldeabteilung werden u. a. Werke v. Lucas van Leyden*, Jan Steen* und eine der ersten Arbeiten v. Rembrandt* gezeigt. Außerdem findet man Exponate aus den Bereichen Bildhauerkunst, Kunstgewerbe und Archäologie.

**Außerdem sehenswert:** *Hartebrugkerk* (Lange Mare) mit ungewöhnlichem Portal, 1835 im sog. Waterstraatsstijl erbaut. – Die urspr. aus dem 16. Jh. stammende *Lodewijkskerk* (Steenschuur) war 1808 nach dem Willen Louis »Lodewijk« Bonapartes (1806–08 König v. Holland) zur röm.-kath. Kirche geworden. – Die im Kern spätgot. *Waalse Kerk* (Breestraat 64) wurde 1634 erweitert und erhielt 1737 die heutige Fassade und das barocke Türmchen. – *St. Elisabethsgasthuis* (Ceciliastraat) v. 1428. – Im urspr. aus dem späten 16. Jh. stammenden *Gemeenlandshuis van Rijn-*

*Leiden, Pieterskerk, Blick zur Orgel. – Rechts: Bibliotheca Thysiana*

*Leiden, Stadhuis*

*land* (Deichgenossenschaftshaus; Breestraat 59) befindet sich ein im 17.Jh. v. Pieter Post* gestalteter Gerichtssaal mit bemaltem hölzernem Tonnengewölbe. Das nahe gelegene *Haus Breestraat 56* (um 1630) besitzt eine reizvolle Giebelfassade. - In der Nähe der Pieterskerk liegt das einstige Gefängnis *Gravensteen* (urspr. 13.Jh., im 17.Jh. erweitert). - Die *Waag* (Waage; Aalmarkt) und die dahinter befindliche *Boterhal* (Butterhalle) errichtete Pieter Post* um 1660. Das *Weeshuis* (Waisenhaus; Hooglandse Kerkgracht 17) besteht aus mehreren malerischen Gebäuden des 17.Jh. - Die *Doelenpoort* (Groenhazengracht; heutiges Eingangstor der Doelenkaserne) entstand 1645. - Von der Befestigung des 17.Jh. sind 2 Tore, die *Zijlpoort* und die *Morschpoort*, erhalten. - Die 1642 über den Rhein erbaute Brücke *Korenbrug* erhielt 1825 2 offene Säulenhallen, den Getreidemarkt *Korenbeurs*. - Auf dem Vismarkt steht ein *Brunnen* v. 1692. An der *Rapenburg*, dem »schönsten Kanal Europas«, befinden sich außer der Academie einige Häuser mit schönen Giebelfronten. - L. besitzt zahlreiche Museen, bes. besuchenswert sind das *Museum Boerhaave* (Steenstraat 1a) mit naturwissenschaftlichen und heilkundlichen Exponaten, das in einer Windmühle v. 1743 untergebrachte *Molenmuseum »De Valk«* (2de Binnenvestgracht 1), das *Prentenkabinett* der Rijksuniversiteit (Rapenburg 65) u.a. mit einer Fotosammlung, das *Rijksmuseum van Geologie en Mineralogie* (Hooglands Kerkgracht 17), das *Rijksmuseum van Oudheden* (Rapenburg 28) mit archäologischen Funden sowie das *Rijksmuseum voor Volkenkunde* (Steenstraat 1).

## Umgebung

**Alphen aan de Rijn** (12 km ö): In der reizvollen Polderlandschaft im N dieses v.a. durch den Vogelpark *Avifana* bekannten Industrieortes finden sich zahlreiche *Bauernhöfe* und *Mühlen*.

**Katwijk aan de Rijn** (7,5 km w): *Niederländisch-ref. Kirche* mit Turm und Hauptchor aus der Zeit um 1300, Langhaus aus der Mitte des 15.Jh. und einem 1663 v. R. Verhulst* geschaffenen prunkvollen Marmorgrab.

**Katwijk aan Zee** (9 km w): In diesem Seebad mündet der Oude Rijn in die Nordsee. Die urspr. aus dem 15.Jh. stammende alte *niederländisch-ref. Kirche* wurde 1572 und 1709 verändert. - *Neue niederländisch-ref. Kirche* v. 1887.

**Oegstgeest** (2 km nw): In der *niederländisch-ref. Kirche* (Schiff v. 1600, Querschiff und Chor v. 1622) sind das Holzgewölbe und die Einrichtung des 17.Jh. beachtenswert.

**Rijnsburg** (4 km nw): Das Dorf liegt am S-Ende ausgedehnter, bis nach Haarlem reichender Blumenfelder. - Der schlanke roman. Turm der *niederländisch-ref. Kirche* war einst Fassadenturm einer im 12.Jh. erbauten, in spanischer Zeit zerstörten Abtei. Die Kirche selbst wurde 1578 begonnen und im 17. und 20.Jh. vergrößert. - Im *Spinozahaus* wohnte der Philosoph Spinoza (1632-77) 2 Jahre.

**Voorschooten** (4 km sw): Die *niederländisch-ref. Kirche* entstand 1868 anstelle einer älteren, v. der nur der imposante Turm v. 1539 erhalten ist. - Das 1631 z.T unter Verwendung v. älterem Mauerwerk auf U-förmigem Grundriß errichtete *Huis Duivenvoorde* besitzt eine sehr reiche Innenausstattung.

**Warmond** (3 km n): Von der *Oude Kerk* sind mit Ausnahme des Turms nur noch Ruinen in einer prächtigen Parklandschaft erhalten. - Das *Huis te Warmont* mit 4 Ecktürmchen wurde 1579 an der Stelle mehrerer Vorgängerbauten (u.a. eine Burg) errichtet und 1870 verändert. - In der Umgebung stehen noch einige alte *Poldermühlen* des 18.Jh.

**Wassenaar** (5 km sw): Die urspr. aus dem 11.Jh. stammende *niederländisch-ref. Kirche* wurde nach der Zerstörung im Jahre 1573 in schlichteren Formen wieder aufgebaut. Die *röm.-kath. Kerk van de Goede Herr* wurde 1931 nach dem Vorbild frühroman. Basiliken erbaut. - Das pompöse *Kasteel Oud-Wassenaar* wurde 1876-97 in Neurenaissanceformen, das *Radhuis* um 1835 im Stil des Neoklassizismus erbaut.

## CH-4410 Liestal

Basel-Land

Einw.: 12100 Höhe: 327 m S.380 □ D 4

Spuren zeugen von römischer und fränkischer Besiedlung. Die Gründung der Stadt erfolgte Mitte des 13.Jh. durch die Froburger mit Zoll- und Marktrecht. Nach deren Niedergang wurde sie zunächst an den Bischof von Basel 1400 an die Stadt Basel verkauft. In den Trennungswirren 1831-33 war Liestal Zentrum der Freiheitsbewegung, seit 1833 ist es Hauptort des Halbkantons Basel-Land. Mit Liestal verbunden sind die Namen der Dichter und Schriftsteller Georg Herwegh, Joseph Viktor Widmann, Carl Spitteler und Hugo Marti. Daher trug die Stadt im 19.Jh. den Namen »Poetennest«.

**Röm. Bauten:** Bei dem im 15.Jh. aufgegebenen Dorf Munznau im N der Stadt wurden eine röm. Quellfassung, Fundamente eines Tempels und eine *röm. Porticusvilla* mit Mosaikfußböden ausgegraben und konserviert.

**Ref. Stadtkirche:** Vorgängerbauten auf röm. Fundamenten aus dem 9.-13.Jh. wichen nach der Stadtgründung einer dreischiffigen Basilika, die nach 1356 und 1381 durch Verkürzung des Schiffs, Aufhebung des Seitenschiffs und Errichtung eines W-Turms verändert wurde. Sie erhielt 1506/07 einen neuen *polygonalen Chor* und 1619/20 nach Abriß des alten Turms einen neuen, fünfgeschossigen im s Winkel zwischen Schiff und Chor. 1652 wurde auch das n Seitenschiff aufgehoben; es entstand ein *Einheitsraum*, der 1942 restauriert wurde. - Von der Ausstattung sind das *Chorgestühl* (1507), 6 *Standesscheiben* (1507), barocke *Epitaphe* und die 1612 v. Peter Hoch* erstellte *Kanzel* sehenswert.

*Liestal, Rathausfassade*

**Befestigung:** Von ihr sind nur noch das *Obertor* (13.Jh., mit Helm und Glockentürmchen v. 1554) und der *Thomasturm* (1509 mit neugot. Oberteil) erhalten.

**Rathaus:** Der spätgot. dreiachsige Bau (1568) erhielt 1937/38 einen s zweiachsigen

Anbau. Die *Fassadenmalereien* (1590) mit Szenen aus der Stadtgeschichte wurden durch Wilhelm Balmer (1901) erneuert und durch weitere v. Otto Plattner* (1939) ergänzt. - Im Rathaus aufbewahrt wird die v. einem Liestaler in der Schlacht bei Nancy 1477 erbeutete sog. *Burgunderschale,* eine teilweise vergoldete flache Schale Karls des Kühnen. Im Innenhof, ehemals für die Metzgerbänke bestimmt, befindet sich ein Wandgemälde v. Otto Plattner*, das den Auszug der Baselbieter und Eidgenossen zur Schlacht bei St. Jakob an der Birs darstellt.

**Museen:** Das *Kantonsmuseum Basel-Land* zeigt eine heimatgeschichtliche und -kundliche Sammlung. - Das *Dichtermuseum* erinnert an Georg Herwegh, Carl Spitteler, Joseph Viktor Widmann und Hugo Marti.

**Außerdem sehenswert:** Der ma Charakter der Stadt hat sich im Kern, so am Fischmarkt und in der Kanonengasse, mit ma schmalen Häusern erhalten. Hervorzuheben sind: der spätgot. *Olsbergerhof* (1571), einst Sitz des Schultheißen; das *ehem. Zeughaus* (17. Jh.); das Pfarrhaus (1743); das *Regierungsgebäude* (1779 mit W-Flügel v. 1850) und das spätklassizistische *Amtshaus.* Neuere Bauten sind die *Pfrund* (1852–54, v. Benedikt Stehlin*), die *Villa Gauss* (1864–66, v. Johann Jakob Stehlin*) und das ehem. *Postgebäude* (1892, v. Hans Wilhelm Auer*).

**Brauchtum:** Jeweils am Montag vor Auffahrt (Himmelfahrt) wird der *Banntag* gefeiert, an dem die Liestaler Männer und Kinder die Gemeindegrenze abschreiten. - Die Liestaler *Fasnacht* ähnelt der Basler. Eine Besonderheit ist der »Chienbäsen-Umzug« am Abend vor Fasnachtssonntag, an dem brennende Kienbesen und Feuerwagen durch die verdunkelte Stadt getragen werden.

## D-8990 Lindau
Bayern

Einw.: 23800 Höhe: 400 m S.379 □ H 4

Die Stadt liegt auf einer Insel im Bodensee und auf dem Festland, mit dem sie ein Eisenbahndamm (1853) und eine Straßenbrücke verbinden. Römer besiedelten das Festlandufer, Franken die Insel. 810 erfolgte Gründung eines Frauenstifts. Der 1079 vom Festland auf die Insel verlegte Markt erhielt zu Beginn des 13. Jh. Stadtrecht. Lindau war bis 1802 freie Reichs-

*Lindau, Neuer Leuchtturm. - Rechts: Diebsturm*

stadt und fiel 1805 an Bayern. Hafenbau 1811/12, Hafenerweiterung 1856. 1922 und 1976 Eingemeindung mehrerer Dörfer auf dem Festland. Heute ist Lindau ein beliebter Fremdenverkehrs- und Tagungsort.

**Ehem. St.-Peters-Kirche** (heute Kriegergedächtniskapelle; Schrannenplatz): Die älteste Kirche der Stadt (Chor- und O-Teile 11. Jh., Turm v. 1425) besitzt um 1490 v. Hans Holbein d. Ä.* gemalte *Passionsfresken*.

**Ev. Stadtpfarrkirche St. Stephan** (Marktplatz): Vom roman. Vorgängerbau aus dem 12. Jh. sind nach den got. Veränderungen v. 1506 und der barocken Neugestaltung 1781-83 nur noch geringe Reste erhalten. Die Ausstattung und die Stuckdekoration stammen aus dem späten 18. Jh.

**Kath. Pfarrkirche St. Maria** (ehem. Frauenstiftskirche; Stiftsplatz): Anstelle eines niedergebrannten roman. Vorgängerbaus (um 1100) errichtete Johann Caspar Bagnato* 1748-51 einen Neubau nach dem *Vorarlberger Wandpfeilerschema*. Die barocken Stuckdekorationen und Wandmalereien wurden nach einem Brand teilweise 1925 erneuert. – Im zweiflügeligen *ehem. Stiftsgebäude*, dem heutigen Landratsamt, findet sich ein Deckengemälde v. Franz Joseph Spiegler*.

**Altes Rathaus** (Reichsplatz): Den 1432-36 entstandenen Bau krönen volutengeschmückte Staffelgiebel. Zum Verkündererker im 1. Stock führt außen eine gedeckte Treppe. Die Fassaden sind reich bemalt. Den *Großen Ratssaal* überspannt eine gewölbte Holzdecke.

**Stadtmuseum:** Im *Haus zum Cavazzen* (Marktplatz), einem 1728 errichteten barocken Bürgerhaus mit reichbemalter Fassade und großem Walmdach, ist eine reichhaltige Kunstsammlung untergebracht.

**Stadttheater** (Fischergasse 37): In dem Neubau v. 1951 gastieren auswärtige Bühnen.

**Diebs- oder Malefizturm** (Schrannenplatz/Zeppelinstr.): Der auf dem höchsten Punkt der Insel errichtete Rundturm mit Zeltdach und Erkertürmchen ist das Wahrzeichen der Stadt.

**Außerdem sehenswert:** Reste der ma *Befestigung*, Pulverschanze, Karlsbastion, sog. Heidenmauer. – Zahlreiche malerische *Pa-*

*Lindau, Altes Rathaus. – Rechts: Passage am Rathaus*

*Linz am Rhein, Rathaus*

*trizier- und Bürgerhäuser* mit Laubengängen und Speichergiebeln, oft mit gewölbten Lagerhallen im Erdgeschoß und Laubengängen auch auf der Hofseite, aus dem 16. und 17. Jh. – Alter und neuer *Leuchtturm* am Hafen, dort auch das *Denkmal* mit dem bayerischen Löwen.

| **D-5460 Linz am Rhein**<br>Rheinland-Pfalz | | |
|---|---|---|
| Einw.: 6000 | Höhe: 55 m | S. 383 □ E 13 |

Das am rechten Rheinufer gegenüber der Ahrmündung gelegene Linz wird wegen seiner in vielen Farben bemalten malerischen Fachwerkhäuser die »Bunte Stadt« genannt. 874 erstmals erwähnt und seit 1250 Eigentum der Kölner Erzbischöfe, wurde Linz 1320 zur Stadt erhoben und befestigt.

**Kath. Pfarrkirche St. Martin** (an der höchsten Stelle der Stadt): Die dreischiffige Kirche mit polygonal geschlossenem Chor und imposantem W-Turm wurde bis 1214 über den Resten eines 1198 niedergebrannten, bereits seit fränkischer Zeit bestehenden Gotteshauses erbaut. W-Portal, Sakristei, Taufkapelle und Sterngewölbe sind Ergänzungen des 16. Jh. Die qualitätvollen Wandmalereien unter den Emporen stammen aus dem 13. Jh. Das berühmte, v. einem Kölner Meister gemalte und 1460 für die Ratskapelle gestiftete Altarretabel (u. a. mit Verkündigung, Geburt Christi, Marienkrönung und Kreuzigung) befindet sich heute in der neuen *Marienkirche*.

**Ehem. Kurfürstliche Burg** (Burgplatz): Von der im 14. Jh. für die Kölner Erzbischöfe erbauten urspr. Anlage ist nur noch der NW-Turm erhalten. Im frühen 18. Jahrhundert in barocken Formen umgebaut, beherbergt die Burg heute u. a. ein kleines Museum.

**Rathaus** (Marktplatz): Das zweigeschossige, aus Bruchsteinen errichtete Gebäude mit Spitzbogenfries und Mansarddach stammt urspr. aus dem 14. Jh., wurde aber bis ins 18. Jh. mehrmals verändert.

**Außerdem sehenswert:** Von der alten *Stadtbefestigung* sind v. a. noch 2 im 15. Jh. erbaute Stadttore, das *Neutor* und das *Rheintor*, erhalten. – Malerische, bunt bemalte *Fachwerkhäuser* des 15.–19. Jh. finden sich in der gesamten Altstadt, v. a. aber am Burgplatz, an der Rheingasse, der Mühlengasse und am Marktplatz. – Auf dem 178 m hohen Kaiserberg erhebt sich eine got. *Wallfahrtskirche*. – Aus dem 14. Jh. stammt die n außerhalb gelegene *Burg Ockenfels* (heute Hotel).

## Umgebung

**Leubsdorf** (2 km s): Das alte Weindorf wird überragt v. seiner 1905 in neugot. Stil erbauten *Pfarrkirche St. Walburga*; der W-Turm stammt wahrscheinlich v. einem Vorgängerbau des 13. Jh. – Unter den zahlreichen *Fachwerkhäusern* ist v. a. das wehrhafte spätgot. *Burghaus* mit Krüppelwalmdach und 4 v. spitzen Helmen bekrönten Fachwerk-Eckerkern beachtenswert.

*Lorch, St. Martin, davor das Hilchenhaus*

## D-6223 Lorch
Hessen

Einw.: 5000 Höhe: 85 m S.383 □ E 11

In dem an der Wispermündung gelegenen alten Weinstädtchen begann einst der sogenannte Kaufmannsweg, der das unpassierbare »Binger Loch« (ab Rüdesheim) umging.

**Kath. Pfarrkirche St. Martin** (am Marktplatz; auf einer Terrasse über dem Rhein; Führungen auf Anfrage): Der im späten 13. Jh. begonnene, im 14. und 15. Jh. ergänzte Bau zählt zu den bedeutendsten got. Kirchen im Rheingau. Wertvollste Ausstattungsstücke sind das Chorgestühl (spätes 13. Jh.) mit Tier- und Fabelgestalten, einige Grabsteine (z. B. Renaissancedenkmal für J. Hilchen v. Lorch; † 1550) und v. a. der reichverzierte got. Hochaltar v. 1483 aus der Schule Nikolaus Gerhaerts v. Leyden mit 10 in Nischen gestellten Statuen (in der Mitte die Gottesmutter, darüber St. Martin).

**Hilchenhaus** (am Rheinufer): Das 1546–73 für den kaiserlichen Feldmarschall Johann v. Hilchen errichtete Haus zählt zu den schönsten Renaissancebauten am Mittelrhein. Sog. Renaissancemuscheln sowie 14 Familienwappen und zahlreiche Plastiken verzieren sowohl den scheinbar auf Säulen ruhenden Erker als auch den hohen Treppengiebel. Keine Besichtigung.

**Außerdem sehenswert:** Ein Mauerrest des fränkischen Salhofes und geringe Reste sind v. der spätmittelalterlichen *Befestigung* erhalten. – An beiden Seiten der 1556 erbauten *Wisperbrücke* steht je 1 ma *Rundturm*, am Weiselberg der *Hexenturm*. – Von den Wohnbauten sind der spätgot. *Zehnthof* und einige *Fachwerkhäuser* zu beachten. – Im N v. L. liegt die wahrscheinlich aus dem 11. Jh. stammende *Ruine Nollich*, ein Teil der Stadtbefestigung (Privatbesitz). – Etwa 2 km außerhalb im burgenreichen Wispertal liegt die 1677 geweihte barocke *Wallfahrtskapelle Heiligkreuz* mit barocker Ausstattung und dem »Heiligkreuzer Bäuerche«, einer got. Holzskulptur.

*Lörrach, Stettener Schlößle Rechts: Höllsbein (Lörrach), Fresken im Chor der Kirche*

**D-7850 Lörrach**
Baden-Württemberg

Einw.: 41 000 Höhe: 280 m S.380 □ D 4

In vorgeschichtlicher Zeit wurde die Gegend besiedelt, in der Römerzeit bestand hier ein Gutshof, ein alemannischer Friedhof datiert aus dem 7. Jh. 1083 wird Lörrach als *Loracho* erwähnt, es befindet sich im Besitz des Basler Klosters St. Alban und wird 1682 zur Stadt erhoben. Industrialisierung seit dem 18. Jh. Seit 1956 ist Lörrach Große Kreisstadt. Johann Peter Hebel unterrichtete 1783–91 hier.

**Ev. Stadtkirche** (Burghof): Der Vorgängerbau aus dem 12. Jh. erhielt 1514 den noch erhaltenen Turm. Der klassizistische Neubau, 1815–17 im Stil der Weinbrennerschule errichtet, besitzt eine gegiebelte Fassade zwischen 2 Turmstümpfen mit zweigeschossig gegliedertem Portal. Im Rechtecksaal tragen dorische Säulen die umlaufende Empore.

**Kath. Pfarrkirche St. Peter:** Im 1964 v. Rudolf Dietsche* geplanten Neubau befinden sich *Glasgemälde* v. Wilfried Perraudin* und 4 *Betonreliefpfeiler* mit Szenen aus dem Leben des Kirchenpatrons v. Paul Ibenthaler*.

**Kath. Pfarrkirche St. Fridolin** (L.-Stetten): Der klassizistische Neubau der Weinbrennerschule (1823) besitzt *Altäre* und *Kanzel* aus Stuckmarmor v. Jodock Friedrich Wilhelm*. Die Blätter der Seitenaltäre malte Paul Deschwanden*, die Kreuzwegbilder Fridolin Moosbrunner*.

**Burgruine Rötteln:** Von der im 11. Jh. erbauten und 1678 zerstörten Burg sind stattliche Reste der Mauer, der roman. Bergfried und Teile der Oberburg mit spätgot. Anbauten erhalten.

**Stettener Schlößle:** Das spätgotische Herrenhaus, ein Rechteckbau mit Treppenturm, wurde 1666 erneuert und 1738 erweitert.

**Museum am Burghof** (Basler Str. 143): Eine Tabakfabrik, dann Hebel-Gymnasium, wurde 1975–76 zum *Heimatmuseum* mit umfangreicher Sammlung, Bibliothek und Archiv umgebaut.

**Außerdem sehenswert:** *Ev. Dorfkirche* in *L. Rötteln* im Markgräflerstil. – *Ev. Kirche* in *L.-Obertüllingen,* 1113 genannt, mit spätgot. Sakramentshäuschen und Wandgemälde der Mannalese. – *Kronen-, Hirschen-* und *Marktbrunnen.*

## Umgebung

**Höllstein** (8 km nö): Nach karolingischem Vorgängerbau entstand um 1100 die roman. *Kirche,* die später got. verändert wurde. Sie besitzt im Chor *Fresken* aus der Zeit um 1450.
**Inzlingen** (4 km sö): Eine ältere Wasserburg, v. der noch der runde Turm zeugt, wurde 1563 zum viereckigen *Wasserschloß* umgebaut und im 18. Jh. mit barocker Fassade versehen. Der Festsaal ist mit Rokokostuck dekoriert. Der Bau dient heute als *Rathaus.*

## D-6700 Ludwigshafen

Rheinland-Pfalz

Einw.: 160000 Höhe: 85 m S.381 □ F 9

Die am linken Rheinufer gegenüber →Mannheim und der Neckarmündung gelegene Industriestadt (Sitz der BASF-Werke) wurde 1843 von König Ludwig I. als bayerischer Gegenpol zum badischen Mannheim gegründet und bereits 1859 mit Stadtrechten versehen.

**Kath. Pfarr- und Wallfahrtskirche** (Stadtteil Oggersheim, Mannheimer Str.): Der heute bestehende Bau wurde 1774–77 offensichtlich im Stil des röm. Hochbarock über einer Loretokapelle v. 1729 errichtet. Im sehr hellen Inneren fallen zunächst das Tonnengewölbe mit kräftigen Stuckkassetten und die hoch gelegte Fensterreihe auf.

*Ludwigshafen, Pfarr- und Wallfahrtskirche >*

Höhepunkt der Ausstattung sind 2 Engel (um 1730) des Mannheimers Paul Egell*.

**Wilhelm-Hack-Museum** (Berliner Str. 23): Nachdem der Kölner Wilhelm Hack 1973 der Stadt Ludwigshafen seine umfangreichen und bedeutenden Kunstsammlungen vermacht hatte, begann man bereits 1975 mit dem Bau dieses neuen Museumshauses, in das dann auch die Exponate der ehem. Städtischen Kunstsammlung (u.a. dt. Expressionisten) aufgenommen wurden. Die Bestände sind in 3 große Bereiche gegliedert: Der sog. *Gondorfer Fund* zeigt Grabbeigaben (z.B. eine bronzene Christusfibel) aus spätrömischer und fränkischer Zeit. In der *Sammlung ma Kunstwerke* (um 1200 bis etwa 1550) werden v.a. rheinische Arbeiten, wie z.B. eine Muttergottesstatue mit dem Jesuskind (um 1300), ausgestellt. Sehr bedeutend und umfangreich ist die großenteils aus der Stiftung Hack gebildete *Abteilung moderner Kunst* mit Werken u.a. v. Georges Braque*, Wassily Kandinsky*, Kasimir Malewitsch* (»Suprematische Komposition«), Piet Mondrian* (»Komposition in Rot, Gelb und Blau«), Ernst Ludwig Kirchner*, Emil Nolde*, Ernst Barlach*, Edvard Munch*, Max Beckmann* (»Tabarin«), Fernand Léger* (»Farbige Konstruktion«), Salvador Dalí*, Victor Vasarely*, Jackson Pollock und Henry Moore* (»Liegende Figur«, in Bronze).

**Außerdem sehenswert:** Die 1932 erbaute *ev. Friedenskirche* (Leuschnerstr.) wurde nach dem 2. Weltkrieg wieder aufgebaut. – Im 1979 erbauten *Rathaus* ist seit 1984 das *Stadtmuseum* mit Sammlungen zur Stadt- und Landesgeschichte sowie zur Geschichte der Chemie untergebracht. – Moderne Bauten sind das *Verwaltungshochhaus der BASF* v. 1965, das Kulturzentrum *Neuer Pfalzbau* (mit Theater und Konzertsaal) und der Hauptbahnhof v. 1969. – Im ehem. Gasthof »Zum Viehhof« (jetzt *Schillerhaus;* Stadtteil Oggersheim, Schillerstr. 6) wohnte Schiller vom 7.10. bis 30.11.1782; heute ist hier eine Gedenkstätte mit Erinnerungsstücken untergebracht. – Das nach seinem Stifter benannte *K. O.-Braun-Heimatmuseum* (Stadtteil Oppau, Rathaus) zeigt u.a. vor- und frühgeschichtliche sowie volkskundliche Exponate.

## Umgebung

**Altrip** (7 km sö): Der Ort entwickelte sich einst aus dem Römerlager *Alta Ripa* (»hohes Ufer«). Beim Bau der *ev. Pfarrkirche* (um 1750) wurden z.T. noch röm. oder ma Fragmente verwendet.

**Frankenthal** (4 km n): Das bereits 722 erwähnte, 1577 zur Stadt erhobene Frankenthal wurde im 2. Weltkrieg stark zerstört. Eine 1755 gegr. Porzellanmanufaktur wurde bereits 1800 wieder aufgelöst. – Von dem zwischen 1119 und 1562 bestehenden Augustinerchorherrenstift ist nur noch eine *Ruine* (u.a. mit roman. W-Portal) erhalten. – Aus dem 18. Jh. stammen das *Speyrer* und das *Wormser Tor*.

# M

## D-7631 Mahlberg

Baden-Württemberg

Einw.: 3100 Höhe: 180 m S. 380 □ D 6

Das bereits 1007 genannte reizvolle Städtchen thront mit seinem Schloß hoch über der Rheinebene auf einem schon von den Germanen als Gerichtsstätte (Mahalberg) genutzten Basaltkegel.

**Ev. Kirche, ehem. Katharinenkapelle:** Der bestehende achteckige Zentralbau mit Halbrundapsis und Volutengiebelchen wurde 1687 anstelle einer Vorgängerkirche

*Ettenheim (Mahlberg), St. Bartholomäus* >

des 12. Jh. unterhalb des Schlosses errichtet. Eine Zutat aus dem Jahre 1890 ist das schlanke Türmchen. Im Inneren Rokoko-Ausstattung (1760) mit guten Stukkaturen, Gewölbemalereien und schöner Kanzel.

**Schloß:** Neben der urspr. aus dem 12. Jh. stammenden, 1218 zur Reichsburg erhobenen und nach Zerstörung im Dreißigjährigen Krieg teilweise erneuerten *Wehrburg* baute man 1630 das zweistöckige *Neue Schloß* mit stattlicher S-Fassade, Säulenportal und Turm mit gestaffeltem Glockendach.

**Außerdem sehenswert:** Mehrere *Fachwerkhäuser* des 17. und 18. Jh. prägen das Stadtbild. – Das *Oberrheinische Tabakmuseum* ist das größte seiner Art in der Bundesrepublik.

## Umgebung

**Ettenheim** (5 km s): Die *kath. Pfarrkirche St. Bartholomäus* wurde 1768–77 im spätbarocken Stil erbaut. Im harmonischen Inneren sind das Deckengemälde, das Hochaltarblatt und ein Hl. Grab sehenswert. – Der Ort besitzt außerdem ein 1757 erbautes *Rathaus* mit Laube, Volutengiebel und Treppenturm, mehrere barocke *Bürgerhäuser* sowie 2 *Torbauten* (1778–83) des alten Berings.

**Kippenheim** (1 km n): Die *ehem. Mauritiuskirche* (heute ev. Pfarrkirche) ist in ihrer heutigen Form mit Ausnahme der Untergeschosse des aus dem 12. Jh. stammenden roman. Turms im wesentlichen ein Bau des 16.–18. Jh. Im Inneren befinden sich eine spätgot. Maßwerkkanzel und eine 1505 v. einem Schongauer-Schüler bemalte Tafel (Anbetung der Könige, Heimsuchung Mariens) eines spätgot. Flügelaltars. Die 2. Tafel (Anbetung der Hirten, Verkündigung Mariens) dieses Altars ist seit 1962 in der neuen *kath. Pfarrkirche* untergebracht. – Im Ort befinden sich außerdem noch einige beachtliche Profanbauten, so der *Renaissancepfarrhof* (1582), das stattliche *Renaissancerathaus* (1610) mit Eckerker, Treppengiebel und Dachreiter sowie *Fachwerkhäuser* des 16.–18. Jh.

**Rust** (9 km sw): Am Bau der Barockkirche *St. Peter* (1728–37) war maßgeblich der Vorarlberger Peter Thumb* beteiligt. – In der Nähe des 1577 erbauten *Schlosses Balthasar* liegt der sog. *Europapark*, der größte süddt. Freizeitpark.

# D-6500 Mainz

Rheinland-Pfalz

Einw.: 187 500 Höhe: 82 m S. 382 □ F 11

Mainz zählt zu den ältesten Orten am Rhein. Das milde Klima, der fruchtbare Boden und die verkehrsgünstige Lage am Strom und an alten Handelswegen ermöglichten einen frühen Aufschwung. 38 v. Chr. legten die Römer wohl in der Nähe einer Kultstätte des keltischen Gottes Mogon ein erstes Lager, *Mogontiacum*, an, das sich bald zum wichtigen Stützpunkt ihrer Provinz Germania superior entwikkelte. Die Stadt, seit dem späten 4. Jh. unter der Herrschaft der Merowinger und seit dem 6. Jh. Bischofssitz (mit dem 1. gesicherten Bischof Sidonius), erhob Bonifatius um 745 zum Sitz seines Erzbistums.

Im Mittelalter waren die Mainzer Erzbischöfe Reichserzkanzler und als Landesherren zugleich auch Kurfürsten. Im Jahre 1245 übernahm das »Goldene Mainz« (Aurea Moguntia) die Führung im kurz zuvor gegründeten Rheinischen Städtebund, und um 1450 eröffnete Johannes Gutenberg, der Erfinder des Buchdrucks mit beweglichen Metallettern, hier seine Druckerei. 1477 stiftete der 1463 nach der sogenannten Mainzer Stiftsfehde (durch die Mainz vorübergehend alle Stadtrechte verloren hatte) abgesetzte, aber 1475 wiedergewählte Erzbischof Diether von Isenburg die Universität. Nachdem Anhänger der Französischen Revolution im März 1793 die Mainzer Republik ausgerufen hatten, wurde die Stadt vom preußischen Heer belagert und noch im Juli desselben Jahres erobert. Von 1801 bis 1814 Hauptstadt des französischen Départements Donnersberg, von 1816 bis 1866 Bundesfestung und Hauptstadt der Provinz Rheinhessen, wurde Mainz nach dem 1. Weltkrieg bis 1930 von französischen Truppen besetzt. Die im 2. Weltkrieg zu 80 Prozent zerstörte Altstadt konnte zu großen Teilen originalgetreu wiederaufgebaut werden.

Heute ist Mainz Landeshauptstadt von

Rheinland-Pfalz (seit 1950), Kultur-, Universitäts- und Bischofsstadt, verkehrsgünstig gelegenes Handels- und Industriezentrum (u.a. Wein- und Sektkellereien, Glas- und Maschinenbauindustrie), Sitz von Rundfunk- und Fernsehanstalten (ZDF, Landesstudio des SWF), von Verlagen und Druckereien sowie mit seiner berühmten »Määnzer Fassenacht« eine der Hochburgen des deutschen Karnevals.
Mainz ist Geburtsort von Johannes Gutenberg (um 1397–1468) und der Schriftstellerin Anna Seghers (1900–83).

**Dom St. Martin und St. Stephan** (Haupteingang am Markt): Der 975 unter Erzbischof Willigis begonnene Dom, eine dreischiffige Pfeilerbasilika mit Querhaus, 2 Chören, 2 Vierungstürmen, 4 schlanken Chorflankentürmen und reichhaltigem Schmuckwerk (Zwerggalerien, Bogenfriese, Fensterrosen) zählt als einer der 3 dt. Kaiserdome (mit Speyer und Worms) zu den bedeutendsten Leistungen roman. Baukunst am Oberrhein. Noch vom ottonischen Bau aus der Zeit kurz nach 1000 sind v.a. Teile der O-Türme erhalten. Zur Zeit Kaiser Heinrichs IV. (um 1100) wurden Langhaus und O-Chor (Stephans- oder Kaiserchor), bis 1137 die St.-Gotthard-Kapelle, v. etwa 1200 bis 1239 der W-Chor (Martins- oder Priesterchor) und die Seitenschiffe sowie bis 1319 die got. Kapellenanbauten des Langhauses errichtet. Den

**Mainz, Dom St. Martin und St. Stephan 1** St.-Gotthard-Kapelle **2** Sakristei **3** Paradiespforte, nach 1200 **4** Memorie **5** Liebfrauenportal **6** Martinschor **7** Stephanuschor **8** Marktportal **9** Grabplatte für Erzbischof Siegfried III. v. Eppstein († 1249) **10** Grabplatte für Erzbischof Peter v. Aspelt († 1320) **11** Denkmal für Erzbischof Konrad II. v. Weinsperg († 1396) **12** Denkmal für Erzbischof Dieter v. Isenburg († 482) **13** Denkmal für Administrator Adalbert v. Sachsen († 1484) **14** Denkmal für Erzbischof Berthold v. Henneberg († 1504) v. H. Backoffen **15** Denkmal für Erzbischof Jakob v. Liebenstein († 1508) v. H. Backoffen **16** Denkmal für Erzbischof Uriel v. Gemmingen († 1514) v. H. Backoffen **17** Denkmal für Erzbischof Albrecht v. Brandenburg († 1545) v. D. Schro **18** Denkmal für Erzbischof Sebastian v. Heusenstamm († 1555) v. D. Schro **19** Denkmal für Dompropst Heinrich Ferdinand v. der Leyen zu Nickenich († 1714) v. J. M. Gröninger **20** Chorgestühl v. F. A. Hermann, 1760–67 **21** Kanzel, 1834 v. J. Scholl, erneuert **22** Hochaltar, 1960

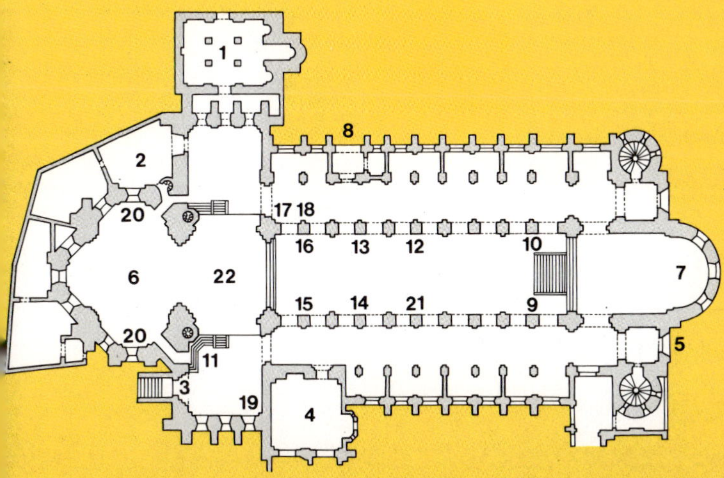

mächtigen Vierungsturm vollendete 1793 nach einem Brand F.J. Neumann*, der Sohn Balthasar Neumanns, im Barockstil. Die herausragenden Teile der sehr wertvollen Ausstattung sind die wohl um 1000 gefertigten bronzenen *Willigistüren* (am Marktportal) und die über 60 *Grabplatten und -denkmäler*, darunter die im Mittelschiff aufgestellten und v. Hans Backoffen* geschaffenen Grabmäler der Erzbischöfe Berthold v. Henneberg († 1504), Jakob v. Liebenstein († 1508) und Uriel v. Gemmingen († 1514; die Figur des Erzbischofs kniet vor dem gekreuzigten Jesus) sowie das 8,33 m hohe, v. Johann Mauritz Gröninger* geschaffene Denkmal für Dompropst Heinrich v. der Leyen zu Nikkenich († 1714). Bes. beachtenswert sind außerdem die im Kern alte, 1834 gotisierend erneuerte *Kanzel* im Mittelschiff, der W-Chor mit reichgeschnitztem *Rokoko-Chorgestühl* (1760-67), der goldene *Reliquienschrein* (1960) mit Darstellung der 22 Heiligen des Bistums M. im O-Chor sowie die St.-Magnus-Kapelle mit einer prächtigen spätgot. *Grablegung* (um 1495) und dem sog. *Bassenheimer Altar* (1610). Im angebauten zweigeschossigen got. *Kreuzgang* (1397-1410) und in den *Kapitelsälen* ist das *Bischöfliche Dom- und Diözesanmuseum* mit sakralen Kunstwerken aus über 10 Jahrhunderten untergebracht. Gezeigt werden zahlreiche *Grabplatten* (z. B. für den 1318 in M. gestorbenen Minnesänger Heinrich v. Meißen, genannt Frauenlob), Wandteppiche, die sog. *Muttergottes v. der Fuststraße* (um 1270), *Teile des ehem. Westlettners* vom Mainzer Dom (u.a. der um 1240 in der Werkstatt des Naumburger Meisters geschaffene berühmte *Kopf mit der Binde*), ein Christusstein aus der Zeit um 800, Handschriften des 10.-15. Jh. sowie der Domschatz. - Der figurenreiche und farbenfrohe *Marktbrunnen* (n auf einem der Domplätze) ist der wohl älteste Renaissancebrunnen in Deutschland. Im S des Doms findet man noch einige typische *Altstadtstraßen* wie die *Augustinerstr.* und den sog. *Kirschgarten* mit Fachwerkhäusern des 16.-18. Jh.

**Pfarrkirche St. Ignaz** (Kapuzinerstr.): Die 1763-74 errichtete Kirche zeigt in ihren

*< Mainz, Dom*

*Mainz, Dom, Vierungsturm*

Formen deutlich den Übergang vom Rokoko zum Klassizismus. Auf dem Ignazfriedhof (l vor der Kirche) steht eine 1519 nach Entwürfen v. Hans Backoffen* gefertigte und v. ihm als sein eigenes Grabmal gestiftete *Kreuzigungsgruppe*.

**Ehem. Stiftskirche St. Johannis** (Ecke Schöffer-/Johannisstr.): Die um 900 vermutlich als alter Dom errichtete, später mehrfach veränderte Kirche (u. a. Chor aus der 1. Hälfte des 14. Jh.) wurde nach den schweren Zerstörungen des 2. Weltkriegs inzwischen wieder aufgebaut und modern ausgestattet.

**Ehem. Stiftskirche St. Stephan** (Stephansplatz): Die v. Erzbischof Willigis im späten 10. Jh. gegr., im frühen 14. Jh. über alten Bauteilen neu errichtete Kirche wurde nach der Zerstörung im 2. Weltkrieg bis 1961 wieder aufgebaut. Die modernen *farbigen Glasfenster* (um 1979) im Chor sind ein Werk des damals 92jährigen Marc Chagall*. Beachtenswert sind auch die sog.

*Mainz, Ehem. Deutschordenskommende*

*Willigiskasel* (byzantinischer Seidenstoff v. etwa 1000) im Kirchenschatz und der spätgot. *Kreuzgang* v. 1499.

**Weitere Kirchen:** Die 1768–71 errichtete barocke *Augustinerkirche* mit schöner Fassade und prachtvoller Ausstattung ist in die Bauten der Augustinerstr. eingeflochten. – An der Christofstr. liegt die restaurierte frühgot. Kirchenruine *St. Christoph*, an der Kaiserstr. die 1897–1903 im Stil der Neurenaissance erbaute *ev. Christuskirche*. – Die *Karmeliterkirche* (Karmeliterstr.) wurde in der 2. Hälfte des 14. Jh. als Basilika in schlichten Formen erbaut. – Die im 10. Jh. gegr., 1752–56 umgebaute *ehem. Stiftskirche St. Peter* (Große Bleiche, Petersplatz) mit Doppelturmfassade, Rokokostukkaturen, Rokokokanzel und 1981 rekonstruierten Decken- und Wandgemälden ist die schönste Mainzer Barockkirche. – Die bereits 744 erwähnte, in ihrer heutigen Form aus dem 13.–15. Jh. stammende got. Kirche *St. Quintin* (Schuster-/Quintinstr.) bewahrt ein schönes Altarblatt v. 1758 und eine Rokokokanzel v. 1761.

**Adelshöfe und Palais:** Unter den zahlreichen, großenteils im 2. Weltkrieg schwer beschädigten Adelspalästen verdienen der *Dalberger Hof* (1715–18) in der Klarastr. der *Erthaler Hof* (1734–43) und der *Schönborner Hof* (1668–70) in der Schillerstr sowie der *Bassenheimer Hof* (1750–55) und der *Osteiner Hof* (1747–52) an dem mit einem *Fastnachtsbrunnen* v. 1967 geschmückten Schillerplatz besondere Beachtung.

**Ehem. Deutschordenskommende, Landtagsgebäude** (Rheinstr.): Das 1730–39 errichtete palastartige Haus der Deutschordenskommende wurde nach der Zerstörung im 2. Weltkrieg originalgetreu wiederaufgebaut und innen für den rheinland-pfälzischen Landtag hergerichtet. Während die Fassade auf den Rhein ausgerichtet ist trifft die Rückfront auf den Deutschhausplatz mit einer Kopie der im →Mittelrhei

*Mainz, Rathaus*

ischen Landesmuseum aufbewahrten öm. Jupitersäule, dem 1738–40 erbauten *Neuen Zeughaus* (heute Staatskanzlei) und em im frühen 17. Jh. im Renaissancestil rrichteten sog. *Sautanz* (Altes Zeughaus).

**hem. Kurfürstliches Schloß** (Rheinr./Große Bleiche): Der 1627 begonnene, tztlich 1752 beendete Palast mit reichem lastischen Schmuck gilt als das letzte und nes der edelsten Renaissancebauwerke in eutschland. Die Innenausstattung, an der a. auch Balthasar Neumann* mitgearbeit hatte, ging verloren. Im N-Flügel befinen sich mehrere *Festsäle,* im O-Flügel Eingang Ernst-Ludwig-Platz) ist das Röm.-Germanische Zentralmuseum unrgebracht.

**athaus** (Rathausplatz, Rheinstr.): Das oderne Gebäude wurde 1970–74 in Stahltonskelettbauweise errichtet und anhließend mit norwegischem Marmor vereidet. Im W das 1974 erbaute *inkaufszentrum Am Brand,* im N die 1968 erbaute *Rheingoldhalle* und das *Hilton* (Hotel), bei dessen Bau man 1981 die Reste einiger röm. Schiffe freilegen konnte. Ebenfalls an der Rheinstr. finden sich als Rest der ma Befestigung der um 1240 erbaute *Eisenturm* (w des Rathauses) und der im späten 14. Jh. erbaute *Holzturm* (weiter s, an der Ecke Holzstr.), in dem 1803 der Räuber Schinderhannes bis zu seiner Hinrichtung gefangengehalten wurde.

**Gutenberg-Museum** (Liebfrauenplatz, nö des Doms): Das 1901 gegr., vielbesuchte »Weltmuseum der Druckkunst« ist nach dem 1397 in Mainz als Johannes Gensfleisch vom Hofe zum Gutenberg geborene Erfinder des Buchdrucks mit beweglichen Metallettern benannt. Seit 1962 sind die Bestände in einem modernen Erweiterungsbau hinter dem 1653–64 erbauten Renaissancepalais *Römischer Kaiser* (heute Verwaltung und Bibliothek des Museums) untergebracht. Die Sammlung vermittelt einen vorzüglichen Einblick in die Entwicklung v. Schrift, Druck und Buchgestal-

*Mainz, Gutenberg-Museum*

tung v. den ägyptischen Papyri über ma Inkunabeln bis hin zu Rotationsmaschinen und auch modernen Plakaten des 20. Jh. Kostbarstes Ausstellungsstück ist die im Tresorraum aufbewahrte, 1452–55 gedruckte *Gutenbergbibel;* v. den urspr. 200 Exemplaren sind heute nur noch 47 erhalten. Bes. zu beachten sind auch die rekonstruierte *Gutenberg-Werkstatt,* eine *Klosterschreibschule* und eine *Zeitungsdrukkerei* des 19. Jh. – Am Gutenbergplatz gegenüber dem Theater (Ludwigstr., w des Doms) wurde ein *Gutenberg-Denkmal* (19. Jh.) aufgestellt.

**Mittelrheinisches Landesmuseum** (Große Bleiche 49–51): Das bereits 1803 gegr. Museum befindet sich im 1766–71 erbauten ehem. *Kurfürstlichen Marstall.* Ausgestellt sind vor- und frühgeschichtliche Funde, röm. Funde aus M. und Umgebung sowie Gemälde und Plastiken vom MA bis ins 20. Jh. Zu den kostbarsten Exponaten zählen ein röm. *Marmorkopf* aus dem frühen 1. Jh. n. Chr., Fragmente des röm. *Dativius-Victor-Bogens* aus der Zeit um 2( (Rekonstruktion auf dem Ernst-Ludwi Platz), eine *Jupitersäule* v. 67 n. Chr. (Kop auf dem Deutschhausplatz), ein vergold ter *Spangenhelm* (um 500), eine *Elfenbei madonna* (spätes 10. Jh.), eine *Adlerfil* (um 1025), die vielleicht der Kaiser Gisela gehörte, *Höchster Porzellan* (18. Jh *Jugendstilgläser, moderne Gemälde* u. a. Max Beckmann*, Marc Chagall*, R Lichtenstein und Andy Warhol* sow *moderne Skulpturen* z. B. v. Hans Arp* u Wilhelm Lehmbruck*.

**Röm.-Germanisches Zentralmuseum** (Ern Ludwig-Platz, im Kurfürstlichen Schlo Dieses Museum versucht – mit Original als auch mit Kopien – die kulturgeschic liche Entwicklung des Menschen v. d Altsteinzeit bis ins MA (9. Jh.) darzustelle Gezeigt werden z. B. altsteinzeitliche Fau keile, Waffen und Schmuckstücke aus d Bronzezeit (etwa ab dem 18. Jh. v. Ch oder der Hallstattzeit (etwa 5.–8. v. Chr.), zahlreiche Exponate aus der R

*lainz, Alte Universität, Portal*

*Mannheim, Altes Rathaus u. untere Pfarre*

erzeit (auf dem Ernst-Ludwig-Platz der konstruierte Dativius-Victor-Bogen) sowie got. oder fränk. Gebrauchsgegenstände.

**ußerdem sehenswert:** Die barocke *Wallfahrtskirche* im Stadtteil Marienborn (etwa km sw v. Stadtzentrum) wurde 1729-38 baut, ihr prachtvoller Hochaltar entstand '48. - An der Rheinfront steht das im . Jh. entstandene spätroman. *ehem. Heiliggeistspital* mit got. Netzgewölben, an der lten Schöfferstr. (n des Doms) die 515-18 errichtete *Alte Universität.* - Im W er Stadt, zwischen Saarstr. und Albert-chweitzer-Str., die modernen Bauten der *ohannes-Gutenberg-Universität.* Im Stadtil Zahlbach (sö des neuen Universitätsgendes) die sog. *Römersteine* eines ehem. quädukts aus der Zeit um 70 n. Chr. und ne um 1810 erbaute *Kirche.* - Als Rest er ehem. Befestigungsanlagen erhalten ist e *Zitadelle* (17. Jh.) in der Nähe des Südahnhofs. - Das Sendezentrum des *ZDF* egt auf dem über 200 m hohen Lerchenberg (7 km sw des Stadtzentrums). - In der Kirche und den Gebäuden des *ehem. Reich-Klara-Klosters* ist das *Naturhistorische Museum* (Mitternachtsplatz) mit beachtlichen Sammlungen untergebracht.

| **D-6800 Mannheim**<br>Baden-Württemberg | |
|---|---|
| Einw.: 305 000 Höhe: 98 m | S. 381 □ E 9 |

Die am Zusammenfluß von Rhein und Neckar gegenüber →Ludwigshafen gelegene bedeutende Industriestadt verdankt ihr Entstehen Kurfürst Friedrich IV., der hier 1606 nach dem Vorbild holländischer Festungen eine Zitadelle erbauen und mit einer zur gleichen Zeit schachbrettartig angelegten, bereits 1607 zur Stadt erhobenen Handelssiedlung verbinden ließ. Bereits 1622 durch Tilly zerstört und 1652 wieder aufgebaut, wurde Mannheim 1689 erneut, diesmal durch französische Truppen, verwüstet. Beim erneuten Wiederaufbau (1698) durch Kurfürst Johann Wilhelm wurden Stadt und Gelände der ehemaligen Zitadelle erstmals von einer gemeinsamen sternförmigen Mauer umschlossen. Noch im wesentlichen aus dieser Zeit überkommen ist die nach dem 2. Weltkrieg etwas aufgelockerte schachbrettartige Anlage der (heute von Ringstraßen umzogenen) Innenstadt mit ihren nach Buchstaben und Ziffern (statt Straßennamen) bezeichneten rechtekkigen Wohnblocks. Ihre zumindest in kultureller Hinsicht größte Blüte erlebte die Stadt, als Kurfürst Carl Philipp 1720 seine Residenz aus Heidelberg (Düsseldorf) nach Mannheim verlegte und am Platz der ehemaligen Zitadelle das prachtvolle Schloß erbauen ließ. Aber bereits 1778, Carl Theodor war inzwischen Kurfürst von Bayern, wurde die Residenz abermals (nun nach München) verlegt. Nachdem die Österreicher 1799 die Festungsanlagen geschleift hatten, fiel Mannheim 1802 an Baden und entwickelte sich in der 1. Hälfte des 19. Jh. zu einem wirtschaftlichen Zentrum. Nicht ohne Grund stellte Carl Benz 1886 hier in Mannheim den ersten von ihm konstruierten Kraftwagen öffentlich vor. Nach den schweren Zerstörungen des 2. Weltkriegs modern wieder aufgebaut, ist Mannheim heute ein verkehrsgünstig gelegener bedeutender Industrie- und Handels-

*Mannheim, Jesuitenkirche, Gitter*

platz, einer der größten deutschen Binnen häfen, Messe- und Kongreß- sowie seit 196 auch Universitätsstadt.

**Ehem. Jesuitenkirche** (A 4.3): Seit 184 Pfarrkirche der zweiten Mannheimer Kath »Oberen« Pfarrei. Errichtet als »Groß Hofkirche« (1733–60). Doppelpatronat: S Ignatius v. Loyola und St. Franz Xave Den Auftrag zum Bau dieses an die Kirch Il Gesù in Rom erinnernden bedeutend sten barocken Kirchenbaus Südwest deutschlands, gab Kurfürst Carl Philip († 1742) v. der Pfalz aus dem Hause Wi telsbach. (Auf diese Weise wollte er di Rückkehr seines Hauses zum Katholizis mus bekunden.) Den Entwurf liefert Alessandro Galli da Bibiena* († 1748). De Nachfolger Carl Philipps, sein Neffe Ca Theodor, vollendete den Kirchenbau. M der Bauleitung wurde Francesco Gui laume Rabaliatti* (auch: Franz Wilhel Raballiati) nach 1748 beauftragt († 1782 Grundriß: lat. Kreuz mit kurzen Quera men, O-W-orientiert. Baustil: (Spät-) Barock, der roman. Klarheit mit stürm schen Impulsen dt. Baugesinnung in de Übergangsphase zum Klassizismus in sic verbindet.

Doppelturmfassade, hohe Vierungskuppe im einschiffigen Langhaus 6 Seitenkape len, halbrund geschlossener Chor.

Namhafte Künstler statteten ehemals di Kirche aus, so u. a. Peter Anton Verscha felt*: Hochaltar, Seitenaltäre, Weihwasse becken, Fassadenfiguren (Kardinaltuger den). Egid Quirin Asam: Langhausdecken und Kuppelfresko, Stuckarbeiten. Johan Paul Egell: Kanzel, Hoflogen, Orgelgehäu se, Giebelrelief über dem Hauptportal.

Im 2. Weltkrieg erlitt der Bau schwerst Schäden. Wesentliche Teile der Aussta tung gingen verloren: Langhaus- und Ku pelfresko, Hochaltar, Kanzel u. a. Ab 194 Beginn des Wiederaufbaus, der 1960 i Äußeren und im Inneren zum vorläufige Abschluß kam.

Erhalten bzw. wiederhergestellt sind die i die hohen Pilaster eingesetzten Stuckma morfelder, durch die der zur Kuppel str bende Innenraum seine außergewöhnlich Wirkung erzielt. Erweitert und aufgelicht durch die seitlichen Kapellen, die bis z den Querarmen im Vierungsraum durc schmale Gänge miteinander verbunde ind, bilden die darüber befindlichen Emporen vor großen Fenstern mit den jeweils darunter befindlichen Seitenaltären eine Symphonie einzelner Räumlichkeiten. Sehenswert sind außerdem die in verschiedenfarbigem Marmor ausgeführten beiden Weihwasserbecken, die Silbermadonna im Strahlenkranz (Augsburg um 1745), die aus St. Leon bei Heidelberg stammende Barockkanzel (seit 1960), das restaurierte barocke Orgelgehäuse, die schmiedeeisernen Portal-Gittertore v. Philipp Reinhard Sieber* (1745), das Giebelrelief über der Vorhalle und die Plastiken der 4 *Kardinaltugenden an der Fassade*. Der im Krieg zerstörte Hochaltar wird zur Zeit rekonstruiert. – Sternwarte: Im Zusammenhang mit der Mannheimer Niederlassung des Jesuitenordens und dessen Verbindung zur kurfürstlichen Residenz im nahe gelegenen Schloß ist heute noch der 1772–74 v. Rabaliatti für den Hofastronomen Pater Christian Mayer (SJ) der im klassizistischen Stil erbaute Turm der Sternwarte (hinter der Kirche) erhalten.

**Altes Rathaus und Untere Pfarrkirche** (F 1, Marktplatz): »Iustitiae et Pietati«, also der Gerechtigkeit und der Frömmigkeit gewidmet ist die bemerkenswerte Baugruppe mit Rathaus (1700–11), Kirche (1706–23) und dem beide Glieder verbindenden Turm (1701–07). Sowohl Kirche als auch Rathaus sind durch Pilaster und Mittelachsen (mit Portal, Balkon und Giebel) gegliedert. Im *Kircheninneren* sind der Theodor-Altar v. 1778, der rechte Nebenaltar v. 1720 und die Kanzel v. 1742 beachtenswert, der Hochaltar ging im 2. Weltkrieg verloren. – Das *Denkmal* auf dem Marktplatz, urspr. eine Darstellung der 4 Elemente (v. 1719), wurde 1769 als Allegorie auf die Stadt M. umgestaltet.

**Weitere Kirchen:** Die *kath. Bürgerhospitalkirche* (E 6) mit klassizistischer Fassade wurde 1785–88 erbaut. – Die urspr. als Doppelanlage für die wallonische und dt.-ref. Gemeinde erbaute *ev. Konkordienkirche* (R 2) wurde nach dem Brand v. 1795 lediglich in ihrem dt.-ref. Teil, aber mit imposantem Turm zwischen 2 Flügeln, wieder aufgebaut. – Die urspr. aus der 1. Hälfte des 18. Jh. stammende *ev. Trinitatiskirche* (G 4) wurde nach Zerstörung im 2. Weltkrieg 1957–59 völlig neu erbaut. – Die *Heiliggeistkirche* (Seckenheimer Str., s der Kunsthalle) wurde 1899–1903 in neugot. Stil erbaut. – Ein Neubarockbau mit Jugendstilelementen ist die *Christuskirche* v. 1911 (zwischen Werder- und Tullastr.). – Im s Stadtteil Pfingstberg befinden

*Mannheim, Ehem. kurfürstliches Schloß (l) und ehem. Jesuitenkirche (r)*

*Mannheim, Wasserturm am Friedrichsplatz*

sich die 1961 erbaute *Kirche St. Theresia vom Kinde Jesu* und das 1963 erbaute *ev. Gemeindezentrum.*

**Ehem. kurfürstliches Schloß/Universität** (im S, unmittelbar zum Rhein hin): Der 1720–60 im Auftrag des Kurfürsten Carl Philipp u.a. v. Johann Clemens Froimont*, Guillaume Hauberat* und Nicolas de Pigage* errichtete Monumentalbau zählt mit seiner fast 600 m langen Stadtfront zu den größten barocken Schloßanlagen in ganz Europa. Der aus *Corps de Logis* (mit vorgezogenem Treppenhaus zur Stadtseite und Mittelpavillon mit Rittersaal zur Gartenseite hin) und 2 rechtwinklig angebauten *Seitenflügeln* (mit Eckpavillons) gebildete *Mitteltrakt* umschließt den großen, fast quadratischen *Ehrenhof,* auf den die v. der Kurpfalzbrücke durch die Stadt verlaufende Kurpfalzstr. (die eigtl. Hauptstraße) trifft. In den beiden an die Seitenflügel des Mitteltrakts gesetzten, parallel zum Corps de Logis verlaufenden *langgestreckten Flügeln* befinden sich u.a. die Schloßkirche und die ehem. Bibliothek (verschwunder heute Aula). Das nach den schwere Schäden bis 1962 wiederhergestell Schloß wird heute bis auf das Corps d Logis größtenteils als Universitätsgebäud benutzt. Kunsthistorisch bedeutsam sin v.a. das *Treppenhaus* (Corps de Logis) m Stukkaturen v. Paul Egell* und de anhand v. Fotografien neu gemalten Dek kenbildern v. Cosmas Damian Asam sowie der für Konzertveranstaltungen ge nutzte festliche *Rittersaal* mit einem weite ren kopierten Deckengemälde Asam Nahezu unbeschadet erhalten blieb das ge täfelte *Bibliothekskabinett der Kurfürst* (im w Trakt; nicht zugänglich) mit Schnitz werk und Deckenbildern. Eine 3. Kop eines Deckengemäldes v. Cosmas Damia Asam* befindet sich in der nach der Krieg wiederhergestellten *Schloßkirche;* di in der Gruft aufgestellten prunkvolle Zinnsärge für Kurfürst Carl Philipp ( 1742) und seine dritte Gemahlin wurden Paul Egell* entworfen. – Durch den 38 h großen, urspr. durch Festungswerke zur Rhein hin geschützten *Schloßgarten* führe heute Eisenbahngleise und Straßen.

**Friedrichsplatz:** Auf dem 1907 anläßlic der 300-Jahr-Feier der Stadt im Jugendst mit Kaskaden und Wasserspielen angeleg ten Platz erhebt sich der 60 m hohe *Wasserturm* (1885–89), das Mannheimer Wah zeichen. Im N grenzt der 1899–190 ebenfalls im Jugendstil errichtete sog. *R sengarten* (Festhalle, Kongreßzentrum), ir S die →Städtische Kunsthalle an.

**Nationaltheater** (Goetheplatz, am Friec richsring): Das 1779 als Nachfolger de »Teutschen Commödienhauses« geg Mannheimer Nationaltheater hat ein große Vergangenheit: Zwischen 1782 un 1784 wurden hier »Die Räuber«, »Fiesko und »Kabale und Liebe« v. Schiller (de einige Jahre in M. lebte) uraufgeführ Nachdem das alte Haus am Schillerpla (bei der Jesuitenkirche) im 2. Weltkrieg ze stört worden war, wurde 1955–57 der heu bestehende Bau mit riesigem, verglaste Foyer, Opernhaus und Schauspielhaus e richtet.

*Mannheim, Städtische Kunsthalle, Kol*
*»Stehendes Mädchen«*

**Städtische Kunsthalle** (Moltkestr. 9): Die in einem 1907 zur 300-Jahr-Feier der Stadt errichteten Jugendstilbau (mit konkav geformter Eingangsfassade) untergebrachte Kunsthalle zählt zu den bedeutendsten Galerien mit Gemälden und Plastiken des 19.-20. Jh. in Deutschland. Die während der Zeit des Nationalsozialismus stark dezimierten Bestände wurden bis heute regelmäßig um Kunstwerke ergänzt. Ausgestellt sind u. a. Werke v. Paul Cézanne* (»Der Raucher«), Edouard Manet* (»Erschießung des Kaisers Maximilian«), Hans Thoma*, Erich Heckel*, Ernst Ludwig Kirchner*, Max Pechstein* (»Stilleben mit Negerplastik«), Ferdinand Hodler* (»Thuner See mit Stockhornkette«), Lovis Corinth*, Max Beckmann (»Pierrette und Clown«), Oskar Kokoschka* (»Mädchenbildnis«), August Macke*, Franz Marc*, Emil Nolde* (»Ferne Mädchen«), Otto Dix*, Ernst Wilhelm Nay* (»Oase«), Wassily Kandinsky*, Auguste Rodin*, Henry Moore und - außen vor der Halle - Gerhard Marcks (»Zwei Freunde«) und Georg Kolbe* (»Stehendes Mädchen«).

**Städtisches Reiß-Museum** (C 5 und Neubau in D 5). Reiß-Museum in C 5: kunst- und stadtgeschichtliche Sammlungen. Reiß-Museum; n D 5: archäologische und völkerkundliche Sammlungen. Das in dem 1777-79 v. P. A. Verschaffelt* errichteten monumentalen *Alten Zeughaus* untergebrachte Museum trägt seit 1957 den Namen der beiden Mannheimer Geschwister Anna und Carl Reiß, die als Mäzene den Wiederaufbau und die Neugestaltung (im Inneren) des im 2. Weltkrieg stark zerstörten Gebäudes möglich gemacht hatten. Den Grundstock für die Sammlungen bildeten die Bestände des ehem. Mannheimer Schloßmuseums, des Mannheimer Völkerkundemuseums, des Kurfürstlichen Antiquariats und des Mannheimer Altertumsvereins. Die *kunst- und stadtgeschichtliche Abteilung* umfaßt z. B. spätmittelalterliche und barocke Plastik (u. a. v. Paul Egell*), Gemälde des 15.-17. Jh. sowie Möbel, Fayencen und (Frankenthaler) Porzellan. In der *archäologischen Abteilung* werden frühgeschichtliche (wie der Mannheimer Glokkenbecher, um 1900 v. Chr.), aber auch röm., griech. oder frühmittelalterliche Exponate, in der bedeutenden *völkerkundlichen Abteilung* unter anderem altchinesische Töpferwaren, südamerikanische Gefäße, melanesische Kult- und afrikanische Bronzeplastiken gezeigt. Wertvollste Sammlungsobjekt der dem Reiß-Museum angegliederten *Theatersammlung* ist da Soufflierbuch zur Uraufführung v. Schillers »Räubern«.

**Außerdem sehenswert:** *Ehem. Palais Bre-zenheim* (A 2; heute Bank): 1771-88 v P. A. Verschaffelt* erbaut, mit schönen Treppenhaus. - Die bronzene sog. *Pyrami-de* wurde 1738 auf dem Paradeplatz aufgestellt. - Im O hinter dem Nationaltheate liegt der Luisenpark, am ö Ende der v Friedrichsplatz auslaufenden Augustaanlage befindet sich das neue *Planetarium,* im *Herzogenriedpark* n des Neckars die 197 erbaute *Multihalle* mit leichter, schalenartiger Überdachung.

## Umgebung

**Ladenburg** (10 km sö): Mit seiner Stadtbefestigung (große Teile der Mauern des 12. Jh sowie Hexenturm und Martinstor mit der sog. Ladenburger Reiter sind erhalten), seinen zahlreichen Bürgerhäusern und Adelshöfen (u. a. Neunheller-Haus am Marktplatz) wirkt das idyllische Neckarstädtchen noch heute ganz ma. Hier befand sich seit dem 1. Jh. n. Chr. das röm. Militärlager *Lopodunum;* eine keltische Siedlung des 5. Jh. v. Chr. lag wahrscheinlich im N. Die *kath. Pfarrkirche St. Gallus* (Kirchstr.) wurde im 14. Jh. über Fundamenten älterer Bauten als got. Basilika errichtet. Noch au dem 11. Jh. stammt die Krypta. Bei Renovierungen wurden außerdem Fundamente einer Basilika freigelegt, die im 3. Jh. v. den Römern vermutlich als Markthalle geplant war. - Die *Sebastianskapelle* (Lustgartenstr.) mit roman. Turm des 12. Jh., spätgot. Chor des 15. Jh. und einem im 16. Jh. umgestalteten Langhaus umschließt in ihrem Mauerwerk noch Reste aus karolingischer Zeit. - Der auf den Fundamenten eines fränkischen Königshofes erbaute *ehem. Wormser Bischofshof* mit Treppenturm, Erkern und Fassadenmalerei beherbergt das *Lobdengau-Museum,* in dem u. a

*Maria Laach, Abteikirche* >

Funde aus der Römerzeit gezeigt werden (Lobdengau-Museum: Wiedereröffnung voraussichtlich 1990). – Sehenswert auch das *Kleine Fahrzeug-Museum* (Rheingaustr.), das *Mechanische Musik-Museum* (Gerberstiege), die *Historische Spielzeugstube* (Rheingaustr.) und das *Carl-Benz-Haus*.
**Lampertheim** (14 km n): In dem im frühen 9. Jh. als »Langobardenheim« erstmals genannten Ort sind die 1771 erbaute *kath. Andreaskirche*, das dreimal niedergebrannte und 1739 neu aufgebaute *Rathaus* und einige *Fachwerkbauten* des 18. Jh. sehenswert.

## F-67390 Marckolsheim

Bas-Rhin

Einw.: 2800 Höhe: 172 m S. 380 □ D 6

Die kleine Industriestadt wurde im 2. Weltkrieg zerstört und nach 1945 wieder aufgebaut. Bis 1986 führte eine Pontonbrücke über den Rhein, die jetzt durch eine neue Brücke ersetzt ist.

**Kath. Kirche:** Der v. den Architekten Horn und Sigrist errichtete Neubau wurde 1965 geweiht.

**Memorial de la Ligne Maginot du Rhin:** In der ehem. Kasematte 35/3 der Maginotlinie ist ein kleines *Museum* eingerichtet, in dem Erinnerungsstücke an den 2. Weltkrieg, Waffen und Uniformen aufbewahrt werden. Im umgebenden Freigelände sind alte Geschütze und Panzer aufgestellt.

## D-5471 Maria Laach

Rheinland-Pfalz

Höhe: 285 m S. 383 □ E 13

**Abteikirche:** Am Ufer des v. Wäldern umzogenen Laacher Sees, des größten aller Eifel-Maare (Maar = Kratersee), stiftete der rheinische Pfalzgraf Heinrich II. eine Abtei mit dazugehöriger Kirche. Obwohl die Bauarbeiten erst 1230 fertiggestellt waren, zählt die Abteikirche Maria Laach (lat. *Sancta Maria ad lacum,* also »Hl. Maria am See«) zu den reinsten und großartigsten Werken dt. Romanik. »Ein prächtigeres und festeres, reizender und friedlicher gelegenes Kloster gibt es nimmermehr«, schrieb denn auch der 1516 hier gestorbene Humanist Johannes Butzbach. Die Anlage mit 2 Chören, 2 Querhäusern, 2 wuchtigen Vierungstürmen, 4 schlanken Flankentürmen und einer w Vorhalle entspricht in ihrem burgartigen Äußeren ganz der Auffassung (und dem Bild) einer Gottesburg. Ungewöhnlich reichhaltig sind die architektonischen, z. T. in ihrer farbigen Bemalung erhaltenen Details: Lisenen, Rundbogenfriese und Blenden gliedern die Wände. Einen Höhepunkt der Steinmetzkunst bildet dabei der 1225 als einer der schönsten Vorhöfe der Romanik im W angesetzte Atriumbau *(Paradies)* mit dem »Brunnen des Lebens«. Das v. einem mächtigen Gewölbe überzogene Innere bewahrt als wertvollste Ausstattungsstücke den *Hochaltar* mit einem kuppelartig v. 6 Säulen getragenen spätroman. Baldachin und das frühgot. *Grab* für den Stifter Pfalzgraf Heinrich mit der lebensgroßen Figur Heinrichs und – in dessen rechter Hand – dem Modell der Kirche.

## D-7758 Meersburg

Baden-Württemberg

Einw.: 5000 Höhe: 400–500 m S. 379 □ G 4

Meersburg ist möglicherweise eine merowingische Gründung. 988 und 1113 wurde es als *Merdesburch* erstmals erwähnt, war im 11. Jh. Lehen des Bischofs von Konstanz und ab 1210 in dessen Verwaltung. Die Siedlung ist seit 1233 Markt, seit 1299 Stadt. Nach 1526 Sitz der Konstanzer Fürstbischöfe mit reger Bautätigkeit. 1803 gelangt Meersburg an Baden; 1972 Eingemeindung des Dorfs Baitenhausen. – Im 19. Jh. wohnten hier der Arzt Franz Anton Mesmer († 1815), der Privatgelehrte und Sammler von Handschriften, Joseph Freiherr von Laßberg, und zwischen 1841 und ihrem Tod 1848 dessen Schwägerin, die Dichterin Annette von Droste-Hülshoff.

**Kath. Unterstadtkapelle** (urspr. St. Nikolaus, jetzt St. Johannes Baptist; Unterstadtstr./Vorderes Seetor): In dem spätgot. Saalbau mit dreiseitig geschlossenem, netzgewölbtem Chor steht ein um 1490 geschnitzter Altar. Das Blatt des Hochaltars malte 1760 Joseph Hältz*. Bronzereliefs stammen aus dem ausgehenden 17.Jh.

**Kath. Kirchhofskapelle Mariä Himmelfahrt** (Kronenstr.): Der flachgedeckte Saalbau mit dreiseitig geschlossenem Chor wurde um 1450 erbaut. Der Hochaltar entstand um 1670, ein Seitenaltar 1562. Zur Ausstattung zählen ein spätgot. Kruzifix (um 1540), Figuren v. Maria und Johannes (um 1300) und Wandgemälde (um 1525).

**Altes Schloß:** Auf einer Felsnase erbaute man wohl im 12.Jh. den massigen, viereckigen *Dagobertsturm*. Fürstbischof Hugo v. Hohenlandenberg ließ ihn um 1250 durch eine langgestreckte Ummantelung mit 4 Rundtürmen an den Ecken sichern und ausbauen. Das Innere entstammt meist dem 17. und 18.Jh.

**Neues Schloß:** Der v. Bruder Christoph Gessinger* 1712 errichtete Neubau wurde 1740-50 nach Plänen von Balthasar Neumann* zur barocken *Residenz* der Fürstbischöfe umgebaut. Die dreigeschossige Rechteckanlage mit Treppenrisalit und Eckpavillons ist zum See und zur Stadt hin durch Pilaster und Giebel gegliedert. An der Stadtseite steht eine prachtvolle Freitreppe mit schmiedeeisernem Tor; zum See liegen Terrassen und ein *Gartenpavillon* mit Deckengemälde v. Gottfried Bernhard Götz*. Treppenhaus und Festsaal sind mit Stuck v. Anton Feichtmayr* dekoriert. Die *Deckengemälde* stammen v. Joseph Ignaz Appiani*. - Die *Schloßkapelle*, ebenfalls mit Stukkaturen v. Feichtmayr, hat G.B.Götz* ausgemalt.

**Rathaus** (Marktplatz): Der einfache Giebelbau aus dem 16.Jh. mit gewölbten Zimmern und Sälen wurde 1784 und 1912 erneuert.

**Ehem. Priesterseminar** (ö neben ehem. Reithof): In der 1732-35 v. Leonhard Frey* angelegten dreigeschossigen Vierflügelanlage liegt die *Seminarkapelle St. Carlo Borromeo*, die in den Formen des Rokoko nach Plänen v. Franz Anton Bagnato* er-

*Meersburg, Altes Schloß, Marienfigur am Eingang >*

*Meersburg, Altes Schloß, Wilder Mann. – Rechts: Burgmuseum, Schreibtisch von Annette von Droste-Hülshoff*

richtet wurde und an deren Ausstattung Künstler wie der Bildhauer Franz Ignaz Vergelst*, der Maler Joseph Ignaz Appiani* und der Stukkateur Anton Feichtmayr* beteiligt waren.

**Museen:** Im *Alten Schloß* wird historisches Inventar mit Gemälden, Plastiken und Möbeln gezeigt. – Im *Fürstenhäusle* (Stettener Str.), in dem Annette v. Droste-Hülshoff zuletzt wohnte, ist eine Gedenkstätte eingerichtet. Auch im Alten Schloß erinnern 3 Zimmer an den Aufenthalt der Dichterin. – Im Neuen Schloß befinden sich die *Städtischen Kunstsammlungen* und das *Dornier-Museum*.

**Außerdem sehenswert:** Die *Hofapotheke* (Schloßplatz), der spätgot. Speicher (1505) *»Gret«* (Uferpromenade) und das ganze malerische *Stadtbild* mit alten Wohnhäusern aus dem 16., 17. und 18. Jh. sowie den Resten der Befestigung, darunter bes. der *Kugelwehrturm* und der *Obertorturm*.

## Umgebung

**Baitenhausen** (3 km nö): Die *Wallfahrtskapelle Maria zum Berge Karmel* wurde 1702 nach einem Plan des Kaplans Johann Georg Roth erbaut und 1760 neu ausgestattet. Die Deckengemälde v. Johann Wolfgang Baumgartner* (1760) stellen im Chor Christi Geburt, über dem Langhaus eine Pieta sowie Johannes und Joseph v. Arimathia und im Querschiff Mariä Himmelfahrt und Krönung dar. Bes. zu beachten sind hier die Randszenen mit Landschaften des Bodensees. Aus der älteren Kirche stammt ein Gemälde v. Joseph Esperlin* (1765).

**Hagnau** (3 km sö): In dem Winzer- und Fischerort gründete der Pfarrer und alemannische Schriftsteller Heinrich Hansjakob 1881 die erste badische Winzergenossenschaft. – Die *kath. Kirche St. Johann Baptist* besitzt einen spätgot., netzrippengewölbten Chor mit Maßwerkfenstern. Chorgestühl und

Kanzel entstanden 1675. Zur Ausstattung gehören eine *Muttergottes* (um 1460), eine *Sebastians-Statue* v. Christoph Daniel Schenck* (spätes 17. Jh.) und zeitweise eine *Johannes-Büste* aus dem 16. Jh., die jeweils bei zugefrorenem See mit Münsterlingen am schweizerischen Ufer wechselt.

## D-4130 Moers
Nordrhein-Westfalen

Einw.: 101000 Höhe: 26 m S. 385 □ F 16

Die am linken Rheinufer gegenüber →Duisburg gelegene Stadt mit Kohlebergwerken war einst Mittelpunkt einer Grafschaft.

**Ehem. Schloß:** Urspr. wohl im 12. Jh. entstanden, ist die jetzige Anlage aber im wesentlichen ein Bau des 14. und 15. Jh. Heute befinden sich im Schloß das *Grafschafter Museum* und das *Schloßtheater Moers*. Vom 1836 angelegten Schloßgarten sind es nur ein paar Schritte bis zu einem Freizeitpark mit modernen Plastiken.

**Außerdem sehenswert:** Von einem Stadtgraben umzogen ist die Altstadt mit *ev. Pfarrkirche* des 15. Jh. und einigen Bürgerhäusern des 17.–19. Jh.

## Umgebung

**Kamp-Lintfort** (9 km nw): Auf einem weit sichtbaren Hügel am Ortsrand liegt die 1122 als 1. Niederlassung der Zisterzienser in Deutschland gegr., 1802 säkularisierte *Zisterzienserabtei Kamp*. In der in ihrem Kern got., in der Barockzeit veränderten ehem. Kloster- und heutigen Pfarrkirche befindet sich ein um 1320 gleichsam als Antependium gefertigtes kostbares Tuch mit Stickereien (Marienkrönung und Heilige unter Arkadenbogen) auf grünem Samt.

**Orsoy** (10 km nö): In diesem Rheinstädtchen sind die *kath. Pfarrkirche* mit Schnitzaltar aus der Zeit um 1500, die *ev. Pfarrkirche* mit sehr alter Orgel, der *Pulverturm* und einige *Patrizierhäuser* beachtenswert.

**Rheinberg** (11 km n): Der 1233 zur Stadt erhobene, im 16. Jh. als Festung ausgebaute Ort war einst Stützpunkt und Zollstätte

*Kamp-Lintfort (Moers), Zisterzienserkloster*

der Kölner Erzbischöfe. – In der um 1400 unter Einbeziehung v. Resten eines roman. Vorgängers erbauten *kath. Pfarrkirche St. Peter* befinden sich ein prachtvoller, aus einem Doppelschrein (um 1440) und einem darübergesetzten Passionsaltar (16. Jh.) gebildeter Hochaltar, mehrere Tafelbilder sowie Passionsszenen und Figuren eines 1440 geschaffenen Altars. Am Marktplatz stehen außer dieser Kirche auch das urspr. 1449 erbaute *Alte Rathaus*, einige *Bürgerhäuser*, ein *Barockpalast* und das *Neue Rathaus*.

## NL - Montfoort
Utrecht

Einw.: 6500 S. 386 □ B 18

Der 1239 zur Stadt erhobene Ort an der Hollandse Ijssel entwickelte sich um ein von Bischof Godfried (1156–78) zur Verteidigung des Bistums gegründetes Schloß.

**Niederländisch-ref. Kirche:** Die große spätgot. Kirche mit pseudobasilikalem Langhaus und schlankem Turm entstand im wesentlichen um 1500. Im Inneren sind v.a. die z.T. beschädigten Säulen mit Blattkapitellen und das Steingewölbe in einer Kapelle im S-Schiff beachtenswert.

**Außerdem sehenswert:** Die *ehem. Commanderie* des Johanniterordens mit Kapelle und Säulengalerie im Innenhof wurde in spätgot. und Renaissanceformen erbaut. - Das *Schloß* (Slot) wurde mit Ausnahme v. Partien der Vorburg, eines Teils des Torgebäudes und Mauerresten 1672 zerstört. - Das *Stadhuis* (Rathaus) an der Ijsselpoort stammt in seinem Kern aus der Zeit um 1500.

## Umgebung

**Oudewater** (6 km sw): Das reizvolle alte Städtchen an der Mündung der Liuschoten in die Hollandse Ijssel erhielt wahrscheinlich schon 1265 Stadtrechte. - Die urspr. roman. *niederländisch-ref. Kirche* wurde in der 1. Hälfte des 15. Jh. zur Hallenkirche umgestaltet. Ihr im beginnenden 14. Jh. errichteter Turm besitzt noch sein originales Satteldach. - Beachtenswert sind auch das 1588 unter Verwendung v. Resten des Vor-gängerbaus errichtete *Stadhuis*, das 159‹ erbaute, als Hexenwaage verwendete *Waaghuis* (heute Museum) und das sog. *Arminiushuis* v. 1601.

**Woerden** (8 km n): Das am Oude Rijn (Alten Rhein) gelegene Städtchen besitzt ein 1407 gestiftetes ehem. *Kasteel* (heute Militärmagazin) und ein *Rathaus* mit Erdgeschoß v. 1501, Renaissance-Obergeschossen v. 1614 und Pranger.

*Mulhouse, Temple Saint-Étienne*

## F-68100 Mulhouse/Mülhausen

Haut-Rhin

Einw.: 125 000 Höhe: 240 m S. 380 □ D 4

Die an der Ill und dem Rhein-Rhône-Kanal gelegene zweitgrößte Stadt im Elsa‹ entwickelte sich aus einer bereits seit dem 8. Jh. bestehenden Siedlung. 1293 erhielt Mülhausen von Adolf von Nassau Stadtrechte, 1354 trat es dem elsässischen Zehnstädtebund bei. Das 14. und 15. Jh. waren gekennzeichnet durch ständige Kämpfe zwischen Bürgertum und Adel. Schließlich kam es 1466 aus einem wohl vorgeschobenen Grund - ein Adliger soll einem Müller den Lohn von 6 Plappert (=1/2 Silbergroschen) nicht bezahlt haben - zum Sechs-Plappert-Krieg, der die Stadt fast ruinierte. Mülhausens Aufstieg zur bedeutenden Wirtschaftsmetropole begann, nachdem hier 1746 eine 1. Manufaktur für bedruckte Baumwollgewebe (sogenannte Indienne) gegründet worden war. Wahrscheinlich waren es dann auch wirtschaftliche Gründe, die 1798 zum Anschluß der bis dahin unabhängigen Stadt an Frankreich führten. Heute ist Mulhouse Universitätsstadt und ein wirtschaftliches Zentrum u. a. mit Niederlassungen der Textil- und Automobilindustrie.

**Temple Saint-Étienne** (Place de la Réunion): Die ev. Stephanskirche wurde 1866 anstelle eines urspr. roman., 1858 niedergebrannten Vorgängers in neugot. Formen erbaut. Von großer Qualität sind die um 1340 v. einer Mülhausener Werkstatt (zum Thema »Heilsgeschichte«) g‹

*Mulhouse, Temple Saint-Étienne, Glasfenster*

schaffenen *Glasfenster;* jede Szene aus dem Neuen Testament wird v. erläuternden Szenen aus dem Alten Testament umrahmt. Dargestellt sind u.a. (beginnend r der Orgel) am 1. Fenster die Geburt Mariens und die Erschaffung Evas, am 3. Fenster die Geburt Jesu und Mose als Kind, am 4. Fenster der Einzug in Jerusalem und Davids Kampf gegen Goliat, am 5. Fenster die Kreuzigung Jesu und Szenen aus dem Leben Davids, am 6. Fenster die Auferstehung Jesu und Lots Flucht aus Sodom sowie am 7. Fenster der Weltenrichter Christus und der Turmbau zu Babel. Beachtenswert sind auch einige Grabsteine des 16. und 17.Jh. sowie das Chorgestühl v. 1637.

**Musée Historique/Historisches Museum im ehem. Rathaus** (Place de la Réunion): Das 1552 errichtete ehem. Hôtel de Ville besitzt eine doppelläufige, überdachte Freitreppe, geschweifte Giebel an den Schmalseiten und prachtvolle, aus der Entstehungszeit stammende Wandmalereien. An der rechten Schmalseite befindet sich eine Kopie des »Klappersteins«, der noch 1781 v. Verleumdern als Sühne durch die Stadt getragen werden mußte. Beachtenswert ist der ausgemalte Ratssaal (1.Stock) mit Wappen und Standesscheiben. – Das heute im ehem. Rathaus untergebrachte *Historische Museum* zeigt neben Sammlungen zur Stadtgeschichte u.a. Trachten und Möbel, vor- und frühgeschichtliche Funde (Waffen, Schmuck, griech. Vasen) sowie frühmittelalterliche Keramiken und ma Bildwerke (z.B. die hll. Egidia und Benediktus aus dem 16.Jh. und eine hl. Katharina aus dem späten 15.Jh.). Im dazugehörigen städtischen Kornspeicher (16.Jh.) sind u.a. Münzen und Gasthausschilder ausgestellt.

**Weitere Museen:** Das *Musée de l'Impression sur Étoffes/Stoffdruckmuseum* (Rue des Bonnes Gens) gibt mit seinen etwa 6 Mio. Exponaten einen ausgezeichneten Überblick über die Entwicklung des Stoffdrucks vom 18.Jh. bis zur Gegenwart. – In der 1351 erbauten, im frühen 16.Jh. veränderten ehem. Kapelle des Johanniterordens, *Chapelle de Saint-Jean* (Grand'Rue), befindet sich ein *Lapidarium* mit Grabplatten und Steinskulpturen aus M. und dem Oberelsaß. – Im *Musée des Beaux Arts/Kunstmuseum* (Place Guillaume-Tell) werden u.a. Gemälde des Elsässers J.-J. Henner* und der Niederländer Jan Steen* und Jacob Ruisdael* gezeigt. Im selben Gebäude ist auch eine Feuerwehrsammlung untergebracht. – Das *Musée Français du Chemin de Fer/Franz. Eisen*

*Mulhouse, Temple Saint-Étienne, Glasfenster*

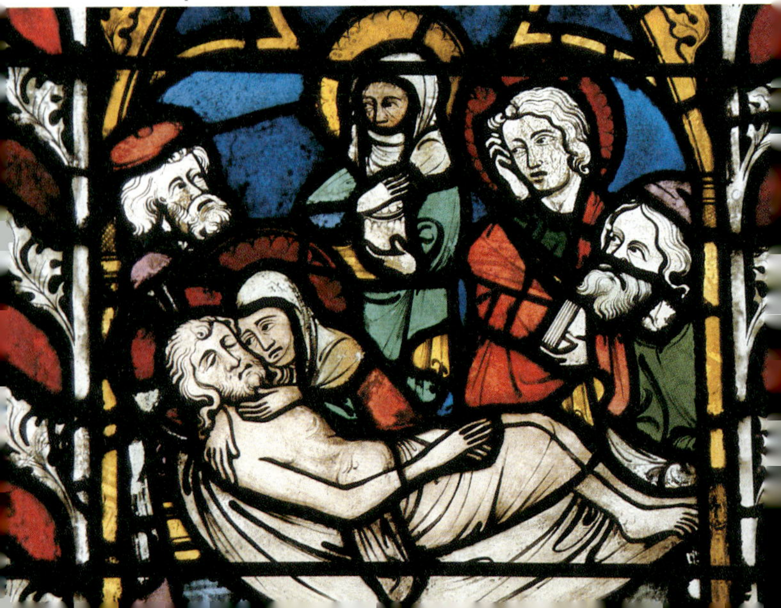

*ahnmuseum* (nw Vorort Dornach, Rue Alfred de Glehn) zeigt u.a. Lokomotiven ınd Waggons seit 1844. – In einer riesigen Fabrikhalle untergebracht ist das *Musée le l'Automobil/Automobilmuseum* (ehem. Sammlung der Brüder Schlumpf) mit etwa 500 Oldtimern, darunter 100 Bugatti.

**Außerdem sehenswert:** Die aus dem 13.Jh. stammende *Maria-Hilf-Kirche* wurde vollständig verändert. – Außer Saint-Étienne ınd ehem. Rathaus befinden sich an der Place de la Réunion noch das 1418 erbaute *Husslin zur Sunnen* und das *Haus Mieg* mit Erkerturm des 17.Jh. – Das *Haus Wilhelm Tell* (Rue Guillaume-Tell) stammt wohl aus dem 17.Jh., das *Hôtel de Loewenfels* (Rue les Franciscains) aus dem Jahre 1764. – Letzter Rest der ma Befestigung ist die wohl m 14.Jh. entstandene *Tour du Bollverk/Bollwerkturm* (Rue de Metz). *Tour de Nesle/Nesselturm* (Grand'Rue) und *Tour lu Diable/Teufelsturm* (Rue du Bourg) lieben – mehrfach restauriert – vom 1261 erstörten alten Schloß erhalten. – Auf dem nit Marmorplatten gedeckten *Place de Europe/Europaplatz* erhebt sich der 100 m ohe Europaturm v. 1970. – Der dreieckige Platz *Square de la Bourse/Börsengarten* mit em zentral gelegenen Gebäude der 1825 egr. Société Industrielle wurde 1826–29 ngelegt. – Der *Sportpalast* (1958) liegt am oulevard C.-Stoessel, der *Zoologische und Botanische Garten* auf dem Rebberg.

## Umgebung

**nsisheim** (10 km n): Das *ehem. Regients- und Rathaus* mit offener, eingeölbter Säulenhalle im Erdgeschoß des O-lügels und Wendeltreppenturm wurde 532–47 im Stil der Frührenaissance baut. Gegenüber liegt das aus dem ühen 17.Jh. stammende Doppelhaus *Hôtel de la Couronne/Haus zur Krone* mit Volutengiebeln, reichverziertem Erker ıd Maßwerkbalkon. – Beachtenswert ıd auch die Barockfassade des *ehem. Jeitenkollegs* (17. und 18.Jh.), *Haus chmidt* (ö Ortsrand) aus dem späten .Jh., die neugot. *kath. Kirche* und einige *äuser* in der Rue de l'Église.

**absheim** (5 km sö): Die 1493 ausgebaute *iedhofskapelle U.L.Frau* (s Dorfrand) bewahrt einige hervorragende Holzskulpturen, z.B. eine um 1470 geschnitzte Madonna auf der Mondsichel, eine um 1370 geschaffene sitzende Madonna (unter neugot. Baldachin), ein sehr ländlich wirkendes Vesperbild aus der 1.Hälfte des 16.Jh. und einen hl. Urban (am Eingang) aus der 2.Hälfte des 16.Jh. – Die *Kirche* ist mit Ausnahme der Untergeschosse des spätgot. Turms ein Bau v. 1744.

**Reiningue/Reiningen** (4 km w): In der 1920 neu erbauten *Kirche* befindet sich der um 1200 geschaffene, um 1510 restaurierte Silberschrein des hl. Romanus u.a. mit Reliefs des thronenden Christus (Vorderseite) und Mariens (Rückseite). Ein weiterer, kleinerer Silberschrein (um 1200) und eine elsässische Mondsichelmadonna (15.Jh.) in der Sakristei.

**Ungersheim** (12 km n): In der Nähe des Dorfs befindet sich das *Ecomusée d'Alsace,* ein Freilichtmuseum, in dem 42 typische alte Bauern- und Winzerhäuser aus dem Sundgau, der oberelsässischen Ebene, dem Rebgebiet und dem Kochersberg in Form eines Dorfes mit funktionierender Dorfschmiede ausgestellt werden. Eine Sägemühle und ein Bahnhof sollen in Kürze hinzukommen, denn das sehenswerte Museum wird weiter ausgebaut.

*Ensisheim (Mulhouse), Ehem. Regiments- und kath. Rathaus*

# N

## NL - Naaldwijk
Südholland

Einw.: 26000 S.386 □ A 17

Der inmitten eines großen Gartenbaugebietes gelegene Ort wird wegen seiner unzähligen Gewächshäuser häufig als »Gläserne Stadt« bezeichnet.

**Niederländisch-ref. Kirche:** Der älteste Teil der nach einem Brand v. 1472 wiederhergestellten Kapitelkirche ist der Turm mit seinen spätroman. Lisenen, Zahn- und Bogenfriesen aus der Mitte des 13.Jh. Das Turmobergeschoß stammt aus der 1.Hälfte des 15.Jh., Querschiff, Chor und Langhaus (mit achteckigen Pfeilern und profilierten Bogen) wurden v. etwa 1350 bis 1500 errichtet bzw. vergrößert. Im Untergeschoß des s Choranbaus befand sich urspr. wohl die Sakristei (mit Sterngewölbe), im darüberliegenden Raum die Bibliothek. Bes. beachtenswert sind die spätgot. Chorschranke (frühes 16.Jh.), die Renaissancekanzel sowie das urspr. für den preußischen Gesandten v. Schmettau (†1711) aufgestellte, später für Susanna Theodora Douglas-van Lennep (†1756) veränderte Marmorgrabmal mit 2 trauernden Frauenfiguren im Chorschluß.

**Außerdem sehenswert:** Das 1496 gestiftete *Heilige-geest-hofje* besteht aus einigen Giebelhäuschen v. 1627 und einer Kapelle (heute Gemeindemuseum). – Am Dorfplatz stehen das *Rathaus* (17.Jh.) und eine *Pumpe* v. 1629.

## F-68600 Neuf-Brisach/Neubreisach
Haut-Rhin

Einw.: 2600 Höhe: 205 m S. 380 □ D 5

Das im Auftrag Ludwigs XIV. von Vaubar als Festung gegen das Reich erbaute ehem Militärstädtchen erlitt im 2.Weltkrieg erhebliche Schäden.

**Festung:** Nachdem Frankreich 1697 durch den Vertrag v. Rijswijk die erst 1666 durch Vauban* angelegte rechtsrheinische Festung →Breisach an das Reich verloren hatte, sah sich Ludwig XIV. gezwungen auf der linken Rheinseite eine noch stärkere Festung Neuf-Brisach (also Neu-Breisach) erbauen zu lassen. Schon 1699 begann sein Festungsbaumeister Vauban mit den Arbeiten, und bis 1708 war au sternförmigem Grundriß (mit 8 Strahlen die damals stärkste Festungsanlage mi einem v. doppelten Bastionen durchsetzten, durch Gräben und Wälle gesicherten Mauergürtel entstanden. Von den urspr 4 Toren sind heute das *Colmarer To* (1707) und das *Belforter Tor* (1709) mi dem *Vauban-Museum* erhalten. – Die Stad selbst ist um die zentrale, quadratisch ehem. *Place d'Armes* (Paradeplatz) in Schachbrettmuster angelegt. Die Häuse durften einstmals nicht über die Umfassungsmauern hinausragen. 1870 mußt sich die Festung nach achttägiger Bombardierung den Deutschen ergeben.

**Außerdem sehenswert:** 1777 erbaut wurd die *Kirche Saint-Louis* mit Fassadenturm. An der NO-Ecke der Stadt steht da *Rathaus* mit Walmdach und Dachreiter.

## D-4040Neuss
Nordrhein-Westfalen

Einw.: 150000 Höhe: 40 m S.385 □ E 1[illegible]

Die Geschichte der am linken Rheinufe gegenüber →Düsseldorf gelegenen Industrie- und Hafenstadt reicht mindestens b in die Zeit der Römer zurück, die unt Kaiser Augustus (44 v.–14 n.Chr.) im süöstlichen Stadtteil Grimlingshausen ihr Legionslager *Novaesium* gegründet hatte Um 1190 erstmals als Stadt erwähnt, se

*Veuss, St. Quirin.* - *Rechts: Obertor*

twa 1250 Mitglied des Rheinischen Städebundes, entwickelte sich Neuss zu einem Handelsplatz, der seit dem späten 16. Jh. ıber immer mehr von seiner einstmals roßen Bedeutung verlor.

**tiftskirche St. Quirin** (Münsterplatz): Die n der Stelle eines frühchristl. Gräberfeles gelegene dreischiffige gewölbte Empoenbasilika mit insgesamt 6 Türmen zählt - erade auch wegen ihrer reichhaltigen chmuckformen - zu den beeindruckendten spätroman. Bauwerken am Niederhein. In ihrem Kern wohl noch aus dem 1. Jh. stammt die fünfschiffige Krypta, die den Neubau (v. etwa 1209-50) mit dem ewaltigen, reichgeschmückten w Fassaenturm und dem schönen, nach dem 'orbild v. St. Aposteln in Köln gestalteten leeblattchor einbezogen worden war. Iach einem Brand im Jahre 1741 erhielt er wuchtige, achtseitige (ö) Vierungsturm ine barocke, kupfergedeckte Kuppel mit er Statue des hl. Quirinus, eines zum Chrientum bekehrten röm. Soldaten. Eine wesentliche Prägung erhielt das Quirinsmünster dann durch die 1881 bis 1900 durchgeführte Restaurierung, v. der u. a. die 4 (ö) Flankentürme, die Querarmgiebel und die Zwerggalerien an den Apsiden herrühren. Die kostbarsten Stücke der Ausstattung sind ein Gabelkruzifix (um 1360), eine Madonna (um 1420) im Weichen Stil und das Chorgestühl (spätes 15. Jh.).

**Außerdem sehenswert:** In dem um 1250 erbauten, im 14. und späten 15. Jh. erweiterten *Obertor* (quadratischer Mittelturm mit 2 runden, zinnenbewehrten Flankentürmen) und einem 1975 angesetzten Neubau ist das *Clemens-Sels-Museum* mit röm. Funden, Sammlungen zur Stadtgeschichte, zur Volkskunst, zum Kunstgewerbe vom MA bis zum Barock sowie zur Kunst des 19. und 20. Jh. (u. a. der Werke der Nazarener und Präraffaeliten) untergebracht. - Die um 1640 erbaute *ehem. Observantenkirche* wird seit 1928 als Konzertsaal genutzt. - In der 1909-11 erbauten *Pfarrkirche Hll. Drei Könige* befinden sich Glas-

*Neuwied, Schloß, Hauptbau*

gemälde v. Jan Thorn-Prikker*. – Das *Haus »Zum schwatten Päd«* stammt v. 1604, die *Christkönigkirche* v. 1955.

## Umgebung

**Büderich** (2 km n): Das als Wasserburg errichtete *Haus Dyckhof* (1666, Kern 14.–15. Jh.) besitzt einen Turm mit Schweifhaube.

## D-5450 Neuwied

Rheinland-Pfalz

Einw.: 63000 Höhe: 63 m S.383 □ E 12

An der Mündung der Wied in den Rhein lag ursprünglich der Ort Langendorf. Nach der völligen Verwüstung dieses Dorfes im Dreißigjährigen Krieg ließ Graf Friedrich III. von Wied 1648 hier ein Schloß erbauen und um dieses streng symmetrisch eine neue Stadt mit einheitlichen Häusertypen anlegen. Trotz der zunehmenden In dustrialisierung hat sich das verkehrsgün stig gelegene Neuwied bis heute sein reiz volles, barock geprägtes Ortsbild bewahre können.

**Schloß** (Schloßstr.): Die heute bestehend Anlage wurde 1706–56 über den Reste eines 1648 begonnenen, 1696 v. den Frar zosen zerstörten 1. Baus errichtet. Von de 3 um einen Hof gruppierten Gebäudeteile ist das Corps de Logis u.a. durch 4 doı sche Säulen und Giebel am Mittelrisal bes. reich gegliedert. Das prachtvoll Innere kann, da sich das Schloß in Priva besitz befindet, leider nicht besichti werden. – Im n anschließenden, nac franz. Vorbildern gestalteten Park liegt u. der zweistöckige Pavillon der ehem. Fas nerie.

**Außerdem sehenswert:** Die aus der 2. Hälf des 18. Jh. stammende *Mennonitenkirc* wurde durch einen Brand zerstört und sc bauhistorisch rekonstruiert werden. A der gleichen Zeit stammt der *Gemeindesaal der Herrnhuter Brüder.* – Im *Kreismuseum* (Raiffeisenplatz) werden u.a. vor- und frühgeschichtliche Grabbeigaben, ma Bildwerke und Möbel sowie Uhren aus der Zeit des Rokoko, gefertigt v. den Ebenisten Abraham und David Roentgen sowie dem Uhrmacher Peter Kinzing, ausgestellt.

## Umgebung

**Altwied** (7 km n): In der urspr. 1129 erbauten *Burg* (Ruine) lebten bis 1648 die Grafen v. Wied.
**Engers** (4 km ö): Der bereits zu röm. Zeit besiedelte Ort erhielt 1357 die Stadtrechte. – Zu den besten Leistungen des rheinischen Rokoko zählt das am Rhein gelegene, 1759–62 erbaute *ehem. kurfürstliche Schloß* mit einem Deckengemälde v. Januarius Zick* im üppig dekorierten Festsaal und schönem Ehrenhof. – Erwähnenswert sind auch das 1642 erbaute *Alte Rathaus,* das 1770 erbaute *Speesche Haus, Fachwerkhäuser* und *Reste der Stadtbefestigung.*

**Irlich** (2 km nw): Die klassizistische *kath. Pfarrkirche* mit imposantem Turm, klar gegliederter Fassade und strengem Inneren entstand 1833–35.

**Niederbieber** (3 km n): N-Turm und Chor (mit Kreuzgewölbe) der *ev. Pfarrkirche* stammen noch vom spätroman. Vorgängerbau, während das Langhaus erst im späten 15. Jh. (wohl über alten Mauern) errichtet wurde. – Im NO außerhalb des Ortes befinden sich Reste eines riesigen *Römerlagers.*

**Rommersdorf** (5 km nö): Wahrscheinlich im Jahre 1117 gegr. wurde die 1803 säkularisierte *ehem. Prämonstratenserabtei Rommersdorf.* Nur in sehr schlechtem Zustand erhalten ist die wohl noch im späten 12. Jh. als dreischiffige Pfeilerbasilika erbaute *Abteikirche.* Die gesamte Abtei wurde in den letzten Jahren sukzessiv restauriert. Aus dem 13. Jh. stammen das *Dormitorium,* der durch Säulen dreischiffig unterteilte Kapitelsaal mit außergewöhnlichem ma Fliesenfußboden und der S- und O-Flügel des Kreuzgangs.

## D-6531 Niederheimbach
Rheinland-Pfalz

Einw.: 1000 Höhe: 80 m S. 383 □ E 11

Das in einem traditionsreichen Weinbaugebiet am linken Rheinufer gelegene langgestreckte Dorf wurde im Dreißigjährigen Krieg fast vollständig zerstört.

**Heimburg:** Die den Ort überragende, bis 1305 erbaute Anlage mit imposantem Turm hieß urspr. Hohneck. Die 1689 v. den Franzosen zerstörte, 1865 wieder aufgebaute Burg kann zur Zeit nicht besichtigt werden.

**Außerdem sehenswert:** Die urspr. aus dem 12. Jh. stammende *Pfarrkirche* bewahrt einen Pestaltar aus dem 15. Jh. – Erhalten sind Mauerreste der ehem. *Befestigung.*

## Umgebung

**Reichenstein, Burg** (6 km s): Die urspr. aus dem 11. Jh. stammende, 1282 v. Rudolf v. Habsburg eroberte, im 14. Jh. erneut befestigte und 1689 v. den Franzosen verwüstete Burg wurde ab 1899 unter Verwendung v. ma Resten (z. B. des hohen äußeren Mauerrings) nach alten Plänen und Stichen wieder aufgebaut und beherbergt heute eine Sammlung v. Herdplatten, Waffen und Jagdtrophäen.
**Rheindiebach** (2 km n): Beachtenswert sind die im frühen 15. Jh. erbaute got. *Kirche* mit Wandmalereien und die aus dem frühen 13. Jh. stammende, 1689 v. den Franzosen zerstörte *Burg Fürstenberg* (Ruine).
**Rheinstein, Burg** (6,5 km s): Die im 13. Jh. urspr. vielleicht als Vorburg v. Reichenstein entstandene, über dem Rhein thronende Anlage diente im 14. Jh. den Mainzer Erzbischöfen als Zollstätte. 1825 kaufte Prinz Friedrich v. Preußen die inzwischen großenteils verfallene Burg und ließ sie u. a. mit Ecktürmchen und Zinnen zu einem romantischen Schloß ausbauen. Im Inneren befindet sich u. a. eine Waffensammlung. – Unmittelbar unterhalb der Burg am steilen Abhang liegt die neugot. *Schloßkapelle.*
**Sooneck, Burg** (2,5 km s): Die über einer

Schlucht gelegene Burg, urspr. wie Reichenstein aus dem 11. Jh. stammend, als Raubritterburg 1282 v. Rudolf v. Habsburg zerstört und 1689 v. den Franzosen gesprengt, wurde ab 1842 im Auftrag Friedrich Wilhelms IV. v. Preußen im romantischen Stil zu einem Jagdschloß (heute Museum und Burgschänke) ausgebaut.

**Trechtingshausen** (5 km s): Etwas außerhalb des Ortes unmittelbar am Rhein liegt die urspr. wohl im frühen 13. Jh. erbaute, später z. T. veränderte *Klemenskapelle.* Im Inneren sind die paarweise angeordneten Pfeiler des Langhauses, die Gewölbekuppel der Vierung, das spätgot. Gestühl in den Seitenschiffen und einige Grabplatten des 15.–17. Jh. sehenswert. Vor dieser Kapelle ließ 1282 Rudolf v. Habsburg die Raubritter der nahen Umgebung hinrichten.

## NL - Nijmegen/Nimwegen

Geldern

Einw.: 147 000 Höhe: 10 m S.387 □ D 17

Noch vor den Römern, die hier ihre Siedlung *Noviomagus* angelegt hatten, dürften am linken Ufer der Waal (des südlichen Mündungsarms des Rheins) schon germanische Bataver ansässig gewesen sein. Im frühen Mittelalter war Nijmegen karolingische Pfalz, 1230 Reichsstadt und seit 1364 Mitglied der Hanse. In der bis ins 19. Jh. von starken Festungswerken umschlossenen Stadt wurde 1678 der Friedensvertrag zwischen Frankreich und den Niederlanden unterzeichnet. Heute ist das im 2. Weltkrieg schwer zerstörte Nijmegen Universitäts- und Industriestadt mit wichtigem Rheinhafen.

**St.-Stevenskerk** (Stevenskerkhof): Von einer ersten Kirche aus der 1. Hälfte des 13. Jh. sind die einfachen w Pfeiler des Schiffs und große Teile vom Untergeschoß des um 1307 fertiggestellten Turms erhalten. Ende des 14., Anfang des 15. Jh. entstanden dann aus dem basilikalen Schiff die Langhaushalle mit dem Portal an der S-Seite, im Laufe des 15. Jh. der prunkvolle Chor mit Umgang und Kapellenkranz. Schließlich wurde im 16. Jh. das dreischiffige Querhaus mit der Heiliggrabkapelle im N und dem prachtvollen Portal im S erbaut und der Turm erneuert. Hervorzuheben sind im Inneren das 1512 im Chor aufgestellte *Grabmal der Anna Catharina van Bourbon,* Reste v. Wandmalereien des 16. Jh. im Chorumgang und in der Heiliggrabkapelle, das Gestühl des 16. Jh., die reichgeschnitzte Kanzel v. 1639 und die monumentale Orgel mit Bildhauerarbeiten v. 1773. – An der N-Seite der Kirche hat man einige spätmittelalterliche *Kanonikerhäuser* rekonstruiert. – Durch den *Kerkboog,* einen 1545 als unterer Teil des *Gewandhuis* (mit Renaissancegiebel zum Markt) erbauten doppelten Durchgang, gelangt man vom *Stevenskerkhof* auf den *Grote Markt* mit der im Stil der Amsterdamer Renaissance errichteten *alten Waage.*

*< Niederheimbach, Burg Rheinstein*

**Valkhof:** Die durch Karl d. Gr. als karolingische Kaiserpfalz gegr., 1047 zerstörte und 1155 unter Friedrich Barbarossa wieder aufgebaute Burganlage wurde 1797 bis auf wenige Teile zerstört. Erhalten blieb v. a. die wohl nach 1030 entstandene *St.-Nicolaaskapel,* ein Zentralbau über sechzehnseitigem Grundriß mit hohem achtseitigem Hauptbau, gewölbtem W-Portal und Resten got. Altarnischen an der O-Seite.

*Nijmegen, St.-Stevenskerk*

Nijmegen, St.-Nicolaaskapel

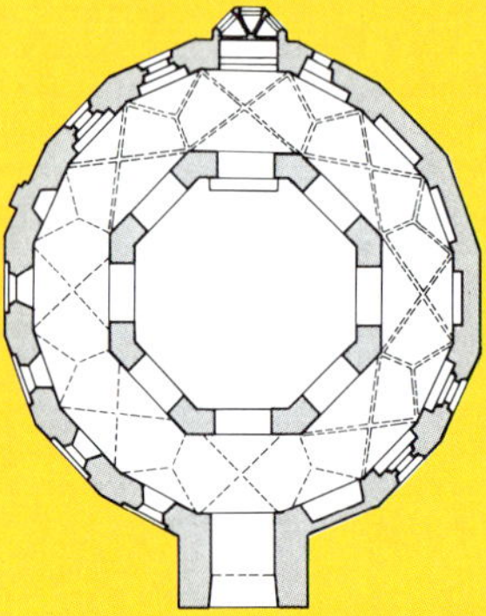

Von der ehem. Barbarossaburg sind nur noch Teile der *St.-Martenskapel* zu sehen.

**Ehem. Stads- oder Latijnse School** (Stevenskerkhof): Die Hauptfassade dieses 1544–45 v. H. van Herengrave errichteten Schulgebäudes zeigt got. und Renaissanceformen. Die skulpturalen Details wurden in den 60er Jahren restauriert.

**Außerdem sehenswert:** Barock umgebaut wurde das aus dem 16. Jh. stammende *Protestants-Kinderen-Weeshuis* (Waisenhaus; Begijnengast). – Urspr. 1555 im Renaissancestil erbaut wurde das *Stadhuis* (Rathaus; Grote Burchstraat). – An der Steenstraat befinden sich das spätgot. *Besiendershuis,* die *Zeilmakerij* mit spätgot Treppengiebeln und das *Brouwershuis* v 1621. – Das *Jezuitenhuis* mit klassizistischer Fassade (17. Jh.) steht am Lage Markt, das *Cellenbroedershuis* mit 2 spätmittelalterlichen Flügeln am Anthoniusplaats. – Vom Festungsgürtel des 15. Jh sind v. a. an der W-Seite (Kronenburgerpark) der kühn aufragende *Kronenburgerturm* v. 1426 und an der O-Seite (Hunerpark) der 1646 erhöhte *Belvedere* erhalten – Die *ehem. Synagoge* (Nonnenstraat) aus der 2. Hälfte des 18. Jh. wurde nur außen wieder hergestellt. – In dem urspr. 1196 erbauten Gebäude des Johanniterordens (Franse Plaats) befindet sich das *Nijmeegs Museum »Commanderie van St. Jan«* mit historischen Sammlungen. – Das *Rijksmuseum G. M. Kam* (Museum Kamstraat 45) zeigt Funde aus batavischer und röm. Zeit – Das *Gemeindemuseum* wurde 1910 in der Kapelle des ehem. Klosters Marienburg eingerichtet.

*Nijmegen, Ehem. Stads- oder Latijnse School*

## Umgebung

**Ewijk** (11 km w): Von der 1918 abgebrochenen *alten röm.-kath. Kirche* steht noch ein mit Bogenfriesen verzierter Turm des 12. Jh. – Die *neue röm.-kath. Kirche* wurde 1920 erbaut. – *Huis Doddendael* setzt sich zusammen aus einer kleinen Burg des 14. Jh. und einem nö Anbau des frühen 17. Jh.

*Oberwesel, Ehem. Stiftskirche, Nikolausaltar* >

# O

**D-6532 Oberwesel**
Rheinland-Pfalz

Einw.: 4500 Höhe: 75 m S.383 □ E 11

Als »schönsten Zufluchtsort« der Romantik am Rhein bezeichnete F. Freiligrath (Dichter und u.a. auch mit Karl Marx Redakteur der »Neuen Rheinischen Zeitung«) einst das mit seinen Kirchen, seinen malerischen Wohnhäusern, seiner Stadtmauer und der Ruine Schönburg noch ganz dem Mittelalter verhaftete alte Weinstädtchen am linken Rheinufer. Keltische Siedlung, 966 unter Otto I. dem Erzbistum Magdeburg überwiesen, v. 1166 bis 1309 freie Reichsstadt, bis 1802/03 trierische Landstadt. Im 17. Jh. v. Schweden und Franzosen zerstört, ist Oberwesel heute v.a. als Wein- und Fremdenverkehrsort bekannt.

*Oberwesel, Ehem. Stiftskirche*

**Kath. Pfarrkirche St. Martin** (ehem. Stiftskirche; auf dem Martinsberg): Die Lage auf einem Berg im N der Stadt und der wuchtige Turm mit Zinnen und Ecktürmchen geben der sog. »Weißen Kirche« aus dem 14. und 15. Jh. einen sehr wehrhaften Charakter. Im Inneren sind v.a. die 1966 ergänzte Gewölbeausmalung mit Sternen und Medaillons, der Hochaltar und die Seitenaltäre beachtenswert.

**Ehem. Stiftskirche Unserer Lieben Frau** (kath. Pfarrkirche; Liebfrauenstr., am S-Ende der Stadt): Die zwischen 1308 und 1351 erbaute dreischiffige Basilika mit steilem Mittelschiff und 72 m hohem W-Turm wird wegen ihrer (1972 neu aufgetragenen) leuchtendroten Farbfassung mit hellen Scheinfugen als »Rote Kirche« bezeichnet. Im außergewöhnlich reichhaltig ausgestatteten Innenraum, der durch die nach innen gezogenen Streberpfeiler bes. schlank erscheint, fällt zuerst der feingliedrige *Lettner* (um 1350) auf, der weit über seine Funktion (Trennung des Raums der Priesterschaft v. dem der Laien) hinaus als großartiges Kunstwerk gestaltet und in den Seitenschiffen in vereinfachter Form fortgeführt ist. Mittelpunkt der Kirche ist der *Hochaltarschrein* (u.a. mit einer Marienkrönung im Mittelfeld) aus der Zeit um 1330, einer der ältesten got. dt. Schnitz- und Flügelaltäre. Aus dem Kirchenraub (1975) fehlen noch immer 11 der ehemals 58 Skulpturen, die zur Zeit restauriert werden. Sehr bedeutend ist auch der im Seitenchor aufgestellte *Nikolausaltar* (1506), der wie die übrigen Altäre auch aus der Werkstatt eines unbekannten Meisters stammt und im Mittelteil den hl. Nikolaus (Patron der Schiffer) zwischen 3 jungen Männern und 3 Mädchen sowie (darunter) ein vollbesetztes Kirchenschiff zeigt. Hervorzuheben sind außerdem das *Chorge-*

*Oberwesel, St. Martin* >

*stühl* und mehrere *Grabmäler* des 14. bis 16. Jh., darunter das v. Hans Backoffen* geschaffene Grabmal des Kanonikers und Stifters der Altäre, P. Lutern († 1515), und das Grab des Ritterpaares Ottenstein (1520).
Von den einstigen Stiftsgebäuden sind ein Flügel des spätgot. *Kreuzgangs*, die *St.-Michaels-Kapelle* und das *Kapitelhaus* (Ruine) erhalten.

**Schönburg:** Mit dem Bau der auf einem Bergkegel hoch über dem Ort aufragenden, in ihrer Ausdehnung imposanten Burg (heute Internationale Jugendburg und Hotel) wurde wohl im späten 10. Jh. begonnen. Die 1149 erstmals erwähnte Anlage wurde 1689 v. den Franzosen zerstört. Wiederhergestellt wurden v. a. das nach historischen Quellen inzwischen wieder in roten Farben angestrichene gotische *Wohngebäude* und die spätgotische *Kapelle*. Erhalten sind u. a. aber auch die Schildmauer, einige stattliche Türme und Gebäude. Nach einer Sage lebten auf der Burg 7 wunderschöne Schwestern, die ihre zahlreichen Freier ständig zurückgewiesen hatten - bis sie (die Schwestern) schließlich auf einem Kahn davonfuhren, der jedoch sank. Seitdem werden 7 Felsenriffe im Rhein als »die sieben Jungfrauen« bezeichnet.

**Stadtbefestigung:** Noch heute umzieht den Ort eine mit 16 Türmen (v. ehemals 22, darunter in der NO-Ecke der imposante Ochsenturm) verstärkte, in gutem Zustand erhaltene *Ringmauer*.

**Außerdem sehenswert:** Unmittelbar am Rhein, auf die Stadtmauer aufgesetzt, erhebt sich die got. *Wernerkapelle* (um 1300). Die Kirche wurde 1689 v. den Franzosen zerstört, der Chor, mit barockem Dach und Dachreiter versehen, dient heute als Hospital-Kirche.
Reste des ursprünglich aus dem 13. Jahrhundert stammenden *Franziskaner-Minoritenklosters* finden sich im Ortszentrum (abseits der Hauptstraße).

*Offenburg, Heiligkreuz* >

## D-7600 Offenburg
Baden-Württemberg

Einw.: 50000 Höhe: 142 m S.380 □ E 6

Im frühen 12. Jh. wurde in der Nähe einer Burg (Ortenberg) eine Siedlung gegründet, die bereits 1235 zur Reichsstadt erhoben wurde. 1689 wüteten hier französische Truppen, so daß sich der heutige Stadtkern mit den meisten seiner Sehenswürdigkeiten erst im 18. Jh. entwickeln konnte. Das auch »Tor zum Schwarzwald« genannte Offenburg ist heute wirtschaftliches und kulturelles Zentrum im Ortenaukreis.

**Kath. Stadtpfarrkirche Heiligkreuz** (Pfarrstr.): Von dem im 13.-14. Jh. errichteten Gotteshaus überstanden nur wenige Teile das Feuer v. 1689. Nur der im ausgehenden 17. Jh. wiederhergestellte Chor und die Sakristei konnten bis heute ihr spätgot. Aussehen bewahren. Den Neubau der dreischiffigen Hallenkirche mit dem dominierenden Barockturm leitete ab 1700 der Vorarlberger Franz Beer*. Obwohl die Arbeiten im wesentlichen 1726 vollendet waren, wurde die Kirche erst 1791 geweiht. Der betont einfach dekorierte Innenraum mit Emporen und 1956 erneuerten Malereien wirkt großzügig und elegant. Von der Ausstattung sind die Altäre (1740), das Gestühl (um 1740), die klassizistische Kanzel und das im Josefschörlein ausgestellte Renaissancekruzifix v. 1521 zu nennen. - An den Außenwänden befinden sich einige Grabmäler des 16. Jh., so das Frührenaissance-Epitaph für J. v. Bach (†1538). Ein ganz hervorragendes Kunstwerk ist der 1524 nach seinem Vorbild im Straßburger Münster gestaltete *Ölberg* (vor der Kirche) mit dem ins Gebet vertieften Christus, den schlafenden Jüngern und den nahenden Häschern vor der Kulisse einer ma Stadt.

**Franziskanerkloster** (Lange Str.): Ab 1702 wurde die Anlage auf den Fundamenten des im Jahre 1689 zerstörten Vorgängerbaus errichtet. In der einschiffigen *Barockkirche* befindet sich u.a. ein üppiger Barockaltar, in der an den Kreuzgang anschließenden *Grabkapelle* eine im frühen 16. Jahrhundert geschnitzte beachtenswerte Madonna.

**Rathaus** (Hauptstr. 10): Für die durch kunstvolle steinerne Fenster- und Portalrahmen, Wappen und Pilaster geschmückte Fassade dieses 1741 errichteten Barockhauses wurden Fragmente aus dem 16. und 17. Jh. verwendet. Den halbkreisförmigen Mittelgiebel und den geschweiften Seitengiebel krönen Statuen.

**Häuser:** O. besitzt eine ganze Reihe reizvoller Gebäude des ausgehenden 17. und 18. Jh. In der Nähe des Rathauses befindet sich der 1714-17 nach Entwürfen M. L. Rohrers* im Barockstil erbaute sog. *Königshof* (Hauptstr. 96; ehem. Amtshof der Landvogtei, heute Polizeidirektion) mit prachtvoller Fassade. Gegenüber am Fischmarkt die *Hirschapotheke* (1698), das *Salzhaus* (1786) und der *Hirschbrunnen* (1599). Ebenfalls an der Hauptstr., beim Markt, befindet sich die 1720 errichtete *Einhornapotheke* mit schönem, v. einem Einhorn bekrönten Volutengiebel. - Das *Vizentiushaus* (im Vizentiusgarten, heute Alters- und Pflegeheim) wurde 1764, das spätbarocke *Ritterhaus* (Ritterstr., heute Archiv und Stadtmuseum) 1784 erbaut.

**Außerdem sehenswert:** Das urspr. um 1300 gegr. *Andreasspital* (Glaserstr.) erhielt sein heutiges Aussehen im 18. Jh. - Das 1641-47 errichtete *ehem. Kapuzinerkloster* (Gymnasiumstr.) mit spätbarocken Altären in der einschiffigen Kirche und reizvollem Kreuzgang überstand als einziger Bau das Feuer v. 1689. - Die *Dreifaltigkeitskirche* (Friedenstr.) wurde 1906-08 im Stil einer roman. Basilika, die *ev. Stadtkirche* (Poststr.) 1857-64 im Stil der Neugotik erbaut. - Das *Judenbad* (Glaserstr.), eine unterirdische Anlage für rituelle Waschungen, stammt aus dem späten 13. Jh. - 1954 in Stahlskelettbauweise errichtet wurde das *Verlagshaus Burda*. Der Verleger Dr. Franz Burda stiftete u.a. eine *Dionysos-Plastik* (1984) des Italieners Sandro Chia*. - Zu den schönsten Stadtparks der Region zählt der *Zwingerpark*.

### Umgebung

**Ortenberg** (4 km sö): Die wohl im 11. Jh. v. den Zähringern auf einem Bergkegel am Eingang ins Kinzigtal gegr., erst 1167 ur-

*Ortenberg (Offenburg), Burg*

kundlich erwähnte Burg wurde 1678 v. den Franzosen gesprengt und erst 1838–43 in neugot., ganz vom romantischen Geist des 19. Jh. durchdrungenen Formen mit Zinnen und Erkertürmchen wieder aufgebaut. Nur das Untergeschoß des Bergfrieds stammt noch aus dem 13. Jh. In der Burg sind heute eine Jugendherberge und ein Weinversuchsgut untergebracht. – Am Bühlweg nahe des n Ortsteils Käferberg) steht die 1497 neu aufgebaute *Wallfahrtskapelle Mariä Ruh* mit Gnadenbild (spätes 15. Jh.) und umfangreichem spätgot. Freskenzyklus um 1500).

## D-6504 Oppenheim

Rheinland-Pfalz

Einw.: 6000 Höhe: 85 m S. 382 □ F 10

In der malerisch über dem linken Rheinufer gelegenen romantischen Weinstadt arbeitete 1617–20 der Kupferstecher und Verleger Matthäus Merian d. Ä.* Die 1689 in weiten Teilen niedergebrannte alte freie Reichsstadt (seit 1225) ist heute führendes rheinhessisches Weinzentrum.

**Katharinenkirche** (oberhalb des Marktes): Der rot schimmernde Sandsteinbau, eine Gewölbebasilika mit prachtvoller s Schauseite, ist in seiner heutigen Form ein Werk aus mehreren Jahrhunderten. Noch dem 13. Jh. zuzurechnen sind die beiden vom spätroman. Vorgänger übernommenen W-Türme und der O-Chor, in der 1. Hälfte des 14. Jh. entstand das großartige hochgot. Langhaus und schließlich im 15. Jh. der W-Chor. Zu den Glanzleistungen got. Steinmetzkunst zählt das reiche Maßwerk der Fenster. Im Inneren verdienen die Glasmalereien des 14. Jh. sowie einige ausgezeichnete Grabmäler des 15. und 16. Jh. Beachtung. – Im N der Kirche steht die *St.-Michaels-Kapelle* mit dem Gebeinhaus.

**Außerdem sehenswert:** Die schlichte *ehem. Franziskanerklosterkirche* wurde in der 1. Hälfte des 14. Jh. erbaut. – Über der Ka-

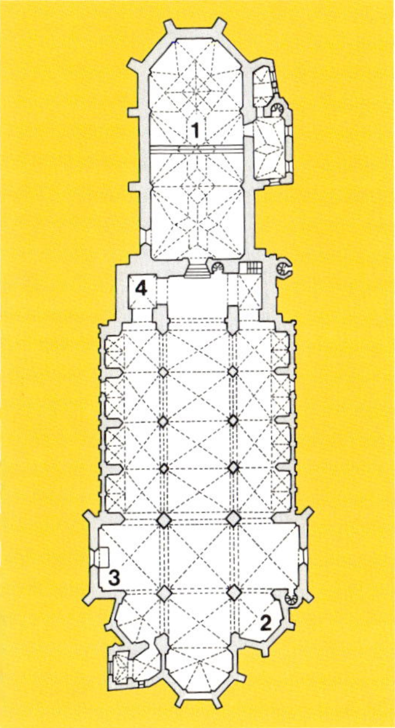


**Oppenheim, Katharinenkirche 1** Stifts-chor v. Madern Gerthener, 1415–39 **2** Grabmal der Anna v. Dalberg († 1410) **3** Grabmal Wolf und Agnes v. Dalberg, um 1520 **4** Grabmal des Ritters Conrad v. Hantstein († 1553)

tharinenkirche erhebt sich die Ruine der im 13. Jh. erbauten, einst bedeutenden *Reichsfeste Landskrone*. - Das *Dt. Weinbaumuseum* befindet sich an der Wormser Str. - Im Ort befinden sich einige *Adelshöfe* des 17. und 18. Jh. - Am Ufer des Rheins (n außerhalb) wurde im 19. Jh. das Römerbad *Sirona* entdeckt.

## Umgebung

**Nackenheim** (7 km n): Der Geburtsort des Schriftstellers Carl Zuckmayer (1896–1977)

*< Oppenheim, Katharinenkirche, Glasfenster*

*Ottmarsheim, Stiftskirche, Oberkapelle*

besitzt ein *Rathaus* aus der Mitte des 18. Jh.

**Nierstein** (3 km n): Weinort mit einer urspr. aus dem 12. Jh. stammenden, bis ins 18. Jh. häufig veränderten *ev. Martinskirche*, *ehem. Schloß* (heute Malzfabrik) mit Kapelle, *altem Rathaus* und *Haxthäuser Hof*. - 2 km sw der Bergfried der um 1800 niedergerissenen *Schabsburg*.

## F-68490 Ottmarsheim

Alsace, Haut-Rhin

Einw.: 1850 Höhe: 220 m S.380 □ D 4

Das an einer früheren Römerstraße gelegene, 881 erstmals erwähnte und später als Zollstätte bedeutende Ottmarsheim ist heute ein Hafen- und Industriestädtchen. Von dem um 1030 gegründeten Benediktinerinnenkloster ist nach dem Abbruch der Klostergebäude (1790) nur noch die ehemalige Kirche erhalten.

**Ehem. Stiftskirche** (St. Peter und Paul): Der achteckige Zentralbau mit zweigeschossigem Umgang und Kreuzgewölbe wurde in der 1. Hälfte des 11. Jh. nach dem Vorbild der Aachener Pfalzkapelle Karls d. Gr. in vereinfachten Formen erbaut. Die urspr. der Gottesmutter geweihte Kirche ist der einzige Zentralbau des Elsaß aus ottonischer Zeit, deren Hauptgedanke – die Wiederaufnahme karolingischer Tradition – auch im sehr feierlichen und harmonischen Inneren deutlich erkennbar ist. – Dem durch niedrige Arkaden zur Raummitte hin geöffneten Umgang im Erdgeschoß sitzt das Emporengeschoß mit hohen, durch Querbalken und 2 Rundsäulenpaaren »gefüllten« Bogenöffnungen auf. Vermutlich war der Innenraum einst fast völlig ausgemalt, doch sind heute nur noch im O-Teil einige Fresken (u. a. Christus als Weltenrichter und Petrus) erhalten. Später angebaut wurden der roman. Chor (heute Quirinuskapelle), die niedrige Vorhalle, die jetzige Taufkapelle (15. Jh.) und die got. Stiftskapelle (16. Jh.) mit einigen Grabsteinen der Stiftsdamen (18. Jh.). Beachtenswert sind auch eine Holzmadonna (17. Jh.) und die Reste eines Wandbildes der Gregorsmesse (um 1500) am Turmeingang.

# R

**D-7760 Radolfzell**
Baden-Württemberg

Einw.: 24 000 Höhe: 400 m S. 379 □ G 4

Um 826 wurde angeblich eine Zelle durch Bischof Ratold von Verona gegründet. Um 1100 erhielt der Ort Marktrecht, 1267 Stadtrecht, 1415–55 Reichsfreiheit. Bis 1805 befand sich Radolfzell unter österreichischer Herrschaft, wurde dann württembergisch und 1810 badisch.

**Münster Unserer Lieben Frau** (kath. Pfarrkirche; Marktplatz): Anstelle eines erheblich älteren Vorgängerbaus entstand ab 1436 die jetzige dreischiffige *Pfeilerbasilika*, deren Hauptschiff 1713 mit einer stuckierten Stichkappe überwölbt wurde. Chor und Seitenschiffe liegen noch unter got. Netzrippengewölben. Der N-Turm ist im Kern spätgot., das barocke Oktogon liegt seit 1902/03 hinter einer Balustrade mit Ecktürmchen und trägt einen hohen Spitzhelm. – Von der Ausstattung sind der *Drei-Hausherren-Altar* (um 1750) mit dem Reliquienschrein der hll. Theophontus und Senesius sowie dem Muttergottesgemälde v. Franz Joseph Spiegler*, der auch das Deckengemälde im n Seitenschiff malte, der in der Überlinger Zürn-Werkstatt geschnitzte *Rosenkranzaltar* im s Seitenschiff (1632) und der mit einem Hochrelief versehene *Steinsarkophag* des seligen Ratold (1538 in Anlehnung an einen Sarkophag aus dem 12. Jh.) bemerkenswert. Den monumentalen neugot. Hochaltar schnitzte Anton Eberle* 1897. – An der SO-Ecke befindet sich ein *Ölberg* aus dem 17. Jh.

**Kath. Kirche St. Meinrad** (Meinradsplatz): Die 1959 v. Max Schätzle* erbaute Kirche besitzt ein Kreuz und Kreuzwegplastiken v. Siegfried Fricker*.

**Befestigung:** Die ma Stadtmauern wurden z. T. überbaut; erhalten sind der *Höllturm* (1470), der *Pulverturm* und der *Schützenturm*.

**Österreichisches Schlößchen** (Marktplatz): Der 1620 urspr. für Erzherzog Leopold v. Österreich begonnene Bau wurde bereits vor der Fertigstellung als Weinkeller und Kornschütte genutzt und erst zu Beginn des 18. Jh. vollendet. Der zweistöckige Renaissancebau mit schönem Portal trägt 2 vorkragende Ecktürmchen, die unten quadratisch und oben achteckig sind. Das Gebäude beherbergt heute die Stadtbibliothek.

*Radolfzell, Münster Unserer Lieben Frau, Hausherrenaltar* >

*Schloß Favorite bei Rastatt*

**Marktplatz:** An dem in die lange und breite Kaiserstr. eingeflochtenen Platz stehen das 1750 v. den Brüdern Rohrer* erbaute *Rathaus* mit Arkaden, Dreiecksgiebel und Uhrturm, die 1756–64 v. Johann Peter Rohrer* errichtete *kath. Stadtpfarrkirche* mit barocker Turmfassade und klassizistisch nüchternem Inneren sowie – zwischen diesen Bauten – der *Johann-Nepomuk-* und der *Alexius-Brunnen* (beide v. Johann Peter Rohrer*). Am sö Endpunkt der Kaiserstr. befindet sich der *Bernhardiusbrunnen* v. 1770–76.

**Außerdem sehenswert:** Die 1701-17 nach Plänen v. Domenico Egidio Rossi* erbaute schlichte *ehem. Franziskanerklosterkirche* und heutige *ev. Stadtkirche* liegt an der Lyzeumstr., die *kath. Bernhardskirche,* das älteste Gotteshaus der Stadt, mit got. Chor und barockem Langhaus und Turm in der Herrenstr. – Im 1739–45 v. Johann Peter Rohrer* erbauten *ehem. Piaristenkloster* (Lyzeumstr., gegenüber der Schloßkirche) ist heute ein Gymnasium untergebracht. – Von den Festungsanlagen des 19. Jh. blieb v. a. das *Karlsruher Tor* erhalten. – Das barocke *Vogel'sche Haus* (Herrenstr., schräg gegenüber vom Aufgang zum Schloß) beherbergt das *Heimatmuseum* mit Sammlungen zur Stadtgeschichte und das Stadtarchiv.

## Umgebung

**Favorite, Schloß** (5 km sö): Nach dem Tod ihres Gemahls, des »Türkenlouis«, ließ Markgräfin Sibylla Augusta 1710–12 v. Michael Ludwig Rohrer* nach ihren eigenen Vorstellungen ein abgeschiedenes, in Erinnerung an die böhmisch-österreichische Heimat der Bauherrin dem österreichischen Barock verhaftetes Sommerschloß erbauen. Zum erhöhten Mittelrisalit mit abschließendem Dreiecksgiebel (N-Fassade) führte eine doppelläufige Treppe empor. Das Dach krönt ein polygonaler Turm. An der ebenfalls mit Pilastern, Gesimsbändern und einem Dreiecksgiebel ge-

**Ritterschaftshaus** (See-/Seetorstr.): Es wurde 1626 für den Freiherrn v. Schellenberg erbaut und 1658–70 umgestaltet. 1698 wurde das Gebäude der Ritterschaft St. Georg im Hegau überlassen und 1702 erweitert. Heute befindet sich hier das Amtsgericht.

**Villa Bosch:** Der klassizistische Bau dient seit 1988 der Stadt als *Kulturzentrum*.

**Ortsteil Möggingen** (3 km nö): Ein 1363 urkundlich erwähntes *Wasserschloß* wurde 1632 verwüstet und 1648 niedergebrannt, danach aber wiederhergestellt und 1834 renoviert. Der ehem. Bergfried war Wehr- und Wohnturm. Den dreigeschossigen Rechteckbau umgeben eine hohe Ringmauer und ein doppelter Wassergraben.

## Umgebung

**Horn** (10 km s): In der *kath. Pfarrkirche St. Johannes Baptist und Vitus*, einem Saalbau mit halbrund geschlossenem Chor v. 1717, befindet sich ein guter barocker Hochaltar mit doppelseitig bemalten Altarflügeln (um 1500).
**Wangen** (18 km sw): Die *kath. Pfarrkirche St. Pankratius*, ein spätgot. Saalbau mit dreiseitig geschlossenem Chor (1483 bis 1511), enthält ein beachtenswertes Grabdenkmal für H. Chr. v. Ulm zu Marbach (†1610). – 1212 wird ein *Schloß Marbach* erwähnt. Es wurde im 14. Jh. v. den Konstanzern zerstört, aber wieder aufgebaut und kam 1598–1829 an die Familie v. Ulm. 1829 erfolgte ein Umbau durch Graf Grimaldi. Heute entsteht hier ein Schulungszentrum.

## D-7550 Rastatt

Baden-Württemberg

Einw.: 40 000 Höhe: 122 m S. 381 □ E 7

Nachdem der 1084 erstmals als *Rastetten* urkundlich erwähnte, 1404 mit Marktrechten ausgestattete Ort 1689 von französischen Truppen in Schutt und Asche gelegt worden war, beauftragte Markgraf Ludwig Wilhelm (»Türkenlouis«) 1697 den Baumeister Domenico Egidio Rossi* mit der Errichtung eines Schlosses und der Neugestaltung des Ortes als barocke Residenz. Das 1700 zur Stadt erhobene Rastatt war seit der Vollendung des Schlosses im Jahre 1705 (bis 1771) markgräflicher Wohn- und Regierungssitz. 1714 beendete hier der Friede von Rastatt den Spanischen Erbfol-

*Rastatt, Schloß*

gekrieg zwischen Kaiser Karl VI. und Frankreich. Die Stadt wurde Garnison des Deutschen Bundes, ab 1840 erfolgte der Ausbau zur Festung, die aber bereits 1890 wieder aufgehoben und 1919 geschleift wurde. Die im 2. Weltkrieg schwer zerstörte Stadt an der Murg ist heute vor allem eine verkehrsgünstig gelegene Industriestadt.

**Schloß** (Herrenstr., Schloßplatz): Der Wunsch des »Türkenlouis« nach einer angemessenen Residenz machte zunächst den Abbruch eines hier im Bau befindlichen Jagdschlosses notwendig. 1697 lieferte Domenico Egidio Rossi* sodann die Pläne für eine an Versailles orientierte Anlage, und bereits 1705 war der Hauptbau so weit gediehen, daß der markgräfliche Hofstaat einziehen konnte. Als der Bauherr bereits 1707 starb, übernahm seine Gemahlin Sibylla Augusta nicht nur die Regierungsgeschäfte, sondern auch den weiteren Ausbau des Schlosses: Unter den Brüdern Rohrer* kam der N-Flügel mit der Schloßkirche hinzu, und ab 1762 vollendete Franz Ignaz Krohmer* den Bau schließlich durch die Errichtung des S-Flügels. Rastatt besaß nun eines der größten und prachtvollsten Barockschlösser in Süddeutschland und eine repräsentative, in ihren Straßenzügen strahlenförmig auf das leicht erhöht liegende Schloß hin ausgerichtete Stadtanlage. So führen vom Marktplatz (= Kaiserstr.) aus insgesamt 3 Straßen zum *Ehrenhof* (Statuen am Aufgang), in dessen Zentrum sich der durch Pilaster gegliederte dreigeschossige *Fürstentrakt* (Corps de Logis) mit figurenbesetzter Dachbalustrade und einem durch Säulenportikus, reichgeschmückten Dreiecksgiebel, Laterne und »Goldenen Mann« betonter Eingangsrisalit erhebt. Nur zweigeschossig und durch Rundbogen geöffnet sind die angesetzten Seitenflügel.

*Innen* leitet eine *Eingangshalle* zum *Gartensaal* über, v. dem aus sich der Blick auf die in franz. Stil gestaltete Gartenanlage öffnet. 2 Treppen führen nach oben, wo die mit Stukkaturen und Fresken ital. Künstler geschmückten *fürstlichen Prunkgemächer* (u.a. *Festsaal*), aber auch *Personal- und Wirtschaftsräume* liegen. Im Schloß sind heute auch das *Freiheitsmuseum* und das *Wehrgeschichtliche Museum* untergebracht.

Die *Schloßkirche Hl. Kreuz* setzte Michael Ludwig Rohrer* 1719–21 an den (n) Wohnflügel der Gräfin Sibylla Augusta an. Die Wandpfeileranlage betritt man durch ein großartiges, wappenverziertes Portal. Im Inneren wurde größter Wert auf das harmonische Zusammenspiel v. Licht und Farbe gelegt – bunter Marmor für die Altäre, Gold an den Pilastern und die kleinen Ornamentfelder neben dem großen Gewölbefresko (Auffindung und Erhöhung des Kreuzes) fallen ins Auge. Prunkvoller Höhepunkt aber ist der auf einer Art Bühne aufgestellte monumentale Hochaltar mit dem versilberten Holzkruzifix v. 1721.

In einem urspr. direkt mit dem Schloß verbundenen, heute durch eine Straße abgetrennten Terrassengarten liegt die 1715–17 wiederum v. Michael Ludwig Rohrer* erbaute *Kapelle Maria Einsiedeln.* Ganz unter ital. Einfluß steht die prächtige Fassade mit korinthischen Säulen und Pilastern, Wappen der Markgräfin über dem Portal, reichem Reliefschmuck und einem v. Statuen bekrönten Barockgiebel.

Auch die neben der Kapelle liegende, 1722 v. Michael Ludwig Rohrer* nach dem Vorbild im Nymphenburger Schloßpark erbaute *Pagodenburg* gehörte einst zum Schloßbezirk.

*Rastatt, Schloß, Kapelle Maria Einsiedeln*

*Schloß Favorite bei Rastatt*

**Marktplatz:** An dem in die lange und breite Kaiserstr. eingeflochtenen Platz stehen das 1750 v. den Brüdern Rohrer* erbaute *Rathaus* mit Arkaden, Dreiecksgiebel und Uhrturm, die 1756–64 v. Johann Peter Rohrer* errichtete *kath. Stadtpfarrkirche* mit barocker Turmfassade und klassizistisch nüchternem Inneren sowie – zwischen diesen Bauten – der *Johann-Nepomuk-* und der *Alexius-Brunnen* (beide v. Johann Peter Rohrer*). Am sö Endpunkt der Kaiserstr. befindet sich der *Bernhardiusbrunnen* v. 1770–76.

**Außerdem sehenswert:** Die 1701-17 nach Plänen v. Domenico Egidio Rossi* erbaute schlichte *ehem. Franziskanerklosterkirche* und heutige *ev. Stadtkirche* liegt an der Lyzeumstr., die *kath. Bernhardskirche,* das älteste Gotteshaus der Stadt, mit got. Chor und barockem Langhaus und Turm in der Herrenstr. – Im 1739–45 v. Johann Peter Rohrer* erbauten *ehem. Piaristenkloster* (Lyzeumstr., gegenüber der Schloßkirche) ist heute ein Gymnasium untergebracht. – Von den Festungsanlagen des 19. Jh. blieb v. a. das *Karlsruher Tor* erhalten. – Das barocke *Vogel'sche Haus* (Herrenstr., schräg gegenüber vom Aufgang zum Schloß) beherbergt das *Heimatmuseum* mit Sammlungen zur Stadtgeschichte und das Stadtarchiv.

## Umgebung

**Favorite, Schloß** (5 km sö): Nach dem Tod ihres Gemahls, des »Türkenlouis«, ließ Markgräfin Sibylla Augusta 1710–12 v. Michael Ludwig Rohrer* nach ihren eigenen Vorstellungen ein abgeschiedenes, in Erinnerung an die böhmisch-österreichische Heimat der Bauherrin dem österreichischen Barock verhaftetes Sommerschloß erbauen. Zum erhöhten Mittelrisalit mit abschließendem Dreiecksgiebel (N-Fassade) führte eine doppelläufige Treppe empor. Das Dach krönt ein polygonaler Turm. An der ebenfalls mit Pilastern, Gesimsbändern und einem Dreiecksgiebel gegliederten (s) Gartenseite erweitern 2 angesetzte Bauten das Schloß zu einer Dreiflügelanlage. Alpenländisch üppig mit reichem figürlichem Schmuck, Stukkaturen, Malereien, Spiegeln, Tapeten, Gobelins, Porzellan, Delfter Kacheln, Gläsern und Möbeln ausgestattet sind die *Innenräume,* v.a. der zentrale Garten- und Speisesaal sowie die Gemächer der Markgräfin und ihres Sohnes. Doch auch die *Küche* ist ein Schmuckkästchen. - Vor der Gartenfront befinden sich ein *Brunnen* und 2 niedrige, langgestreckte *Arkadenbauten* mit *Kavaliershäuschen,* im Garten die vor 1717 als überkuppeltes Oktogon mit kleinen Räumen erbaute, v. Sibylla Augusta oft für besinnliche Stunden aufgesuchte *Marienkapelle.*

## D-7752 Reichenau (I)

Baden-Württemberg

Einw.: 4800 Höhe: 400 m S.379 □ G 4

Karl Martell stiftete 724 auf der Insel im Untersee das 1. deutsche Benediktinerkloster rechts des Rheins, gegründet durch den hl. Pirmin. Unter dem von Karl d. Gr. geförderten Abt Waldo (786-806) kam es zu einer ersten Blüte durch Gelehrtenschule und Bibliothek, denen später unter Abt Witigowo (985-997) die Malerschule folgte. Hier entstanden bedeutende Handschriften, so das Evangeliar für Otto III., das den Goldgrund in die abendländische Malerei einführte. Hermann der Lahme schrieb mit seiner Weltchronik eine der wichtigsten historischen Quellen der 1. Hälfte des 11. Jh. Nach 1200 stieg das Kloster geistig und materiell ab. Eine Wiederbelebung erfolgte unter Abt Friedrich von Wartenberg (1427-53). Durch Verzicht auf die Abtwürde (1540) wurden die Konstanzer Kirchenfürsten Herren des Klosters, das 1757 aufgelöst und 1803 säkularisiert wurde. Von den ehemals 5 Kirchen sind 3 erhalten.

Die 4,5 qkm große Insel, auf deren fruchtbarem Boden jährlich 17000 Tonnen Gemüse gedeihen, ist mit dem östlichen Seeufer durch einen Damm verbunden.

**Münster St. Maria und St. Markus** (Mittelzell): In mehreren Etappen entstand aus

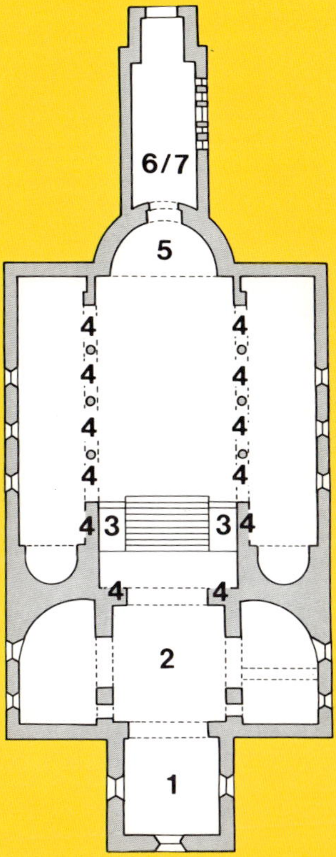


**Oberzell (Reichenau), St. Georg 1-2** O-Chor und Vierung, darunter Krypta **3** Zugang zur Krypta **4** weltberühmte ottonische Wandgemälde **5** W-Apsis **6** Vorhalle **7** Michaeliskapelle (im Obergeschoß) mit Weltgerichtsbild des 11. Jh.

*Reichenau, Ehem. Stiftskirche St. Georg*

dem ersten Kirchenbau (um 724) eine dreischiffige Basilika (816) mit je einem Querschiff im O und W. An das ö schließt sich ein spätgot. polygonaler Langchor (1447–53), an das w der halbkreisförmige Markuschor und der wuchtige Viereckturm (1027–48) an. – Bemerkenswert sind eine *Steinmadonna* (1310–20), das *Chorgitter* (1746) und die Schatzkammer mit 5 got. *Reliquienschreinen*.

**Ehem. Stiftskirche St. Georg** (Oberzell): Der spätkarolingische Bau, eine dreischiffige Basilika mit Querhaus und Vierungsturm sowie einem quadratischen O-Chor und einer gerundeten W-Apsis, ist um 890 entstanden und später nur wenig durch Vermauerung der Vierung und Schließung der Seitenschiffe mit Apsiden verändert worden. Eine Vorhalle entstand im 11. Jh., sie wurde später aufgestockt. Die Kirche enthält um das Jahr 1000 entstandene ottonische *Wandgemälde,* die das gesamte Schiff überziehen und die Wundertaten Christi darstellen. – Erwähnenswert sind in der N-Apsis ein *Vesperbild* (15. Jh.) und im s Seitenschiff ein *Schmerzensmann* (15. Jh.).

**Ehem. Stiftskirche St. Peter und Paul** (Niederzell): Sie wurde im 11. und 12. Jh. als dreischiffige Säulenbasilika mit Hauptapsis und Nebenapsiden, über denen die Türme stehen, auf karolingischen Grundlagen (Gründung Bischof Eginos v. Verona aus dem Jahre 799) erbaut und nach 1756 durch Einwölbung des Mittelschiffs und des Hauptchors barockisiert und mit Rokokostuck dekoriert. In der Mittelapsis finden sich Reste eines roman. *Gemäldezyklus* mit Christus in der Mandorla und den beiden Kirchenpatronen, der um 1130 entstanden ist.

**Altes Rathaus** (Mittelzell). Das Gebäude ist eines der ältesten Fachwerkhäuser Süddeutschlands. Das Erdgeschoß geht auf die Zeit um 1200 zurück, das Obergeschoß mit Bohlenstube und Fenstererker stammt aus dem 15. Jh. Im MA war der Bau Sitz des äbtlichen Reichenauer Ammanns, später

Rathaus. Seit 1982 *Heimatmuseum*. Geöffnet Mai bis September Di bis So 15.00–17.00 Uhr.

**D-5480 Remagen**
Rheinland-Pfalz

Einw.: 15000 Höhe: 65 m S.383 □ E 13

An der Stelle dieses am linken Rheinufer gelegenen Städtchens befand sich einst das Römerkastell *Rigomagus*, von dem noch einige Reste – hinter dem Rathaus und im Eingangsbereich der Pfarrkirche St. Peter und Paul – zeugen. Am 7.3.1945 überquerten die Amerikaner unter General Patton hier den Rhein und errichteten im gegenüberliegenden Erpel ihren ersten rechtsrheinischen Brückenkopf. Von der am 17.3.1945 eingestürzten *Brücke* sind nur noch die beiden Brückenköpfe (im linksrheinischen ein Friedensmuseum mit in der Welt einzigartiger Ausstellung über die Friedensnobelpreisträger) erhalten.

**Pfarrkirche St. Peter und Paul** (Kirchstr.): Beim Bau der neuroman. Basilika (1900–02) wurden Teile einer ma Kirche mit einbezogen. So handelt es sich bei der heutigen *Vorhalle* eigtl. um das Mittelschiff eines roman. Gotteshauses des 11. Jh. und erscheint der um 1246 geweihte ehem. Chor noch heute beinahe unverändert in seiner spätroman. Form. Aus dem frühen 16. Jh. stammen das hohe Sakramentshäuschen und ein Hl. Grab. – Bes. bemerkenswert ist das aus einem rundbogigen Tor und einer rechteckigen Pforte (jeweils v. eigenartigen Flachreliefs gerahmt) bestehende *roman. Pfarrhoftor* (spätes 12. Jh.) neben der Kirche.

**Wallfahrtskirche St. Apollinaris** (Apollinarisberg, über dem Ort): Die mit ihren 4 schlanken Türmen weithin sichtbare Kirche wurde 1839–43 nach Plänen des Kölner Dombaumeisters E. F. Zwirner* an der Stelle einer frühmittelalterlichen Wallfahrtskapelle (und eines sich daraus entwickelnden Klosters) in neugot. Formen erbaut. Hervorzuheben sind im Inneren die umfangreichen Fresken (u. a. Darstellungen aus dem Leben Christi, Mariens und des hl. Apollinaris) der v. den ital. Malern

*Remagen, Wallfahrtskirche St. Apollinaris*

des frühen 15. Jh. geprägten Nazarener (nach 1843) sowie die Kopfreliquie des hl. Apollinaris in der Krypta.

**Außerdem sehenswert:** Nur unweit n der Apollinariskirche liegt das 1840–45 v. E. F. Zwirner* ganz in der Art der Romantik des 19. Jh. mit Ecktürmchen und Zinnen erbaute *Schloß Marienfels*. – Noch etwas weiter n befindet sich das 1906–08 erbaute stattliche *Haus Ernich* (heute Residenz des franz. Botschafters).

## Umgebung

**Nonnenwerth** (9 km n): In dem 1122 auf dieser Rheininsel gegr. *Kloster* ist heute ein privates Gymnasium untergebracht.
**Oberwinter** (6 km n): Die *kath. Laurentiuskirche* besteht aus einem spätgot. Chor und einem 1865 erbauten neugot. Langhaus und Turm. – Aus dem 16.–18. Jh. stammen einige *Fachwerkhäuser*, ein *Heiligenhäuschen* (Unkelbachtal) entstand im frühen 15. Jh.

**Rolandseck** (7,5 km n): Der Ort wird überragt v. dem mit Efeu umwucherten, 1839 aus den Resten einer im frühen 12.Jh. errichteten, im Dreißigjährigen Krieg zerstörten Burg (Rolandseck) aufgebauten *Rolandsbogen*. – Der in der Mitte des 19.Jh. erbaute *ehem. Bahnhof* mit gußeisernen Balkongittern wird heute u.a. für Ausstellungen und Konzerte genutzt. Vor dem Eingang stehen Plastiken v. Hans Arp*. – Im *Bahnhof* ständige Ausstellung mit Bildern v. Sophie Taeuber-Arp* und Plastiken v. Hans Arp*.

## CH-8462 Rheinau

Zürich

Einw.: 1200 Höhe: 350–400 m S.378 □ F 4

Im 1.Jh. v.Chr. wurde die vom Rhein umflossene Halbinsel von Kelten besiedelt; eine römische Warte entstand in der 2. Hälfte des 4.Jh. n.Chr. Angeblich erfolgte 778 die Gründung eines Benediktinerklosters. 844 wird Rheinau urkundlich genannt, 1126 erstmals als Ort, 1241 als Stadt erwähnt; es war seit Ende 13.Jh. befestigte habsburgische Vogtei. 1455 gelangte Rheinau unter den Schutz der Eidgenossen. 1798 löste sich die Stadt vom Kloster.

**Keltisches Refugium:** Ein Wall mit davorliegendem Graben schloß die Halbinsel R. genauso wie die gegenüberliegende, heute auf dt. Seite befindliche Halbinsel Schwaben ab.

**Röm. Warte:** Der Unterbau des zur Rheinbefestigung Basel Stein gehörenden rechteckigen Turms mit Doppelgraben und Wall auf dem Köpferplatz wurde 1953 ausgegraben und konserviert.

**Ehem. Stiftskirche:** Anstelle einer 1114 geweihten roman. Pfeilerbasilika (1446 stark erweitert) wurde 1704–11 v. Franz Beer* der hochbarocke Neubau unter Einbeziehung des S-Turms aus dem 16.Jh. errichtet. Die beiden viergeschossigen Türme mit achteckigen Aufsätzen, die jeweils eine Zwiebelhaube krönt, schließen den zweistöckigen barocken W-Fassaden-Bau ein.

< *Remagen, St. Peter und Paul*

*Rheinau, Ehem. Stiftskirche*

Langhaus, Querschiff und Altarhaus liegen unter Satteldächern, über den Querhausenden erheben sich Dachreiter mit Zwiebelhauben. In der O-Wand des S-Turms besteht noch das roman. Portal. – Die imposante *Wandpfeilerhalle* zu 4 Jochen ist durch ein *Chorgitter* (1731–32 v. Hans Jörg Allweiler* und Franz Scheuermann*) in der Vierung vom zweijochigen, gerade geschlossenen Altarhaus getrennt. Den barocken *Hochaltar* (1720–23) schuf Thaddäus Sichelbein*, das *Altarblatt* mit Mariä Himmelfahrt Franz Carl Stauder*, die *Stukkaturen* (1708–09) Franz Schmuzer*. Die *Deckenfresken* (1708–09) im Langhaus und im Chor v. Francesco Antonio Giorgioli* stellen Szenen aus dem Marienleben dar, in der Vierung Allerheiligenhimmel, in den Querhausarmen Anbetung der Hirten und der Hll. Drei Könige. Über den Emporen findet sich ein Zyklus aus dem Leben Christi, unter der Orgelempore die Tempelreinigung und seitlich die hll. Petrus und Maria Magdalena. Die *Seitenaltäre* entstanden zwischen 1707 und

1750. Zu erwähnen sind das *Fintan-Grabmal* (1710), die *Levitensitze* und das *Chorgestühl*, das *Orgelgehäuse* und verschiedene *Grabplatten*. - Besichtigung nur So 13.30-17.30 Uhr oder nach telefonischer Voranmeldung (052-433102).

**Ehem. Klostergebäude:** Zu dem großzügigen Gebäudekomplex, der nach der Säkularisierung 1864-67 v. Johann Caspar Wolf* zur Heil- und Pflegeanstalt umgebaut wurde, gehören der alte *Konventsbau* (1628-32), der neue ö *Konventsflügel* mit Sakristei und Bibliothek (1711-17), die *Kapelle St. Magdalena*, auch *Spitzkirche* genannt (1587-88), das *Abteigebäude* (1604-18), das *Männergasthaus* (1675-76, 1726-34 nach W verlängert), das *Frauengasthaus* (1585-88) mit einem Theatersaal im O-Flügel (1740-44) und der *Wirtschaftshof* mit den Anlagen der Zürcher Staatskellerei.

**Paritätische Bergkirche St. Nikolaus:** Über den Fundamenten eines aus dem 12. Jh. stammenden Vorgängerbaus wurde 1578-79 das rechteckige Gebäude mit 3 Apsiden neu errichtet.

**Außerdem sehenswert:** Reste der *ma Befestigung* (12. Jh.). - *Haus Wellenberg* (1551), ein spätgot. repräsentativer Bau mit abgetreppten Giebeln und Kielbogenportal. - *Haus zur Post* (1602), ein dreigeschossiger Bau mit Treppengiebeln und Treppenturm. - *Gasthaus Salmen* (1691-92), ein dreigeschossiger Giebelbau mit laternenartigem Dachreiter. - Gedeckte *Rheinbrücke* (1804 v. Blasius Baltenschweiler*) mit Bronzestatue des hl. Nepomuk (1958-61 v. Emilio Stanzani*.

## CH-9424 Rheineck

St. Gallen

Einw.: 3000 Höhe: 405 m S. 379 □ H 4

Seit sehr langer Zeit ist Rheineck Lande- und Umladeplatz am Rhein und war zeitweise Rheinübergang (Ad Rhenum) der Römerstraße von Arbor felix nach Brigantium. Die Entwicklung zur Stadt erfolgte ab 1300. Seit 1460 war Rheineck Vogtei der Appenzeller, 1490-1798 Gemeine Herrschaft der Eidgenossen.

**Kath. Pfarrkirche St. Theresia:** Der moderne Rundbau mit Apsis entstand 1932-33 nach Plänen v. Otto Lindner*.

**Löwenhof:** Am n Stadtrand entstand

*Rheinau, Ehem. Stiftskirche, Fintan-Grabmal mit Chorgestühl*

746–48 der *barocke Monumentalbau* für len Kaufmann Giovanni Heer. Der drei-;eschossige, elfachsige Rechteckbau liegt ınter einem Mansarddach mit Firstturm. )ie Straßenfronten sind durch Pilaster und /olutengiebel betont. Im Inneren sind bes. las herrschaftliche Treppenhaus mit Dek-:engemälde und die kreuzgewölbten Flure m Erdgeschoß beachtenswert. Im franz. Jarten steht ein *Pavillon* mit Freitreppe.

**:athaus:** Der Bau mit Treppengiebeln ent-tand 1553–55; er wurde 1795; 1876 und 929–30 renoviert. Im *Ratssaal* befinden ich Wandmalereien v. Heinrich Herzig* nd Standesscheiben v. 1555. Das *Sit-ungszimmer* weist Rokokotäfer mit Gri-aillen auf.

**urgruine Burgstock:** Wehrturm, Bestand-eil der 1163 erstmals urkundlich erwähn-:n Befestigungsanlagen v. R. In den Ap-enzeller Kriegen (1405) mehrmals elagert, 1445 im Alten Zürichkrieg end-ültig ausgebrannt. Erhalten ist hauptsäch-ch die W-Mauer (1939 restauriert).

**ußerdem sehenswert:** Das kleine Städt-hen bestand ursprünglich aus der Haupt-:raße mit 2 Häuserzeilen und wurde v. Toren abgeschlossen, v. denen ein n Tor rhalten ist. – Das *Alte Amtshaus,* Sitz der idgenössischen Landvögte v. 1580 bis 770, ist ein dreigeschossiger Längsbau mit rkern auf Maskenkonsolen. – Der *Custer-of,* ein Barockbau mit Erker auf Masken-onsolen, wurde 1750–53 als Textilfabrik baut und war 1770–98 Sitz der eidgenös-schen Landvögte. Später Handels- und ankhaus. Ab 1895 Kantonale Landwirt-haftssschule, heute Kantonale Bäuerin-:nschule. – *Haus zur Grueb,* interessanter, ogestufter Bau der Spätrenaissance, er-chtet 1639 auf dem Areal und vermutlich ilweise auf den Grundmauern des alten :hlosses *Rinegge,* das 1490–1580 minde-ens zeitweise als Sitz der Landvögte ente. Von 1780 bis 1798 Landschreiberei. :höne Zimmer mit *Wandmalereien.*

## Umgebung

**ltenrhein** (3 km nw): Hier mündet der lte Rhein in den Bodensee. – Die *kath. Schutzengelkirche* wurde 1958 v. Hans Burkard* erbaut.

**Thal** (2 km w): Die spätgot. *paritätische Pfarrkirche Unserer Lieben Frau* wird 1163 erstmals erwähnt. Der Neubau v. 1494 erfuhr 1770–80 barocke Veränderungen. Aus dieser Zeit stammen die Rokokostukkaturen und die Deckengemälde eines süddt. Meisters. – Der *Trüeterhof,* ein Fachwerkbau (um 1570, im 17. Jh. umgebaut), steht am w Dorfeingang; im Keller befindet sich eine Weintorkel v. 1573. – Das *Rosentürmli* ist ein Giebelhaus aus dem 18. Jh. mit Fachwerkanbau und Treppenturm. – Das *Schlößchen Kruft* oder *Klingelburg* ist ein wohl aus dem MA stammender schlanker Riegelbau mit Halbrundturm, der im 17. Jh. umgebaut wurde. – *Schloß Risegg* in Staad-Buchen ist eine ma Gründung. Es wurde 1499 im Schwabenkrieg zerstört und 1605 wieder aufgebaut, 1689 umgebaut und 1933 restauriert. Der kubische Bau mit Mansarddach wird v. 4 runden Ecktürmen flankiert und dient heute als Altersheim. – *Schloß Greifenstein* wurde 1585 für Dorothea v. Watt, die Tochter des St. Galler Reformators, erbaut. Es wurde im 17. Jh. herrschaftlich ausgebaut. Das Herrenhaus liegt unter einem Kreuzfirst, das Türmchen krönt eine Zwie-

*Rheineck, St. Theresia*

belhaube. Eine Zinnenmauer verbindet es mit dem Tor- und Gesindehaus.

## CH-4310 Rheinfelden
Aargau

Einw.: 9800 Höhe: 280 m S.380 □ D 4

Die Siedlung entwickelte sich im Schutz zweier Burgen der um 930 erstmals erwähnten Grafen von Rheinfelden. Um 1130 erfolgte die Stadtgründung durch die Zähringer. 1218–1330 und 1415–49 war Rheinfelden reichsfrei, 1330–1445 und 1449–1801 österreichisch, 1803 gelangte es zum Kanton Aargau. – Salzvorkommen (Saline Riburg) machen Rheinfelden zum Solbadkurort. – Ab hier, bei Strom-km 149, ist der Rhein schiffbar.

**Röm. Warten:** Im großen Rheinbogen zwischen R. und Mumpf liegen die Reste v. 4 röm. Wachttürmen.

**Christkatholische Pfarrkirche St. Martin:** Die 1146 erstmals erwähnte Kirche wurde im späten MA in eine dreischiffige Pfeilerbasilika in Anlehnung an oberrheinische Bettelordenskirchen umgebaut. 1669 wurde der Chor eingewölbt und 1769–72 der Bau barockisiert. Die *Rokokostukkaturen* schuf Martin Fröwis*, die *Wand- und Deckengemälde* Franz Fidel Bröchin*. Den *Hochaltar* im Stil der Spätrenaissance gestalteten 1607 die Brüder Heinrich und Melchior Fischer* v. Laufenburg; das *Altarblatt* stellt Christi Geburt dar. Beachtenswert sind auch der Sebastiansaltar, das *Chorgitter* und einige *Grabmäler*.

**Johanniterkapelle:** 1228–1803 bestand eine Johanniterkommende. Ihre spätgot. Kapelle, 1456/57 als flachgedeckte Halle mit Polygonalchor und w Turm mit Satteldach erbaut, wurde 1806 profaniert. *Wandfresken*, darunter ein Jüngstes Gericht, werden der Schongauer-Schule um 1490 zugeordnet.

**Befestigungen:** Noch erhalten ist die *Stadtmauer* ö des Hotels »Schützen« (dieses Stück mit Wehrgang) sowie zwischen dem sö *Obertorturm* und dem ö *Storchennest-* oder *Kupferturm*. Am Rheinufer im NO steht der *Messer-* oder *Diebsturm*.

**Rathaus:** Der um einen Innenhof gruppierte Gebäudekomplex stammt aus der Zeit unmittelbar nach dem Brand v. 1531, die barocke Fassade entstand 1767. In der spätgot. *Ratsstube* befinden sich 15 Renaissancekabinettscheiben (eine 16. hängt im Gemeinderatszimmer) sowie Fürsten- und Bürgerbildnisse.

**Fricktaler Museum:** Die Sammlung umfaßt Exponate zur Geschichte der Region.

## D-7888 Rheinfelden (Baden)
Baden-Württemberg

Einw.: 28 000 Höhe: 260–520 m S.380 □ D 4

Reste einer Fliehburg und eines römischen Gutshofs fanden sich auf der Nollinger Höhe, römische Funde in der Gemarkung Herten. Erst Ende des 19. Jh. entstand der Industrieort. 1922 erfolgte die Erhebung zur Stadt; 1972–75 Eingemeindung von weiteren 7 Dörfern und dadurch Große Kreisstadt. Der Name wurde von der linksrheinischen Nachbarstadt übernommen, zu der eine Rheinbrücke führt.

**Ortsteil Eichsel:** Die *kath. Pfarrkirche St. Gallus* besitzt einen mehrstöckigen Turm mit Oktogon und spitzem Zeltdach. In der Chorwand ist eine got. Heiliggrabnische mit Sakramentsschrein (1478) eingelassen. Merklin-Orgel v. 1830, spätgot. Plastiken.

**Ortsteil Karsau:** Am linken Rheinufer bestand seit Mitte des 13. Jh. eine Kommende des Deutschritterordens, deren 1268 geweihte Ordensburg, urspr. eine Wasserburg, in der Folge oft vergrößert wurde. Das wuchtige Torhaus stammt wie die ehem. Kornschütte aus dem 16., die Wagenremise aus dem 18. Jh. 1752–57 erfolgte durch Johann Caspar Bagnato* der Umbau zum *Schloß Beuggen*. Nach Auflösung der Kommende 1806 diente das Schloß als ev. Anstalt zur Ausbildung v. Armenlehrern und als Erziehungsanstalt, später als Heimschule. Heute ist es ev.

*Rheinfelden, Obertorturm*

Tagungs- und Begegnungsstätte. An seine Verwendung als Lazarett in den Befreiungskriegen erinnert ein 1911 errichtetes *Denkmal*. - Die *kath. Schloßkirche* (heute Pfarrkirche) wurde 1585-98 erweitert und mit dem Schloß barockisiert. Die Rokokodeckengemälde v. Franz Ludwig Herrmann* verherrlichen die Ordenspatronin Elisabeth v. Thüringen, allerdings als eine der Kaiserin Maria Theresia ähnelnde Barockfürstin.

**Ortsteil Minseln:** Die *kath. Pfarrkirche St. Peter und Paul* wurde Ende des 17. Jh. erbaut und zwischen 1762 und 1773 renoviert. Das Deckengemälde v. Gotthard Hilzinger* zeigt im Langhaus Szenen aus dem Leben der beiden Patrone, im Chor die Verherrlichung der hl. Eucharistie. Die Stuckarbeiten stammen v. dem Wessobrunner J. M. Hennevogel*.

## NL - Rhenen
Utrecht

Einw.: 17000 S.387 □ D 17

**St.-Cunerakerk:** Die steinüberwölbte Hallenkirche (15.-16. Jh.) mit imposantem Turm, einstmals wegen der hier aufbewahrten Reliquien der hl. Cunera ein vielbesuchtes Wallfahrtsziel, zählt zu den schönsten Werken der Spätgotik in Holland. Formen der Renaissance zeigt dagegen der bedeutendste Teil im Kircheninneren, so der um 1550-60 entstandene Lettner, die Scheidewand zwischen Chor und Mittelschiff, die v. Säulen getragene Sängerempore und das Chorgestühl v. 1570.

### Umgebung

**Rienden** (3 km sw): Die im 15. Jh. erbaute *niederländisch-ref. Kirche* erhielt wohl im 16. Jh. ihre bemerkenswerten Gewölbe. Die Fresken an der N-Wand des Chors stammen aus dem 15. Jh.

**Wageningen** (10 km ö): In diesem fast noch vollständig v. Festungsgräben umschlossenen Städtchen sind v. a. die *niederländisch-ref. Kirche* mit roman. Tuffsteinturm des 12. Jh., das got. Backsteinlanghaus und die spätgot. Netzgewölbe im Chor sowie das 1862 z. T. unter Verwendung v. älteren Gebäudeteilen errichtete *Rathaus* sehenswert.

*Rheinfelden, Schloß Beuggen, Deckengemälde der Schloßkirche*

## D-5401 Rhens
Rheinland-Pfalz

Einw.: 3000 Höhe: 60 m S. 383 □ E 12

In dem heute vor allem durch sein Mineralwasser bekannten Städtchen versammelten sich im 14. Jh. die 7 Kurfürsten des Reichs zur Wahl des deutschen Königs.

**Königsstuhl** (über dem Ort, an der Straße nach Waldesch): Der bereits seit 1308 belegte, 1398 am Rheinufer aufgestellte kanzelartige, offene »steinerne Stuhl« war der eigtl. Tagungsort der 7 Kurfürsten und der Platz, v. dem aus der neue König erwählt wurde. Der 1803 v. den Franzosen zerstörte und 1842 aus den Resten neu aufgebaute Königsstuhl wurde erst 1929 an die heutige Stelle verlegt.

**Außerdem sehenswert:** *Alte Pfarrkirche* mit barocker Innenausstattung. - Das got. *Alte Rathaus* mit rotem Fachwerk zwischen weißen Putzfeldern und Durchgang im Erdgeschoß sowie einige bunt bemalte *Fachwerkhäuser* mit z. T. reichen Schnitzereien (z. B. figürlichen Stützbalken der Erker) stammen aus dem 16. und 17. Jh. - Ein bes. stattlicher Fachwerkbau, die inzwischen mit dem *Deutschen Haus* verbundene *»Wackelburg«* (16. Jh.), erhebt sich am Rheinufer. - Von der *Befestigung* des 14. und 15. Jh. sind noch Reste v. Toren, Türmen, Mauern und Gräben erhalten.

### Umgebung

**Brey** (1 km s): Neben einer urspr. im 14. Jh. erbauten *Kapelle* und einigen *Fachwerkhäusern* besitzt dieses Weindorf auch Reste einer ehem. röm. *Wasserleitung*.

**Spay** (4 km sö): In diesem an einer großen Rheinschleife gelegenen, durch seine Weinhänge und Kirschgärten bekannten

*Rhens, Königsstuhl. - Rechte Seite: Hagenwil (Romanshorn), Ehem. Schloß* >

Ort sind die *alte Pfarrkirche* und mehrere *Fachwerkhäuser* beachtenswert.

## CH-8590 Romanshorn

Thurgau

Einw.: 8300 Höhe: 402 m S.379 □ G 4

Das mittelalterliche Fischerdorf war im Besitz des Klosters St. Gallen. Nach mehreren Dorfbränden erfolgte seit Mitte des 19. Jh. die Entwicklung zur Hafenstadt der Bodenseeschiffahrt und zum Eisenbahnknotenpunkt.

**Paritätische alte Kirche:** 1964 legte man Mauerreste des 779 erwähnten Gründungsbaus - wohl die Grablege des Stifters Waltram - frei. Im 10. Jh. wurde die Apsis durch ein Altarhaus mit geradem Schluß abgelöst, das im 14. verlängert und mit Fresken ausgeschmückt wurde. In der 1. Hälfte des 15. Jh. erfolgten die Erneuerung der Vorhalle und der Bau des Turms, der 1670 seinen Riegelaufsatz erhielt. Nac weiteren Um- und Anbauten stand di Kirche 1913 leer, bis sie v. Jürg Affolter 1966-69 teilweise restauriert und neu ge staltet wurde.

**Kath. Kirche St. Johann Baptist:** Den neu roman. Bau errichtete 1911-13 Adol Gaudy* in Quaderwerk; er lehnte sich m dem Turm an San Marco in Venedig ar Die *Bauplastik* schufen Alois Payer* un Franz Wipplinger*, *Ausmalung* und *Glas gemälde* entstanden nach Kartons v. Frit Kunz*.

**Ref. Kirche:** Den zentralen Kreuzbau m seitlichem Spitzturm errichteten 1906-1 Otto Pfleghard* und Max Haefeli*. Da Gemälde an der Kanzelwand v. Elisabet Thomann-Altenburger* zeigt die Bergpre digt.

**Schloß** (genannt Großes Haus): Es war 1367 bis 1798 Sitz des äbtisch-sanktgall schen Obervogts. 1617-18 erfolgte d

*Rorschach, St. Kolumban und Konstantius*

Neubau, der 1670 renoviert und im 18.Jh. umgebaut wurde. Das Gebäude wird seit 1919 als Restaurant genutzt und wurde 1931 erhöht und modernisiert.

## Umgebung

**Egnach** (2 km s): Die *Luxburg*, ein Wasserschloß, war als bischöflicher Gerichtsplatz Ende des 14.Jh. gebaut worden und wechselte häufig den Besitzer. Der jetzige Zustand als dreigeschossiger Bau mit Glockentürmchen und einem achteckigen Treppenturm, den eine Zwiebelhaube krönt, sowie der nw Anbau unter einem Mansarddach sind im wesentlichen im 18.Jh. entstanden.

**Güttingen** (8 km nw): Das Dorf war Sitz der im 13.Jh. bedeutenden Freiherren v. Güttingen, die hier 4 Wehranlagen bauen ließen, v. denen *Schloß Güttingen* im 18.Jh. zum Landhaus umgebaut wurde, während aus den Steinen der ma Moosburg 1840 eine klassizistische *Villa* errichtet wurde.

**Hagenwil** (9 km sw): Das *ehem. Schloß* (jetzt Hotel) ist eines der beiden in der dt. Schweiz noch bestehenden Wasserschlösser; Zugbrücke v. 1741. Aus einer um 1220 errichteten Turmburg hervorgegangen, im Laufe des MA bis ins 18.Jh. durch mehrere sehr gut erhaltene Wohnbauten erweitert. Im 1. Obergeschoß des Torhauses Burgkapelle St. Michael (16.Jh.), barockisiert und neu ausgestattet 1768. Darüber spätgot. Stube mit klassizistischem Täfelwerk v. J. A. Bullacher. Im Palas großer Saal mit got. Balkendecke v. 1551 und Ofen des ausgehenden 18.Jh.

## CH-9400 Rorschach

St. Gallen

Einw.: 9650 Höhe: 398 m S.379 □ H 4

850 wird Rorschach erstmals erwähnt, 947 wurde das Markt-, Münz- und Zollrecht durch Otto I. an den Abt von St. Gallen verliehen. 1597 erschien die erste Zeitung der Welt in der Reichshofdruckerei. Im 18.Jh. trieb Rorschach Handel mit Korn und Leinwand; Ausbau des Bodenseehafens, im 19. Ansiedlung der Stickereiindustrie. 1909 erfolgte die Erhebung zur Stadt.

**Kath. Pfarrkirche St. Kolumban und Konstantius:** Der 1236 erwähnte Vorgängerbau stammte aus dem 10.Jh.; er mußte 1438 einem Neubau weichen, dessen Chor Peter Haimb* umgestaltete. Veränderungen des Schiffs und der Querhausarme erfolgten um 1660–66, 1782–86 verlängerte Johann Haag* das Schiff nach W. 1886 erneuerte August Hardegger* die geschweifte Fassade. 1966 wurde eine neue Empore eingebaut und in den folgenden Jahren das Äußere restauriert. Auf das langgezogene Schiff mit Flachtonnengewölbe folgt das Querhaus mit eingezogenem dreiseitig geschlossenem, kreuzgewölbtem Chor, in dessen S der spätgot. Turm mit Oktogonaufsatz und Laternenzwiebel (1693–94) steht. Über den Querhausarmen erheben sich spitze Dachreiter. Illusionistische *Deckengemälde* und *Grisaillen* v. Andreas Brugger* (um 1783) stellen die Fürbitte des hl. Kolumban vor der Hl. Dreifaltigkeit, die 4 Evangelisten und die Anbetung des Lamms dar. Zur Ausstattung gehören der *Hochaltar* (1731) mit dem Kreuzigungsgemälde v. Luigi Rossi* (1861), *Seitenaltäre* v. Lorenz Schmid (1784), darunter einer mit dem Reliquienschrein des Katakombenheiligen Konstantius. - Die *Seelenkapelle,* ein dreiseitig geschlossener Barockbau, steht n der Kirche.

**Ehem. Benediktinerkloster Mariaberg:** S der der Stadt liegt der spätmittelalterliche Klosterbau, dessen Grundstein 1487 gelegt wurde. Die Dreiflügelanlage mit Kreuzgang entstand unter der Bauoberleitung v. Erasmus Grasser*. 1489 wurde der Rohbau zerstört, der sofort begonnene Wiederaufbau erst um 1520 vollendet. An der W-Front liegt der alte Eingang mit Paradies, an der N-Seite führt eine doppelarmige, oval geführte Freitreppe zum säulengerahmten Hauptportal. Der spätgotische Kreuzgang öffnet sich zum Innenhof mit 35 Maßwerkfenstern; über seinem N-Flügel liegen komplizierte Sterngewölbe, über den 3 anderen Armen Rautengewölbe. Der *Kapitelsaal* wurde 1564/68 reich ausgemalt. -Seit 1864 befindet sich hier das kantonale Lehrerseminar.

**Kornhaus:** Das urspr. zur Getreideversorgung - des äbtischen Gebiets am Hafen v. Johann Caspar Bagnato* errichtete Gebäude, ein barocker zwölfachsiger symmetrischer Bau mit Rustika-Ecklisenen, einem Mittelrisaliten mit Dreiecksgiebel und Seitenrisaliten mit geschweiften Giebeln sowie einer dreischiffigen Halle im Erdgeschoß ist das Wahrzeichen v. Rorschach. - In seinem O-Teil ist heute das *Heimatmuseum* mit Funden aus der Vorgeschichte, einem Stadtmodell und Exponaten zur Wohnkultur des 15.-19.Jh. untergebracht.

**Rathaus** (Hauptstr. 29): Der 1681-89 errichtete Bau erhielt 1747 einen S-Flügel. Auffallend ist an der Straßenseite der zweigeschossige Steinerker.

**Außerdem sehenswert:** *Kath. Pfarrhof* (1786), ein traufständiger Bau mit Mansarddach und 4 rundbogigen Toren im Erdgeschoß. - Der *Falken* (Hauptstr. 31; 1681-89) mit zweigeschossigem Steinerker. - *Kettenhaus* (Hauptstr. 39; Umbau v. 1786-94 eines älteren Hauses) mit einer durch Pilaster in 5 Teile gegliederten Fassade und einem Mansarddach über der Mittelachse. - *Haus*

**Rorschach, ehem. Benediktinerkloster Mariaberg 1** Haupteingang **2** ehem. Refektorium **3** ehem. Kapitelsaal (jetzt Musiksaal)

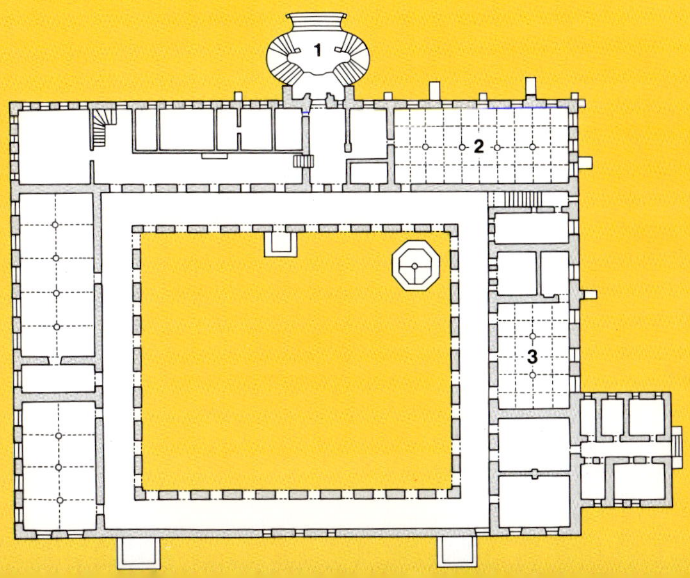

*Rorschach, St. Kolumban und Konstantius, Blick zum Chor*

*Hauptstr. 33* (1650) mit einem reichgeschnitzten Doppelerker. - *Haus Brugger* (Hauptstr. 48; 1581, im 18. Jh. umgebaut) mit geschnitztem Erker. - *Engelsapotheke* (Hauptstr. 43; nach 1761), ein barocker Bau mit Mansardengiebel.

## Umgebung

**Rorschacherberg** (2 km sö): Auf einem Hochplateau bei Hohriet lag eine befestigte *Hallstattsiedlung,* v. der eine Trockenmauer ausgegraben wurde. - Das *St.-Anna-Schloß* war im MA eine Burg der Herren v. R. 1509 wurde eine Hauskapelle der hl. Anna geweiht. Sichtbar sind noch der Wohn- und Wehrturm mit 4 m dicken Mauern und den jüngeren got. Anbauten. - *Schloß Wartensee,* urspr. ma Burg der St. Gallener Ministerialen v. Wartensee, wurde im 19. Jh. durch Robert Lukas Pearsall* zum neugot. Herrensitz umgestaltet. Der ma W-Turm mit Staffelgiebel ist erhalten. - *Schloß Wartegg* wurde 1557 erbaut und war 1860 Wohnstätte der aus Italien exilierten Königin Louise v. Bourbon-Parma. Neben dem urspr. Bau mit Turm besteht es aus dem SW-Flügel aus dem Ende des 17. Jh. und dem neugot. S-Flügel v. 1860–70. Die *Schloßkapelle,* 1707 als Loretokapelle errichtet und 1873 neuroman. umgestaltet, dient heute als Filiale der Pfarrkirche v. R.

## NL - Rotterdam

Südholland

| Einw.: 570 000 | S. 386 □ B 17 |
| --- | --- |

Die zu beiden Seiten des südlichen Rheinarms (= Nieuwe Maas) gelegene zweitgrößte niederländische Stadt Rotterdam verdankt ihren Namen dem kleinen Flüßchen Rotte, auf dessen Damm im 13. Jh. ein Fischerdorf entstanden war. 1340 mit den Stadtrechten ausgestattet, war Rotterdam im 16. und 17. Jh. ein blühendes Handelszentrum, dessen Entwicklung danach allerdings stagnierte. Erst im letzten Drittel des 19. Jh. begann mit dem Bau des »Nieuwe Waterweg«, der Schiffahrtsverbindung zur Nordsee mit dem Vorort Hoek van Holland an der Mündung, der Aufstieg zum Welthafen, dessen Bedeutung durch die Inbetriebnahme von Europoort im Jahre 1966 nochmals gewachsen war. Dazwischen aber lagen der 14. 5. 1940, an dem deutsche Bomber die Innenstadt völlig zerstört hatten, und das Jahr 1944, in dem der Hafen von den Deutschen schwer beschädigt worden war. Den besten Überblick über die sich kilometerlang aneinanderreihenden Häfen hat man von dem auf 100 m Höhe liegenden »Krähennest« auf dem Euromast, Rotterdams modernem Wahrzeichen (beim Maastunnel). - Der berühmteste Sohn der Stadt ist der große Philosoph und Theologe Erasmus von Rotterdam (um 1469-1536).

**Grote oder St.-Laurenskerk** (Grote Kerkplein): Die spätgot. kreuzförmige Basilika mit eingebautem Turm wurde nach den Schäden im 2. Weltkrieg 1951-68 sorgfältig wiederhergestellt. Original sind im wesentlichen nur noch das Maßwerk der Fenster und die zierlichen Bekrönungen der Treppentürmchen an den Querhausarmen. Im Inneren erhalten sind das Grabmal des Admirals E. Kortenaer (†1665) an der N-Seite des Chors sowie die Grabmonumente für J. van Brakel (†1690) und W. de With (†1658). Bemerkenswert sind auch die neuen Bronzetüren. - Auf dem Platz vor der Kirche erhebt sich das nach einem Modell v. Hendrick de Keyser* 1622 in Bronze gegossene *Erasmus-Standbild*.

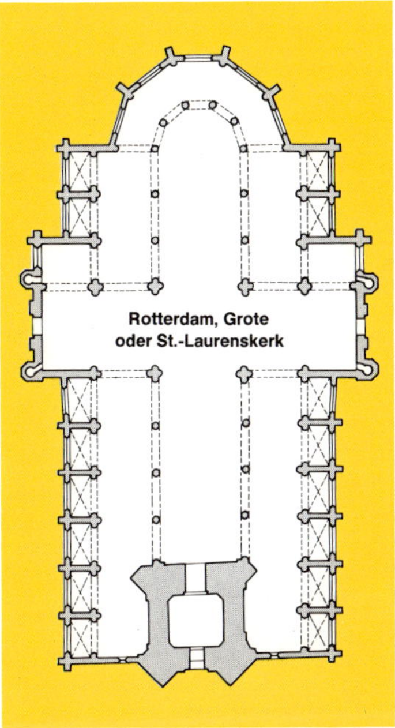


**Stadhuis** (Coolsingel): Das 1914-20 erbaute größte Rathaus der Niederlande blieb vom Krieg unversehrt erhalten. Davor ein *Standbild des Huig de Groot* (Hugo Grotius) und ein *Kriegerdenkmal* des 19. Jh. - An der Coolsingel, der Rotterdamer Hauptstr., befinden sich außerdem die 1940 erbaute *Börse* (Beurs), das 1957 erbaute *Warenhaus de Bijenkorf* und davor die über 20 m hohe Gitterplastik *Konstruktion* (1957) des Bildhauers Naum Gabo*.

**Museum Boymans-van Breuningen** (Mathenesserlaan 18-20): Neben Glas, Keramik, einer bedeutenden Zinn- und einer umfangreichen graphischen Sammlung besitzt das Museum sowohl Werke alter (Hieronymus Bosch*, Rembrandt, Peter Paul Rubens* u. a.) als auch moderner Malerei (Salvador Dalí, Wassily Kandinsky*, René Magritte* u. a.).

**Außerdem sehenswert:** Im ehem. *Gemeenlandshuis van Schieland* (Kork Hoogstraat 31), dem urspr. 1665 erbauten, 1864 bis auf die Barockfassade niedergebrannten alten Deichamt, ist das *Historische Museum* untergebracht. - Urspr. aus dem 17. Jh. stammt das *ehem. Stadhuis;* die *Prinsenmolen* (Bergse Voorplaats) wurde als eine der ältesten Rotterdamer Windmühlen 1648 erbaut. - Am Leuvehafen steht das berühmte Denkmal *Die zerstörte Stadt* v. Ossip Zadkine* (1953). - Interessante Museen sind das *Belastingsmuseum* (Parklaan 14-16) mit Dokumenten zu Betrug und Schmuggel, das *Marineinfanteriemuseum* (Maaskade 119), das *Museumsschiff Buffel* (Leuvehaven), *Stichting Atlas van Stolk* (Aelbrechtskolk 12) mit Expona-

ten zur Geschichte der Niederlande ab 1500, *Toy-Toy* (Groene Wetering 41) mit antiken Puppen oder das *Zakkendragershuisje* (Vorstraat 13–15) mit einer Zinngießerei. – Im malerischen *Stadtteil Delfshaven* stehen eine spätgot. Kirche und das Denkmal für den hier geborenen Seehelden Piet Hein (1577–1629). – Die *niederländisch-ref. Kirche* im *Stadtteil Hillegersberg* stammt aus der Zeit um 1500.

## Umgebung

**Maassluis** (13 km w): Aus dem 17. Jh. stammen die *niederländisch-ref. Grote Kerk* mit reicher Ausstattung, das *ehem. Rathaus* und das *Haus des Deichamts.*

**Poortugaal** (9 km sw): Der schlanke Turm der *niederländisch-ref. Kirche* stammt in seinen Untergeschossen aus dem 14. Jh., das Langhaus entstand im frühen 16. Jh. An der Wand des s Querhauses findet sich ein gemaltes Jüngstes Gericht aus der Zeit um 1500.

**Rhoon** (6 km sw): Die im frühen 16. Jh. erbaute *niederländisch-ref. Kirche* bewahrt einige bemerkenswerte Grabmäler und -platten des 16.–18. Jh. – Das im 12. Jh. gegr. *Kasteel Rhoon* wurde im 16. und 17. Jh. neu erbaut und umgestaltet.

**Schiedam** (4 km w): Der in der Mitte des 13. Jh. gegr., 1275 zur Stadt erhobene Ort ist fast mit R. zusammengewachsen, hat sich aber seinen eigenen Charakter bewahrt. – Die dreischiffige *St.-Janskerk* stammt in ihren ältesten Teilen wohl aus dem 14. Jh. – Im 19. Jh. erbaut wurden die *St.-Johannes de Doperkerk,* die *Lutherse Kerk,* die *Basiliku Onze Lieve Vrouwe van de Rosenkrans* und die *Oud-Katholieke Kerk.* – Bes. beachtenswert sind das *Rathaus* (16.–18. Jh.) mit Glockenturm, die Reste des urspr. aus dem 13. Jh. stammenden *Huis te Riviere,* die *ehem. Börse* (18./19. Jh.), das 1725 erbaute *Zackendragershuis,* 4 v. ehemals 19 *Steinmühlen,* das 1787 erbaute *St.-Jacobs-Spital* mit dem *Stedelijk Museum* sowie einige *Häuser* mit Louis-seize-Fassaden entlang Lange Haven und Tuinlaan.

**Vlaardingen** (9 km w): Die dreischiffige *niederländisch-ref. Kirche* entstand durch wiederholte Veränderungen der ma, 1574 niedergebrannten alten Pfarrkirche. – Das *Rathaus* mit figurengeschmücktem Giebel und Glockentürmchen entstand 1650, der *Vismarkt* (eigtl. eine offene Galerie mit Türmchen) 1778, die *Getreidemühle Aeolus* 1790. –Das *Fischereimuseum* (Visserijmuseum) mit Schiffsmodellen, Karten, Geräten und Gemälden zur Seefischerei und zum Walfang ist in einem ehem. Wohnhaus mit monumentaler Fassade v. 1790 untergebracht.

*< Rotterdam, Erasmus-Standbild*

## D-6220 Rüdesheim

Hessen

Einw.: 10500 Höhe: 85 m S.383 □ E 11

Der am rechten Rheinufer unterhalb des Niederwaldes gelegene weltbekannte Weinort war bereits in der Römerzeit besiedelt. Große wirtschaftliche Bedeutung erlangte Rüdesheim als Start- oder Endpunkt des sogenannten Kaufmannswegs, der als Umgehung des für die Schiffahrt gefährlich engen Binger Lochs angelegt worden war. Dank seiner vorzüglichen Weine und seiner landschaftlich reizvollen Umgebung entwickelte sich Rüdesheim gegen Ende des 19. Jh. zu einem der heute meistbesuchten Fremdenverkehrszentren am Rhein.

**Pfarrkirche St. Jakob** (Kirchplatz): Nur die frühroman. Kapelle im Untergeschoß des Turms an der N-Seite erinnert noch an einen Vorgängerbau des 11. Jh. Die heutige spätgot. Kirche stammt im wesentlichen aus der Zeit um 1400. Nach dem Brand im 2. Weltkrieg blieb v. der wertvollen Ausstattung nur wenig erhalten. Hervorzuheben sind dabei v. a. der um 1600 aus Sandstein gefertigte Marienaltar und mehrere ma Grabmäler des Rittergeschlechts der Brömser.

**Brömserburg und Weinmuseum** (Rheinstr. 2): Die wohl bis ins späte 10. Jh. zurückreichende und im 19. Jh. ausgebaute Brömser- oder Niederburg beherbergt heute das *Weinmuseum Brömserburg* mit Exponaten zur Geschichte des Weinbaus im Rheingau und eine sehr umfangreiche Sammlung wertvoller Trinkgefäße.

Hinter dieser Anlage steht der imposante Bergfried der *Boosen-* oder *Oberburg*, im Ortszentrum die Turmruine der *Markt-* oder *Vorderburg*. Von einer ehem. vierten Burg ist nichts erhalten.

**Brömserhof** (Obergasse): Die im 16. und 17. Jh. entstandene Hofanlage besitzt einen prachtvollen Fachwerkturm mit kleinen erkerartigen, v. spitzen Helmen bekrönten Anbauten am Spitzhelm.
Innen befindet sich heute *Siegfrieds Mechanisches Musikkabinett* mit einer reichen Sammlung mechanischer Musikinstrumente. Bes. beachtenswert sind aber auch die Wandmalereien v. 1558 im kleinen Saal des spätgot. Kernbaus.

**Niederwald-Denkmal** (zu erreichen über eine Autostraße, einen Fußweg oder mit einer Seilbahn): Das 1883 zur Erinnerung an die Gründung des Dt. Reiches geweihte Denkmal mißt mit seinem etwa 25 m hohen Unterbau bis zur Krone in der Hand der Germania über 37 m. Auf dem Bronzerelief am Sockel sind etwa 200 Figuren zu sehen, darunter Kaiser Wilhelm I. (zu Pferd), Bismarck und Moltke. – In der Nähe liegt das urspr. aus dem 17. Jh. stammende, 1929 nach einem Brand wieder aufgebaute und erweiterte *Jagdschloß Niederwald* (heute Hotel).

**Außerdem sehenswert:** Unter den Bürger- und Adelshöfen sind v. a. der *Klunkhardshof* (16. Jh.), der *Bassenheimer Hof* (urspr. 16. Jh.) und der *Hof der Ritter zu Groenesteyn* (18. Jh.) zu nennen. – Vor der Befestigung des 15. Jh. sind einige Reste der *Stadtmauern* (am Rhein) und v. a. der runde, mit Maßwerkfries und Zinnen verzierte *Adlerturm* (Rheinstr., heute Sitz einer Bank) erhalten.

## Umgebung

**Assmannshausen** (5 km nw): Der durch seinen Rotwein (»Höllenberg«) berühmte Ort war in der Hochromantik beliebter Treffpunkt v. a. rheinischer Dichter und Musiker. – Neben Resten der ehem. *Stadtmauer* und einigen *Fachwerkhäusern* ist

*< Rüdesheim, Brömserhof*

*Rüdesheim, Niederwald-Denkmal*

bes. die im 14. Jh. entstandene *Kirche zur Kreuzerhöhung* sehenswert.

**Aulhausen** (4 km nw): Die spätgot. *Kirche* dieses Dorfes wurde 1401 erbaut.

**Ehrenfels** (4 km w): Die im beginnenden 13. Jh. als Zollfeste am Scheitelpunkt der Rheinbiegung hoch über dem Strom erbaute Burg bewahrte früher die Kleinodien des Mainzer Doms. Nach der Zerstörung 1689 durch die Franzosen ist Ehrenfels heute als imposante zweitürmige Ruine erhalten, die restauriert wird.

**Eibingen** (2 km n): Von dem im 12. Jh. gegr. Benediktinerinnenkloster der hl. Hildegardis ist v. a. noch die im 12. Jh. erbaute, 1932 wesentlich veränderte *Kirche* zu sehen. Das 1904 gestiftete *neue Benediktinerinnenkloster St. Hildegardis* besitzt eine zweitürmige neuroman. *Kirche*. – Etwa 3 km n außerhalb liegt die aus dem 14. Jh. stammende *Wallfahrts- und ehem. Kapuzinerklosterkirche Nothgottes*.

## F-68300 Saint-Louis/St. Ludwig
Haut-Rhin

Einw.: 19000 Höhe: 250 m S. 380 □ D 4

Der an das schweizerische →Basel angrenzende Ort wurde 1687 von den Einwohnern des vernichteten Dorfes Huningue gegründet.

**Saint-Louis** (Rue de Mulhouse): Die 1842 in neoklassizistischem Stil erbaute Ludwigskirche bewahrt im Inneren 2 Statuen des 18. Jh.: einen hl. Ludwig und eine Jungfrau Maria.

**Außerdem sehenswert:** Kirche *Notre-Dame de la Paix* v. 1960 mit Madonna aus dem 15. Jh.

### Umgebung

**Blotzheim** (6 km nw): Sog. *Eichkapelle* (15. Jh.) mit got. Vesperbild auf einem Barockaltar. – Das zweigeschossige *Schloß* wurde 1730 anstelle einer 1445 zerstörten Burg erbaut.

## CH-9000 St. Gallen
St. Gallen

Einw.: 70900 Höhe: 600 m S. 379 □ G 3

Der Kantonshauptort liegt zwar nicht unmittelbar am Rhein, beherrscht aber politisch, wirtschaftlich und kulturell das Gebiet zwischen Alpenrhein und Bodensee. Seine Entstehung wie sein Name leiten sich von der um 612 erfolgten Niederlassung des hl. Gallus als Eremit und der 719 an dessen Grab geschehenen Klostergründung her. Zunächst existierte eine offene Siedlung der Gotteshausleute in Abteinähe; nach dem Ungarneinfall um 926 erfolgte der Bau einer Ringmauer (953 ff.); 1170 erste urkundliche Erwähnung als Stadt mit Marktrecht. Allmählich löste sich die Stadt vom Kloster zur Reichsfreiheit. Im frühen 15. Jh. stand St. Gallen teilweise auf der Seite der aufständischen Bauern gegen das Stift. 1454 Ewiger Bund mit 6 eidgenössischen Orten. Die Stadtmauer wurde unter Einschließung der Irervorstadt im Norden erweitert. Beginnender Wohlstand entstand durch Leinwandindustrie und Leinwandhandel. Die Reformation wurde durch Joachim von Watt (Vadian) eingeführt, jedoch dank des Siegs der Katholiken bei Kappel bestand weiter die Herrschaft des Stifts über die Landschaft. Seit dem 18. Jahrhundert begannen Fabrikation und Besticken von Baumwollgeweben. 1803 wurde St. Gallen Kantonshauptort. Nach 1800 wurden die Stadtmauern unter Beibehaltung des mittelalterlichen Kerns geschleift. 1823 erfolgte die Konstituierung des Doppelbistums Chur-St. Gallen, 1847 des selbständigen Bistums St. Gallen. Vergrößerung durch Neubauten im 19. Jh., 1918 Eingemeindung von Tablat und Straubenzell.

**Stiftskirche St. Gallus und Otmar:** Vorgängerbauten machten 1755–67 einem Neubau v. Peter Thumb* Platz, den Johann Michael Beer* und sein Neffe Johann Ferdinand Beer* vollendeten. Sie entwickelten zusammen mit Bruder Gabriel Loser* und dem Bildhauer Joseph Anton Feichtmayr* die bereits 1750 v. Johann Caspar Bagnato* geplante zweitürmige O-Fassade. Die Ausstattung besorgte Johann Christian Wenzinger* mit Josef Wannenmacher* (Gemälde) und den Brüdern Johann Georg und Matthias Gigl* (Stuck). Erst 1808–10 war sie mit dem Hochaltar und dem geschnitzten N-Portal (1) beendet. – Restaurierungen wurden 1773, 1841–46, 1928–38 und 1961–67 durchgeführt. Die Stiftskirche markiert den Übergang des Barock zum Klassizismus.

*St. Gallen, Stiftskirche* >

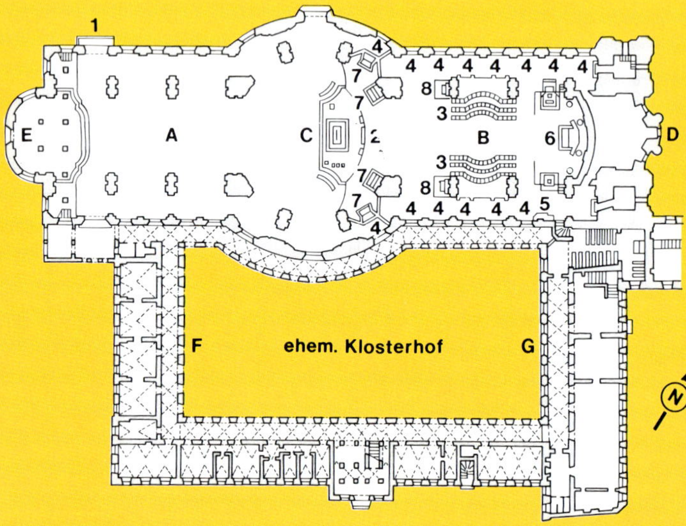


**St. Gallen, Stiftskirche St. Gallus und Otmar A** Langhaus **B** Chor **C** Rotunde **D** O-Fassade **E** Orgelempore **F** Stiftsbibliothek **G** Dekanatsbau mit St.-Anna-Kapelle **1** N-Portal **2** Chorgitter **3** Chorgestühl **4** Beichtstühle **5** Zelebrantenbetstühle **6** Hochaltar **7** Seitenaltäre in der Rotunde **8** Seitenaltäre im Chor

Sie besteht aus den beiden gleich langen Armen des *Langhauses* (A) und des *Chors* (B), die v. einer *Rotunde* (C) verbunden werden. Die Außenwände sind nur durch die hohen Fenster gegliedert; lediglich die Wände der Rotunde sind durch Nischen betont, in denen Statuen v. Christian Wenzinger* stehen: an der N-Seite die hll. Petrus, Paulus, Gallus und Otmar, an der S-Seite Benedikt, Magnus, Eusebius und Notker. Außerdem befinden sich über dem N-Portal (1) eine Christusbüste und das Wappen des Erbauerabtes Coelestin Gugger v. Staudach, die W-Fassade ziert eine Immaculata (Kopie). Dominierender Blickfang ist die plastisch reich gegliederte *Doppelturmfassade* (D) im O, deren dreigeschossige, in der Achse konkaven Türme sich mit den laternengekrönten Kuppeln auf 68 m erheben. Der konvex vorgewölbte Mittelbau birgt im Inneren seiner 3 Stockwerke Sakristeien und Archive; er trägt außen die Figuren der hll. Desiderius und Mauritius auf dem v. 2 hohen Säulen getragenen Altan und das Mariä-Krönungs-Relief im Giebel (1934, Alfons Magg* nach Feichtmayr und Johann Jakob Oechslin*). Die symmetrische, doppelchörige Wandpfeileranlage mit zentraler Kuppel wirkt durch die zurücktretenden 8 Kuppelpfeiler wie ein einheitlicher Längsbau mit Seitenschiffen, der sich dennoch im Zentrum der Rotunde sammelt. Die dreijochigen Arme des Langhauses überspannen flache Hängekuppeln, die Seitenschiffe Quertonnen, und über der Rotunde liegt eine Pendentifkuppel, die v. den Kalotten des Umgangs umschlossen wird. Unter der ö Apsis liegt eine 1767 umgebaute, unter der w eine frühmittelalterli-

*St. Gallen, Stiftsbibliothek*

che Krypta. Toskanische Säulen tragen die über der w Apsis liegende klassizistische *Orgelempore* (E) mit dem 1965–67 veränderten Orgelprospekt v. Joseph Simon Mosbrugger*.

Die *Ausstattung* betont den Chorraum. Die *Stuckierung* der Wände und Pilaster ist weiß, die der Gewölbezone dagegen vielfarbig gestaltet. Christian Wenzingers* Stuckreliefs im Kuppelumgang stellen Szenen aus dem Leben des hl. Gallus dar, seine Stuckfiguren sind Allegorien der Tugenden. Die Gewölbe überziehen die *Deckengemälde*, ein bewölkter Himmel, der v. Heiligen bevölkert ist: Im Chor verehren Evangelisten, Apostel, Kirchenlehrer und Propheten, umgeben v. Engeln und Erzengeln, Christi und Gottes Namen sowie die Eucharistie und das Lamm Gottes; in der Kuppel verkünden hl. Männer und Frauen das Weltgericht; im ö Schiffsjoch ist der hl. Gallus, im mittleren sind die hll. Otmar, Eusebius, Magnus und Fides und im w die Immaculata mit ihren Verehrern dargestellt; ein Engels- und Mönchschor mit der hl. Cäcilia an der Orgel ziert die Kalotte der w Apsis, die der ö ein Engelschor. Die Deckengemälde stammen in der O-Apsis v. Josef Keller*, im Chor v. Joseph Wannenmacher* (sie wurden 1819–21 z.T. v. Orazio Moretto* übermalt, was während der letzten Restaurierung jedoch wieder rückgängig gemacht wurde), in der Rotunde und in der W-Apsis v. Christian Wenzinger*. Das geschwungene *Chorgitter* (2) schuf nach einem Entwurf v. Franz Anton Dirr* 1771 Joseph Mayer*. Das geschweifte, dreireihige *Chorgestühl* (3) ist das letzte Werk Joseph Anton Feichtmayrs*; er schnitzte es gemeinsam mit Johann Georg und Franz Dirr* 1763 bis 1768. Es schildert auf 10 Reliefs das Leben des hl. Benedikt. Die Bekrönungen der 16 *Beichtstühle* (4) stammen ebenfalls v. Joseph Anton Feichtmayr*, ihre Büsten und Reliefs nehmen Bezug auf das Buß-

*Folgende Seite:*
*St. Gallen, Handschrift aus der Stiftsbibliothek, St. Kolumban und St. Gallus*

nd als sy den göttlichen namē
geruͤftent do kament sy re
chtes weges an die stat
sy nu begert hattend

sakrament. Eine Besonderheit sind die *Zelebrantenbetstühle* (5).
Den klassizistischen *Hochaltar* (6) errichtete Joseph Simon Mosbrugger* 1808-10. Das Altarblatt mit Mariä Himmelfahrt malte Francesco Romanelli* um 1645. Die 4 *Stuckmarmoraltäre* in der Rotunde (7) entwarf Fidel Sporer*, die 2 *Altäre* an den Chorpfeilern (8) schuf Joseph Anton Feichtmayr*. Die Blätter der Seitenaltäre sind Werke v. Stefano Lagnani* (1691), Josef Keller*, Josef Hecht*, Martin Knoller* und Orazio Moretto* (alle v. Anfang des 19. Jh.)

**Ehem. Benediktinerstift:** Die v. dem irischen Wanderprediger Gallus gegr. Zelle erhielt 747 durch den 1. Abt Otmar die Regel des hl. Benedikt. Unter kaiserlichem Schutz gedieh das Kloster zu kultureller Hochblüte, die durch Namen wie Notker der Stammler († 912), Tuotilo († nach 912), Ekkehard I. († 973), Notker der Großlippige († 1022) und Ekkehard IV. († um 1060) gekennzeichnet ist. Machtverluste durch kriegerische Auseinandersetzungen mit den Habsburgern und den aufständischen Untertanen (Appenzeller Krieg) wurden durch steigenden Reichtum ausgeglichen. Nach der Revolution 1805 wurde das Stift aufgehoben.
Ein *karolingischer Klosterbauplan* ist in der Stiftsbibliothek erhalten. Im weiteren folgten mehrere Neu- und Umbauten, die im 17. Jh. geordnet und 1755-69 erweitert und vereinheitlicht wurden. Der ma *Rundturm* und das *Karlstor* (1569) blieben erhalten. Im 1758/59 v. Peter Thumb* Vater und Sohn erbauten W-Trakt (F) des s der Kirche liegenden Klausurkarrees befindet sich die weltberühmte *Stiftsbibliothek* mit rund 150000 Bänden im zweigeschossigen Bibliothekssaal, dessen Deckengemälde Josef Wannenmacher* und dessen Stukkaturen die Brüder Gigl* schufen. Das Tonnengewölbe des Manuskriptsaals ist stukkiert, die Wandschränke verzieren Intarsien. Der O-Trakt (G), das Dekanatsgebäude mit der *Herz-Jesu-Kapelle* im Erdgeschoß, wurde später aufgestockt. Den *Hofflügel (Alte Pfalz)* des ö der Kirche gelegenen, zum Klosterplatz hin offenen dreiflügeligen Gebäudekomplexes baute 1674 Daniel Glattburger* aus; sein w Teil dient heute als Bischofswohnung. Westlich des Durchgangs zum Brunnenhof liegt im Erdgeschoß die *Galluskapelle* (1666 geweiht), darüber die 1676 geweihte Hofkapelle, heutige *Bischofskapelle.* Den O-Trakt bildet die *Neue Pfalz,* heute Regierungsgebäude; sie wurde 1767-69 v. Ferdinand Beer* gebaut. Nach Plänen v. Felix Wilhelm Kubly* wurde 1834-44 der N-Trakt, das ehem. *Zeughaus,* im Stil der Neurenaissance erbaut. Auf seine Pläne geht auch die daneben liegende doppelgeschossige *Kinderkapelle* (1842-44) zurück.

**Ref. Kirche St. Laurenzen** (Zeughaus-/Kugelgasse): 1976/77 wurden durch Ausgrabungen 6 Vorgängerbauten nachgewiesen, die bis ins frühe 9. Jh. zurückreichen. Der heutige Bau geht auf einen 1413 begonnenen Neubau v. Johann Murer* zurück, den Michael v. Safoy* weitergeführt hat. Er wurde um 1423 fertiggestellt. An die so entstandene dreischiffige *Staffelhalle,* in deren NO-Ecke sich der erst später vollende *Turm* erhebt, baute man auf der N-Seite 1513-15 eine vorkragende Empore, eine sog. *Laterale,* an. Darunter liegt ein offenes Arkadengeschoß. Als Pendant zum Turm kam 1515 im S des quadratischen Chors die *St.-Anna-Kapelle* dazu. Ihr folgte 1577/78 der Anbau der s Laterale durch Wolfgang Vögeli*. Erst ab 1850 kam es zu einem gründlichen Um- und Neubau nach Plänen v. Johann Georg Müller* unter Mitarbeit v. Ferdinand Stadler*, die Christoph Kunkler* ausführte. W-Fassade, Portale, Fenster und Turmbekrönung sowie die Ausstattung sind neugot. Die Statuen an den w Strebepfeilern schuf Johann Georg Oechslin* um 1850.

**Weitere sehenswerte Sakralbauten:** Das *ehem. Dominikanerinnenkloster St. Katharina* (Katharinengasse) wurde 1228 gegr. aber bereits im 16. Jh. aufgehoben. Es umfaßt heute Ausstellungs- und Festsaal sowie Freihandbibliothek. Der Kreuzgang wurde 1503-07 gebaut. - Die *ref. Pfarrkirche St. Mangen* (Kirchgasse), ein frührom

*Vorhergehende Seite: St. Gallen, Stiftsbibliothek, Handschrift um 1430*

*St. Gallen, Stiftskirche, Chorgitter >*

Bau über kreuzförmigem Grundriß, geht auf eine Gründung v. 898 zurück. - Die *kath. Pfarrkirche St. Fides* (Greithstr.), ein 1777 v. Johann Ferdinand Beer* errichteter Barockbau, wurde 1954-55 v. Hans Burkard* nach W verlängert. Der Turm war 1874 erhöht worden. - Die neubarocke *kath. Pfarrkirche St. Maria* erbaute 1914-17 Adolf Gaudy*. - Die *ref. Kirche* in *Heiligkreuz*, einen neubarocken Bau mit Jugendstilelementen, bauten 1911-13 Robert Curjel* und Karl Moser*. - Die *ref. Linsebühlkirche* (1897) wurde v. Armin Stöcklin* als Neurenaissancebau aus Tuff und Jurakalk gebaut. Die Portalplastiken schuf August Bösch*. - Das *Kloster Notkersegg* (Speicherstr.) besteht seit 1381, seit 1602 als Kapuzinerinnenkloster; die Klosteranlage entstand ab 1666. Sie wurde mit der Kirche nach einem Brand 1718 wiederhergestellt und 1967 v. Hans Morant* umgestaltet. Die Kirche besteht aus dem Laienschiff mit eingezogenem Quadratchor und dem Nonnenoratorium.

**Profanbauten:** Um das Kloster herum ist wie in Schalen die Altstadt gewachsen, sie bildet auch heute noch den Kern der Stadt. Hier stehen viele Häuser aus dem 16., 17. und 18. Jh. mit bunt bemalten Fassaden, reichgeschnitzten Erkern und Balkonen, schmiedeeisernen Wirtshausschildern und schmucken Portalen, so etwa die Häuser *Blaues Haus* (1574, 1971 restauriert), *Haus zum Grünen Hof* (1606), *Zum Greif* (um 1680), *Zum Pelikan* (1707), *Zur Stärke* (1619) *Zum Schwanen* (1690), *Zum Goldapfel* (1775) oder das *Schlößli* (1586-90) mit turmartigen Eckerkern, die *Kleine Engelburg* (um 1760) und das *Stadthaus*, auch Großes oder Halbes Haus genannt, ein Renaissancegebäude (1589), das im 18. Jh. die geschweiften Giebel erhielt.

**Museen:** *Stiftsbibliothek* mit insgesamt 2000 Handschriften, unter diesen eine bedeutende Sammlung irischer, karolingischer und ottonischer Codices und Miniaturen sowie etwa 1700 Inkunabeln; darunter das Nibelungenlied (13. Jh.), der Psalter Notkers des Großlippigen (10. Jh.), die Casus s. Galli (11. Jh.) und der karolingische Klosterplan (um 820). - Das *Industrie- und Gewerbemuseum* (Vadianstr. 2) zeigt Spitzen und Stickereien aus 6 Jh. sowie Erzeugnisse der Textilindustrie. - Das *Neue oder Historische Museum* (Museumsstr. 50) zeigt einerseits Exponate zur Geschichte einschließlich der Vor- und Frühgeschichte und andererseits eine außereurop. volkskundliche Sammlung. - Das *Heimatmuseum im Kirchhoferhaus*

*St. Gallen, Tonhalle*

(Museumsstr. 27) besitzt eine Silbersammlung und zeigt prähistorische Funde aus den Höhlen des Wildkirchli, des Drachenlochs und des Wildmannlislochs. - Das *Kunstmuseum* (Museumsstr. 50) besitzt u. a. eine Sammlung v. Werken schweizerischer, dt. und franz. Meister des 19. und 20. Jh. - In der *Kantonsbibliothek (Vadiana)* in der Notkerstr. 22 befinden sich historische Darstellungen St. Gallens.

**Denkmäler und Brunnen:** In der Marktgasse steht das Bronzedenkmal mit Figur des Bürgermeisters und Reformators Joachim v. Watt, gen. Vadianus, und Richard Kissling* (1904). - In der Gallusstr. steht der Gallusbrunnen mit der Figur des hl. Gallus v. Rudolf Seitter* (1936).

**Theater und Konzerte:** Im 1964-68 neu erbauten *Stadttheater* werden Schauspiele, Opern und Operetten aufgeführt. Konzerte finden in der *Tonhalle* statt.

## D-5401 St. Goar

Rheinland-Pfalz

Einw.: 3700 Höhe: 68 m S. 383 □ E 12

Namenspatron dieses am linken Rheinufer gelegenen, von Burg Rheinfels überragten alten Städtchens ist der im 6. Jh. aus Aquitanien gekommene Einsiedlermönch Goar. Im Mittelalter war St. Goar Wallfahrtsstätte (zum Grab des hl. Goar), Zollstation und Residenz der Grafschaft Katzenelnbogen.

**Stiftskirche, ev. Pfarrkirche:** Die spätgot. dreischiffige Hallenkirche mit Netzgewölbe im Langhaus und Kreuzrippengewölbe im Chor entstand im wesentlichen in der Mitte des 15. Jh. Älter ist v. a. die durch 2 Säulenreihen unterteilte roman. Krypta (um 1100), in der einst die Gebeine des hl. Goar aufbewahrt wurden. Im Inneren fallen bes. die Heiligendarstellungen und Rankenmalereien (um 1460-70) in den Gewölben, die Schlußsteine und figürlichen Konsolen auf. Hervorzuheben sind aber auch die spätgot. Steinkanzel (15. Jh.) und einige Marmorgrabmäler (Landgraf Philipp II. v. Hessen-Rheinfels und seine Gemahlin, Pfalzgräfin Anna-Elisabeth v. Bayern) v. Hofarchitekt Wilhelm Vernuiken* (1591).

**Burgruine Rheinfels:** 1245 v. den Grafen v. Katzenelnbogen hoch über dem Rhein als Zollfeste erbaut, entwickelte sich Rheinfels zu einer der mächtigsten Burgen am Rhein. Nach der Zerstörung durch die Franzosen (1797) zog die romantische Ruine zahlreiche Literaten wie F. Freiligrath, H. C. Andersen und Hoffmann v. Fallersleben an.
In der ehem. Burgkapelle ist ein *Heimatmuseum* eingerichtet. Geöffnet April-Oktober 9.30-17.00 Uhr.

**Außerdem sehenswert:** Die *kath. Pfarrkirche* bewahrt einen Flügelaltar, in dessen Mittelteil eine Tafel des sog. Hausbuchmeisters* (um 1510) eingebaut ist.
Ein besuchenswertes Fest ist das Spektakel *Der Rhein in Flammen* am 3. Septemberwochenende.
Am 1. Wochenende im August findet das *Hansenfest* des Internationalen Hansenordens mit nach ma Riten vollzogenen Hansungen.
*1. Rheinland-Pfälzisches Puppenmuseum* in der Sonnengasse. Geöffnet April-Dezember täglich 10.00 bis 18.00 Uhr.

## D-5422 St. Goarshausen

Rheinland-Pfalz

Einw.: 2000 Höhe: 75 m S.383 □ E 12

Die Schwesterstadt von St. Goar liegt nur unweit nördlich des berühmten Loreleyfelsens am rechten Ufer des Rheins.

**Burg Katz:** Die um 1370 v. den Grafen v. Katzenelnbogen gegr., 1806 v. den Franzosen zerstörte und 1896-98 um den runden Bergfried nahezu neu aufgebaute Burg (eigtl. Neu-Katzenelnbogen) erhebt sich auf einem Felssporn hoch über dem Ort. Ihr Gegenpol war und ist Burg Maus (→Umgebung).

**Außerdem sehenswert:** In der 1925 errichteten *kath. Johanneskirche* befindet sich ein Altarblatt »Hl. Dreifaltigkeit« aus der Schule v. Lucas Cranach d. Ä. - Aus dem 14. Jh. stammen 2 *Wehrtürme* als Rest der ehem. Befestigung. - Am Winterhafen wurde ein bronzenes *Sitzbild der Loreley* aufgestellt.

ST GOAR
Hotel
HOTEL TRAUBE
HOTEL

## Umgebung

**Ehrental** (5 km nw): Das *Kirchlein* des ehem. Klosters der Abtei Prüm wurde im frühen 18. Jh. erbaut.

**Loreley** (1,5 km s): Der 132 m über dem hier auf ein Drittel seiner Breite verengten Rhein aufragende Fels ist der Inbegriff der Rheinromantik. Die Sage v. der auf der Spitze dieses Felsens lebenden bezaubernd schönen Jungfrau Loreley (wahrscheinlich v. mittelhochdt. *lure* = »Elfe« und *lei* = »Fels«), die die vorbeifahrenden Schiffer durch ihre Gesänge ins Verderben führte, wurde durch das v. F. Silcher vertonte Loreley-Gedicht Heinrich Heines berühmt: »Ich weiß nicht, was soll es bedeuten, daß ich so traurig bin; ein Märchen aus uralten Zeiten, das kommt mir nicht aus dem Sinn. Die Luft ist kühl und es dunkelt, und ruhig fließt der Rhein; der Gipfel des Berges funkelt im Abendsonnenschein. Die schönste Jungfrau sitzet dort oben wunderbar; ihr goldnes Geschmeide blitzet, sie kämmt ihr goldenes Haar. Sie kämmt es mit goldenem Kamme und singt ein Lied dabei; das hat eine wundersame gewaltige Melodei. Den Schiffer in kleinem Schiffe ergreift es in wildem Weh; er schaut nicht die Felsenriffe, er schaut nur hinauf in die Höh. Ich glaube, die Wellen verschlingen am Ende Schiffer und Kahn; und das hat mit ihrem Singen die Lore-Ley getan.« – Auf der *Freilichtbühne* werden im Sommer Festspiele veranstaltet.

**Burg Maus** (3 km nw): Oberhalb v. Wellmich liegt die 1355 gegr., nach ihrer Zerstörung durch die Franzosen (1689) verfallene, 1900–06 im Stil der späten Rheinromantik ausgebaute und in den letzten Jahren gründlich renovierte Burg Maus (eigtl. Deurenburg).

**Wellmich** (3 km nw): In diesem Ort sind die *kath. Martinskirche* (14. Jh.) mit Renaissancegrabplatte aus der Mitte des 16. Jh. und geringe Reste der *ehem. Befestigung* erwähnenswert.

*< St. Goar, Ansicht mit Stiftskirche*

*St. Goarshausen, Burg Katz*

## CH-9430 St. Margrethen

St. Gallen

| Einw.: 5100 | Höhe: 403 m | S. 379 □ H 3 |
|---|---|---|

Der Grenzort nach Österreich ist ein wichtiger Eisenbahnknotenpunkt.

**Kath. Pfarrkirche:** Den neugot. Bau errichtete 1910 Albert Rimli*.

**Altes Kirchlein St. Margrethen** (ehem. paritätisch): Die Ende des 13. Jh. erbaute Kirche erhielt wohl im 15. Jh. einen Sakristeianbau. Sie besitzt *Wandmalereien* aus 3 Perioden: An den Chorwänden 2 Bildstreifen mit Szenen aus dem Leben der hl. Margarethe v. Antiochien (1. Drittel 15. Jh.), an der linken Chorwand Kreuzigung (Ende 15. Jh.), auf der das Kreuz als Rebstock dargestellt ist, über dem spätgot. Wandtabernakel an der Stirnwand Rankenwerk und an der rechten Wand des Schiffs Himmelfahrt Christi und Muttergottes (beide 1585). Für Besichtigung Vor-

*Sargans, Ansicht mit St. Oswald und Cassian*

anmeldung beim Mesner der kath. Kirchengemeinde.

**Schlößchen Bergsteig:** Der schloßähnliche Herrensitz, um 1400 erbaut, wird 1482 erwähnt; er ist heute in Privatbesitz und kann nicht besichtigt werden.

**Burg Grimmenstein:** In steiler Hanglage lag die vom St. Galler Abt um 1250 gegr. Burg, die 1416 v. den Konstanzern geschleift wurde. Erhalten haben sich 2 Schenkel des Bergfrieds, Grundmauern des Palas und ein rekonstruiertes Rundbogenportal.

**Schloß Vorburg:** Die unterhalb des Grimmensteins liegende Anlage diente wohl als Wohnhaus der Burgherren. Spätere Eigentümer bauten sie zum schloßähnlichen Bau mit 2 Rundtürmen aus (Privatbesitz; nicht zu besichtigen).

< *St. Margrethen, Altes Kirchlein, Altar*

| **CH-7320 Sargans**<br>St. Gallen | | |
|---|---|---|
| Einw.: 4750 | Höhe: 481 m | S. 379 □ H 2 |

Ein römischer Gutshof bestand in der Malerva. Erwähnt wird Sargans 765 als *Senegaune*. 1405 wurde der Ort durch die Appenzeller, 1445 durch die Eidgenossen, 1811 durch eine Feuersbrunst zerstört.

**Kath. Pfarrkirche St. Oswald und Cassian:** Anstelle eines got. Vorgängerbaus, v. dem noch die unteren Teile des Turms stammen, wurde 1709 die heutige Kirche neu errichtet. Das barocke Schiff schließt mit einem eingezogenen Polygonalchor. Der Turm wurde 1892 erhöht, das steile Satteldach 1934 aufgesetzt. An der n Giebelfront ist als Zier ein barockes Marmorportal (1708) mit Büste des hl. Oswald (1707) v. Ulrich Schmid* angebracht.

**Kapelle St. Sebastian** (auf Spleè im SO des Schlosses): Im spätmittelalterlichen Bau v.

*Endingen (Sasbach), Neues (l) und Altes (r) Rathaus*

1502 steht ein Altar des Patrons (1736). Den N-Turm krönt ein barockes Oktogon mit Zwiebel.

**Marienkapelle** (im Weiler Vild). Die urspr. Kapelle v. 1606 wurde durch Anbauten v. Vorchor und Schiff (1628, 1684) zum Altarhaus. Sie besitzt eine *Muttergottesstatue* vom Anfang des 16.Jh. und *Wandmalereien* v. 1628.

**Schloß:** Die Höhenburg liegt auf einem Felssporn des Gonzen und beherrscht sowohl das Rhein- als auch das Seeztal. Ende des 12.Jh. als Stammsitz der Grafen v. Werdenberg-Sargans erbaut, wurde sie 1396 an Herzog Leopold v. Österreich verpfändet. Sie hielt sowohl den Appenzellern wie den Eidgenossen stand. 1460 wurde der eingestürzte SO-Flügel wieder aufgebaut. 1483 wurde die Burg an die Sieben Alten Orte der Eidgenossenschaft verkauft und war bis 1798 Sitz v. insgesamt 181 Landvögten, deren Wappen zum großen Teil im *Rittersaal* zu sehen sind. 1860 wurde die hintere Burg geschleift. Das Schloß ist heute im Besitz der Ortsgemeinde und kann besichtigt werden.

**Museum Sarganserland:** Es ist im rechteckigen *Bergfried* des Schlosses untergebracht und zeigt eine regionalgeschichtliche Sammlung, frühgeschichtliche Funde, eine Maskensammlung und erinnert an das Gonzenbergwerk.

## Umgebung

**Wartau** (8 km nw): In beherrschender Lage über dem linken Rheinufer liegt die imposante *Burgruine Wartau*, deren Bergfried und viergeschossiger Palas mit Hocheinstieg erhalten sind.

## D-7831 Sasbach

Baden-Württemberg

Einw.: 2500 Höhe: 80 m S.380 □ D 5

Der alte Fischer- und Weinort im Nordwesten des Kaiserstuhls lag bis 1850 direkt am Rhein. Dort, wo einst die »ottonische Königsstraße« den Fluß überquerte, befindet sich heute eine Brücke, die Sasbach mit dem französischen →Marckolsheim verbindet.

**Kath. Pfarrkirche St. Martin:** Mit Ausnahme des im 3. Geschoß mit Steinmasken geschmückten urspr. roman. Turms wurde die Kirche 1741 erbaut. Aus der Mitte des 18.Jh. stammt der barocke Hochaltar, die Seitenaltäre sind etwas älter.

**Außerdem sehenswert:** Ein *Denkmal* erinnert an den 1675 hier gefallenen franz Marschall Turenne.

## Umgebung

**Endingen** (7 km ö): Das alte Weinstädtchen hat sich sein malerisches Stadtbild bis heute gut bewahren können. – Die *kath. Peterskirche* (beim Markt) mit got. Relief des sitzenden Petrus (um 1450) über dem W-Portal und im Stil des Rokoko und

*Schaffhausen, Rheinfall*

Klassizismus ausgestattetem Inneren wurde 1775 unter Einbeziehung des alten Turms und Portals erbaut. - Die *Wallfahrtskirche St. Martin* (spätgot. Chor, Langhaus v. 1846) bewahrt über dem Hochaltar die Marienstatue der »Weinenden Muttergottes v. Endingen« (1430). - Am Marktplatz befinden sich das 1527 als zweigeschossiger Renaissancebau errichtete *Alte Rathaus* mit geschwungenem Giebel des 18. Jh. (heute *Kaiserstühler Heimatmuseum*), das im 18. Jh. erbaute *Neue Rathaus* mit schmiedeeisernem Balkon (am Mittelrisalit) und Satteldach, das spätgot. *ehem. Kornhaus* v. 1617 mit hohem Staffelgiebel, einige *Bürgerhäuser* des 17. und 18. Jh. sowie der um 1500 aus rotem Sandstein gefertigte got. *Marktbrunnen*. - Ein Rest der alten Befestigung ist das urspr. aus dem frühen 14. Jh. stammende, 1581 ausgebaute *Königschaffhausener Tor*.

**Kiechlinsbergen** (3 km sö): In der 1813 erbauten *Kirche St. Pedronilla* befinden sich ältere Barockaltäre. - Das 1778 vollendete stattliche *Schloß* soll 1730 Peter Thumb* begonnen haben.

**Limburg** (1,5 km nw): In dieser über dem Rhein auf dem vulkanischen Limberg gelegenen Burgruine soll 1218 Rudolf v. Habsburg geboren worden sein. Auf dem Limberg befand sich bereits im 1. Jh. v. Chr. eine Keltensiedlung, und auch die Römer hatten hier einst ein Lager angelegt.

## CH-8200 Schaffhausen

Schaffhausen

Einw.: 33 500 Höhe: 407 m S. 378 □ F 4

Im frühen Mittelalter entstand am Rheinübergang in nordsüdlicher Richtung und dort, wo verschiffte Güter über Land transportiert werden mußten, um den Rheinfall zu umgehen, eine Siedlung, die sich bald zu Stadt und Markt entwickelte. 1045 erhielt *Scafhusun* das Münzrecht. 1049 stiftete Graf Eberhard von Nellenburg das Benediktinerkloster Allerheiligen, dessen

Äbte bis ins 13. Jh. die politische Macht in Schaffhausen ausübten. 1218 erhielt die Stadt die Reichsfreiheit, wurde aber 1330 an die Habsburger verpfändet, die eine weitgehende Selbstverwaltung zuließen. Der Kampf zwischen Adel und Bürgertum führte 1411 zur Zunftverfassung. Seit 1415 war Schaffhausen wieder reichsfrei und wurde 1501 in die Eidgenossenschaft aufgenommen. 1529 führte man die Reformation ein. Das Jahr 1831 brachte das Ende des alten Stadtstaates; es kam zur Bildung des heutigen Kantons Schaffhausen. Im 19. Jh. blühte die Stadt durch die Industrialisierung auf. 1944 vernichtete eine irrtümliche Bombardierung durch amerikanische Flieger wertvolles Kulturgut.

**Ref. Münsterkirche:** Die Ende des 11. Jh. erbaute Kirche, eine dreischiffige roman. Säulenbasilika mit Querhaus, erhielt im 12. Jh. einen Rechteckchor anstelle der O-Apsis und gleichzeitig den fünfgeschossigen Turm an der n Chorseite sowie die Vorhalle im W. Seit 1529 ist sie ref. Pfarrkirche. Im Schiff sind Reste eines *roman. Mäanderfrieses,* im Querhaus und Chor *Fresken* aus dem 15. Jh. erhalten. Die Kirche wurde 1950–58 renoviert und erhielt die v. Otto Charles Bänniger* gestalteten Türflügel des Portals. An der S-Front schließt sich der große *Kreuzgang* an, in dem die Glocke aufgestellt ist, deren Inschrift Friedrich v. Schiller zu seinem »Lied von der Glocke« angeregt haben soll.

**St.-Anna-Kapelle:** An der N-Seite des Klosterhofs steht der im 12. Jh. anstelle eines Vorgängerbaus errichtete langgestreckte Bau, dem 1522 ein nur wenig eingezogener got. Polygonalchor angebaut wurde. Der *Klosterhof* ist nach ma Vorbild als Heil- und Gewürzkräutergarten angelegt.

**Ehem. Benediktinerabtei Allerheiligen:** Zusammen mit der Kirche entstanden, aber im 13.–16. Jh. wesentlich erweitert, bildet die Konventanlage einen bedeutenden Baukomplex mit roman. und got. Teilen. Das Kloster wurde 1529 aufgegeben, die 1935–38 um einen Flügel v. Martin Risch* erweiterten Gebäude beherbergen seit 1928 das *Historische Museum (Museum zu Allerheiligen)* mit einer reichhaltigen prähistorischen Sammlung und Exponaten zur Schaffhauser Kultur-, Sozial- und Wirtschaftsgeschichte sowie einer bedeutenden Kunstabteilung. Der w Museumsflügel wurde 1944 zerstört, aber 1946 wieder aufgebaut.

Zu dem Komplex gehören weiter der

*Schaffhausen, Blick auf d. Münster und St. Johann – Rechts: Ensemble unterhalb der Burg*

*Pfalzhof*, die *Alte* und die *Neue Abtei*, die ehem. *Helferei* (heute Musikschule) sowie die ehem. *Kornschütte* (heute Stadtbibliothek).

**Ref. Pfarrkirche St. Johann** (Kirchhofplatz): Die Gründung geht ins 11. Jh. zurück. Im 15. Jh. wurde eine dreischiffige Anlage gebaut, die 1515–17 zur fünfschiffigen Kirche erweitert wurde. Sie diente im MA als eigtl. Leutkirche. Der Turm mit den Zinnen der ehem. Hochwacht über dem 4. Geschoß datiert v. ca. 1350. Mittelschiff und innere Seitenschiffe sind flach gedeckt, die äußeren Seitenschiffe, die l und r des Chors mit je 1 Stifterkapelle der Familien Löw und Täuber enden, überspannen Rippengewölbe.

**Befestigungsanlagen:** In der 1. Hälfte des 19. Jh. wurden die meisten Teile der ma Befestigung geschleift und der Stadtgraben aufgefüllt. Erhalten sind noch: Der v. der ma Stadtmauer und einem Graben umschlossene *Munot*, eine 1564–89 nach den Grundsätzen v. Albrecht Dürer erbaute Wehranlage auf einem Hügel am ö Rand der Altstadt; den mächtigen Rundbau v. 53 m Durchmesser überragt ein Rundturm mit Reitschnecke auf der S-Seite; im Graben stehen 3 Geschütztürmchen. 1799 wurde der Munot durch die Österreicher beschossen. Er ist heute im Besitz der Stadt und kann besichtigt werden. – Der *Obertorturm* im W wird 1273 als Wohnturm erwähnt; er wurde 1463 erhöht und 1513 mit dem Helm bekrönt. – Der um 1370 erbaute *Schwabentorturm* liegt im N der Stadt. – Der *Fronwaagturm* wurde nach dem Einsturz 1747 neu gebaut; er trägt eine astronomische Uhr v. Joachim Habrecht* (1564).

**Vordergasse:** Hier stehen Zunft- und Wohnhäuser mit schönen Erkern, Portalen und Fassadenmalereien aus dem Barock, dem Rokoko und der Renaissancezeit, so u. a. die ehem. *Apotheke zum Glas*, das

**Schaffhausen, Münster und Kloster zu Allerheiligen 1** Münstervorplatz **2** Vorhalle **3** Münster **4** Kreuzgarten **5–8** Kreuzgang **9** ehem. Kapitelsaal (Schillerglocke) **10** St.-Anna-Kapelle **11** ö Hof (Gewürz- und Heilkräutergarten) **12** Pfrundhaus **13** Winterrefektorium **14** Pfalzhof **15–17** Museumsneubauten **18** St.-Johannes-Kapelle **19** St.-Erhards-Kapelle **19a** St.-Michaels-Kapelle (Schatzkammer) **20** Helferei (Musikschule) **21** St.-Oswald-Kapelle **22** Kornschütte (Stadtbibliothek)

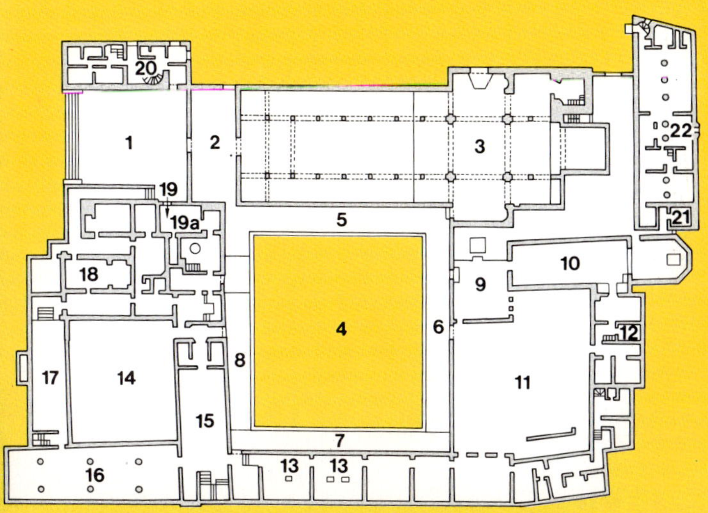

*Schaffhausen, Münster*

Doppelhaus *Zur Wasserquelle* und *Zur Zieglerburg,* das *Zunfthaus Schmiedstube* und das 1566 erbaute *Haus Zum Ritter,* das 1568–70 v. Tobias Stimmer* mit allegorischen Figuren und Szenen aus der antiken Mythologie und der röm. Geschichte bemalt wurde. Die stark beschädigten Fresken wurden abgelöst und z.T. im Museum zu Allerheiligen ausgestellt; Fassade und Seitenwand bemalte Carl Roesch* 1938–39 und 1943 in freier Nachgestaltung neu. Hier finden sich auch das *Rathaus* (Doppelbau v. 1408–12, 1944 beschädigt und restauriert) mit Großratssaal, dessen hölzernes Portal 1624 Felix Buggi*, Balthasar Rothpletz* und Mathias Gaissenbock* schufen, die *Herrenstube* sowie in der verlängerten O-W-Achse, der Oberstadt, das spätgot. *Haus Zum Steinbock* mit Rokokostukkaturen v. Johann Ulrich Schnetzler* und einem Trapezerker an der Fassade.

**Nördliche Altstadt:** Am Fronwaagplatz befindet sich außer dem Fronwaagturm das sog. *Große Haus,* eine Zweiflügelanlage mit spätgot., barocken und Rokokobauteilen. – In der Vorstadt steht u.a. das *Haus Zum Goldenen Ochsen* (um 1600) mit einer jüngeren Renaissancefassade und prunkvollem Portal, einem reichen Erker, dessen Figuren die 5 Sinne symbolisieren, und Fassadenmalerei im Obergeschoß. – Am Platz stehen das *Haus Zu den Drei Königen* mit seiner reichen Rokokofassade v. 1746 das ehem. *Bischöflich-Konstanzische Amtshaus* aus dem 16. Jh. und das *Haus Zu Fels* (1547–49) mit spätgot. Fassade, die Elemente aus dem 17. Jh. enthält, und eine Innenausstattung aus dem 16., 17. und 18. Jh. – In der Safrangasse befinden sich das *Haus Zur Freudenfels* (1547–49) mi barocker Fassade und Ausstattung au dem 18. Jh. und das *Haus Zum Safra* (1551–56 und 1622 umgebaut) mit Erke und reicher Ausstattung aus dem 17. und 18. Jh. – Das barocke *Stadthaus* in de Krummgasse entstand anstelle einer abgerissenen Kirche um 1730; es ist mit Stuck decken (z.T. aus dem Rokoko) und mi

Deckengemälden v. Johann Ulrich Schnetzler* (1733) ausgestattet. Von diesem Maler stammt auch die Innenausstattung des Prunksaals im *Zunfthaus Gerberstube* in der Bachstr., das 1599 neu errichtet und 1708-10 frühbarock umgestaltet worden ist.

**Südliche Altstadt:** Das *Alte Zeughaus* v. 1617 wurde 1912-14 mit einer modernen Innenausstattung versehen und dient seither als *kantonaler Regierungssitz.* Mit seiner mächtigen Stufengiebelfassade gilt es als bedeutender Renaissancebau der Schweiz. - Am Herrenacker, dem größten Platz der Stadt, stehen das 1954-56 v. Karl Scherrer* und Paul Meyer* erbaute *Stadttheater,* das *Haus Zum Korallenbaum* mit seiner spätbarocken Fassade und das ehem. *Korn- oder Kaufhaus* mit dreigeschossiger Renaissancefassade. - In der Neustadt befindet sich das *Haberhaus,* urspr. ein 1592/93 errichteter Getreidespeicher, der 1943 renoviert wurde. Seither öffnet sich die got. Säulenhalle im Erdgeschoß mit Arkaden.

**Außenquartiere und Vororte:** Zu erwähnen sind das *Haus Zum Fäsenstaub* in der Parkstr., ein Empire-Landhaus v. 1820-22, das *Schützenhaus* in der Rietstr., unter Verwendung v. älteren Bauteilen 1686 entstanden und 1957 nach einem Brand erneuert, mit zahlreichen barocken Waffenreliefs, der vornehme einstige Landsitz *Sonnenburggut* in der Sonnenburggutstr., vom Ende des 16. Jh. und 1871 umgebaut, sowie das *Schloß Herblingen,* dessen Baugeschichte ins 12. Jh. zurückreicht. Es war früher der Sitz der schaffhauserischen Obervögte und wurde im 18. Jh. wesentlich umgestaltet. - Einen reizvollen Dorfkern besitzt das eingemeindete *Buchthalen* mit bemerkenswerten Riegelbauten.

**Brunnen:** Zum Stadtbild gehören die zahlreichen Brunnen, v. denen einige erwähnt werden sollen:
*Metzgerbrunnen* mit zehneckigem Becken und Renaissancesäule, auf der eine Landsknechtsfigur v. Jörg Dies* (1524) steht. - *Mohrenbrunnen* mit zehneckigem Trog v. 1535, der Säule v. 1520 und dem Standbild des Mohrenkönigs Kaspar (Anfang des 16. Jh.) v. Augustin Henkel* (?). - *Platzbrunnen* mit zehneckigem Becken (1596?) und der Kopie eines Renaissance-Landsknechtsstandbildes. - *Gerberbrunnen* mit einer Bronzefigur (1945) v. Max Uehlinger*. - *Jugendstilbrunnen* mit dem Schaffhauser Bock (1913) v. Otto Kappeler* im Hof der Kantonspolizei. - *Steigplatzbrunnen* mit der Bronzefigur eines Knaben (1935) v. Walter Knecht*.

*Schaffhausen, Münster, Fresko*

**Museen:** *Museum zu Allerheiligen* - Das *Museum Stemmler* (Sporrengasse 7) bewahrt die zoologische Sammlung des Präparators und Sammlers Carl Stemmler auf.

## Umgebung

**Laufen-Uhwiesen** (5 km s, l des Rheins im Kanton Zürich): Das *Schloß Laufen,* hoch über dem Rheinfall, wird bereits 1123 erwähnt. Es war Lehen der Herren v. Laufen und der Grafen v. Tengen und fiel durch Kauf an Zürich. Es wurde

*Laufen-Uhwiesen (Schaffhausen), Torturm von Schloß Laufen*

1544–48 zum Sitz der zürcherischen Landvögte, die hier bis 1798 saßen, umgestaltet. Dann kam es in Privatbesitz und wurde im neugot. Stil umgebaut, bis es 1956/57 durch den Kanton Zürich wieder purifizierend restauriert wurde. Die auf 3 Seiten natürlich geschützte Anlage wird auf der S-Seite durch Mauer und Graben gesichert. Erhalten ist v. der ma Anlage nur der Rundturm im O. Der Aussichtspavillon mit Blick auf den Rheinfall entstand 1778.

**Neuhausen am Rheinfall** (4 km sw): Hier liegt der mächtigste Wasserfall Mitteleuropas. Der Hochrhein stürzt in einer Breite v. 150 m über eine 22 m hohe Juraschwelle, v. der mitten im Fluß 2 höhere Felsen stehengeblieben sind, die den Fall teilen. – Die *ref. Kirche*, eine barocke Saalkirche mit Dachreiter, wurde 1720 errichtet und 1958–59 v. Walter Henne* umgebaut und verlängert. Er erbaute auch den frei stehenden Turm. – Das turmartige *Schlößchen Wörth* steht auf einer kleinen Felseninsel unterhalb des Rheinfalls im Strom. Es wurde vermutlich im 12. Jh. errichtet, dann aber mehrfach umgebaut. – Der *Aazheimerhof* im NW der Gemeinde wurde 1598 als Sommerresidenz der Äbte v. Rheinau erbaut. Das spätgot. Wohnhaus mit hohen, abgetreppten Giebeln ziert eine Sonnenuhr und ein Steinrelief der hll. Benedikt und Fintan.

## NL-Schoonhoven

Südholland

Einw.: 10700 S.386 □ B 17

Das hübsche, noch immer von den mit Bäumen bepflanzten Wällen des 17. Jh. umgebene Städtchen am Zusammenfluß von Lek und Vlist entstand rund um eine Anfang des 13. Jh. errichtete Burg. Schon früh hatte sich hier eine Silberindustrie entwickelt.

**St.-Bartholomäuskerk:** Ältester Teil der niederländisch-ref. Hallenkirche ist der Chor aus der Zeit um 1400. Der um die Mitte des 15. Jh. begonnene, 1650 umfassend erneuerte Turm mußte wegen seiner bedenklichen Neigung 1934 an der O-Seite gestützt werden. Innen sind die im 16. und 17. Jh. zu Kirchenbänken umgestalteten, reliefverzierten ehem. Chorschranken und das Grabmal des Olivier van Noort (1558–1627), der als 1. Niederländer die Welt umsegelt hatte, beachtenswert.

**Außerdem sehenswert:** Das urspr. in der Mitte des 15. Jh. erbaute *Stadhuis* (Rathaus) wurde bei der Restaurierung v. 1929 unglücklich verändert. – *Stadskoren pakhuis* (Getreidespeicher, Koestrat) mit Treppengiebel v. 1566. – *Waag* (Waage über dem Hafen) v. 1617. – *Wohnhäuser* des 16. und 17. Jh. – *Veerpoort* (Stadttor mit Wachhäuschen v. 1601. – Das *Nederlands Goud-, Zilver- en Klokkenmuseum* (Oude Haven 7) zeigt u.a. goldene und silberne Gegenstände des 17.–20. Jh.

### Umgebung

**Nieuwpoort** (2 km sö): Das kleinste Festungsstädtchen Hollands hat seine *Stad-*

*wälle* des 17. Jh. mit 6 Bastionen bewahren können. – Das *Rathaus* mit *Waage* an der Rückseite entstand 1697, die dreischiffige *niederländisch-ref. Kirche* urspr. im 16. Jh. (im 18. und 19. Jh. erneuert).

## D-7587 Schwarzach
Baden-Württemberg

Einw.: 1700 Höhe: 125 m S. 381 □ E 7

In der 1. Hälfte des 8. Jh. gründete der Straßburger Bischof Eddo angeblich auf einer Rheininsel (Arnulfsaue) ein Kloster, das 826 an das rechte Rheinufer und um 1200 an die heutige Stelle verlegt worden sein soll.

**Kath. Pfarrkirche und ehem. Benediktinerabteikirche St. Petrus und Paulus:** Die um 1200 nach dem sog. »Hirsauer Schema« über einem karolingischen Vorgängerbau errichtete Säulenbasilika mit dreischiffigem, flachgedecktem Langhaus, Querhaus, mächtigen, v. einem Zeltdach bekrönten Vierungsturm und ö Apsiden wurde im Lauf der Jh. mehrmals verändert. Erst während der letzten umfassenden Restaurierung (1967–69) erhielt die Kirche ihre einstige roman. Gestalt zurück. Die turmlose W-Fassade besaß urspr. eine Vorhalle und zeigt heute im Bogenfeld ihres Portals die Relieffiguren des thronenden Christus zwischen den beiden Kirchenpatronen. Im Inneren sind bes. zu beachten die wohl nach elsässischen Vorbildern skulptierten Kapitelle, die Orgel (um 1758), der barocke Hochaltar (1752) im n und der Rufinenaltar (um 1800) im s Querarm sowie das Chorgestühl und das Lektionarium (beide um 1700) im Chor (mit Kreuzrippengewölbe). – Ein großer roman. *Taufbrunnen* wurde im Pfarrgarten aufgestellt, originale Bauplastik befindet sich im Pfarrhaus. – Von den 1724–36 v. Peter Thumb* errichteten *Klostergebäuden* sind nur noch geringe Teile (z. B. die Toreinfahrt) erhalten.

*Schwarzach, St. Petrus und Paulus*

### Umgebung

**Bühl** (11 km sö): Das durch die Bühler Frühzwetschgen und das *Bühler Zwetschgenfest* bekannte Städtchen liegt an der Mündung des Bühlertals in die Rheinebene. – Der im Unterbau quadratische, ab dem 4. Geschoß achteckige *Rathausturm* (um 1520) war einst Teil der spätgot. Peter-und-Pauls-Kirche. – Das benachbarte neugot. *Münster St. Peter und Paul* wurde 1877 erbaut.

## D-6830 Schwetzingen
Baden-Württemberg

Einw.: 18400 Höhe: 100 m S. 381 □ F 9

Das nur wenige Kilometer nordöstlich der naturgeschützten Ketscher Rheininsel gelegene, durch seinen Spargel, seinen Schloßgarten und seine Festspiele berühmte Schwetzingen (seit 1833 Stadt) war einst Sommerresidenz der Pfälzer Kurfürsten.

**Schloß:** Die ehem. ma Wasserburg war nach einigen Erweiterungen und Verände-

*Schwetzingen, Schloß*

rungen den Wünschen ihrer Besitzer angepaßt worden, bevor 1700–17 die heutige Dreiflügelanlage entstanden war. Ältester Teil ist der Mittelbau mit den beiden Ecktürmen. Die im N und S stehenden sog. Zirkelbauten kamen, ganz dem Ebenmaß des Gesamtkomplexes entsprechend, in der Mitte des 18. Jh. hinzu. Bes. sehenswert ist die v. Friedrich Weinbrenner* gestaltete *Kapelle* (1806) im N-Trakt. Das Schloß kann heute als *Museum* (historisches Inventar, Gemälde u. ä.) besichtigt werden. – Der zwischen 1748 und 1804 angelegte *Schloßpark* zählt zu den großartigsten Gärten in Europa. Bis auf die beiden Zirkelbauten wurden sämtliche über den Park verteilten Gebäude v. N. de Pigage* errichtet, so der *Apollotempel mit Naturtheater* (1761), der *Minervatempel* (1766–73), das frühklassizistisch ausgestattete *Badhaus* (1766), das *Vogelhaus* (1776), der *Tempel der Botanik* (1778), die *Moschee* (1775–85) mit dem »Türkischen Garten«, der *Merkurtempel* (1781–87) und das *röm. Wasserkastell* mit dem *Aquädukt* (1776–95). Die Parkfiguren schufen u. a. Pieter Anton v. Verschaffelt* und Paul Egell*. – In den 1752 ebenfalls v. N. de Pigage* erbauten *Rokokotheater* (hinter dem n Zirkelbau) finden jährlich im Mai und Juni die bekannten *Schwetzinger Festspiele* statt.

**Außerdem sehenswert:** Die *kath. Pfarrkirche* mit beachtlichen Altären und figürlicher Plastik wurde 1739–65 erbaut. – Einige *Wohnhäuser* des 18. Jh. findet man am Marktplatz.

## F-67470 Seltz/Selz

Bas-Rhin

Einw.: 2200 Höhe: 120 m S. 381 □ E 8

Unter Kaiser Claudius entstand hier ein römisches Lager mit umfangreicher Siedlung und Mithräum. Um 900 kam es zur Gründung einer Benediktinerabtei durch Kaiserin Adelheid, die Witwe Ottos I (†999). 1307 vernichtete ein Hochwasser die Abtei. 1481 wurde die wieder aufgebaute Abtei in ein Kollegiatsstift umgewandelt, 1575 in eine evangelische Ritterakademie. Ludwig XIV. gab die Abtei an die Katholiken zurück. Bis zur Revolution war sie im Besitz des bischöflichen Seminars in Straßburg. - In Seltz soll man bis in die Mitte des 19. Jh. hinein das beste Gold aus dem Rheinsand gewaschen haben.

**Saint-Étienne/kath. Kirche St. Stephan:** Die spätgot. dreischiffige Basilika auf Fundamenten einer kleineren roman. Vorgängerkirche wurde im 2. Weltkrieg zerstört. Der Neubau v. 1954-58 als Rechteckhalle mit niedrigen Seitenschiffen bezog den erhaltenen $^5/_8$-Chor mit ein. Eine 1520 erbaute *Kapelle* ist heute der Kaiserin Adelheid geweiht, deren Bild zwischen Engeln den Gewölbeschlußstein ziert. Der barocke Hochaltar stammt aus der Zeit um 1720. Neben der Kirche steht der moderne Glokkenturm aus 4 Betonstützen.

**Außerdem sehenswert:** Klassizistisches *Rathaus* (um 1850). - *Fachwerkhaus* (1717). - *Adelheiddenkmal* mit Kirchenmodell v. A. Revé* (1901).

## Umgebung

**Beinheim** (5 km s): Die *Kirche* ist ein barokker Saal mit eingezogenem got. Chor, dessen Maßwerkfenster vermauert ist. Der Turm an der S-Seite des Chors trägt eine geschweifte Haube mit Laterne.

## D-5485 Sinzig

Rheinland-Pfalz

Einw.: 15000 Höhe: 65 m S.383 □ E 13

Das in der sehr fruchtbaren, bereits seit keltischer Zeit besiedelten »Goldnen Meil'« nahe der Ahrmündung in den Rhein gelegene Sinzig, ehem. wahrscheinlich das römische *Sentiacum,* war fränkische Königs- und später Kaiserpfalz.

**Kath. Pfarrkirche St. Peter:** Die 1225-30 erbaute, außen durch Rundbogenfriese, Blenden, Nischen und Fenster reich gegliederte und in ihrer originalen rot-weißen

*Sinzig, St. Peter*

Fassung wiederhergestellte dreischiffige Emporenbasilika mit achteckigem Vierungsturm zählt zu den bedeutendsten und ausdrucksstärksten Leistungen der Spätromanik am Rhein. Der Innenraum zeichnet sich durch eine starke Gliederung aus. Die oberen Raumzonen sind doppelschalig. Von den Emporen des Langhauses führt ein Laufgang durch Querschiff und Chorraum. Die *Ausmalung* des 13. Jh. ist nur in der Chorkapelle erhalten. Im Chorraum befindet sich der *Flügelaltar* (spätes 15. Jh.) mit Darstellungen der Kreuzigung, des Marientodes und der Himmelfahrt. Das *Hl. Grab* im Seitenschiff stammt aus dem 15. Jh.

**Außerdem sehenswert:** In dem nach 1854-58 über den Resten einer ma Wasserburg errichteten neugot. *Schloß* v. Vinzenz Statz* befindet sich das *Heimatmuseum* mit frühgeschichtlichen Fundstücken, Skulpturen des 15.-19. Jh. und Gemälden des 17.-19. Jh. - Neben der Pfarrkirche: *Zehnthof* des Aachener Marienstiftes, auf

*Sesenheim (Soufflenheim), Le Memorial Goethe*

ma Anlage zurückgehend. *Barockbau* und *Villa* v. Vinzenz Statz* (1874–75). Die *Parkanlagen* um Schloß und Zehnthof entstanden nach Entwürfen v. Peter Joseph Lenné*. – Von der *ehem. Stadtbefestigung* sind nur geringe Reste an der Peterskirche, an der Harbachstr. und der Rheinstr. erhalten. – Der nw anschließende Stadtteil *Bad Bodendorf* ist ein *Heilbad* mit kohlensaurer Mineraltherme.

## F-67620 Soufflenheim/Sufflenheim

Bas-Rhin

Einw.: 1400 Höhe: 125 m S. 381 □ E 7

**Ev. Kirche:** Der Bau wird v. dem klassizistischen Fassadenturm beherrscht, dessen Vorderwand risalitähnlich vortritt. Die Wände des Saals sind durch Bogen gegliedert. Die barocke Ausstattung stammt aus der Vorgängerkirche.

**Außerdem sehenswert:** *Pfarrhaus* (18. Jh.), *Rathaus* (1823), *Fachwerkhäuser* (18. und 19. Jh.), *Töpferwerkstätten*.

**Veranstaltung:** Jedes 2. Jahr feiert man die *Fête de la Poterie*, das Fest der Töpferei.

### Umgebung

**Fort-Louis** (10 km sö): Auf einer Rheininsel ließ Ludwig XIV. durch seinen Baumeister Sébastian le Prestre de Vauban* aus den Steinen der Kaiserpfalz v. Hagenau eine *Festung* erbauen. Sie wurde 1793/94 v. den Österreichern erobert. 1818 wurden die Befestigungen geschleift, die Reste 1964 gesprengt.
**Sessenheim/Sesenheim** (4 km sö): Im Oktober 1770 lernte der damals in Straßburg studierende Goethe die junge Tochter des Pfarrers, Friederike Brion kennen. Obwohl beide als verlobt galten, verließ er sie im darauffolgenden Sommer. Friederike starb unverheiratet in Meißenheim bei Lahr. An diese Liebe erinnern einige Ge-

dichte Goethes, so das bekannte »Willkommen und Abschied«. - Die *Kirche* ist ein Neubau v. 1911/12, in den der gewölbte Chor und der achteckige Turm auf quadratischem Sockel v. der Vorgängerkirche einbezogen wurden. Kanzel und Pfarrstuhl (in dem Goethe mit Friederike sitzend »eine etwas trockene Predigt« hörte) stammen aus dem 18. Jh. Die Emporenbrüstung ist mit biblischen Motiven v. Angehörigen der Münchner Schule bemalt; ein modernes Farbfenster im Chor stammt v. E. Werlé*. - *Le Memorial Goethe,* die Goethe-Gedächtnisstätte, ist 1870/71 in einem Fachwerkhaus eingerichtet worden. Hier steht die v. David d'Angers geschaffene Büste des Dichters. - Das *Goethe-Friederike-Museum* in der Auberge Au Bois (Gasthof Zum Ochsen) bewahrt Stiche, Lithographien und Bildnisse auf sowie Briefe v. Lavater, Jung-Stilling und Friederikes Vater, die der verstorbene Ochsenwirt zusammengetragen hat.

## D-6720 Speyer

Rheinland-Pfalz

Einw.: 44000 Höhe: 104 m S.381 □ F 9

Das Bild der am linken Rheinufer gelegenen alten Kaiserstadt wird geprägt durch ihren romanischen Dom. Ursprung der Stadt war wohl eine keltische Siedlung, *Noviomagus,* die zunächst von den germanischen Nemetern und anschließend von den Römern als *Civitas Nemetum* übernommen wurde. Wahrscheinlich im 6. Jh. verwendete man erstmals den fränkischen Namen *Spira;* ein Bistum ist seit 614 beurkundet, obschon es hier bereits in spätrömischer Zeit (etwa im 4. Jh.) einmal einen Bischofssitz gegeben hatte. Das im 11. Jh. von den salischen Kaisern zur Grablege auserkorene Speyer war von 1294 bis 1797 freie Reichsstadt und von 1527 bis 1689 Sitz des Reichskammergerichts. Hier wurden bis 1570 mehr als 50 Reichstage abgehalten. Doch nachdem die Franzosen Speyer 1689 in Schutt und Asche gelegt hatten, fand diese große Blütezeit ein abruptes Ende. Nur sehr langsam, im Grunde erst mit der nach dem 2. Weltkrieg einsetzenden Industrialisierung, erholte sich die Stadt von diesem Schlag.

**Kaiserdom St. Maria und St. Stephan** (Domplatz): Der 1981 unter den Schutz der UNESCO gestellte imposante Dom zählt zu den bedeutendsten und beeindruckendsten roman. Kathedralen in ganz Europa. Um 1030 ließ der Salierkaiser Konrad II. anstelle v. mehreren, bis ins 7. Jh. zurückreichenden Vorgängerkirchen den Bau beginnen. Unter Kaiser Heinrich IV. wurde der Dom 1061 geweiht und - wohl seit 1082 - umfassend verändert (v. a. O-Teile und Zwerggalerie des Langhauses) sowie als einer der ersten Bauten des MA im Mittelschiff gewölbt. Viele, teilweise durch Zerstörungen (nach 1689) nötige, teilweise nur dem jeweiligen Zeitgeschmack folgende unglückliche Umgestaltungen wurden bei den 1957 einsetzenden Restaurierungsarbeiten wieder beseitigt. Seit der 900-Jahr-Feier im Jahre 1961 präsentiert sich der Dom nun wieder beinahe in jenem Bild, das ihm die Kaiser im 11. Jh. gegeben hatten. Die großartige Wirkung dieses durch Blendarkaden, Rundbogenfenster oder Zwerggalerien (an O-Apsis und Langhauswänden) gegliederten mächtigen Bauwerks mit seinem ö und w Turmpaar und seinen achteckigen Türmen über der Vierung und der Vorhalle (am Westbau des 19. Jh.) wird noch durch die Lage hoch über dem nahen Rhein unterstrichen. Die so meisterhafte, reiche Bauplastik ist das Werk v. Steinmetzen, die wahrscheinlich aus der Lombardei geholt wurden.

Das *Innere* zeigt eine in ihren Ausmaßen (133 m Länge) gewaltige überwölbte Pfeilerbasilika mit dem erhöhten Königschor als Höhepunkt. Unter Chor und Chorschiff liegt die um 1040 geweihte, in ihren klaren frühroman. Formen erhalten gebliebene und häufig als »schönste Unterkirche der Welt« bezeichnete *Krypta* mit den Resten der 1689 v. den Franzosen teilweise aufgebrochenen *Kaisergräber.* Standbilder der hier beigesetzten Kaiser befinden sich in der w Vorhalle. In der bis 1106 erbauten einschiffigen *Afrakapelle* (N-Seite) mit vorzüglichen Kapitellen werden 2 ausgezeichnete Steinbildwerke (Relief der Kreuztragung Christi aus der Mitte des 15. Jh. und Relief der sog. »Speyerer Verkündigung« aus der Zeit um 1470) aufbewahrt. An das s Seitenschiff wurde um 1080 die Doppelkapelle *St. Emmeram* (Taufkapelle mit schönen Kapitellen) und

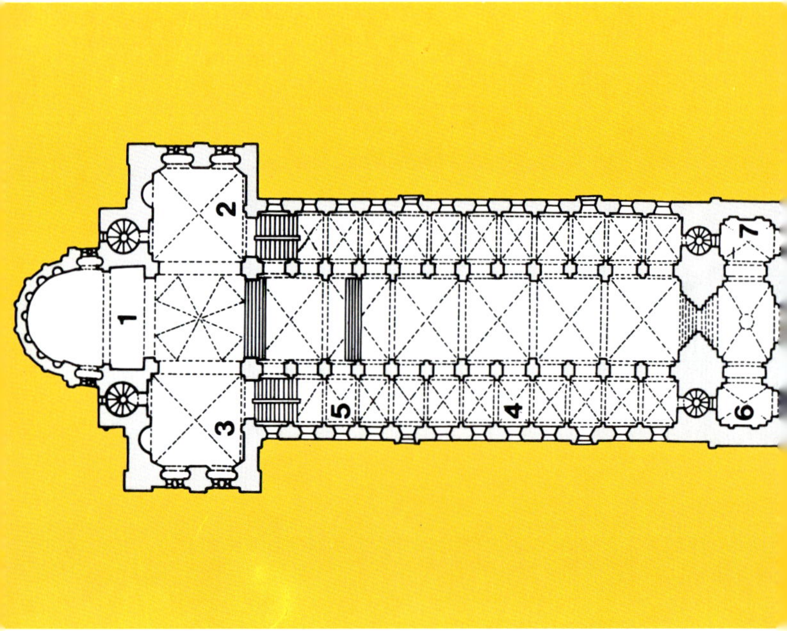


**Speyer, Kaiserdom St. Maria und St. Stephan** **1** Steinbecken, spätroman. (»Rauschender Kelch«), in der Krypta **2** Epitaph für Wipert v. Finsterlohe († 1503) in der Krypta **3** Relief der Beweinung Christi, stark beschädigt, um 1530, in der Krypta **4** Grabmal des Kanonikus Mohr v. Waldt († 1713) **5** Epitaph für Bischof Gerhard v. Erenberg v. Vinzenz Möhring **6** Denkmal für König Adolf v. Nassau, 1824 gestiftet; Entwurf v. L. v. Klenze, Ausführung durch D. Ohnmacht **7** Denkmal für Kaiser Rudolf v. Habsburg v. L. v. Schwanthaler, 1843

*St. Katharinen* (in ihrer heutigen Gestalt v. 1857) angebaut. – Der 1490 geschaffene steinerne sog. *Domnapf* vor dem Dom wurde zur Einsetzung eines neuen Bischofs für die Gläubigen mit Wein gefüllt. – Der inmitten des 1820 abgerissenen ehem. Kreuzgangs aufgestellte *Ölberg* (um 1600) zeigt die Gefangennahme Jesu.

**Ev. Dreifaltigkeitskirche** (Große Himmelsgasse): Der 1701–17 errichtete Bau mit schöner Fassade und fünfseitig geschlossenem Chor zählt zu den bedeutendsten Barockkirchen in Rheinland-Pfalz. Den weiträumigen Innenraum prägen die bemalten doppelgeschossigen Holzemporen und das aus Holz gezimmerte und ebenfalls bemalte Kappengewölbe.

**Gedächtnis- oder Retscherkirche** (Landauer Str.): Im Gedenken an die Protestation der ev. Fürsten auf dem Speyerer Reichstag v. 1529 wurde 1904 diese neugot. Kirche erbaut.

**Judenbad** (Judengasse): Das in der 1. Hälfte des 12. Jh. mit einem 10 m tief in die Erde eingesetzten Schacht erbaute Judenbad gehört zu den wenigen in Deutschland noch erhaltenen Anlagen dieser Art.

**Stadtbefestigung:** Das in seinem Unterbau wohl aus dem frühen 13. Jh. stammende,

*Speyer, Dom >*

*Speyer, Dom, Königschor. – Rechts: Dom, Seitenschiff*

v.a. im 16.Jh. veränderte und im frühen 18.Jh. mit einer Laterne bekrönte *Altpörtel* (Maximilianstr.) zählt zu den schönsten Stadttoren in Deutschland. Ein weiterer Rest der ehem. Stadtbefestigung ist das im späten 13.Jh. erbaute *Heidentürmchen* im Domgarten.

**Historisches Museum der Pfalz** (Große Pfaffengasse 7): Das in einem 1909 errichteten vierflügeligen Bau untergebrachte Museum befaßt sich v.a. mit der städtischen und regionalen (pfälzischen) Kunst und Kultur. Berühmtester Besitz ist der sog. *Goldene Hut v. Schifferstadt,* ein um 1200 v.Chr. aus hochkarätigem Gold geschaffener bronzezeitlicher Kultkegel. Bes. beachtenswert sind aber auch ein *etruskischer Dreifuß* (5.Jh. v.Chr.), ein *Kentaurenkopf* (1.Jh. v.Chr.), das *Grabmal v. Bierbach* (3.Jh. v.Chr.), eine *Muttergottesstatue* (spätes 15.Jh.), mehrere qualitätvolle *Frankenthaler Porzellane* (18.Jh.) sowie einige *Bilder* des in Speyer geborenen Anselm Feuerbach*.

Im Kellergeschoß eingerichtet wurde das *Weinmuseum* unter anderem mit einer Sammlung v. Trinkgefäßen seit dem 1. Jahrhundert n. Chr.
Ebenfalls in diesem Gebäude untergebracht ist das beachtenswerte *Dom- und Diözesanmuseum* u.a. mit den erst im Jahre 1900 entdeckten *Grabkronen* der salischen Kaiser, alten Handschriften und Kultgegenständen.

**Außerdem sehenswert:** Die *Seminarkirche St.Ludwig* mit Resten des Chors der Klosterkirche der Dominikaner (um 1266) wurde 1834 im neugot. Stil umgebaut. – Bei der Dreifaltigkeitskirche steht der als Rest der spätgot. Georgskirche erhaltene *Läutturm* (15.Jh.).
In der vom Dom aus in w Richtung verlaufenden Maximilianstr. befinden sich das barocke *Rathaus* (um 1720) und die *Alte Münze* (1748). – In dem um 1800 errichteten *Haus Allerheiligenstr. 9* (Gedenkstätte) wurde der Maler Anselm Feuerbach* (1829–90) geboren.

*Speyer, Dom, Krypta*

*Steckborn, Rathaus*

## Umgebung

**Hockenheim** (9 km ö): Der Ort ist durch den Hockenheimring (Motodrom-Rennstrecke) bekannt.

## CH-8266 Steckborn
Thurgau

Einw.: 3500 Höhe: 349 m S.379 □ G 4

In der Gegend befanden sich eine steinzeitliche, eine römische und eine alemannische Ufersiedlung. Im 9. Jh. war Steckborn ein reichenauisches Dorf. 1213 erfolgte die Stadtgründung mit Verleihung des Marktrechts durch den Reichenauer Abt Diethelm v. Castell; 1313 Marktrecht. Im 18. Jh. arbeiteten hier bekannte Ofenbauer.

**Ref. Kirche:** Den Vorgängerbauten aus dem 9., 12.-13. und 16. Jh. folgte 1766-68 ein barocker Neubau v. Franz Anton Bagnato*, dessen Chorflankenturm 1834 durch einen klassizistischen viergeschossigen Frontturm mit begehbarer Galerie ersetzt wurde. An den stuckierten Predigersaal mit umlaufender Empore schließt sich ein kleiner Chor an.

**Kath. Kirche St. Jakobus:** Der im Jahre 1962/63 v. Karl Zöllig* und Hermann Schmidt* errichtete Neubau besitzt am Hauptportal Reliefs mit Szenen aus dem Marienleben v. Rudolf Paul Gruber* und Kreuzwegstationen in Glasbeton v. Heinrich Sträubi*.

**Turmhof** (am See): Der 1320 als Freisitz und Stützpunkt des Abtes v. Reichenau errichtete rechteckige Bau mit Rundturm an der sw Ecke ging 1642 an die Stadt über, die ihn 1922-23 renovieren ließ und 1934 hier das *Heimatmuseum* mit einer lokalgeschichtlichen Sammlung einrichtete. Den viergeschossigen Bau krönt eine welsche Kupferhaube mit 4 achteckigen Spitztürmchen.

*Steckborn, Neues Schloß*

**Stadtbefestigung:** Die ma Stadt war landseitig durch eine Mauer mit 3 Tortürmen geschützt; v. ihr ist die Stadtmauer fast lükkenlos erhalten.

**Rathaus:** Der Fachwerkbau wurde 1667 wohl unter Einschluß älterer Kerne errichtet. Das Riegelwerk wurde 1919 freigelegt. In der Mittelachse der Giebelfront steht ein achtseitiger Treppenturm mit Kupferdach und Glockenträger.

**Schloß Glarisegg:** Den klassizistischen fünfachsigen Schloßbau im Stil Ludwigs XIV. ließ sich 1772-74 der Steckborner Bürger und Pariser Bankier Daniel Labhart v. Franz Anton Bagnato* bauen. Er wechselte oft den Besitzer, bis er 1910 zum Landerziehungsheim umgestaltet wurde und einen Anbau erhielt. Im Inneren befinden sich Balustertreppen und schöne Stuckdecken.

**Außerdem sehenswert:** Das gesamte Stadtbild des Städtchens mit schönen *Riegelhäusern* und anderen Gebäuden aus dem 16.-18. Jh.

## Umgebung

**Salenstein** (7 km ö): Das 1546-48 v. Sebastian Gaissberg* erbaute *Schloß Arenenberg* wurde 1585 als Freisitz anerkannt. 1817 erwarb es die Exkönigin Hortense v. Holland, die Stieftochter Napoleons I., ließ es zur Exilresidenz umgestalten und im Stil des 1. und 2. Kaiserreichs hervorragend ausstatten. Prinz Louis, der spätere Kaiser Napoleon III., wuchs hier auf; seine Witwe bewohnte das Schloß seit 1873 und schenkte es dem Kanton mit der Bedingung, hier ein Napoleonmuseum einzurichten. - *Schloß Eugensberg* wurde 1821 für den ehem. Vizekönig v. Italien, den Bruder der Exkönigin Hortense, im Empirestil erbaut und erhielt 1916 zwei Flügelanbauten. Es ist heute ein Erholungsheim. - *Schloß Salenstein,* im Kern aus dem 11. Jh., war Stammsitz der Herren v. Salenstein. Es wechselte häufig die Besitzer und wurde bis in die heutige Zeit immer wieder - z. T. im Stil der englischen Neugotik - umgestaltet.

# CH-8260 Stein am Rhein

Schaffhausen

Einw.: 2500 Höhe: 402 m S. 378 □ F 4

Stein liegt am Ausfluß des Hochrheins aus dem Untersee auf dem rechten Ufer. Seit 994 erfolgte die Entwicklung vom Fischerdorf zum befestigten Marktflecken und bis 1267 zur Stadt dank der Verlegung der Benediktinerabtei St. Georgen von Hohentwiel an den Rhein durch Kaiser Heinrich II. 1447 erlangte die Stadt Reichsfreiheit, doch seit 1484 stand sie unter der Oberhoheit Zürichs. 1525 Einführung der Reformation und Säkularisierung des Klosters; 1803 Bildung des Kantons Schaffhausen. Am 22.2. 1945 kam es zur irrtümlichen Bombardierung der Stadt durch amerikanische Flugzeuge.

**Ref. Stadt- und ehem. Klosterkirche St. Georg:** Die dreischiffige roman. Säulen-

*Stein am Rhein, Stadttor >*

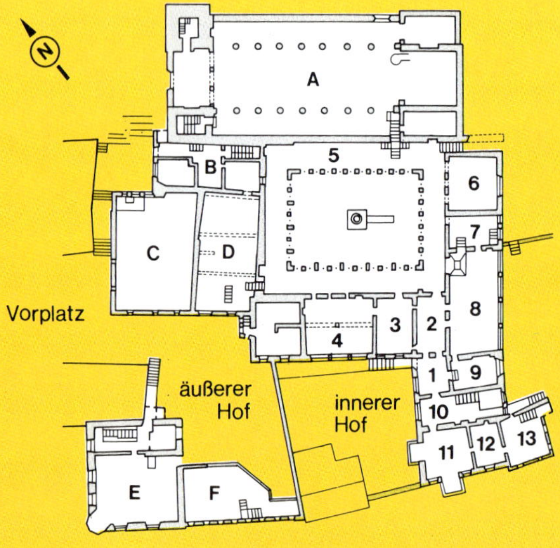


**Stein am Rhein, ehem. Benediktinerkloster St. Georgen A** Kirche **B** Förster-, später Meßmerhaus **C** Trotte **D** Bindhaus **E** Gästehaus, später Zunfthaus zum Kleeblatt **F** Schuppen

**Erdgeschoß: 1, 2** Vorräume **3** Parlatrium (?) **4** Sommerrefektorium **5** Kreuzgang **6** Kapitelsaal **7** Heizraum **8** Winterrefektorium **9** Abtskapelle **10** Flur- und Treppenhaus **11, 12** Stube und Nebenstube im Davidsbau **13** untere Abtsstube im Jodokusbau

**Obergeschoß:** über **2, 3** und **4** Amtmannsaal, heute Museum; über **6, 7** und **8** Dormitorium; über **9** Prälaturraum; über **10** Obere Wohnstube des Abtes David; über **11** Festsaal des Abtes David; über **13** 3 obere Stuben im Jodokusbau

basilika wurde über einer älteren Vorgängerkirche um 1100 erbaut. 1583–84 hob man den Mönchschor auf und verlängerte das Schiff um 3 Säulenpaare. 1596–99 erfolgte der Neubau des spätgot. N-Turms. Eine Renovierung des Inneren mit Rekonstruktion des Chorbogens und der Chorfenster erfolgte 1931/32; die W-Front wurde 1957 umgebaut und erhielt ein Rundbogenportal. Im Altarhaus sind *Fresken* erhalten: an der N-Wand ein überlebensgroßer Christophorus (13. Jh.) und zu beiden Seiten des spätgot. Sakramentshäuschens Stifter- und Heiligenbilder (vor 1450) sowie Schmerzensmann und Maria (um 1480). In der n des Chors gelegenen Liebfrauenkapelle (Grablege der Herren v. Hohenklingen) sind ebenfalls Wandbilder (15. Jh.) erhalten.

**Ehem. Benediktinerkloster St. Georgen:** Die Kirche bildet den N-Trakt der verzweigten, sehr gut erhaltenen Anlage. Die urspr. roman. Gebäude wurden im 14. und bes. im 15. Jh. im spätgot. Stil umgestaltet. Hervorzuheben sind der *Kreuzgang* mit Maßwerkfenstern, Rippengewölbe mit got. Blumenmalerei im S-Flügel, die reich ausgemalte *Abtwohnung* und bes. der *Festsaal* des Abtes David v. Winkelsheim, ein

**Stein am Rhein, Fresken im Chor der ref. Pfarrkirche Vorderbrugg 1–6** Erschaffung und Sündenfall des Menschen **8–16, 29** Szenen aus dem Leben Johannes' d.T.: stummer Zacharias im Tempel, Begegnung der beiden schwangeren Frauen an der Goldenen Pforte, Geburt des Johannes, Gang in die Wüste, Johannes vor Herodes, Gefangenschaft, Enthauptung, Gastmahl des Herodes, Grablegung **7, 17–28** Szenen aus dem Leben Jesu: Geburt mit der hl. Birgitta, Anbetung der Hll. Drei Könige, Darbringung im Tempel, Kindermord zu Betlehem, Flucht nach Ägypten, Jesu Schulgang und die Auferweckung des Zenon (nach dem apokryphen Kindheitsevangelium des Thomas), Taufe im Jordan, Einzug in Jerusalem mit dem apokryphen Motiv der sich neigenden Bäume, Erhöhung der Schmerzensmutter, Aussendung der Jünger

berühmter Bildersaal der Frührenaissance mit Grisaillen v. Thomas Schmid*, Ambrosius Holbein* und dem Monogrammisten CA*, die u.a. die Zurzacher Messe darstellen.
Im Obergeschoß des S-Flügels befindet sich heute das *Heimatmuseum.*

**Befestigungen:** Das *Obertor* an der N-Seite, der *Kretzenturm* sö davon und im SW der *Diebs-* oder *Hexenturm* mit Teilen der *Stadtmauer* sind v. den ma Anlagen erhalten geblieben. Das w *Untertor* wurde 1945 durch Bomben zerstört, aber 1948 mit den alten Steinen rekonstruiert.

**Burg Hohenklingen:** Die gut erhaltene Burg stammt in den ältesten Teilen, wie dem Bergfried, aus dem 11.Jh. Der Palas mit Rittersaal gehört zu dem Umbau im 13.Jh. Dazwischen liegt der Riegelbau der Hochwacht v. 1567.

**Rathaus:** Unter Verwendung eines älteren Steinsockels errichtete Werkmeister Schwerdele* 1667 den trapezförmigen Bau mit achtseitigem Treppenturm an der Gie-

*Stein am Rhein, Blick auf das Rathaus*

belfront. 1745/46 wurden die Obergeschosse mit Riegelwerk erneuert. 1900 Umbau der Untergeschosse. Die Fassadenmalerei v. Carl v. Haeberlin* zeigt Szenen aus der Stadtgeschichte.

**Haus zum Steinbock:** Im Erdgeschoß befindet sich die *ehem. Kapelle St. Agatha.*

**Stadtbild:** Das malerische Bild wird vor allem durch die mit z.T. barocken, z.T. späteren *Fassadenmalereien* geschmückten Erkerhäuser bestimmt, zu denen etwa das *Gasthaus zum Roten Ochsen* (1615), das *Haus zur Vorderen Krone* (1734) und das *Haus zum Weißen Adler* (um 1520) gehören. Sehenswert sind auch das *Haus zum Chupferberg,* das *Haus zum Lindwurm,* das *Haus Hirzli,* das *Haus Vetter* und das *Haus Neubau* sowie viele andere.

**Burg** (im Stadtteil *Vorderbrugg* auf dem linken Rheinufer): Unter Kaiser Diokletian wurde das *röm. Kastell Tasgaetium* zum Schutz des Rheinübergangs angelegt. Erhalten sind Reste der Umfassungsmauern und einiger Rundtürme. Auf einer Anhöhe inmitten der rhombischen Anlage steht die bereits 799 erwähnte, heute *ref. Pfarrkirche.* Sie besteht aus einem 1671 erbauten Langhaus mit got. Chor, der einen umfangreichen spätgot. *Bilderzyklus* aus dem 1. Viertel des 15. Jh. enthält. Er zeigt in 28 Bildfeldern Szenen v. der Erschaffung der Welt, aus dem Leben Johannes d.T. und aus dem Leben Jesu, sowie an der Chorschulter Kreuztragung und v. anderer Hand Abendmahl, Christophorusfigur und St. Antonius Eremit.

*< Stein am Rhein, Stadt- oder Marktbrunnen*

## Umgebung

Im Kanton Thurgau liegen:

**Klingenzell** (5 km sö): Die *Wallfahrtskirche,* eine Stiftung Walters V. v. Hohenklin-

*Stein am Rhein, St. Georgen, Fresko*

gen, wurde nach Brand 1576 wiederhergestellt. Unweit davon erbaute Johann Dobler* 1704–05 die jetzige *Kapelle* über kreuzförmigem Grundriß; ihre beachtenswerte Ausstattung entstammt dem 18. und 19. Jh.

**Mammern** (6 km sö): Das ehem. Amtshaus wurde 1621 für die Herren v. Roll zum *Schloß* umgestaltet. Nach einem Brand wurde es 1772–73 erneuert und erweitert. Die *Schloßkapelle* errichtete 1749–50 Michael Beer*, die illusionistische Ausmalung im Stil des Rokoko besorgte Franz Ludwig Herrmann*.

**Werd** (im Rhein): Eine röm. Brücke führte einst über die kleine Insel. Nach der Legende soll hier der hl. Otmar als Gefangener 759 gestorben sein. Nachdem die Benediktiner seinen Leichnam nach St. Gallen überführt hatten, entstand hier eine Kenotaphanlage, die im 10. Jh. v. der *Wallfahrtskirche St. Otmar* überbaut wurde.

## F-67000 Strasbourg/Straßburg

Bas-Rhin

Einw.: 258 000 Höhe: 140 m S. 380 □ D 7

Im Mündungsgebiet der Ill sind Siedlungsreste seit dem 2. Jtd. v. Chr. nachgewiesen. Im 4. Jh. v. Chr. gab es ein gallisches Heiligtum, 51 v. Chr. eroberte Cäsar Gallien; 12 v. Chr. wurde das römische Lager *Argentorarum* gegründet, das sich zum Knotenpunkt wichtiger Verkehrsadern in nordsüdlicher und südöstlicher Richtung entwickelte. Das Kastell wurde zur zivilen Siedlung mit Hafen, Tempeln und Thermen ausgebaut. Um 170 fielen die Germanen in Gallien ein; 377 zerstörten die Alemannen das Kastell, das 406 von den Römern aufgegeben wurde; die Hunnen verwüsteten die Siedlung. 496 kam sie an das Frankenreich unter König Chlodwig. Im 3. und 4. Jh. wurde sie christianisiert; älteste Kirchenreste (unter St. Étienne) datieren v. 415. Eine erste Domkirche wird 728 erwähnt; weitere frühmittelalterliche Kirchen folgten. Im späten 6. Jh. wurde der fränkische Ortsname *Strateburgum* verwendet. 842 bekräftigten Ludwig der Deutsche und Karl der Kahle in den Straßburger Eiden ihr Bündnis jeweils in der Sprache des anderen Heeres, also in Altfranzösisch bzw. Althochdeutsch. Herren der Stadt waren die Bischöfe, bis 1262 Straßburg freie Reichsstadt wurde.

Der Bau des Münsters begann etwa 1190. Im 14. Jh. war Straßburg Zentrum der Mystik, im 15. des Humanismus. Ab 1518 wurde die Reformation eingeführt, das Münster war 1529–1681 protestantisch. 1621 erfolgte die Gründung der Universität. Im Westfälischen Frieden von 1648 wurden Teile von Elsaß und Lothringen französisch, Straßburg blieb bis 1681 freie Reichsstadt und wurde dann durch die Reunion von Frankreich annektiert. Durch den Vertrag von Ryswick (1607) wurde Straßburg de iure französisch. Im Frieden von Frankfurt 1871 mußte Frankreich das Elsaß und das nordöstliche Lothringen an das Deutsche Reich als Reichsland Elsaß-Lothringen abtreten. 1914–18 war das Elsaß heftig umkämpft. Durch den Vertrag von Versailles fielen die Reichslande 1918 an Frankreich zurück. Nach dem Ein-

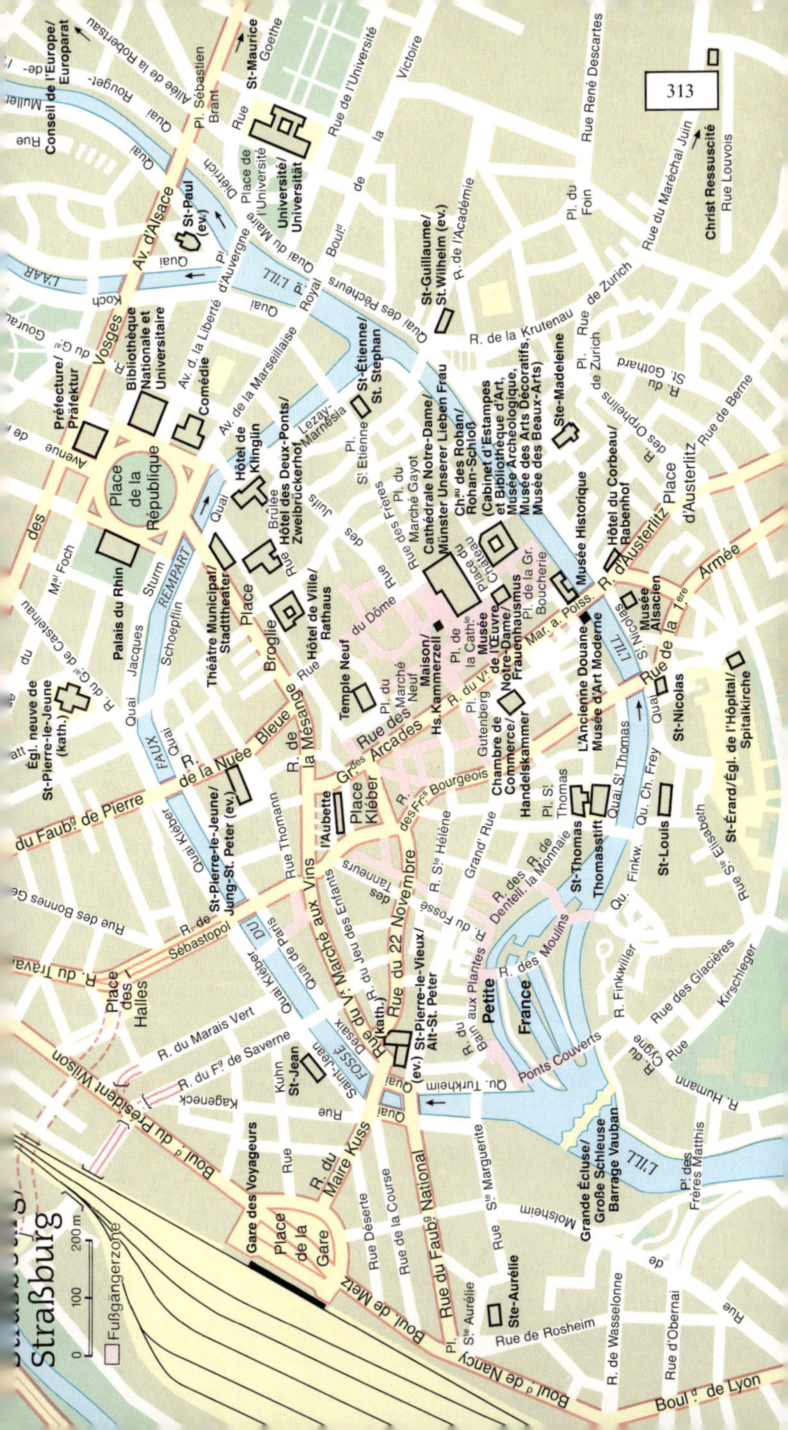

Straßburg
0
100
200 m
Fußgängerzone
Conseil de l'Europe/
Europarat
Allée de la Robertsau
St-Maurice
Goethe
Rue de l'Université
Victoire
Pl. Sébastien Brant
Rue
Place de l'Université
Université/
Universität
Boul^d de la Victoire
Rue René Descartes
Rue du Maréchal Juin
Christ Ressuscité
Rue Louvois
Pl. du Foin
R. de l'Académie
St-Guillaume/
St.Wilhelm (ev.)
Quai des Pêcheurs
R. de la Krutenau
Rue de Zurich
St-Paul
(ev.)
Av. d'Alsace
Quai Koch
L'AAR
Quai Rouget-de-Lisle
Quai Mullenheim
Pl. d'Auvergne
Quai du Maire Dietrich
Pl. de l'Ill
Quai
Royal
Bibliothèque
Nationale et
Universitaire
Préfecture/
Präfektur
Vosges
R. du G^al Gouraud
Av. d. la Liberté
Comédie
Av. de la Marseillaise
Lezay-Marnésia
St-Étienne/
St. Stephan
Pl. St Étienne
Ste-Madeleine
Pl. de Zurich
R. des Orphelins
R. du St. Gothard
Rue de Berne
Avenue de la Paix
Place de la République
Hôtel de Klinglin
Quai
Brûlée
Hôtel des Deux-Ponts/
Zweibrückerhof
Rue des Juifs
Rue des Frères
Pl. du Marché Gayot
Cathédrale Notre-Dame/
Münster Unserer Lieben Frau
Ch^au des Rohan/
Rohan-Schloß
(Cabinet d'Estampes
et Bibliothèque d'Art,
Musée Archéologique,
Musée des Arts Décoratifs,
Musée des Beaux-Arts)
Place du Château
Musée Historique
Hôtel du Corbeau/
Rabenhof
R. d'Austerlitz
Place d'Austerlitz
Palais du Rhin
Av. des Vosges
M^al Foch
Sturm
REMPART
Théâtre Municipal/
Stadttheater
Place Broglie
Hôtel de Ville/
Rathaus
Rue du Dôme
Maison/
Hs. Kammerzell
Pl. de la Cath^le
Musée
Notre-Dame/
Frauenhausmus
Pl. de la Gr. Boucherie
Mar. a. Poiss.
L'Ancienne Douane
Musée d'Art Moderne
Musée Alsacien
Rue de la 1^ère Armée
St-Nicolas
L'ILL
Quai St Nicolas
R. du G^al de Castelnau
Égl. neuve de
St-Pierre-le-Jeune
(kath.)
Quai Jacques Schoepflin
FAUX
Quai
R. de la Nuée Bleue
R. de la Mésange
Temple Neuf
Pl. du Marché Neuf
Rue des Gr^des Arcades
R. du V^x Marché aux Poissons
Pl. Gutenberg
Chambre de
Commerce/
Handelskammer
Pl. St Thomas
Quai St Thomas
Qu. Ch. Frey
St-Érard/Égl. de l'Hôpital/
Spitalkirche
du Faubg. de Pierre
St-Pierre-le-Jeune/
Jung-St. Peter (ev.)
Quai Kléber
Rue Thomann
l'Aubette
Place Kléber
R. des Fr^cs Bourgeois
Rue du V^x Marché aux Vins
Rue du 22 Novembre
R. S^te Hélène
Grand' Rue
St-Thomas
Thomasstift
St-Louis
Rue S^te Elisabeth
Rue des Bonnes Gens
R. de Sébastopol
Quai de Paris
R. des Tanneurs
R. du Fossé
R. des Dentell.
R. de la Monnaie
Qu. Finkw.
R. du Travail
Place des Halles
DU
R. du Jeu des Enfants
R. du Bain aux Plantes
R. des Moulins
Petite France
R. Finkwiller
Rue des Glacières
Kirschleger
R. du Marais Vert
Quai Kléber
St-Pierre-le-Vieux/
Alt-St. Peter
(ev.)
(kath.)
Quai Desaix
FOSSÉ
Quai Saint-Jean
R. du F^g de Saverne
Kuhn
St-Jean
Rue Kageneck
Qu. Turkheim
Ponts Couverts
R. du Cygne
Rue
R. Humann
Boul^d du Président Wilson
Gare des Voyageurs
Rue
R. du Maire Kuss
Quai
Grande Écluse/
Große Schleuse
Barrage Vauban
L'ILL
Pl. des Frères Matthis
Place de la Gare
Rue Déserte
Rue de la Course
Rue du Faubg. National
Rue S^te Marguerite
Rue de Molsheim
Ste-Aurélie
Pl. S^te Aurélie
Rue de Rosheim
R. de Wasselonne
Rue d'Obernai
Boul. de Metz
Boul^d de Nancy
Boul^d de Lyon

BONA·QVO·SIS·SPLENDORE·CORONA·

marsch der deutschen Wehrmacht im Jahre 1940 wurde Elsaß-Lothringen an das Deutsche Reich angegliedert, bis es im November 1944 durch die 1. französische Armee befreit wurde. Es wurde unter französische Verwaltung mit Strasbourg als Hauptstadt des Départements Bas-Rhin gestellt. 1949 wurde Strasbourg Sitz des Europarats, später der Europäischen Menschenrechtskommission und des Europäischen Gerichtshofs sowie Tagungsort des Europaparlaments.

In Strasbourg lebten und wirkten u.a.: Amandus, der erste namentlich bekannte Bischof im 4. Jh., die Maler Martin Schongauer* (um 1450-91) und Hans Baldung Grien* (um 1485-1545), die Dichter Gottfried von Straßburg (um 1180-um 1125), Sebastian Brant (1458-1521) und Johann Fischart (1546-90), die Prediger Johann Geiler von Kaysersberg, Matthäus Zell, Martin Bucer, Wolfgang Capito und Kaspar Heido sowie der Geschichtsschreiber Johannes Wimpheling und der Franziskaner und Satiriker Thomas Murner (alle zur Zeit der Reformation), der Theologe und Sozialpädagoge Johann Friedrich Oberlin (1740-1826). 1770/71 studierte in Straßburg Johann Wolfgang Goethe und begegnete hier dem Theologen, Philosophen und Dichter Johann Gottfried Herder.

## SAKRALBAUTEN

**Cathédrale Notre-Dame/Münster Unserer Lieben Frau:** An der Stelle eines gallischen Heiligtums und des darüber angelegten Forums des röm. Kastells soll Bischof Arbogast ein Gebäude der Muttergottes geweiht haben. 728 wird eine Marienkirche erwähnt. Ihr folgte ein 826 belegter karolingischer Bau, nach dessen Zerstörung ab 1015 eine romanische dreischiffige Säulenbasilika mit Querhaus und Krypta errichtet wurde, die zwischen 1130 und 1176 durch Brände stark beschädigt wurde. Auf ihren verstärkten Fundamenten begann etwa 1190 der Neubau der Kathedrale, der bis 1439 dauerte. Als Baumeister wirkten u.a.

*< Straßburg, Münster, Tympanon des Westportals*

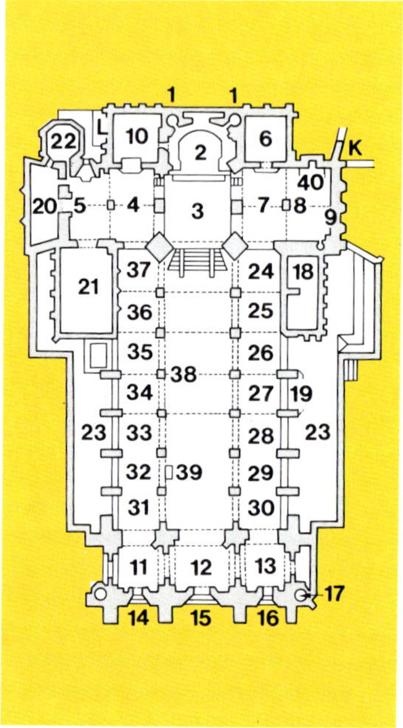


**Strasbourg, Cathédrale Notre-Dame-Münster 1** Wendeltreppen am frühroman. Chor **2** Krypta unter dem Chor **3** Vierung **4** Querhaus mit Ölberg **5** Portal des n Querhauses **6** Andreaskapelle mit Sängertribüne **7** s Querhaus **8** Gerichtspfeiler **9** Portal des s Querhauses mit Synagoge und Ecclesia **10** Johanneskapelle mit Kapitelsaal **11–13** W-Bau **14** l W-Portal **15** Hauptportal, darüber Rose **16** r W-Portal **17** Aufgang zur Plattform im s Turm **18** Katharinenkapelle **19** Schatzkammer **20** ehem. Laurentiuskapelle (jetzt Sakristei) **21** ehemalige Martinskapelle (jetzt Pfarrkapelle Saint-Laurent) **22** Kanonikersakristei **23** Außenarkaden **24–30** s Seitenschiff **31–37** n Seitenschiff **38** Kanzel **39** Orgel **40** astronomische Uhr **K** Reste des Kreuzgangs **L** »Leichhöfel«

1277–1318 der Erbauer der W-Fassade, Erwin v. Steinbach*, 1399–1419 der Errichter des Oktogons auf dem N-Turm (der S-Turm blieb stumpf), Ulrich v. Ensingen*, und 1419–39 der des Turmhelms mit der Höhe v. 142 m, der Kölner Meister Johann Hültz*. 1488/89 baute Hans Hammer* die Schatzkammer am s Seitenschiff an; er ist auch der Schöpfer der 1515–21 entstandenen Martinskapelle (heute Laurentiuskapelle) neben dem n Querhaus. 1495–1505 baute Jakob v. Landhut* die spätgot. ehem. Laurentiuskapelle (heute Sakristei) vor dem n Querhaus ein. 1744 kam noch die Kanonikersakristei neben der Laurentiuskapelle v. Joseph Massol* hinzu. 1793 in den Wirren der Franz. Revolution wurden 235 Statuen und viele Ornamente zerstört, das Innere des Münsters wurde in einen »Tempel der Vernunft« verwandelt. 1878/79 errichtete man über der Vierung einen neuroman. Kuppelbau. Seit 1880 ist das Münster wieder kath.

*Bauplastik:* An der W-Fassade schildern die z.T. durch Kopien ersetzten Statuen am linken Portal die Kindheit Jesu, in den Gewänden stehen die Gestalten der Tugenden. Im vierstufigen Bogenfeld des Mittelportals werden Passion, Höllenfahrt, Auferstehung und Himmelfahrt Christi geschildert, im Gewände die Propheten mit einer Sibylle, den Königen David und Salomo. Nachschöpfungen der zerstörten Statuen sind die Madonna am Mittelpfosten und die Figuren (Szenen aus dem Alten und Neuen Testament) in den Bogenläufen. Über dem Portal der Thron Salomons, flankiert v. Löwen, die die 12 Stämme Judas symbolisieren. Die Stufen führen zur Kirchenpatronin, der Muttergottes, die v. den Aposteln umrahmt wird. Im Bogenfeld des rechten Seitenportals ist das Weltgericht dargestellt, das am linken Gewände die törichten Jungfrauen mit dem Verführer und am rechten die klugen mit Christus begleiten. Die Rose mit einem Durchmesser v. 14 m ist in 16 Blätter unterteilt und wird v. einem Kreis aus Maßwerk umfangen, den seinerseits ein Quadrat umschließt, in dessen Zwickel sich jeweils 3 Kreise befinden. Die Reiterstandbilder der Könige Chlodwig, Dagobert, Rudolf v. Habsburg und Ludwig XIV. sind im 19. Jh. erneuert und durch die Statuen der dt. Kaiser ergänzt worden. – Das s, noch roman. Doppelportal ist Maria gewidmet, im linken Bogen-

*Straßburg, Mittelportal der Westfassade* >

feld Marientod, im rechten Marienkrönung; die Reliefs auf den Türstürzen zeigen Begräbnis und Himmelfahrt Mariens. Hier stehen auch in Kopie die berühmten Statuen der Ecclesia und der Synagoge (Originale im Musée de l'Œuvre Notre-Dame/Frauenhaus-Museum) sowie am Mittelpfeiler der thronende König Salomo und darüber Christus als Weltenrichter. Betritt man durch dieses Portal die Kirche, so stößt man sofort im s Querhaus auf den Gerichts- oder Engelspfeiler, der in 3 übereinanderliegende Zonen mit je 4 Gestalten unterteilt ist: unten die Evangelisten, darüber die Engel des Jüngsten Gerichts und schließlich über einer Auferstehungsszene der thronende Christus, den 3 Engel mit den Leidenswerkzeugen begleiten. – Das n Portal liegt unter einem Baldachin im Flamboyantstil. Es zeigt das Martyrium des hl. Laurentius (freie Nachschöpfung aus dem 19. Jh. der verlorenen Arbeit des Konrad Sifer* v. 1500/01). An den Seiten stehen Statuen ( Hans v. Achern* 1503), die l die Madonna mit den Hll. Drei Königen und Hirten und r den hl. Laurentius mit den hll. Mauritius, Philippus und Stephanus zeigen.

*Inneres:* Das dreischiffige Langhaus zu 7 Jochen überspannen kreuzförmige Rippengewölbe. Die Bündelpfeiler tragen Laubkapitelle. Die Kreuzgewölbe in den beiden Querschiffarmen werden v. Mittelsäulen getragen. Die Vierung ist erhöht worden und dient als Chor, der v. der Apsis abgeschlossen wird. An die beiden ö Joche der Seitenschiffe sind Kapellen angebaut, im N die Laurentiuskapelle (ehem. Martinskapelle) und im S die Katharinenkapelle. Das n Querschiff endet in der ehem. Laurentiuskapelle, die heute als Sakristei genutzt wird. Neben der Apsis liegt im N die Johanneskapelle und im S die Andreaskapelle. Unter dem Chor liegt die Krypta.

*Glasgemälde:* Die zahlreichen Glasfenster, die fast alle aus den jeweiligen Bauepochen stammen, sind zum großen Teil erhalten oder wurden im 19. Jh. restauriert und ergänzt. Die frühesten Scheiben in der Krypta und im n Querhaus stammen noch vom Vorgängerbau. Die meisten anderen sind got. Hervorzuheben sind die Kaiserfenster im n Seitenschiff und die Fenster des s Seitenschiffs mit einem Zyklus der neutestamentlichen Heilsgeschichte. Das Fenster im Chorscheitel, eine thronende Madonna v. Max Ingrand* (1956), ist eine Stiftung des Europarats.

*Altäre:* Den Hochaltar mit Auferstehung schuf Joseph Massol* (1761–63). Die beiden Seitenaltäre sind spätgot. Schnitzal-

*Straßburg, Münster, Mittelportal, Linkes Gewände: Propheten*

täre aus elsässischen Dörfern. – In der Laurentiuskapelle stehen der Altar mit der Laurentius-Marter v. 1698 und ein weiterer Altar mit dem v. J. Melling* 1778 gemalten Blatt mit dem Tod des hl. Johannes v. Nepomuk.

Beachtenswert sind außerdem der *Ölberg* im n Querhaus (1498) und dort auch das *Taufbecken* v. Jodokus Dotzinger* (1453), die prachtvolle *Kanzel* (1485–87) v. Hans Hammer* sowie im s Querhausarm die *astronomische Uhr.* Sie entstand 1540–74 nach einem Entwurf v. Konrad Dasypodius* und D. Wolkenstein* und wurde v. den Brüdern Habrecht ausgeführt, B. Nonnenmacher* baute das Gehäuse, das Tobias Stimmler* verzierte. Die Holzkonstruktion und gotisierende Bekrönung schuf H. Uhlberger*. 1842 wurde sie erstmals durch Jean-Baptist Schwilgué renoviert und abgeändert. Das Gehäuse ist 18 m hoch und 11 m breit. Das untere Zifferblatt gibt die Monate und Tage an, die Sonnenzeit und den Kirchenkalender, l sind die Kirchenfesttage ablesbar. Die Wochentage zeigen 7 röm. Wagen an. 2 Zeiger geben die Straßburger Ortszeit und die offizielle Zeit an. Ein Engel schlägt jede Viertelstunde eine Glocke, ein anderer dreht am Ende jeder Stunde eine Sanduhr um. Das Planetarium mit Tierkreiszeichen und 5 Planeten wurde nach den Berechnungen des Kopernikus ausgeführt. Der Himmelsglobus gibt die Stellung v. über 5000 Sternen, Sonnenauf- und -untergang, Sonnen- und Mondfinsternisse sowie die Mondphasen an.

*Wandteppiche* aus dem 17. Jh. zeigen Szenen aus dem Leben Mariens; sie werden jeweils am Fronleichnamstag im Mittelschiff ausgestellt.

*Grabdenkmäler:* In der Johanniskapelle befinden sich die Epitaphe des Bischofs v. Lichtenberg († 1299) und des Domherrn Konrad v. Busang († 1466), in der Katharinenkapelle der des Stettmeisters Konrad Bock und seiner Frau (1480), in der Andreaskapelle der der Brüder Hieronymus und Melchior v. Barby (nach 1521) und das Wandgrab des Domherrn Fr. G. Adolf Graf Rittberg († 1690). Im Leichhöfel liegen der Baumeister Erwin († 1339) mit seiner Familie sowie die Meister Johannes Hültz und Jakob v. Landshut begraben.

**Saint-Étienne/St. Stephan** (Quai Saint-Étienne; Zugang durch den Hof des Collège in der Rue Saint-Étienne): Auf den Resten einer röm. Palastanlage mit Thermen entstand um 415 eine röm. Basilika, die älteste Kirche v. S. Herzog Adalbert stiftete im frühen 8. Jh. ein Frauenkloster, dessen 1. Äbtissin seine Tochter Attala war.

*Straßburg, Münster, Mittelportal, Rechtes Gewände: Propheten*

*Münster, Roman. Doppelportal a.d. Südseite – Rechts: Mittelportal, Mittelpfosten: Madonna*

Die Kirche wurde um 1000 dreischiffig erweitert. Ab 1172 begann ein Neubau, dessen O-Partie mit Chor, Querhaus und Vierung erhalten ist. In der Revolutionszeit wurde die Kirche verkauft, das Langhaus diente ab 1805 als Theater, Synagoge und Magazin. Seit 1853 war sie wieder kath. 1944 wurde der Bau bis auf das Querhaus mit den 3 Apsiden zerstört. 1961 baute B. Monnet* das Langhaus mit seinen farbigen Glasfenstern neu auf. – Von der *Ausstattung* sind 2 Tapisserien (15. Jh.) mit Szenen aus dem Leben der hll. Attala und Odilia, das Handreliquiar der hl. Attala (12. und 15. Jh.) und die v. Nikolaus v. Hagenau* geschnitzte Beweinung (1501) hervorzuheben.

**Ev. Kirche Saint-Guillaume/St. Wilhelm** (Rue Saint-Guillaume): Die 1300–07 für den Wilhelmitenorden neu erbaute Kirche wurde 1485 zu einem einschiffigen, flachgedeckten Saal mit langgestrecktem Chor und Vorhalle erweitert und erhielt 1667 den quadratischen Turm. Seit 1534 ist sie ev. Beachtenswert sind die *Glasfenster,* die teils v. Peter Hemmel v. Andlau* (1465), teils vom Walburger Meister* (1461) stammen. Die beiden Grabplatten für die Landgrafen Philipp v. Werd († 1332) und seinem Bruder Ulrich († 1344) wurden später zum Doppelgrab zusammengefügt.

**Ev. Kirche Saint-Pierre-le-Jeune/Jung St. Peter** (Place Saint-Pierre-le-Jeune): Über einem Hypogäum aus dem 7. Jh. wurde die 1053 v. Papst Leo IX. geweihte Kirche errichtet. Ein Neubau als vierschiffige Pfeilerbasilika mit w Querhaus und langgestrecktem Chor erfolgte im 13. Jh., ihn ergänzte im 14. und 15. Jh. ein Kranz v. 5 Kapellen. Im 19. Jh. erfuhr der Bau beträchtliche Veränderungen. Damals wurde der Haupteingang an die S-Seite verlegt; er ist eine v. F. Riedel* gestaltete neugot. Nachempfindung des verlorengegangenen Originals. Die got. Wandmalerei wurde stark nivellierend restauriert.

**Saint-Pierre-le-Vieux/Alt St. Peter** (Place

*Straßburg, Münster, linkes Seitenportal: Tugenden*

Saint-Pierre-le-Vieux): Der Neubau einer sehr frühen Gründung erfolgte um 1380 und wurde Anfang des 15. Jh. erweitert. 1681 wurde die Kirche auf Geheiß Ludwigs XIV. geteilt: Die Protestanten erhielten das Schiff, die Katholiken den Chor. Letzterer wurde 1869 abgerissen, und es entstand rechtwinklig zum Schiff eine neue kath. Kirche, die nach dem 1. Weltkrieg um 2 Joche verkürzt wurde. In der ev. Kirche befindet sich ein *Lettner* aus dem 15. Jh. Die kath. Kirche besitzt *Gemälde* aus der Schule v. Martin Schongauer und *Holzreliefs* (um 1500) mit Darstellungen aus dem Leben verschiedener Heiliger.

**Weitere sehenswerte Kirchen:**

**Christ Ressuscité** (Rue de Palerme): Den modernen Bau errichteten 1968–72 R. Adrion*, F. Lévy* und N. Prévôt*, die Glasgemälde schuf E. Werlé*.

**Saint-Pierre-le-Jeune Catholique** (Rue Finkmatt): Für die kath. Gemeinde errichteten A. Hartel* und S. Neckelmann* 1889–93 die neuroman. Kirche über kreuzförmigem Grundriß mit 2 w Türmen und mächtiger Kuppel.

**Église Protestante de Sion** (Place Benjamin Zix): Die Methodistenkirche entstand 1882.

**Saint-Érard** auch **Église de l'Hôpital/Spitalkirche** (Place de l'Hôpital): Von der ehem. Karmeliterkirche (um 1400) ist noch der Chor erhalten, den Neubau errichtete 1717–25 F. J. Mollinger*; J. P. Pflug* vollendete ihn 1741.

**Saint-Jean** (Quai Saint-Jean): die ehem. Klosterkirche der Dominikanerinnen wurde 1944 zerstört und in ihrem Mauerwerk wieder aufgebaut.

**Saint-Louis** (Rue Saint-Louis): Anstelle des Barbaraspitals ließ Ludwig XIV. eine nachgot. Kirche errichten. Sie wurde 1790 profaniert, nach einem Brand v. 1809 aber wieder restauriert und 1827 der kath. Gemeinde zurückgegeben.

**Saint-Maurice** (Rue Saint-Maurice): Die neugot. kath. Garnisonkirche baute 1893 bis 1894 L. Becker*.

**Saint-Nicolas** (Quai Saint-Nicolas): In der

auf röm. Grundlagen errichteten ehem. got. Kirche, die häufig umgebaut wurde, befinden sich got. Wandmalereien, die den hl. Nikolaus sowie Kreuzabnahme und Auferstehung Christi zeigen.

**Saint-Paul** (vor dem Pont de l'Université): Die neugot. ev. Garnisonkirche auf einer Insel zwischen Ill und Aar erbaute 1889–92 L. Müller*.

**Saint-Thomas** (Place Saint-Thomas): Nach verschiedenen Vorgängerbauten entstand im 13. und 14. Jh. eine fünfschiffige Halle mit ö Querhaus und Chor. Die Doppelturmanlage grenzt an das große Straßburger Graupendach mit Vierungskuppel, die eine Laterne trägt. Beachtenswert sind der plastische Innenschmuck (12. Jh.), Grabmäler und Epitaphe aus mehreren Jh., darunter das monumentale *Grabmal des Marschalls Moritz v. Sachsen* († 1750), sowie Reste der *Glasmalerei* (um 1250). Auf der Silbermann-Orgel spielte Albert Schweitzer.

**Sainte-Aurélie** (Rue Saint-Bucer): Die vermutlich schon im 8. Jh. gegr. Kirche hat noch einen roman. Turm aus der Zeit um 1200. Der Neubau des Saals mit hohen Fenstern entstand 1763–65.

**Sainte-Madeleine** (Place Sainte-Madeleine): Der 1944 zerstörte Bau wurde unter Verwendung der Reste des spätgot. Chors neu aufgebaut. Er enthält ein Fresko des Marientods aus dem späteren 15. Jh.

**Temple Neuf** (Place du Temple Neuf): Die neuroman. Kirche baute E. Salomon* 1873–76. Sie steht an der Stelle einer im Krieg 1870 stark zerstörten Klosterkirche der Dominikaner.

**Thomasstift** (angrenzend an Saint-Thomas): Das 1772–73 v. S. Werner* errichtete Gebäude beherbergt heute das ev.-theologische Seminar.

**Nouvelle Synagogue** (Avenue de la Paix): Den hellen Raum mit aufragenden Säulen erbaute die Architektengruppe Berst-Lévy-Meyer* 1955–58.

## PROFANBAUTEN

**Ancienne Douane** (Rue du Vieux Marché-aux-Poissons 1): Das alte, 1358 errichtete und im 16. und 18. Jh. stark erweiterte Zollgebäude wurde 1944 zerstört und dann wieder originalgetreu aufgebaut. Heute Ausstellungsraum.

*< Straßburg, Münster, rechtes Seitenportal: Fürst der Welt und törichte Jungfrau*

**Conseil de l'Europe/Europarat** (Place Le Nôtre und Place Robert Schuman): Der Gebäudekomplex umfaßt die *Maison des Droits de l'Homme/Palast der Menschenrechte* (1963–65) und das *Palais de l'Europe/Europahaus* (B. Henry* 1973–76) mit dem Plenarsaal und einer kühnen Kuppel, beide v. B. Monnet*. Für eine Besichtigung wendet man sich an den Besucherdienst des Europarats.

**Hôtel du Corbeau/Rabenhof** (Quai des Bateliers 1): Der 1528 eröffnete Gasthof beherbergte, bis er 1854 geschlossen wurde, z. T. fürstliche und königliche Gäste, an die eine Tafel im Innenhof erinnert. Das Gebäude stammt aus der Zeit um 1600, seine schlichte Fassade aus dem 19. Jh.

**Stadtmauern und Befestigungen:** Von den ma Anlagen sind nur noch geringe Reste erhalten, so vor allem die *Festungstürme* aus dem 14. Jh. an der Ill-Verzweigung. – Die *Grande Écluse/Große Schleuse* (auch *Barrage Vauban* gen.; Aussichtsterrasse mit Blick über die ganze Stadt) war Teil

*Straßburg, Münster, Fenster am s Obergaden*

*Straßburg, Barrage Vauban*

des v. Vauban* entworfenen Festungsprojektes, zu dem auch die Zitadelle mit dem fünfzackigen Sternengrundriß gehörte. – Weitere Teile der *Stadtmauern* sind in mehreren Häusern und Kirchen verwendet worden.

**Université/Universität** (Place de l'Université): Das Hauptgebäude mit langgestreckter Fensterfront und überdachtem Innenhof errichtete Otto Warth* 1879–84 im Stil ital. Renaissancepaläste. – Im anschließenden Park stehen ein Institutsgebäude und das Observatorium, die H. Eggert* erbaute. Ein *Goethe-Denkmal* v. E. Wegener* (1904) und eine *Goethe-Büste* nach einem Modell v. F. Tiek* erinnern daran, daß Goethe an der Universität 1770/71 studiert hat.

## PLÄTZE

**Place Broglie:** Der langgestreckte rechteckige Platz (ehem. Roßmarkt und Turnierplatz, seit 1740 Paradeplatz) wird im O durch das *Stadttheater* (1821 erbaut und 1872–75 wieder aufgebaut) mit Skulpturen der Musen v. L. Ohnmacht* über dem Portikus und der Seitenfront des ehem. *Hôtel des Deux-Ponts/Zweibrückerhofs* (1754 v. J. P. Pflug*, 1771 ausgebaut, Geburtshaus des bayerischen Königs Ludwig I. und heute Sitz des Gouvernement Militaire) begrenzt. An der SO-Seite steht das ehem. *Hôtel de Klinglin*, die heutige Präfektur, und an der N-Seite das *Arsenal/Zeughaus* (1529–45) mit geschweiftem Giebel und Portal v. 1600. Daneben steht ein *Denkmal* für Marschall François Christophe Kellermann, Herzog v. Valmy, und in der Platzmitte ein Denkmal für General Leclerc, der die Stadt 1944 zurückeroberte.

**Place de la Cathédrale/Münsterplatz:** Im NW sind alte Bürgerhäuser erhalten: *Zur kühlen Luft* (Fachwerkbau aus dem 16. Jh., im 18. Jh. umgebaut), *Pharmacie du Cerf/Hirschapotheke* (mit got. Spitzbogengewölben im Erdgeschoß, Fachwerkober-

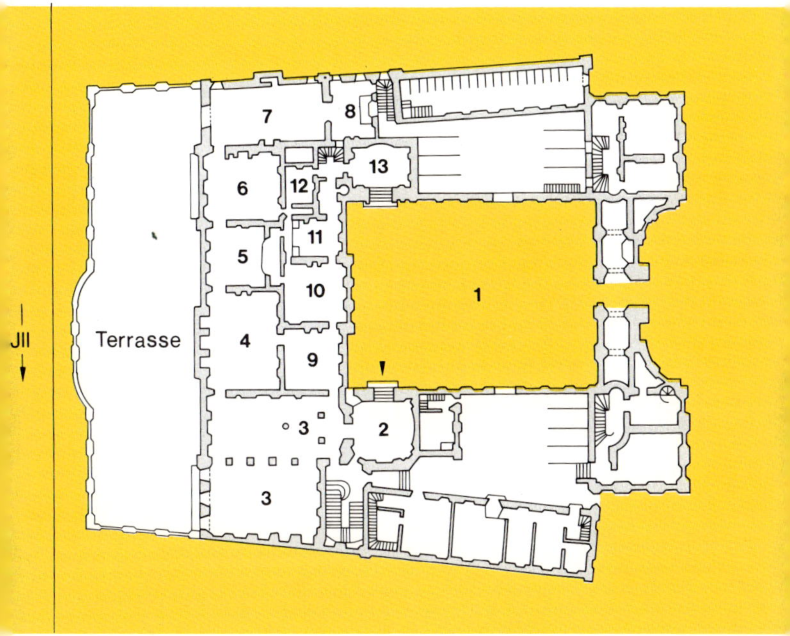


geschossen v. 1567) und die weltberühmte *Maison Kammerzell* mit einer steinernen Ladenzone (1467) und Fachwerkgeschossen (1571), dessen Schnitzwerk Darstellungen der Tierkreiszeichen, Allegorien der 5 Sinne und z.T. legendäre Persönlichkeiten aus Antike und MA darstellt. Die Malereien entstanden 1862 unter Verwendung originaler Spuren aus dem 16.Jh., ein Fresko im Inneren (L.Schnug*, 1910) berichtet v. der Hilfe durch Basler Bürger, die per Schiff in 18 Stunden noch warmen Hirsebrei in die Stadt brachten. An dieses »glückhafte Schiff« erinnert auch der Brunnen v. 1884 vor Saint-Guillaume.

**Place du Château/Schloßplatz:** Er wird beherrscht vom *Château des Rohan/Rohan-Schloß,* das Joseph Massol* 1730-42 nach Plänen des Pariser Hofarchitekten Robert de Cotte* als Stadtpalais für Kardinal Gaston-Armand de Rohan-Soubise im Regencestil errichtete. Die Hauptfassade an der S-Seite zur Ill hin gliedern Seitenpavillons mit Mansarddächern und der Mittelrisalit mit korinthischen Säulen unter einem dreieckigen Giebel. Den plastischen Schmuck des Baus und die Innendekoration führten R. Le Lorrain* und sein Schüler P. de Saint-Laurent* sowie J.A.Nahl* aus. Über die Aufteilung der Räume gibt die Skizze Auskunft. Das Große Appartement ist im repräsentativen Stil des 18.Jh. gestaltet: der Bischöfliche Salon ist in Weiß und Gold gehalten. Das königliche Schlafzimmer ist ganz mit Spiegeln ausgekleidet, die Bettnische ist durch

**Strasbourg, Château des Rohan 1** Ehrenhof **2** Eingang **3-8** Grand Appartement **3** Salle du Synode **4** Salon des Évêques (Bischöflicher Salon) **5** Chambre du Roi (königliches Schlafzimmer, auch: Chambre du Dais/Thronsaal) **6** Salon du Roi (auch: Salon d'Assemblée/Versammlungssaal) **7** Bibliothek **8** Kapelle **9-11** Petit Appartement **9** Speisezimmer **10** Salon du Matin **11** Schlafzimmer **12** Garderobe **13** Ausgang

*Straßburg, Palais de l'Europe*

eine vergoldete Balustrade abgeteilt. Die Bücherschränke und Möbel der Bibliothek fertigte der Paderborner B. Kocke* an. Die Wandteppiche zeigen Bilder nach Gemälden v. Peter Paul Rubens*. Die Privatgemächer des kleinen Appartements sind etwas weniger aufwendig und intimer gestaltet; hier hängen Porträts der 4 Fürstbischöfe Rohan.
Das Schloß beherbergt heute mehrere Museen. *Œuvre Notre-Dame:* 2 parallele Giebelhäuser - das ö mit got. Treppengiebel (1347), das w mit geschweiftem Giebel und Treppenturm (1579-85) - waren seit 1349 Sitz der Münsterbauhütte, die 1459 an die Spitze aller dt. Bauhütten trat. Hier befindet sich heute das Musée de l'Œuvre Notre-Dame/Frauenhausmuseum (→Museen und Sammlungen), zu dem inzwischen auch ein benachbartes Fachwerkhaus und der Gasthof zum Hirschen gehören. Im Hof befindet sich ein got. Garten, das sog. Paradies.

**Place de la Grande Boucherie:** Die *Grande Boucherie/Große Metzig* wurde 1586-88 v. H. Schoch* erbaut und v. P. Maurer* ausgestattet. Sie diente bis 1859 als Schlachthof und Fleischmarkt und wird heute für das Musée Historique (→Museen und Sammlungen) genutzt. Außerdem stehen hier noch mehrere *Fachwerkhäuser* aus dem 16. und 17. Jh.

**Place Gutenberg:** An der W-Seite errichtete 1582-85 H. Schoch* die *Chambre de Commerce/Handelskammer* zusammen mit P. Maurer*, der die hölzerne Innenausstattung ausführte. Der Renaissancebau war urspr. als Rathaus konzipiert. - In der Platzmitte steht das 1840 v. Davis d'Angers* geschaffene *Gutenberg-Denkmal*, das an den Erfinder des Buchdrucks in S. um 1440 erinnert.

**Place Kléber:** Der heute großräumige Platz entstand 1768 durch Abriß einer ma Franziskanerkirche. Die sog. *Aubette/ehem. Hauptwache* wurde 1765-68 gebaut und nach 1870 wiederhergestellt. Die v. Th. van

Doesberg*, Hans Arp und seiner Frau Sophie Taeuber-Arp* 1926-27 gestaltete Innenausstattung wurde während der dt. Besetzung als »entartete Kunst« zerstört. - In der Platzmitte steht das *Denkmal des* (P. Grass 1840) in Straßburg geborenen *Generals Jean-Baptiste Kléber.* Er wurde als napoleonischer Oberbefehlshaber v. Ägypten in Kairo ermordet und im Sockel des Denkmals beigesetzt.

**Place de la République:** Er wurde im Zentrum der Neustadtbebauung nach 1871 als »Kaiserplatz« geplant. Die Gebäude entstammen alle der Wilhelminischen Epoche.
Das *Palais du Rhin/ehem. Kaiserpalast* baute 1883-89 H. Eggert*. Es wird heute v. kulturellen Organen des Europarats genutzt. - Der ehem. *Marstall* dient jetzt als Ausstellungsgebäude. - Die *Präfektur* war ehemals Sitz des Elsässisch-Lothringischen Ministeriums. - Die *Bibliothèque Nationale et Universitaire* erbauten H. Hartel* und S. Neckelmann* 1889-94. Sie wurde 1950 renoviert. - Dieselben Architekten errichteten auch das *Conservatoire de Musique,* dem P. Sonrel* 1957 auf der S-Seite das *Théâtre de la Comédie,* heute *Théâtre National de Strasbourg,* anfügte. - Das *Totendenkmal* schuf 1936 L. Drivier*.

**Weitere sehenswerte Plätze des Zentrums:** Die *Place du Marché Gayot* umgeben Häuser aus dem 16. bis 19. Jh. - An der *Place du Marché Neuf* stehen Bauten aus dem 17. und 18. Jh., darunter ein schönes Fachwerkhaus. - An der *Place Saint-Étienne/Stephansplatz* finden sich z. T. reichverzierte Gebäude aus verschiedenen Epochen, so das Palais Böcklin (1598) mit jüngerem Volutengiebel über den Erkern und Treppenturm. Die Bronzefigur eines Vogelfängers (sog. *Meiselocker*) entstand 1928.

## MUSEEN UND SAMMLUNGEN

**Cabinet d'Estampes et Bibliothèque d'Art** (im linken Flügel des Rohan-Schlosses): Die Bibliothek enthält etwa 25 000 Stiche, Zeichnungen und Lithographien sowie 40 000 Bände, hauptsächlich über Kunst und Architektur.

**Grande Écluse/Große Schleuse:** Das hier eingerichtete Museum zeigt Abgüsse v. Straßburger Plastiken und Architekturfragmente v. a. got. und barocken Hausschmucks.

**Musée Alsacien** (Quai Saint-Nicolas 23): Die volkskundliche Sammlung zeigt Gegenstände des täglichen Lebens und mehrere vollständig eingerichtete Räume aus Bauernhäusern. Auch die elsässische Volkskunst ist gut vertreten. Ein vielseitiges Ensemble zeigt jüdische Andachtsstücke. An den in S. 1740 geborenen Pfarrer und Pädagogen Johann Friedrich Oberlin erinnert das sog. Vogesenzimmer.

**Musée Archéologique** (im Untergeschoß des Rohan-Schlosses): Die reiche Sammlung belegt die Vor- und Frühgeschichte v. S. und des umgebenden Elsaß. Eins ihrer Hauptstücke ist das Grab einer adligen Dame aus dem 5. Jh. mit prächtigen Beigaben.

*Straßburg, Die Ill bei der gedeckten Brücke*

**Musée d'Art Moderne** (bis zur Errichtung eines neuen Museums in der Ausstellungsgalerie, Place du Château 5): Die Sammlung v. Gemälden, Graphiken und Plastiken dokumentiert die wichtigsten künstlerischen Strömungen etwa ab 1870 bis zur Gegenwart. Ein Saal ist dem Werk des in Straßburg geborenen Hans Arp* gewidmet.

**Musée de l'Œuvre Notre-Dame/Frauenhausmuseum** (Place du Château 3, siehe dort): Die Exponate dieser sehenswerten Sammlung datieren aus der Zeit um 1000 bis 1681 und kommen aus dem gesamten Elsaß, hauptsächlich aus der Umgebung des Münsterbaus. Es handelt sich um Plastiken, Glasgemälde, Zeichnungen und Altartafeln sowie um kunsthandwerkliche Gegenstände.

**Musée des Arts Décoratifs** (in den ehem. Stallungen des Rohan-Schlosses): Das Kunstgewerbemuseum zeigt eine umfangreiche Keramiksammlung der Manufakturen v. Hannong und Niderwiller, die die Straßburger Fayence im 18. Jh. weltberühmt machten.

**Musée des Beaux-Arts** (im 1.Stock des Rohan-Schlosses). Die Sammlung europ. Kunst umfaßt Werke ital. Meister (14.-18. Jh.), spanischer und franz. Meister (17.-19. Jh.), altniederländischer Meister (15. und 16. Jh.) sowie aus dem Umkreis v. Rubens* und van Dyck*.

**Musée Historique** (Rue de la Grande Boucherie 3): Das sehenswerte und reichbestückte Museum beschäftigt sich v.a. mit der Straßburger Stadtgeschichte. Beachtenswert ist das Stadtmodell v. 1725-27 im Maßstab 1:600.
Der Zeichner Tomi Ungerer schenkte seiner Heimatstadt eine Sammlung mechanischen Spielzeugs, die hier provisorisch untergebracht ist.

< *Straßburg, Haus Nr. 1 am Ferkelmarkt*

# T

## NL - Tiel
Geldern

Einw.: 30000 S.387 □ C 17

Das an der Waal (also dem südlichen Rheinarm) und dem Amsterdam-Rijn-Kanal gelegene Tiel erlebte als eine der größten Handelsstädte Hollands um 1000 seine größte Blüte.

**Grote Kerk oder St.-Maartenskerk:** Der Turm der niederländisch-ref. Kirche wurde 1440 begonnen, das dreischiffige Langhaus erhielt in der 2. Hälfte des 15. Jh. ein zusätzliches s Seitenschiff. Im äußeren S-Schiff entstand dann 1554 eine Taufkapelle und darüber eine Bibliothek.

**Außerdem sehenswert:** Der hohe Chor der *Lutherse Kerk* datiert aus dem frühen 16. Jh., das Langhaus dürfte etwas älter sein. – Urspr. aus dem 16. Jh. stammt das *Ambtmanshuis*. – Teile der *ma Befestigung* befinden sich an der Waalkade. – *Korenbeurs* (Beursplein) mit neoklassizistischer, *Vismarkt* mit klassizistischer Säulengalerie. – *Wohnhäuser* des 17.–19. Jh.

### Umgebung

**Buren** (6 km nw): Die spätgot. *niederländisch-ref. Kirche* besitzt ein dreischiffiges Langhaus und einen unverputzten, im 16. und 17. Jh. erhöhten W-Turm. – Das urspr. wohl aus dem frühen 16. Jh. stammende *Stadhuis* mit hohem Dach wurde mehrmals verändert. – Von der *ehem. Befestigung* sind v. a. die Umwallung, einige Mauerhäuschen an der Stadtmauer und ein Tor v. 1630 erhalten. – Beachtenswert sind auch das 1613 erbaute vornehme *Koninklijke Weeshuis* (Waisenhaus), die *Waage* mit offener hölzerner Säulengalerie und das *Boerenwagenmuseum* mit einer Wagensammlung.

**Zoelen** (3 km nw): Die got. *niederländisch-ref. Kirche* besitzt einen Chor mit Holzdecke. – Das erhöht liegende *Kasteel Zoelen* entstand im 17. Jh., die Nebengebäude stammen aus dem 19. Jh.

< *Tiel, Grote Kerk*

# U

## D-7770 Überlingen
Baden-Württemberg

Einw.: 19500 Höhe: 403 m S.379 □ G 4

Die frühalemannische Siedlung wird 770 als *Iburinga* urkundlich erwähnt. Im 12. Jh. Marktflecken, 1191 Erhebung zur Stadt durch Kaiser Friedrich I., freie Reichsstadt seit 1268. Die Stadtverfassung mit Zunft- und Patrizierrechten war gültig bis 1803. Im Dreißigjährigen Krieg wurde die befestigte Stadt 1632 und 1634 vergeblich belagert, jedoch 1643 erobert und geplündert. Wirtschaftlicher Niedergang durch französische, bayerische und schwedische Besetzungen. Seit 1803 ist Überlingen badisch und erlebte in neuerer Zeit einen Aufschwung als Ferien-, Kur- und Badeort.

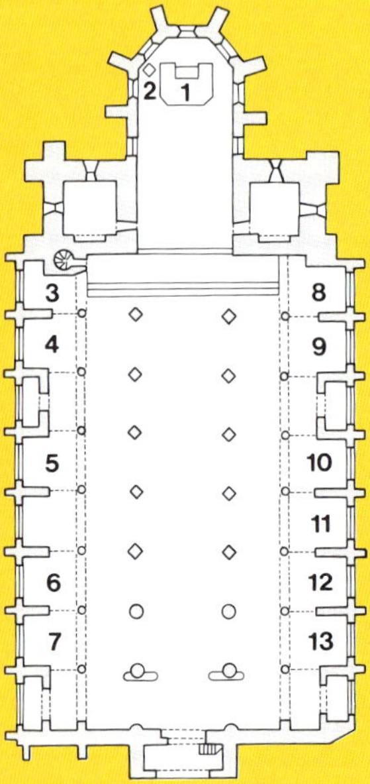


**Überlingen, Münster St. Nikolaus 1** Hochaltar v. J. Zürn (1613–16) **2** Sakramentshaus v. J. Zürn (1611) **3–7** Kapellen auf der N-Seite mit einzelnen hervorragenden Kunstwerken **3** Dreikönigsaltar **4** Schutzengelaltar der Zürn-Werkstatt (1634) **5** Wandgemälde der Heimsuchung Mariens **6** Anna-Altar **7** Cajetan-Altar **8–13** Kapellen auf der S-Seite mit einzelnen hervorragenden Kunstwerken **8** Rosenkranzaltar des Umkreises Zürns (1671) **9** überlebensgroße spätgot. Fresken verschiedener Heiliger **10** Marienaltar (auch Betz-Altar) v. J. Zürn (1607–10) **11** Elisabethaltar **12** Bernhardsaltar **13** Kreuzaltar

**Kath. Stadtpfarrkirche St. Nikolaus/Münster:** Eine ungegliederte Saalkirche (um 1000) und eine Säulenbasilika (12. Jh.) machten einem 1350 begonnenen got. Neubau v. Eberhard Rab* Platz, der 1424 v. Heinz Dietmar* zur fünfschiffigen Halle umgebaut wurde und gegen 1460 vollendet war. Weitere Umbauten begannen 1470 und dauerten bis 1586. 1908–24 wurde die Kirche umfassend restauriert. Die fünfschiffige, querhauslose Basilika mit w Vorhalle und 12 Seitenkapellen besitzt einen langen Chor mit $^5/_8$-Schluß. Von den beiden Türmen in den Chorwinkeln ist nur der n hochgeführt. Zur bedeutenden *Ausstattung* gehört der frühbarocke Hochaltar von Hans d. Ä., Jörg, Michael und Martin Zürn* (1613–16), dessen Kolossalfiguren in der Mittelnische die Anbetung der Hirten, darunter die Verkündigung und oben Mariä Krönung darstellen. Jörg Zürn baute auch das got. Tabernakel zum Sakramentshaus mit fünfgeschossigem Aufbau um. Es zeigt eine freiplastische Abendmahlgruppe und den Auferstandenen. Von den 14 Seitenaltären ist der Rosenkranzaltar (1631) in der 1. s Seitenkapelle v. den Brüdern Martin und David Zürn* hervorzuheben. Eine ma Verkündigungsgruppe (1310) ist jetzt an den Chorseitenwänden aufgestellt. Die spätgot. Steinkanzel (1551) und die Figuren Christi und der Apostel (1552) sind an den Pfeilern des Mittelschiffs aufgestellt. – Den *Ölberg* vor der Kirche schuf 1493 Lorenz Reder*.

**Franziskanerkirche:** Die Kirche aus dem 15. Jh. wurde 1752 durch Michael Beer* zurückhaltend barockisiert. Der *Hochaltar* (1760) stammt aus der Feichtmayr-Werkstatt; sein Blatt malte Gottfried Bernhard Götz*, die *Fresken* schuf Franz Ludwig Herrmann*.

**St.-Jodokus-Kapelle:** Der schlichte spätgot. Bau (1424–62) enthält im Langhaus *spätgot. Malereien,* die die Legende des hl. Jakob, Szenen aus dem Marienleben, die 14 Nothelfer und die Geschichte v. den 3 Lebenden und den 3 Toten schildern.

**Rathaus:** Der um 1494 begonnene Bau ist der erste n der Alpen mit einer ital. *Rustikafassade.* Berühmt ist die spätgot. Dekoration des *Ratssaals,* die der einheimische Holzbildhauer Jakob Russ* erstellt hat. In verschlungenen Bogen stehen unter Baldachinen Statuetten, die die Stände des Reichs (7 Kurfürsten, 4 Markgrafen, 4 Landgrafen, 4 Grafen, 4 Burggrafen, 5 semperfreie Schenken, 4 strenge Ritter und 4 Bauern mit ihren Wappen), die weltliche Macht mit Kaiser und König sowie die göttliche Macht mit Christus, Maria und Johannes darstellen. - Neben dem Rathaus steht im W das sog. *Kanzleihaus.*

**Städtisches Museum:** Das *Patrizierhaus Reichlin v. Meldegg* wurde 1462 ebenfalls mit Rustikaquadern erbaut. Hier ist das Museum mit seiner Sammlung bedeutender Kunstwerke aus dem oberschwäbischen Raum, einer Krippen- und einer Puppenstubensammlung sowie lokalhistorischen Exponaten untergebracht. Besichtigt werden kann auch die 1486 geweihte *Hauskapelle,* die Joseph Anton Feichtmayr* im 18. Jh. mit reichem Figurenschmuck ausgestattet hat. Der doppelgeschossige *Festsaal* in einem Anbau wurde v. Wessobrunner Künstlern stuckiert.

**Stadtbefestigung:** Von der ehem., aus 2 Ringen bestehenden Befestigung mit 11 Toren und 15 Türmen sind Reste der hohen Ringmauer erhalten sowie der Dammtorturm, der Quellturm, der Gallerturm, der Rosenobelturm, der Johanniterturm, der Aufkirchturm und der Franziskanertorturm, letzterer v. 1494, mit Rustikafassade und Staffelgiebeln.

**Außerdem sehenswert:** *Ehem. Stadtkanzlei* (1499), *Löwenzunfthaus* (1414, nach 1945 neu aufgebaut), *Salmannsweilerhof* (1531), *Petershausenerhof* (16. Jh.) und zahlreiche alte *Wohnhäuser* aus dem 16. und 17. Jh. - *Schloß Burgberg* und *Schloß Spetzgart* wurden im Dreißigjährigen Krieg zerstört, dann aber wieder aufgebaut. Beide befinden sich in Privatbesitz.

## Umgebung

**Oberuhldingen** (5 km sö): Die *Zisterzienser-Wallfahrtskirche St. Maria* **(Birnau)** erbaute Peter Thumb* 1745–50. Sie gilt mit ihrer qualitätvollen Dekoration als die bedeutendste Barockkirche am Bodensee. Die seeseitige W-Fassade ist ruhig und symme-

*Überlingen, Münster, Mittelschiff*

*Überlingen, Münster, Kanzel*

trisch gegliedert; Portal- und Fensterumrahmungen sowie eine Rundnische mit der Immaculata skulptierte Joseph Anton Feichtmayr*. Das Oktogon des Turms krönt ein zierlicher Helm. Von den 5 Achsen des breiten Langhauses ist die 2. vor dem Chor durch querschiffartige Apsiden vergrößert. Es folgt der eingezogene quadratische Chor mit flacher Kuppel und der nochmals schmaleren Apsis über gestelztem Halbkreis. Ein bis zur Apsis umlaufender Emporengang umklammert alle Raumteile. – Stukkaturen, Plastiken, Altäre und Kanzel schuf Joseph Anton Feichtmayr* unter Mitwirkung der Brüder Johann Georg und Franz Anton Dürr*. Der Hochaltar ist in komplexer Höhen- und Raumstaffelung aufgebaut, seine Figuren zählen zu Feichtmayrs besten Werken. Das got. (15. Jh.) Altarblatt, eine sitzende Muttergottes, stammt aus der alten, 1745 abgebrochenen Kirche. Am Bernhardsaltar weist der Honigschlecker auf die rhetorischen Fähigkeiten des Heiligen hin. Von den 14 geschnitzten Kreuzwegstationen Feichtmayrs sind noch 8 erhalten. Teilweise aus der Dürrschen Werkstatt stammen die vergoldeten Büsten (1757) auf dem Emporengang, Putten halten die Attribute der Apostelbüsten. Die farbenprächtigen Deckengemälde v. Gottfried Bernhard Götz* (1750) zeigen Maria als apokalyptisches Weib, Tugenden, Erdteile, Ester vor Ahasverus und Maria mit Stiftern.

**Unteruhldingen:** Im Wasser des Bodenseeufers hat man seit 1922 ein prähistorisches *Freilichtmuseum* eingerichtet, in dem 2 steinzeitliche und 5 bronzezeitliche Pfahlbauten als Rekonstruktionen gezeigt werden. Die gefundenen Originale standen mit Sicherheit auf Uferbänken; erst die Hebung des Seespiegels ließ sie später ins Wasser geraten.

## D-5463 Unkel
Rheinland-Pfalz

Einw.: 4170 Höhe: 55 m S.383 □ E 13

Unkel, der malerisch am rechten Rheinufer gelegene alte Weinort, besitzt schöne Fachwerkhäuser und sehenswerte Torbogen.

< *Überlingen, Münster, Taufbecken*

**Kath. Pfarrkirche St. Pantaleon:** Die in ihrem Kern roman. Kirche (13. Jh.) mit altem W-Turm und 3 parallel angeordneten Satteldächern stellt sich heute als dreischiffige spätgot. Hallenkirche dar. Die kostbarsten Stücke der prachtvollen Ausstattung sind der spätroman. *Taufstein* und ein hölzerner, qualitätvoll bemalter *Reliqienschrein* aus der Mitte des 15. Jh. Beachtenswert sind auch der spätgot. Kronleuchter, 14 Nothelferfiguren v. 1729, die Barockkanzel, das barocke Chorgestühl und der Hochaltar.

**Außerdem sehenswert:** Im 1760 am Rhein erbauten *Freiligrathhaus* (auch Strolchenburg) lebte 1839–40 der Dichter Ferdinand Freiligrath. – Das dreiflügelige *Herresdorfer-Haus* (neben der Kirche) stammt urspr. aus dem späten 17. Jh. – Als Rest der ehem. Befestigung ist u. a. der *Gefängnisturm* erhalten. – *Fronhof* des Stiftes Maria ad Gradus (11. Jh.) mit nw Eckturm der Stadtmauer. – Im s angrenzenden *Ortsteil Heister* befindet sich die ehem. Wasserburg *Vilszelt* (11. Jh.; im 18. Jh. verändert). – Der nö Ortsteil *Scheuren* bietet ein fast geschlossenes Bild rheinischen Fachwerks. Spätgot. Kapelle v. 1519.

### Umgebung

**Erpel** (2 km s): Das am Fuß des Basaltkegels Erpeler Ley gelegene Dorf hat sich sein malerisches altes Ortsbild außergewöhnlich gut bewahren können. – In der dreischiffigen spätroman. *Severinskirche* (frühes 13. Jh., um 1750 erweitert) sind die originale farbige Bemalung in Chor und Langhaus, eine Skulptur des hl. Michael im Kampf mit einem Untier (spätes 15. Jh.) und ein Bild »Anbetung der Könige« (17. Jh.) beachtenswert. – Neben der Kirche steht das 1780 erbaute barocke *Rathaus*.
Fachwerkhäuser des 17. und 18. Jh. findet man z. B. am Marktplatz. – Als Rest der Befestigung des 15. Jh. ist v. a. das *Neutor* mit hohem Walmdach erhalten; über einem 2. Stadttor wurde 1781 der *ehem. Fronhof* errichtet.

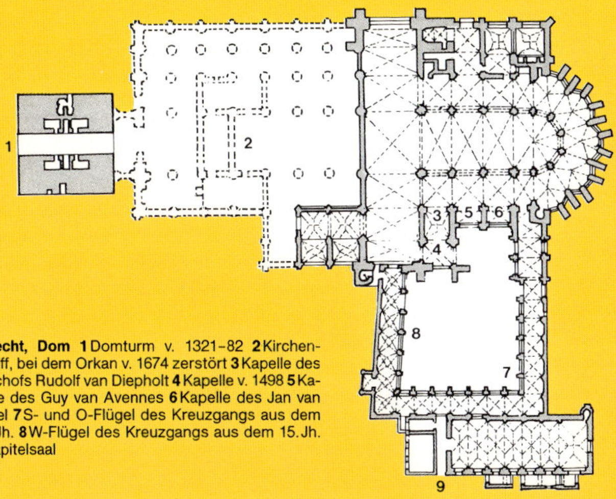


**Utrecht, Dom** **1** Domturm v. 1321–82 **2** Kirchenschiff, bei dem Orkan v. 1674 zerstört **3** Kapelle des Bischofs Rudolf van Diepholt **4** Kapelle v. 1498 **5** Kapelle des Guy van Avennes **6** Kapelle des Jan van Arkel **7** S- und O-Flügel des Kreuzgangs aus dem 14. Jh. **8** W-Flügel des Kreuzgangs aus dem 15. Jh. **9** Kapitelsaal

## NL – Utrecht

Utrecht

Einw.: 235000 Höhe: 5 m S.387 □ C 18

Die Hauptstadt der gleichnamigen Provinz und viertgrößte Stadt der Niederlande liegt am Kromme Rijn, der sich hier in den Oude Rijn und die Vecht verzweigt, und am Amsterdam-Rijn-Kanal. Das wegen seiner Lage »Herz der Niederlande« genannte Utrecht ist bedeutende Wirtschafts- und Messestadt, Handels- und Verkehrsknotenpunkt, als Sitz einer Universität und eines katholischen Erzbischofs kulturelles und geistiges Zentrum sowie mit ihrer von Wassergräben umzogenen und von Grachten durchflossenen Altstadt auch ein führender Fremdenverkehrsort. Das 48 n. Chr. gegründete römische *Trajectum ad Rhenum* wurde von den Franken als *Wiltaburg* übernommen. 696 erkor der hl. Willibrord Utrecht zu seinem Bischofssitz, im 8. Jh. folgte ihm Bonifatius. Und über Jahrhunderte blieb die Kirche bestimmendes Element des 1122 mit Stadtrechten ausgestatteten Ortes. Als die weltliche Macht (also das Fürstentum) schließlich 1528 von den Bischöfen auf Karl V. übergegangen war, büßte die Stadt ihre politische Bedeutung fast vollends ein. Nach dem holländischen Freiheitskampf gegen Spanien erlebte die Stadt mit der Gründung der Universität (1636) erneut einen allmählichen Aufschwung. 1713 setzte der *Utrechter Frieden* dem Spanischen Erbfolgekrieg ein Ende, und seit dem 19. Jh. begann die Stadt auch wirtschaftlich zu erstarken.

**Dom** (Domplein): Der 1254 begonnene und erst im frühen 16. Jh. vollendete Dom verlor 1674 durch einen Orkan sein vom roman. Vorgängerbau übernommenes fünfschiffiges Langhaus. Seitdem blieb der Platz des ehem. Langhauses zwischen dem Chor (mit Querhaus und angesetztem Kreuzgang) und dem prachtvollen, mit

< *Unkel, St. Pantaleon*

*Linke Seite und oben: Utrecht, Dom, Kreuzgang*

112 m höchstem Turm der Niederlande frei. Dieser *Turm* besitzt Viereckuntergeschosse mit tiefen Nischen, ein luftiges Achteck-Obergeschoß (berühmtes Glokkenspiel) und eine abschließende kurze Schieferspitze. Über dem reichgestalteten Turmdurchgang liegt die schon 1328 genannte Michaelskapelle, darüber die flachgedeckte Egmondkapelle. Der *Chor* beeindruckt durch seine Höhe (32 m), aber auch durch die hier verwendeten Details (Basen und Blattkapitelle der Pfeiler, Schlußstein der Gewölbe). Beachtlich sind auch die *Wanddekorationen* (um 1300) in den Kapellen des Jan van Arkel (beschädigtes Altarretabel, um 1500) und Guy van Avennes (Wandgemälde »Christus am Kreuz«, ca. 1430) an der S-Seite, die eleganten Nischen in der Kapelle des Rudolf van Diepholt (um 1455), das zierliche spätgot. Tor zur Sakristei (N-Seite), Teile des Hl. Grabes v. 1501 zwischen den Mittelpfeilern des Chorumgangs, Reste des Renaissance-Chorgestühls v. 1563, die Grabtumba des Guy van Avennes († 1317), Teile der Grabtumba des Jan van Arkel († 1378), ein Kenotaph für Bischof J. van Egmond (1549) und ein 1676 v. R. Verhulst* geschaffenes Grabmal für Admiral W.J. van Gendt. – An den Chor angesetzt ist der malerische *Kreuzgang* mit O- und S-Flügel aus der 2. Hälfte des 14. Jh., W-Flügel aus dem frühen 15. Jh. und einem Brunnen mit moderner Bronzefigur. – Der wohl in der Mitte des 15. Jh. erbaute *Kapitelsaal* (heute Aula der Universität) erhielt 1496 ein neues Gewölbe mit figuralen Kragsteinen.

**Ehem. Buurkerk, Museum** (Steenweg): Die Hallenkirche mit Turm des späten 14. Jh. und einem (nach Erweiterung) fünfschiffigen Langhaus entstand im 14. und 15. Jh. anstelle einer roman. Basilika. Im *Inneren* sind 12 Säulen des 13. Jh., Wandmalereien aus der Zeit um 1500, eine Kanzel aus dem 16. Jh. und eine Texttafel v. 1612 erwähnenswert. – Seit 1984 wird hier das *Nationaal Museum van Speelklok tot Pierement* mit Spieldosen, Drehorgeln u. ä. vom 18. Jh. bis heute eingerichtet.

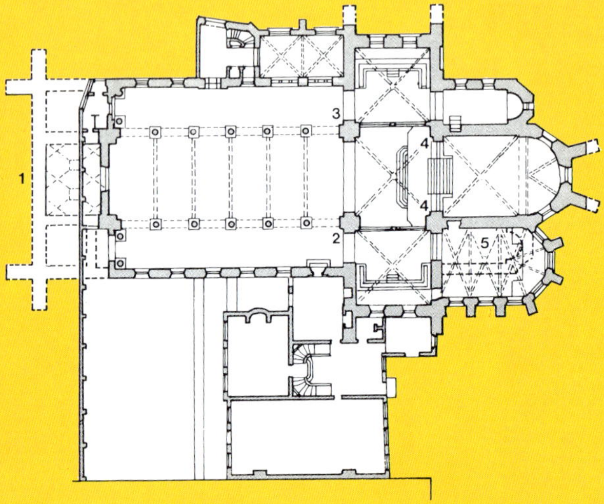


**Utrecht, St.-Pieterskerk 1** ehem. W-Fassade mit 2 roman. Türmen, bei dem Orkan v. 1674 zerstört **2** Wandmalereien aus der Zeit um 1325 **3** Fragmente v. Wandmalereien vielleicht aus dem frühen 15. Jh. **4** roman. Reliefs aus dem 12. Jh. **5** got. Kapelle aus dem frühen 14. Jh. mit figural gestalteten Gewölbekragsteinen.

**Jacobikerk** (Jacobsstraat): Die überwölbte Hallenkirche mit eingebautem Turm entstand im 15. Jh. durch Um- und Ausbau einer frühgot. Basilika. Beachtenswert sind die Schluß- und Kragsteine des Mittelschiffs, die Renaissancekanzel (um 1600) und die 3 Chorgitter in spätgot. und Renaissanceformen.

**Janskerk** (Janskerkhof): Die nach der Überlieferung v. Bischof Bernoldus (1027–54) gestiftete frühere Kapitelkirche erhielt 1508–39 einen neuen spätgot. Chor mit Seitenkapellen. Unter den Grabdenkmälern im Inneren ist die Grabtumba mit lebensgroßer Figur des Propstes D. van Wassenaar († 1465) hervorzuheben.

**St.-Pieterskerk** (Pieterskerkhof): Die ehem. Kapitelkirche, eine frühroman. Säulenbasilika, wurde v. Bischof Bernoldus gegr. und 1048 geweiht. Hölzerne Langhausdecken, kräftige Säulen mit Würfelkapitellen, eine Krypta und Kapellen zu beiden Seiten des Chors kennzeichnen den fast unverändert gebliebenen Kirchenraum des 11. Jh. Chor und Querhaus erhielten im späten 13. Jh. Kreuzrippengewölbe, die W-Fassade entstand nach dem Sturm v. 1674 neu. Im Inneren sind bedeutende *Wandmalereien* erhalten, u. a. eine Darstellung des Gekreuzigten (um 1325). Bemerkenswert sind auch die zu beiden Seiten der Treppe zum Hochchor aufgestellten Reliefs des 12. Jh. und die Gewölbemalereien des 13. Jh. im Querhaus.

**Weitere Sakralbauten:** Im *ehem. Agnietenkloster* (Agnietenstraat) wurde das →Cen-

*Utrecht, Huis Oudaen*

*Utrecht, Paushuize*

traal Museum eingerichtet. – Die neoklassizistische *St.-Augustinuskerk* (Oude Gracht) mit monumentaler Front wurde 1840 errichtet. – Die *St.-Catharinakerk* (Lange Nieuwstraat), eine kreuzförmige Basilika, wurde zwischen 1470 und 1551 erbaut und um 1900 vergrößert. – Die *Doopsgezinde Kerk* (Oude Gracht) entstand 1773. – Die der hl. Gertrud v. Nivelles geweihte *Geertekerk* (Geertekerkhof) besitzt einen Turm mit Lisenen, Rundbogenfriesen und Spitzbogennischen aus der 2. Hälfte des 13. Jh. – Die spätgot. *Lutherse Kerk* (Hamburgerstraat) wurde 1745 umgebaut. – Von der roman. Kapitelkirche *St. Marie* (Mariaplaats) ist nur der Kreuzgang mit schönen Würfelkapitellen erhalten. – Die *St.-Nicolaaskerk* (Nicolaaskerkhof) entstand im 15. Jh. durch Umbau einer Basilika des 12. Jh., v. der noch die roman. Türme zeugen. – Bei der Umgestaltung des Justizpalastes kam 1954 die s Kreuzarmfassade der *St.-Pauluskerk* (Hofpoort, an der Nieuwe Gracht) zum Vorschein. – Die neugot. *St.-Willibrorduskerk* (Minderbroederstraat) wurde 1877 erbaut. – Das ehem. *Spital Leeuwenberg* (Servaasbolwerk/Schalkwijkstraat) wurde 1567 als Pesthaus gegr. und nach 1930 Kirche des niederländischen Protestantenbundes.

**Fundatie van Renswoude** (Agnietenstraat): Das 1757 entstandene Stift mit imposanter Mittelpartie besitzt einen großen Regentensaal im Rokokostil. – In der Nähe befinden sich die Wohnstifte *Beyerskameren* (Lange Nieuwstraat) v. 1597 und daneben *Hofje van Pallaes* v. 1651.

**Huis Oudaen** (Oude Gracht): Das burgartige Backsteinhaus mit rechteckigem Treppenturm wurde um 1300 erbaut.

**Paushuize** (Pausdam/Kromme Nieuwe Gracht): Ab 1517 wurde dieses vornehme Haus für den aus U. stammenden Papst Hadrian VI. erbaut und später um einen Flügel erweitert.

**Schröderhuis** (Prins Hendriklaan 50): Das

1924 v. Gerrit Rietveld* erbaute Haus drückt die neue Sachlichkeit und Funktionalität der De-Stijl-Gruppe aus.

**Stadhuis** (Stadhuisbrug): Das Rathaus bestand urspr. aus mehreren ma Häusern, denen 1824–47 eine gewaltige klassizistische Steinfassade vorgebaut wurde.

**Weitere Profanbauten:** Das *Bartholomeigasthuis* (Lange Smeestraat/Pelmolenweg) ist ein 1407 gestiftetes, später mehrfach erweitertes Krankenhaus. – Im *Huis Drakenburg* (Oude Gracht) befinden sich noch Reste eines Tuffsteinhauses des 12. Jh. – *Huis Zoudenbach* (Donkerstraat) mit Fassade des 15. Jh. – Das neoklassizistische *Paleis van Justitie* (Justizpalast; Hamburgerstraat) wurde 1837 erbaut. – Die *Statenkamer* (zwischen Janskerhof und Minderbroederstraat) war einst Minoritenkloster und gehört heute zur Universität. – Beachtenswert sind die *Häuser Janskerkhof Nr. 13* (v. 1648) und *Nr. 20* (urspr. 17. Jh.) sowie *Achter St.-Pieter Nr. 8* (v. 1664), *Nr. 14* (um 1640) und *Nr. 20* (um 1650). – Die *Jugendstilapotheke* in der Voorstraat 6 entstand 1904, das *Theater* (Schouwburg) v. 1941.

**Centraal Museum** (Agnietenstraat): Das im ehem. Agnietenkloster und einem angrenzenden Bau untergebrachte Museum zeigt Kunst und Kunsthandwerk bis 1850 sowie einige historische Objekte wie z. B. das Utrechter Schiff aus der Zeit um 800. – Im selben Gebäude befindet sich auch das *Provinciaal Oudheidkundig Museum* mit vorgeschichtlichen, röm. und frühmittelalterlichen Funden.

*Treppengiebelhaus, Hoogt 2*

**Außerdem sehenswert:** Im SW des Bahnhofs liegt das *Messegelände*. – Ein sehr schöner Stadtwasserweg ist die in nordsüdlicher Richtung durch die Altstadt verlaufende *Oude Gracht*. – Die bekannte *Máliebaan* ist eine 700 m lange Lindenallee (weit ö des Doms); in der ehem. Bahnstation Máliebaan ist ein *Eisenbahnmuseum* eingerichtet. – Reizvolle *Grünanlagen* findet man zwischen Mariaplaats und Lange Smeestraat sowie an der Lepelenburg. – Besuchen sollte man das *Rijksmuseum »Het Catharijne Convent«* (Nieuwe Gracht 63) mit Exponaten religiöser Kunst und v. a. Dokumenten zur Entwicklung des Christentums in Holland, das *Museum in der →Buurkerk*, das *Historisch Kostuum Museum* (Loeff Berchmakerstraat 50) und das *Hedendaagse Kunst Utrecht* (Achter de Dom 14) mit Werken internationaler Kunst.

## Umgebung

**Houten** (7 km sö): *Niederländisch-ref. Kirche* mit Chor und Langhaus des 13. Jh. und mächtigem spätgot. Turm aus der Zeit um 1500. – 1645 erbaut wurde *Schloß Heemstede* mit fünfeckigen Türmchen an 4 Seiten.

**Nieuwegein** (6 km s): Die *niederländisch-ref. Kirche* (1820) und die *röm.-kath. St.-Nicolaaskerk* (1875) mit Orgelprospekt aus der Zeit um 1500 und spätgot. Altarretabel der 14 Nothelfer liegen in Nieuwegein-Noord. – *Kasteel Rijnhuizen* in einem Park am Vaartse Rijn stammt aus der Mitte des 17. Jh. – Die älteste *Wassermühle* Utrechts v. 1640 steht an der Hollandse Ijssel

.

**Vianen** (11 km s): Das alte Festungsstädtchen am Lek wird v. der breiten Voorstraat mit dem Rathaus und der Kirche durchzogen. – Die spätgot. *niederländisch-ref.*

*Kirche* mit mächtigem Turm aus dem 14. Jh. (im 15. Jh. erhöht), Hauptchor des 15. Jh. und Langhaus des 16. Jh. bewahrt im n Seitenchor eine prachtvolle Renaissancegrabtumba aus dem 16. Jh. – Das schöne *Backstein-Rathaus* mit hoher Steinfassade stammt im wesentlichen aus der Mitte des 15. Jh. – Von der alten Befestigung ist v. a. die *Lekpoort*, ein turmartiger Torbau des 15. Jh. mit auskragenden Türmchen, erhalten.

**Ijsselstein** (8 km sw): An der Stelle dieses Städtchens befand sich wohl bereits in karolingischer Zeit eine Siedlung. – Die große spätgot. *niederländisch-ref. Kirche* besitzt einen beachtlichen Renaissanceturm (die 2 unteren Geschosse v. 1535, das 3. Geschoß v. 1635, Obergeschosse und Bekrönung sind modern) und 2 bedeutende Grabdenkmäler (eine schwarzmarmorne Tumba des 14. Jh. und eine Renaissancetumba des 16. Jh.). – In der 1887 erbauten neugot. *St.-Nicolaaskerk* befinden sich eine alte Marienfigur (vielleicht aus dem 13. Jh.) und eine Kanzel des 18. Jh. Aus dem 3. Viertel des 16. Jh. stammt das *Rathaus* mit Glockentürmchen. – Vom im Jahre 1888 abgebrochenen Schloß Ijsselstein ist noch der quadratische *Turm* (um 1500) erhalten.

# V

## FL-9490 Vaduz

Liechtenstein

Einw.: 5000 Höhe: 460 m S. 379 □ H 3

Das Alpenrheintal ist seit 400 v. Chr. besiedelt und wurde ab 15. v. Chr. romanisiert. 300–700 n. Chr. erfolgte die Alemannisierung. 1342 entstand die Grafschaft Vaduz, die ab 1396 reichsunmittelbar war. 1699 kaufte Fürst Johann Adam Andres von

*Vaduz, Wildschloß*

Liechtenstein die Herrschaft Schellenberg und 1712 die Grafschaft Vaduz. 1719 wurden Vaduz und Schellenberg zum Reichsfürstentum Liechtenstein erhoben. Nach der Besetzung durch Frankreich 1799 wurde es souveränes Mitglied des Rheinbunds. Seit 1815 war es Mitglied des Deutschen Bundes bis zu dessen Auflösung 1866. 1852 schloß Liechtenstein einen Zollvertrag mit Österreich-Ungarn. 1862 erhielt das Fürstentum eine konstitutionelle Verfassung, 1868 wurde das Militär aufgelöst. Im 1. Weltkrieg blieb das Fürstentum neutral. Es kündigte 1919 den Zollvertrag mit Österreich und schloß 1921 einen Postvertrag mit der Schweiz, gleichzeitig erhielt es eine neue Verfassung. Die heute rund 27000 Einwohner wählen seit 1989 einen Landtag von 25 Abgeordneten, der an der Gesetzgebung mitwirkt und dem die fürstliche Regierung verantwortlich ist. 1923 schloß Liechtenstein einen Zollvertrag mit der Schweiz ab. Seit dem 1. 1. 1924 ist der Schweizer Franken gesetzliches Zahlungsmittel in Liechtenstein. Auch im 2. Weltkrieg bewahrte das Fürstentum seine Neutralität. Seit 1950 ist es Mitglied beim Internationalen Gerichtshof in Den Haag und beteiligt sich seit 1960 an der EFTA. 1972 wurde ein Zusatzabkommen über die Geltung des Abkommens der

*Balzers (Vaduz), Burg Gutenberg*

EWG und der Schweiz auch für das Fürstentum abgeschlossen. 1978 trat Liechtenstein dem Europarat bei. 1980 erfolgte ein Währungsvertrag mit der Schweiz. 1984 übernahm Erbprinz Hans Adam als Stellvertreter des Fürsten Franz Joseph II. die Regierungsgeschäfte.
Vaduz ist die Hauptstadt des Fürstentums.

**Kath. Pfarrkirche:** Der neugot. Bau wurde nach Plänen des Wiener Dombaumeisters Friedrich v. Schmidt* 1869–73 errichtet.

**Schloß:** Weithin sichtbar, dominierend auf einem Felskopf gelegen, ist der starke quadratische Bergfried, der wie die Kapelle im Südtrakt (mit bedeutendem Hochaltar von 1490, Relieffragment von 1500 und einem Grabchristus als Truhendeckel stammt. Im 13. Jh. entstand die Burg. Nachdem sie 1499 verwüstet worden war, wurde sie um zwei Rondelle und einen neuen W-Trakt vergrößert und im 16. Jh. wiederaufgebaut. Im Innern stammt der schöne Saal mit den Wandfresken aus dieser Zeit. Der Garten wurde im 16. Jh. angelegt. Der Zugang erfolgt durch drei Tore und eine kleine Vorburg.

**Wildschloß:** Von dieser im 10. oder 11. Jh. gebauten Burg sind nur noch eine Turmecke und Mauerstücke des Palas erhalten.

**Rotes Haus:** Der ma Bau inmitten der Weinberge ist in Privatbesitz.

**Museen:** Die *Liechtensteinische Staatliche Kunstsammlung* zeigt Gemälde u. a. Kunstgegenstände aus den fürstlichen Sammlungen; ständige Ausstellungen sind Werken v. Peter Paul Rubens* und den Bronzen v. Soldani* gewidmet, Wechselausstellungen zeigen flämische Landschaftsgemälde. – Das *Liechtensteinische Landesmuseum* bewahrt historische Funde und Ausgrabungen aus dem Landesgebiet, eine bedeutende Waffensammlung und eine Münzensammlung. – Das *Briefmarkenmuseum* besitzt eine umfangreiche philatelistische Sammlung mit Liechtenstein-Raritäten. – Im *Joseph-Rheinberger-Archiv* werden Handschriften, Erstdrucke, Neuausgaben und Literatur v. und über den liechtensteinischen Komponisten Joseph Gabriel Rheinberger (1839–1901) aufbewahrt. –

Vor dem Geburtshaus des Komponisten steht sein *Denkmal.*

**Musik und Theater:** Im *TaK* (Theater am Kirchplatz) und im *Takino* in *Schaan* finden Aufführungen v. Schauspielen, Konzerten, Ballettaufführungen, Kleintheater u.a. statt. – In der *Tangente* in *Eschen* gibt es Ausstellungen, Lesungen und Konzerte.

## Umgebung

**Balzers** (12 km s): An der Stelle einer urgeschichtlichen *Höhlensiedlung* entstand eine *spätröm. Bergfeste* und im 12. Jh. die *Burg Gutenberg* mit einem jüngeren Bergfried. Eine Vorburg wurde abgetragen; die Hauptburg wurde 1906–10 restauriert und ist seit 1979 in Staatsbesitz. – Außerdem sehenswert: *Kapelle Mariahilf, Kapelle St. Peter* mit Turmhaus, *Pfarrkirche* und *alter Turm.*

**Eschen-Nendeln** (10 km n): Am Lutzengüetle-Kopf am Eschnerberg bestand um 2000 v. Chr. eine *Höhlensiedlung* und im 3. und 4. Jh. n. Chr. eine *röm. Siedlung.* – Außerdem sehenswert: *Kapelle Hl. Kreuz* auf dem ehem. Versammlungs- und Richtplatz Rosenberg. Im *Pfrundhaus* in Eschen finden wechselnde Ausstellungen statt.

**Schaan** (3 km n): Das Dorf wird 831 urkundlich erwähnt. – Die *Kirche St. Peter* mit roman. Turm (12. Jh.) steht auf den Grundmauern eines *röm. Kastells.* – Auf Dux steht die barocke Wallfahrtskapelle *St. Maria zum Trost.*

**Schellenberg** (15 km n): Von den Burgen *Alt-* und *Neu-Schellenberg* aus dem 12. Jh. sind nur noch Reste erhalten. – Außer der modernen *Pfarrkirche* gibt es die ältere *Kapelle St. Georg* in Hinterschellenberg. – An den Grenzübertritt im Mai 1945 v. 500 Russen, die in der dt. Wehrmacht gedient hatten, erinnert ein *Denkmal.*

**Triesen** (4 km s): Das Dorf ist keltischen Ursprungs. Die got. *Mamertuskapelle* besitzt eine roman. Apsis und einen Turm mit Spitzhelm aus dem 15. Jh.

**Triesenberg:** In der alten Walser-Streusiedlung mit stilvollem Rathaus wurde ein modernes Gemeindezentrum errichtet. Es beherbergt das *Walser-Heimatmuseum* mit einer bedeutenden Sammlung zur Kultur der im 13. Jh. angesiedelten Walser und außerdem eine permanente Ausstellung der Plastiken des einheimischen Künstlers Rudolf Schädler*. Eine Multivisions-Diaschau vermittelt einen Eindruck v. Triesenberg und dem liechtensteinischen Alpengebiet.

## D-5414 Vallendar

Rheinland-Pfalz

Einw.: 10 500 Höhe: 68 m S. 383 □ E 12

Der bekannte Kneipp- und Luftkurort entwickelte sich ursprünglich aus einem alten Königshof.

**Kath. Pfarrkirche St. Petrus und Marcellinus:** Beim Bau (1837–41) dieser neuroman. größten Hallenkirche am Mittelrhein übernahm der Architekt J. C. v. Lassaulx* den spätgot. W-Turm eines urspr. roman. Vorgängers.

**Außerdem sehenswert:** Am Platz einer ehem. Burg liegt das 1773 erbaute *Haus d'Ester* (auch Marienburg genannt). – Der *Wiltberger Hof* stammt aus der Zeit um 1700. – Im Ort findet man außerdem einige *Fachwerkhäuser* des 17. Jh. mit hohen, geschwunge-

*Vallendar, Fachwerkhaus*

nen Giebeln. – Im angrenzenden Ortsteil *Schönstatt*, dem Weltzentrum der Schönstattbewegung, befinden sich mehrere mit Architektenpreisen versehene sakrale und profane, alte und neue Gebäude, u.a. Kampanile des Klosters v. 1143.

## Umgebung

**Bendorf** (4 km nw): Nach einem Brand in der Mitte des 19.Jh. wurde die Industriestadt großzügig neu angelegt. – Bes. bemerkenswert ist der aus 3 aneinandergefügten Bauteilen bestehende *Kirchenkomplex St. Medardus* im alten Ortszentrum: Die urspr. um 1200 errichtete, nach dem 2. Weltkrieg unter Verwendung der alten Reste (z.B. der Apsis mit einem Fresko, das Christus in der Mandorla und – umgebende – Evangelistensymbole zeigt) neu erbaute *ev. Pfarrkirche*, das 1230 angebaute zweigeschossige sog. *Reichardsmünster* (eigtl. Marienkapelle) und die urspr. 1790 angesetzte, in ihrer heutigen neugot. Form v. 1867 datierende *kath. Pfarrkirche*.
**Niederwerth** (0,5 km w): Erste bekannte Besiedlung aus der Merowingerzeit. – Die *ehem. Klosterkirche St. Georg* (15.Jh.) besitzt schöne Gewölbe- und Wandmalereien des 15. und 16.Jh.

**Sayn** (5 km n): Am Eingang zum Brexbachtal liegt die 1202 gegr., urspr. roman. und bis ins 18.Jh. mehrmals veränderte *ehem. Prämonstratenserabtei St. Maria und Johannes* mit ma Grabmälern, dem spätroman. Reliquienschrein des hl. Simon (Kirchenschatz) und schönem Kreuzgang. – Ein ausgezeichnetes Werk der rheinischen Industriearchitektur ist die 1824–30 als 1. gußeiserner Skelettbau in Europa konstruierte *Gießhalle der Sayner Eisenhütte*. – Sehenswert sind auch die *Ruinen* einer im 12.Jh. erbauten *Burg* und des *Schlosses* derer v. Sayn-Wittgenstein.

# Vorderrhein

S.378 □ G 1

Aus dem *Lai da Tuma*, einem kleinen, 3 km s des Oberalppasses im Kanton Graubünden gelegenen Gebirgssee in 2345 m Höhe, entspringt der Vorderrhein (roman.: Rein Anteriur), durchfließt zunächst die Talschaft Tavetsch (Tujetsch) mit den über dem linken Ufer gelegenen Ort **Tschamut** (1667 m) mit einer *St.-Nikolaus-Kapelle* (um 1500), **Camischolas** mit einem spätgot. Flügelaltar (1515) in der barocken *St.-Anna-*

*Disentis (Vorderrhein), Dorf mit Kloster*

*Kapelle* (1658) und **Sedrun** (1350 m). Der roman. Turm der *kath. Pfarrkirche St. Vigilius* v. Sedrun erhielt 1617 die Wimperge und den Spitzhelm, die Kirche wurde 1691 neu gebaut. An das durch Kapellen kreuzförmig angelegte Schiff schließt sich der dreiseitig geschlossene Chor. Zur reichen Barockausstattung gehört der v. Johannes Ritz* 1702 geschaffene Hochaltar mit einem Altarblatt v. Sigisbert Frey* (1703). In der S-Kapelle steht ein spätgot. Flügelschrein (um 1515).

**CH-7180 Disentis/Mustér** (2450 Einw., 1133 m): Hier mündet v. r. der vom Lukmanierpaß kommende Medeler Rhein in den V. Um 700 lebte der hl. Sigisbert als Einsiedler in der Wildnis (Desertina = Disentis) dieses Tals. Aus dieser Zeit sind die Fundamente einer halbkreisförmigen Apsis ausgegraben worden. Dem hl. Sigisbert schloß sich der vornehme Räter Placidus an. Über den Gräbern der beiden Heiligen wurde um 750 das *Benediktinerkloster St. Martin* gegr., das 940 v. den Sarazenen zerstört wurde. Der Wiederaufbau fand mit Unterstützung der an der Sicherung des Lukmanierpasses interessierten Sachsenkaiser statt. Das Kloster entwickelte sich zur reichsunmittelbaren Fürstabtei, deren Einflußbereich bis nach Italien reichte. In der Gegenreformation spielte sie eine wichtige Rolle. – Die *Klosterkirche St. Martin* entstand vor 1704 wohl nach Plänen des Vorarlberger Baumeisters Kaspar Mosbrugger*. Sie bildet die O-Seite des Klostergevierts. Ihre dem Tal zugewandte s Zweiturmfassade mit den welschen Hauben ist weithin sichtbar. Das Innere der Kirche folgt dem Vorarlberger Schema mit Wandpfeilern, Kapellen und Emporen. Nur in der kreuzgewölbten Seitenkapelle haben sich aus der Bauzeit 8 einfarbige Medaillons v. Francesco Antonio Giorgiolo* erhalten; Chor und Schiff zeigen Gemälde v. Fritz Kunz* (1914 bzw. 1925). Von den alten Wessobrunner Stukkaturen sind die Kapitelle der Wandpfeiler, die Verkündigungsgruppe am Chorbogen, die Ranken über den oberen Fenstern und die Dekoration der Kapellen erhalten. Die Régence-Chorgitter folgen dem Vorbild der Gitter v. Einsiedeln. Der frühbarocke Hochaltar mit einer Kreuzabnahme des Johannes Selpelius* (1655) wurde aus Deggendorf in Bayern 1888 erworben. Der Placidus- und der Benediktaltar l und r am Chorbogen stammen aus der Werkstatt des

**Disentis, Klosterkirche St. Martin 1** Zweiturmfassade **2** Vorjoch **3** Langhaus **4** Querhaus **5** Abgeschrägte Chorbogenpfeiler **6** Vorchor **7** Altarjoch **8** Sakristei

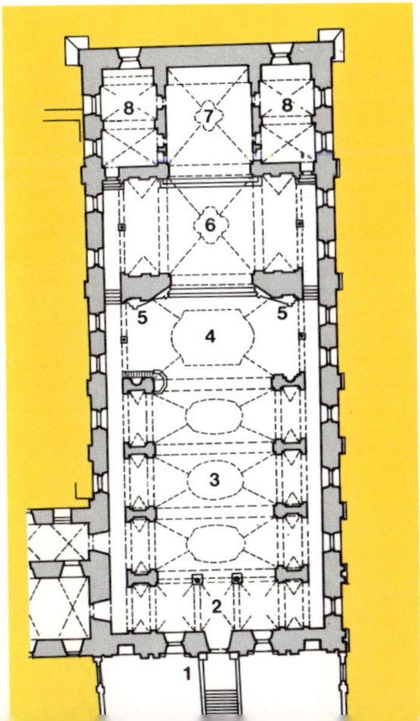

*Disentis (Vorderrhein), St. Martin, Deckenfresko*

Johannes Ritz*. Die Altäre in den beiden Seitenkapellen neben dem Querschiff kommen aus der alten Kirche, den reichen Michaelsaltar aus der Frührenaissance stiftete 1572 Sebastian v. Castelberg, die Bilder malten Moritz und Jörg Frosch* nach Stichen v. Dürer und Aldegrever. Sein linkes Gegenstück ist der Katharinenaltar (1652). Von den übrigen Altären ist die Pieta (2. Hälfte 14. Jh.) in dem Stuckaltar (1735) des Francesco Solari* zu erwähnen. Die frühbarocke Kanzel mit gewundenen Säulen und Nischenfiguren der Evangelisten schuf Bruder Peter Soler* 1717. – *Klostergebäude:* Sie bilden 2 aneinandergereihte Gevierte. S- und W-Flügel wurden 1683–95 erbaut; den Neubau der Marienkirche im NO-Flügel und dem W-Flügel leitete August Hardegger* (1895–99), den NW-Trakt errichtete Walther Sulser* 1937–40. Zu beachten sind in der Marienkirche die einbezogenen 3 Apsiden des ma Vorgängerbaus und der moderne Tabernakel. v. Josef Nauer*, die Rosenkranzstiege, die die Scala Regina in Rom imitiert, und der Kapitelsaal. – Im *Klostermuseum* werden sakrale und profane Exponate aus der Gegend und zur Geschichte des Klosters gezeigt.

Weitere sakrale Bauten in Disentis sind die barocke, über älterem Kern 1640–43 erbaute, *kath. Pfarrkirche St. Johann Baptist* mit dem spätgot. Flügelaltar (1489) des Ivo Strigel*, die barocke *Kapelle St. Placidus,* die anstelle einer karolingischen Kirche 1655 v. Domenico Barbieri* erbaut wurde und Malereien aus der Zeit vor 1690 enthält, und die reich ausgemalte *Kapelle St. Agatha,* die oberhalb des Rheins am alten Weg ins Medeltal im 12. Jh. gegr. und 1420 umgebaut wurde.

Disentis hat sich seit Beginn unseres Jh. zum Luftkurort und in den letzten Jahren zum Wintersportplatz entwickelt.

In **Acletta** (1,5 km w) findet sich die *Kapelle St. Maria* mit einem bedeutenden Altarbild v. Nuovelone*.

Der V. durchzieht nun das Surselva, das Bündner Oberland, vorbei an **Somvix**

*Trun (Vorderrhein), Wallfahrtskirche St. Maria Licht – Rechts: Breil (Vorderrhein), St. Martin, Christophorus*

(985 m) mit der barocken *kath. Pfarrkirche St. Johannes Baptist* (1633, 1785 erneuert und vergrößert, Turm v. 1670) und dem mit Fassadenmalereien dekorierten *Haus Maissen,* und dem stattlichen Dorf **Trun** (855 m), das durch den Zusammenschluß der Talschaften zum Grauen Bund am 16.3.1424 historische Bedeutung erhielt. Die barocke *kath. Pfarrkirche St. Martin* entstand 1662; v. der Vorgängerkirche ist der roman. Turm erhalten. Der prunkvolle Hochaltar aus der Bauzeit wurde 1766 dem Rokokogeschmack angepaßt. In der Vorhalle der barocken *Kapelle St. Anna* (1704) befindet sich das Gemälde »Gründung und Erneuerung des Grauen Bundes« v. Otto Baumberger* (1924). Neben der Kapelle ist ein *Ehrenhof* mit Gedenktafeln für verdiente Männer des Oberlandes unter einem Ahorn, der aus einem Reis des Ahorns v. 1424 gewachsen ist, eingerichtet. Die *Wallfahrtskirche St. Maria Licht* (1687–90) oberhalb des Dorfs ist im Schiff mit Szenen aus dem Marienleben ausgemalt. Der *Disentiser Hof* (1674–79), ein kubischer Giebelbau mit bemerkenswerter Innenausstattung, war Sitz der Bundesversammlung des Grauen Bundes und später Wohnung des Disentiser Abts. Hier befindet sich das *Museum Sursilvan* mit einer kulturhistorischen Sammlung. – Am linken Talufer liegt **Schlans** (1177 m) mit einem alten *Wehrturm* und der *kath. Pfarrkirche St. Georg* (1185 genannt, 1671 neu erbaut) mit Wandmalereien innen (um 1515) und außen (Ende 14. Jh.). – Hinter dem Dorf verläßt auf der rechten Seite eine Straße das Tal und führt nach **Obersaxen** (1302), einer Streusiedlung der Walser am Mundaun-NW-Hang. Die *kath. Pfarrkirche St. Peter und Paul* in *Meierhof* ist ein neuroman. Bau v. 1904 mit einem roman. Turm. In der *Kapelle St. Georg* (17. Jh.) steht ein spätgot. Flügelaltar der Strigel-Werkstatt (um 1489). Auch in den anderen Weilern stehen kleine Kirchen, die zwischen 1600 und 1710 errichtet wurden und meist frühbarocke Altäre enthalten. – Auf dem linken Ufer folgt das Dorf **Danis/Tavanassa** mit

*Waltensburg (Vorderrhein), Ref. Kirche, Fresko »Grablegung«*

einer modernen, 1959 v. Georg Berther* gebauten Kirche, bei der der barocke Chor des Vorgängerbaus mit einbezogen wurde. Hier steigt eine Straße hoch nach **Breil/Brigels,** (1296 m) am n Talhang, einem kleinen Sommer- und Winterkurort, mit den kath. Kirchen *St. Maria* (spätgot. Chor v. 1489, roman. Turm mit spätgot. Glockengeschoß und barockem Zwiebelhelm, Schiff v. Georg Berther*, 1963), *St. Martin* (roman.) mit Wandmalerei (um 1515) und einem spätgot. Flügelaltar (1518), *St. Stevi,* einer ehem. Fluchtburg, die im 14. Jh. zur Wallfahrtskirche vergrößert wurde und einen spätgot. Schnitzaltar (1486) besitzt, sowie der *Kapelle St. Jakob* (1514 erbaut, 1697 verlängert) mit einer spätgot. Leistendecke (1514).

Auf einer Sonnenterrasse über dem Vorderrheintal liegt **Waltensburg/Vuorz.** Seine roman. *Kirche* (um 110) wurde spätgot. verändert (um 1510–20); der Turm trägt eine barocke Haube. An und in ihr finden sich bedeutende *Wandmalereien* aus der Mitte des 15. bzw. der des 13. Jh. Die älteren im Schiff stammen v. dem nach diesem Werk benannten Waltensburger Meister* und zeigen einen Passionszyklus sowie verschiedene Heilige und Apostel. In der Umgebung befinden sich die *Burgruinen Jörgenberg, Grünenfels, Vogelberg* und *Kropfenstein.* Das kleine *Dorfmuseum* bewahrt Hauseinrichtungen sowie Bauern- und Handwerksgeräte aus dem Dorf und seiner Umgebung. – Am Ausgangspunkt des Panixerpasses liegt im Tal die barocke *kath. Pfarrkirche St. Andreas* (1633) v. **Rueun/Ruis** (736 m) mit Wandgemälden und Stuckaltären. Zum Dorf gehören die *Kapelle St. Nikolaus* (1410, im 16. Jh. erneuert), die *Kapelle St. Franziskus* (1642) mit Resten v. Wandmalereien und einem Altarbild v. Ottavio Amigoni* sowie die beiden *Deflorin-Häuser* (1612 und 1662).

**CH-7130 Ilanz** (2100 Einw., 702 m), die erste Stadt am Rhein, liegt am Eingang des Lugnez. Sie wird 765 als Dorf und 1289 als Stadt erwähnt. Seit dem Zusammenschluß des Grauen Bundes 1424 war sie einer seiner Tagungsorte. Nach den Ilanzer Artikeln trat sie zur Reformation über. Zur Zeit des Bündner Freistaats spielten die Familien Schmid v. Grüneck und v. Castelberg eine bedeutende politische Rolle. - Die spätgot. *ref. Pfarrkirche St. Margarethen* (1483-1518) birgt spätgot. Wandmalereien (15. Jh.) und eine Kanzel mit Reliefschnitzereien (1681). - Die *ehem. Pfarrkirche St. Martin* (765 bis 831 erwähnt) war eine kreuzförmige Anlage (um 1000), die nach 1300 zur dreischiffigen Säulenbasilika erweitert wurde und im 15. Jh. Seitenkapellen und Chornische erhielt. Reste v. Malereien, Kreuzigung und Ölberg stammen aus der 1. Hälfte des 14. Jh. - Die *kath. Pfarrkirche St. Mariä Himmelfahrt,* ein Bau v. Ferdinand Näscher* (1879), enthält einen Rokokohochaltar und Seitenaltäre v. 1774. - Von der ma *Stadtbefestigung* (13. Jh.; 1352, 1483 und 1513 wieder aufgebaut und 1715-17 erweitert) sind erhalten: Obertor, Rotes Tor und Teile der Stadtmauer. Sehenswerte Häuser sind v. a. *Haus Schmidt* (im Kern got. mit Renaissancevorbau und Rustikaportal), *Casa Gronda* (1677) mit zweigeschossigem v. Barockornamenten verziertem Erker und Rustikaportal. In der *Casa Carniec* befindet sich das *Museum regiunal Surselva,* ein Heimatmuseum. - Von der *Burg Grüneck* auf dem linken Rheinufer (12. Jh.) ist noch die Ruine eines fünfeckigen Wohnturms erhalten. - Der frei stehende *Wehrturm* in der Nähe v. St. Margarethen wurde 1438 zum Glockenturm umgebaut.

Der V. fließt nun in ein »Gruob« (roman. Foppa) genanntes Talbecken; an dessen Eingang **Castrisch/Kästris** (709 m) mit der roman.-got. *ref. Pfarrkirche* (12. Jh.?, spätes 15. Jh.). Die Gruob beherrscht das Dorf **Sagogn/Sagens** (779 m) mit der barock umgestalteten (1639-40) *kath. Pfarrkirche St. Mariä Himmelfahrt,* die Decken- und Wandgemälde v. Giovanni Battist Macholino* (1639) enthält. In der Nähe bestand bis ins späte MA eine in die Spätantike zurückreichende *Burganlage* und die *frühmittelalterliche Kirchenanlage Bregl de Haida.* Auf dem Hang hoch über dem Fluß liegen die Wintersportorte **Laax** (1023) und **Flims** (1018). Der V. durchbricht jetzt die enge Rheinschlucht *Ruinaulta,* über der r das hübsche Dorf *Versam* liegt, um sich dann bei dem zur Gemeinde **Tamins** - den spitzen Helm auf dem bewaldeten »Chirchabüel« ihrer *ref. Kirche* kann man weithin sehen - gehörenden **Schloß Reichenau** mit dem Hinterrhein zum Alpenrhein zu vereinigen. Dieses klassizistische Gebäude (1616 erbaut, 1775 und 1819 erweitert) war Ende des 18. Jh. Wohnung des Herzogs v. Orléans, des späteren franz. Königs Louis Philippe.

# W

## D-7890 Waldshut-Tiengen
Baden-Württemberg

Einw.: 21 700 Höhe: 340–687 m S.378 □ E 4

Das Gebiet von Tiengen wurde in der Jungsteinzeit sowie zu römischer und alemannischer besiedelt. 858 wird Tiengen erstmals erwähnt, 1128 erhielt es Stadtrechte. 1251 wurde die Stadt niedergebrannt, anschließend wieder aufgebaut. Tiengen erlitt häufige Zerstörungen, zuletzt durch einen Luftangriff 1945. 1975 erfolgte die Zusammenlegung mit Waldshut und einigen Dörfern zur gemeinsamen Stadt. - Waldshut wird als *Oppidum Waldzhuet* 1108 erstmals erwähnt; Stadtgründung durch die Zähringer. 1726 zerstörte eine Feuersbrunst viele Gebäude.

*Waldshut-Tiengen, Pfarrkirche in Tiengen – Rechts: Waldshut-Tiengen, Rathaus*

**Tiengen**

**Kath. Pfarrkirche Mariä Himmelfahrt:** In der Vorgängerkirche predigte 1146 Bernhard v. Clairvaux den Kreuzzug. – 1753 erbaute Peter Thumb* die barocke Wandpfeilerkirche unter Einbeziehung des got. Turms, den er mit einem Oktogon und Zwiebelhaube krönte. Die *Gewölbefresken* malte 1760 Eustachius Gabriel*. Die Seitenaltäre stammen aus der Bauzeit, der neubarocke Hochaltar datiert v. 1936–40. – 1976–78 entdeckte man bei einer Renovierung eine Gruft der Grafen v. Sulz mit 17 Särgen.

**Rathaus:** Der spätgot. Vorgängerbau wurde im 16. Jh. erneuert. Die klassizistische Fassade (1827) ist ein Werk v. Paul Fritschi*.

**Schloß:** Die Sulzer Landgrafen ließen 1571 ältere Bauten zusammenschließen. Der Bau mit Staffelgiebeln war 1619 vollendet.

**Stadtkern:** Bauten aus dem MA und der Renaissance sind erhalten, so das *Gasthaus zum Hirschen* (1146 erwähnt, 1499 ausgebrannt und als Steinhaus wiederaufgebaut), das *Alte Haus* (1552), die *Häuser Schnitzer* (1503) und *Döbele-Schütz* (1587) sowie das *Haus mit Marienerker* (16. Jahrhundert).

**Storchenturm:** Ein Rest der ma Stadtmauer ist dieser in seinem Unterbau aus dem 13. Jh. stammende Rundturm mit viereckigem zeltdachgekrönten Aufbau aus dem 15. Jh.

**Klettgaumuseum:** Eine lokalhistorische Sammlung ist hier ausgestellt.

**Kath. Pfarrkirche St. Marien** (Stadtteil Waldkirch): Unter Einbeziehung got. Reste des Vorgängerbaus errichtete Sebastian Fritschi* die frühklassizistische Saalkirche mit eingezogenem Chor. Die zeitgenössische Ausstattung besorgte Johann Friedrich Vollmer*.

**Waldshut**

**Kath. Pfarrkirche Liebfrauen:** Unter Verwendung des got. Chors erbaute man 1804 diese klassizistische Kirche.

**Rathaus:** Nachdem das ma Rathaus abgebrannt war, errichtete Ferdinand Weizenegger* diesen Neubau, möglicherweise nach Plänen v. Johann Caspar Bagnato*.

**Oberes und Unteres Tor:** Die beiden Stadttore stammen wie der *Ketzerturm* und der Eckturm *Luginsland* v. der ma Befestigung und teilweise aus dem 13. Jh.

**Stadtkern:** Von älteren Häusern sind u.a. erhalten das *Haus zur Taube* (1569 erbaut, 1726 abgebrannt und 1734 neu errichtet), das *Haus zum Wilden Mann*, das städt. *Kornhaus* und das *Roll'sche Haus* (alle aus dem 18. Jh.).

**Alte Metzig:** Bis 1877 war das Gebäude Schlachthaus, dann Gewerbeschule; heute beherbergt es das *Heimatmuseum*.

**Theateraufführungen und Konzerte** finden in der *Stadthalle Waldshut* statt.

**Veranstaltungen:** Sowohl der alljährlich am 1. Wochenende des Juli in *Tiengen* gefeierte *Schwyzertag* als die *Chilbi* am Sonntag nach Mariä Himmelfahrt in *Waldshut* erinnern an lokalhistorische Ereignisse.

Umgebung:

**Dogern:** Die *kath. Pfarrkirche St. Clemens* ist ein Barockbau (1767) v. Ferdinand Weizenegger*. Die Fresken und Altarblätter malte Gotthard Hilzinger*.
**Küssaburg** (6 km sö): Hier saßen im 10. und 11. Jh. die Herren v. Küssaburg, ab 1245 die Vögte des Hochstifts Konstanz. Die Burg wurde im 13. Jh. verstärkt und fiel 1497 an die Grafen v. Sulz, die sie zu einer Festung ausbauten. Seit der Zerstörung v. 1634 ist sie eine imposante Ruine.
**Rheinheim** (7 km sö): 2 *röm. Rheinbrücken* sind zwischen Rheinheim auf dem rechten und dem heute schweizerischen Zurzach auf dem linken Stromufer nachgewiesen sowie ein befestigter *spätröm. Brückenkopf*

*Waldshut-Tiengen, Schloß in Tiengen*

im Pfarrgarten der *kath. Pfarrkirche St. Michael*. Deren Turm stammt aus dem MA, die Kirche entstand 1670. Sie enthält beachtliche Decken- und Wandgemälde sowie ein gutes Bild auf dem Hochaltar.

## D-4230 Wesel

Nordrhein-Westfalen

Einw.: 60 000 Höhe: 27 m S.385 □ F 16

Der an der Mündung der Lippe in den Rhein gelegene, um 750 erstmals erwähnte und 1241 zur Stadt erhobene Ort wurde 1407 Mitglied der Hanse und nach 1680 mit einem Festungsgürtel (1890 geschleift) umschlossen. Von den Schäden des 2. Weltkriegs hat sich Wesel, auch wenn unzählige wertvolle Kunstdenkmäler verlorengingen, inzwischen wieder erholen können. Die bedeutendsten hier geborenen Persönlichkeiten sind der Gründer von New York, Peter Minuit (auch: Minnewit; * ca. 1585), und Konrad Duden (1829 - 1911).

**Stadtkirche St. Willibrord** (Willibrordi-Platz, am Großen Markt): Der wohl im späten 8.Jh. gegr. »Dom zu Wesel« zählt zu den wichtigen spätgot. Bauwerken am Niederrhein. Nach der Zerstörung im 2.Weltkrieg zeigt sich die Kirche heute als fünfschiffige Pfeilerbasilika mit Querhaus, Chorumgang (1498-1537) und Turm (1435-77). Unter den außergewöhnlich prachtvollen *Gewölben* der Chorseitenkapellen ist v.a. das Gewölbe in der *Kreuzkapelle* mit einem gleichsam frei herabhängenden reichverzierten Stern (als Schlußstein ein Engel, der ein Wappen trägt) hervorzuheben. Von der einst überaus reichen Ausstattung sind seit der Reformation nur noch einige *Grabmäler* erhalten. Beachtenswert sind noch die Maßwerkfenster.

**Befestigungsanlagen:** Von den einst mächtigen Festungsanlagen des späten 17.Jh. sind nur noch Reste erhalten. Dazu gehören das prächtige *Berliner Tor* v. 1722 (Berliner-Tor-Platz) und das 1718 als barocke Dreiflügelanlage mit imposanter Tordurchfahrt errichtete *Zitadellentor* (s der Stadt, vor der Rheinbrücke). In den *Kasematten* wurden einst die 11 Schillschen Offiziere, die unter Ferdinand v.Schill eine Erhebung gegen Napoleon versucht hatten, bis zu ihrer Erschießung im Jahre 1809 gefangengehalten. An die 11 Offiziere erinnern das *Schillmuseum* (Zitadelle) und ein v. Karl Friedrich Schinkel* entworfenes *Denkmal* (Schillwiese).

**Städtisches Museum** (im »Centrum« am Kornmarkt, Ritterstr. 14): Gezeigt werden hier Exponate zur Kunst des 15.-20.Jh., darunter das Gemälde »Eidesleistung« v. Derick Baegert* aus dem Jahre 1495 sowie 2 um 1578 in Renaissanceformen geschaffene reliefverzierte *Prunkpokale* (Flamen- und Wallonenpokal).

**Außerdem sehenswert:** Moderne Sakralbauten sind die 1958 errichtete *Friedenskirche zu den hl. Engeln* (W.-Fusternberg), die *Kirche Mariä Himmelfahrt* v. 1951 (Pastor-Janssen-Str.) mit einer das Fensterrosenmotiv variierenden W-Wand sowie die *Martinikirche* v. 1949 mit einem Schnitzaltar des frühen 16.Jh.

## Umgebung

**Diersfordt** (3 km nw): *Schloß Diersfordt* besteht im wesentlichen aus einem 1929 völlig neu aufgebauten Herrenhaus, einem noch ma Stallbau und der 1776 erbauten, frei im Hof stehenden Schloßkirche mit Apsis, Volutengiebel und Türmchen.

## D-6200 Wiesbaden

Hessen

Einw.: 260000 Höhe: 115 m S.382 □ F 11

Die sich vom rechten Rheinufer bis hin zu den nördlich angrenzenden Taunushängen erstreckende hessische Landeshauptstadt entwickelte sich aus der bis ins frühe 5.Jh. bestehenden und bereits damals durch ihre Quellen bekannten Römersiedlung *Aquae Mattiacae.* 829 erstmals als *Wisibada* erwähnt, war der Ort seit dem 13.Jh. Besitz der Fürsten (später Herzöge) von Nassau. Diese erhoben Wiesbaden nicht nur zur Residenz des Fürstentums Nassau-Usingen (ab 1744) und anschließend zur Hauptstadt des Herzogtums Nassau (1806-66), sondern bauten die noch heute in ihrem Bild vor allem durch Klassizismus, Historismus und Jugendstil geprägte Stadt zu einem eleganten, vom europäischen Adel gern besuchten Weltbad aus. Ihre Glanzzeit erlebte die Kurstadt dann allerdings nach 1866, als sie an Preußen fiel, und besonders Kaiser Wilhelm II. hat Wiesbaden einige Bauten, wie z.B. das bis 1907 errichtete Kurhaus, zu verdanken. Heute ist Wiesbaden Landeshauptstadt von Hessen (seit 1945), moderne Kur-, Kongreß- und Kulturstadt (Theater, Landesbibliothek), aber auch Sitz zahlreicher Behörden und - seit der Eingemeindung der am Rhein gelegenen Orte - wichtiger Industriestandort.

**Griech. Kapelle** (auf dem 245 m hohen Neroberg): Die mit ihren 5 vergoldeten Zwiebeltürmen weithin sichtbare russisch-orthodoxe Kapelle ließ Herzog Adolf v. Nassau 1846-55 als Grabeskirche für seine nach nur einjähriger Ehe verstorbene, aus

*Wiesbaden, Griechische Kapelle* >

Rußland stammende Gattin Elisabeth erbauen.

**Stadtschloß** (Schloßplatz): Der 1837–41 im Auftrag der Herzöge v. Nassau errichtete klassizistische Bau mit beachtlicher klassizistischer Inneneinrichtung wurde als königliches Schloß (seit 1866) u.a. v. den Kaisern Wilhelm I. und Wilhelm II. regelmäßig aufgesucht. Heute ist das Schloß Sitz des Hessischen Landtags. – Unmittelbar s gegenüber (an Marktstr. und Schloßplatz) stehen das 1609 erbaute *Alte Rathaus* (ältestes Gebäude der Stadt) und das 1884–88 in den Formen der Neurenaissance errichtete *Neue Rathaus*. Am w an das Schloß anschließenden Marktplatz erhebt sich hinter dem Neuen Rathaus der 92 m hohe W-Turm der 1853–62 erbauten fünftürmigen *ev. Marktkirche*.

**Schloß Biebrich** (Rheingaustr.): Das 1698–1744 als Residenz der Fürsten und Herzöge v. Nassau errichtete Barockschloß ist heute Sitz verschiedener Institutionen der dt. Filmwirtschaft. Zum Rhein hin gerichtet ist die langgestreckte, durch Pilaster und Fenster gegliederte rot-weiße Schauseite mit Walmdächern und Dreiecksgiebeln an den Eckbauten und einem nach außen gebogenen, v. Statuen bekrönten Mittelbau. Im weitläufigen urspr. barocken und später in englischen Stil umgestalteten Park befindet sich die 1806 in romantisch-historisierendem Stil erbaute künstliche Ruine der *Moosburg*.

**Kurviertel** (am nö Ende der Wilhelmstr.): Dieser reizvolle Bezirk wird nach N hin v. der *Brunnenkolonnade* (1826) begrenzt. Das ö anschließende stattliche *Kurhaus* mit Portikus aus 6 ionischen Säulen, Wandelhalle und *Spielbank* wurde 1907 v. Friedrich v.Thiersch* erbaut; dahinter erstreckt sich der *Kurpark* mit See, Fontäne und Pavillon. Die *Theaterkolonnade* v. 1840 (Ladenstraße) und das 1892–94 in prachtvollem neubarockem Stil erbaute *Hessische Staatstheater* mit Foyer v. 1902 schließen das Kurviertel nach S ab. – Etwas abseits liegen der *Kochbrunnen* (Kochbrunnenplatz; an der Stelle der ehem. röm. Thermen) und das 1913 errichtete *Kaiser-Friedrich-Bad* (Coulinstr.).

**Museum Wiesbaden** (Friedrich-Ebert-Allee 2): In dem 1915 eigens errichteten Museumsgebäude sind eine Sammlung v. Kunstwerken des 16.–20.Jh., die Sammlung Nassauischer Altertümer und eine naturwissenschaftliche Sammlung untergebracht. Bes. zahlreich vertreten sind Werke

*Wiesbaden, Stadtschloß – Rechts: Neues Rathaus*

des bis zu seinem Tod 1941 in Wiesbaden lebenden russischen Malers Alexej Jawlenski* (u. a. »Dame mit Fächer«, »Bildnis Sacharoff«). Sehenswert sind auch Gemälde v. Emil Nolde* und Paula Modersohn-Becker*, Plastiken v. Ernst Barlach*, Georg Kolbe* und Wilhelm Lehmbruck* sowie einige Objekte aus dem Besitz Merians. – Gegenüber liegt das Kongreß- und Ausstellungszentrum *Rhein-Main-Hallen*.

**Außerdem sehenswert:** In der 1. Hälfte des 19. Jh. wurde die zweitürmige neugot.-neuroman. *Bonifatiuskirche* (Luisenstr.) erbaut. – Die *Ringkirche* (Klarenthaler-/Rheinstr.) wurde 1894 in neuroman. Stil errichtet. – Eine barocke *Pfarrkirche* mit Rokoko-Ausstattung besitzt der s *Ortsteil Schierstein* (am Rhein), eine roman. *Kirche* (urspr. wohl aus dem 10. Jh.) der n *Ortsteil Bierstadt*. – Das klassizistische *Prinzenpalais* (Warmer Damm) entstand 1817, das in der Art ital. Palazzi gestaltete heutige *Justizministerium* (Bahnhofstr.) 1842, der klassizistisch-neubarocke *Hauptbahnhof* 1906.

## NL - Wijk-bij-Duurstede
Utrecht

Einw.: 13200 S.387 □ C 17

Bei dieser Stadt, dort wo sich Nederrijn und Amsterdam-Rijn-Kanal kreuzen, wechselt der Rhein seinen Namen in Lek. Wijk liegt an der Südseite jenes Platzes, an dem sich im frühen Mittelalter der bedeutende, durch die Normannen und Überschwemmungen (um 860) gänzlich zerstörte Hafen Dorestad befand. Im Westen der heutigen Stadt entstanden im 13. Jh. eine Burg und die um 1300 mit Stadtrechten ausgestattete Siedlung.

**Niederländisch-ref. Kirche:** Die Kirche geht größtenteils auf die Initiative der in der Burg residierenden Bischöfe zurück. Die heutige, nicht vollendete kreuzförmige Basilika ohne Chor entstand in der Zeit v. 1486 bis zur Mitte des 16. Jh. durch Um- und Ausbau einer Kirche aus der Zeit um 1300. Der mächtige, durch Strebepfeiler, Nischen und Balustrade reich gegliederte Turm wuchs nur bis zum 2. v. urspr. 3 geplanten Geschossen. Mit seinen Säulen und Bogen wirkt das Innere sehr großzügig.

**Kastellruine:** Von der seit dem frühen 18. Jh. verfallenden, heute v. Parkanlagen umgebenen Burg sind ein Donjon des 13. Jh. und ein runder Eckturm (Durchmesser fast 15 m) des 15. Jh. sowie Teile der Außenmauern mit Resten eines Torbaus und eines Ecktürmchens erhalten. – Hinter der Ruine liegt das neoklassizistische *Bauerngut »De Wildkamp«*.

**Außerdem sehenswert:** Das schlichte *Rathaus* mit hoher Treppe wurde 1666 erbaut. – Die *Steinpumpe* auf dem Marktplatz entstand 1759. – An der S-Seite der Stadt steht neben beträchtlichen Resten der *Stadtmauer* noch die *Runmolenpoort*, ein Stadttor, auf dem 1659 die Getreidemühle *Rijn en Lek* errichtet wurde.

### Umgebung

**Amerongen** (15 km ö): *St.-Andrieskerk* mit Schiff des 15. Jh. und hohem got. Chor (um 1500). – Das imposante, 1673 v. den Franzosen niedergebrannte *Kastell* wurde 1680 in klassizistischem Stil über den alten Resten aufgebaut und im Inneren seit 1879 bes. glanzvoll wiederhergestellt und ergänzt.

**Culemborg** (16 km w): In der z. T. v. Resten der Befestigung des 14. Jh. umgebenen malerischen Innenstadt sind v. a. die urspr. aus dem 14.–15. Jh. stammende *Grote Kerk* oder *Barbarakerk* mit prächtiger Ausstattung, das 1559 erbaute *St.-Elisabeth-Waisenhaus* mit dem *Altertumsmuseum* und das spätgot. *Stadhuis* (14. Jh.) sehenswert.

## D-6250 Worms
Rheinland-Pfalz

Einw.: 74000 Höhe: 86,5–167 m S.382 □ E 10

Die am linken Rheinufer gelegene alte Domstadt ist ein wichtiger Industriestandort und eines der Zentren des deutschen Weinhandels. Ihre ruhmvolle Geschichte setzt mit der Keltensiedlung *Borbetomagus*

ein. Worms war römische Garnison- und Hauptstadt *Civitas Vangionum,* vom 4. Jh. bis 1805 katholischer Bischofssitz, im frühen 5. Jh. Hauptstadt des von den Hunnen zerstörten Burgunderreichs und seit fränkischer Zeit (im frühen 7. Jh. Sitz von Königin Brunhild) eine der politisch bedeutendsten deutschen Städte im Mittelalter. Hier in Worms nimmt das Nibelungenlied seinen Anfang, hier wurde 1122 mit dem Wormser Konkordat der Investiturstreit beendet, und hier fanden zwischen dem 8. und 16. Jh. über 100 Reichstage statt (u. a. der von 1521, zu dem Luther nach Worms gerufen wurde). Nach den Zerstörungen des Jahres 1689 (durch die Franzosen) und des 2. Weltkrieges sind von den großartigen Bauten des Mittelalters nur noch wenige, allerdings bedeutende, erhalten.

**Dom St. Peter** (Domplatz): Neben denjenigen v. →Mainz und →Speyer gehört der Dom v. W. zu den bedeutendsten Zeugnissen hochroman. Baukunst in Deutschland. Von dem unter Bischof Burchard um 1018 errichteten Vorgängerbau sind v. a. noch die Untergeschosse der w Rundtürme erhalten. In seiner heutigen Gestalt wurde er ab 1171 errichtet, 1181 wurden die ersten Teile geweiht, und 1230 schließlich war der monumentale Bau vollendet. Später wurden noch hochgot. Umbauten durchgeführt und die Kapellen und das S-Portal ergänzt. Grundsätzlich jedoch hat sich – trotz der in den Kriegen drohenden Gefahren – am Baugefüge seit dem 13. Jh. kaum etwas verändert. Umfangreiche Sicherungsarbeiten haben seinen Bestand nach dem 2. Weltkrieg gewährleistet.

Von erstaunlicher Einheitlichkeit ist die hoch- und spätroman. Ausgestaltung der im Inneren 110 m langen, 27 m breiten, im Mittelschiff 26 m hohen und in den Kuppeln gar 40 m hohen Pfeilerbasilika mit Doppelchor. Über dem W-Chor und über der Vierung im O erheben sich die charakteristischen achteckigen Türme, die v. je 2 feineren und höheren Seitentürmen eingerahmt werden. Außerordentlich reich ist der plastische Schmuck, insbesondere an der O-Fassade. Am Untergeschoß des N-Turms ruht der Rundbogenfries auf Konsolen in Gestalt v. Tier- und Männerköpfen. Dieser reiche, in seiner Eigenart und Qualität einzigartige vollplastische Schmuck setzt sich an den Portalen fort. Das S-Portal, einst mit dem heute im Inneren aufgestellten Relief »Daniel in der Löwengrube«, zeigt vorzügliche frühgot. Plastiken aus dem Bereich der biblischen Heilsbotschaft. Vor dem alten Hauptportal an der N-Seite soll nach dem Nibelungenlied der Streit der Königinnen Kriemhild und Brunhild stattgefunden haben. Im *Inneren* beanspruchen zunächst das große zwölfteilige Radfenster und die 3 kleinen Radfenster (W-Chor) alle Aufmerksamkeit. Das Mittelschiff zeigt l und r Pfeilerarkaden mit Blendnischen, jedem zweiten dieser Pfeiler liegt eine Halbsäule an, die Gurtbogen und Gewölberippen aufnimmt. Über der Vierung wurden bereits Spitzbogen benutzt. Der überwiegende Teil der *Ausstattung* entstammt dem 18. Jh., darunter der hervorragende, von Balthasar Neumann* entworfene und mit Figuren des Würzburger Bildhauers Johann Wolfgang van der Auvera* geschmückte *Hochaltar* (1738–42) und das um 1760 aufgestellte Chorgestühl. Bes. zu beachten sind aber auch ein Kruzifix des 12. Jh., das um 1430 entstandene Relief der Jungfrauen Embede, Werbede und Willebede in der

< *Worms, Dom*

*Worms, Dom, Südportal*

*Worms, Paulskirche. – Rechts: Synagoge*

Nikolauskapelle sowie die Grabmäler für Bischof Konrad v. Sternberg und Bischof Theoderich v. Bettendorf (1580) im W-Chor sowie für Ritter Eberhard v. Heppenheim (1559) im n Seitenschiff. Im s Seitenschiff die Gruft mit Steinsärgen der Angehörigen v. Kaiser Konrad II.

**Andreaskirche** (Weckerlingplatz): Die roman. Pfeilerbasilika mit Chorflankentürmen erhielt ihr heutiges Gesicht v. a. bei den Erneuerungsarbeiten im 12. Jh. und beherbergt heute das →Museum der Stadt Worms. Bes. zu erwähnen ist der vom roman. Kreuzgang erhaltene W-Flügel mit 7 v. stämmigen Säulen getragenen Arkaden.

**Liebfrauenkirche** (Liebfrauenring): Die dreischiffige Basilika mit den beiden hohen, v. Steinhelmen bekrönten Fronttürmen und polygonalem Umgangschor war nach langer Bauzeit 1468 vollendet. Bes. hervorzuheben sind das Maßwerkfenster im Giebel des Mittelschiffs sowie der reiche Figurenschmuck an W- und S-Portal. Das einst als Wallfahrtsziel besuchte Gnadenbild im Inneren stammt aus dem 14. Jh. Die Kirche ist umgeben v. den Weingärten der weltberühmten Liebfrauenmilch.

**Ehem. Stiftskirche, kath. Pfarrkirche St. Martin** (Ludwigsplatz): In der ab 1170 entstandenen rippengewölbten Pfeilerbasilika mit Doppelturmfassade (n Turm aus der Entstehungszeit, s Turm v. 1961) sind Reste eines 991 begonnenen Vorgängerbaus enthalten. Der besondere Wert des ansonsten strengen und fast schmucklosen Baus zeigt sich im reichen plastischen Schmuck der w und s Portale.

**Pauluskirche** (Paulusplatz): Die im frühen 11. Jh. unter dem baufreudigen Bischof Burchard errichtete Kirche liegt mit dem angeschlossenen Dominikanerkloster an der Stelle der alten 1002 abgebrochenen Salierburg. Bis auf die beiden in ihren Kuppeln byzantinisch gestalteten Rundtürme und einige im Kreuzgang noch zu erkennende Reste stammt der Bau in seiner heutigen Gestalt v.a. aus dem 13.Jh. 1706–16 wurde das Langhaus im Barockstil völlig umgebaut. Bes. zu erwähnen sind die Wandmalereien des 13.Jh. im s Oratorium und in der Sakristei.

**Synagoge:** Die im alten *Judenviertel* an der denkmalsgeschützten Judengasse gelegene, urspr. aus dem 11.Jh. stammende Synagoge war einst die bedeutendste in ganz Westeuropa. 1174–1213 neu erbaut, wurde die Anlage (u.a. mit unterirdischem Ritualbad) nach ihrer Zerstörung durch die Nazis (1938) im Jahre 1961 wieder aufgebaut. Gegenüber liegt das nach dem Rabbi Raschi (1040–1105) benannte *Raschi-Haus* (heute *Judaica-Museum*). In dem seit 1970 gründlich renovierten jüd. Viertel befinden sich außerdem mehrere *alte Häuser* und das *ehem. jüd. Gemeindehaus.* – Einige hundert Meter sw am Andreasring liegt der sog. *Heilige Sand,* der älteste *Judenfriedhof* Europas mit etwa 2000 Gräbern seit dem 11.Jh.

**Museum der Stadt Worms** (Weckerlingplatz): Das in der →Andreaskirche und den ehem. Stiftsgebäuden untergebrachte Museum besitzt neben vorzüglichen Sammlungen zur Vor- und Frühgeschichte (Werkzeuge, Waffen, Schmuck u.ä.) und zur Stadt- und Landesgeschichte (z.B. Schmiedekunst, sakrale Kunst, Möbel) v.a. ein eigens eingerichtetes *Lutherzimmer* mit Dokumenten zum Leben des 1521 zum Reichstag nach Worms geladenen Reformators sowie eine besondere Präsentation »Die Römer in Worms«.

**Kunsthaus Heylshof** (Stephansgasse 9, n vom Dom): Das 1884 für den Industriellen und Reichstagsabgeordneten Freiherr C.W. Heyl errichtete neubarocke Gebäude liegt inmitten eines Gartens, an dem Platz, wo sich einst der röm. Tempel, die Königs- und Kaiserpfalz und auch der ehem. Bischofshof (Stätte des Reichstags v. 1521) befanden. 1920 bestimmte Heyl das Haus mitsamt der reichen Kunst- und Kunstgewerbesammlung (MA bis spätes 19.Jh.) zu einer Stiftung. Bes. beachtenswert sind Gemälde u.a. v. Lorenzo di Credi* (»Maria mit dem Kind, dem Johannesknaben und Engel«), Tintoretto*, Peter Paul Rubens*, Salomon van Ruysdael, Januarius Zick* und Arnold Böcklin*, einige got. Holzplastiken, Glasgemälde und -gefäße, Keramiken und Handzeichnungen des 16.–18.Jh.

**Außerdem sehenswert:** Zwischen Dom und Andreaskirche steht die spätroman., 1712 renovierte und nach dem 2.Weltkrieg wiederhergestellte *Magnuskirche.* – Am Marktplatz finden sich das *Rathaus,* der *Siegfried-* und der *Marktbrunnen* sowie die urspr. 1709–25 errichtete, 1955–59 wieder aufgebaute und innen modernisierte *Dreifaltigkeitskirche.* – Die *Adlerapotheke* (Neumarkt) stammt aus der 1. Hälfte des 18.Jh. – An der Römerstr. liegen die 1744 erbaute *Friedrichskirche* und das 1624 im Renaissancestil errichtete *Rote Haus.* – Das 1868 aufgestellte *Lutherdenkmal* (Lutherplatz) erinnert an Luthers Auftritt vor dem Reichstag in Worms. – Ein 1906 geschaffenes *Standbild* am Rhein zeigt Hagen, wie er den Nibelungenschatz versenkt. – Gut erhaltene Reste der alten *Stadtmauer* am Lutherring, Andreasring und an der Judengasse.

## Stadtteile

**Herrnsheim** (2 km n): Die *Kirche* besitzt eine sehr gute Innenausstattung und in einem kapellenartigen Anbau einige beachtliche Grabdenkmäler (u.a. aus dem 15.Jh.). – Das klassizistische *Schloß der Herzöge v. Dalberg* mit schönen Repräsentationsräumen im Erdgeschoß befindet sich heute im Besitz der Stadt W. In dem umgebenden englischen Park steht an der NW-Ecke des Hauptbaus ein Rundturm der dem Schloß vorausgegangenen Burg des 15.Jh.

**Hochheim** (0,5 km n): Auf einer Anhöhe steht die sog. *Bergkirche* mit roman. W-Turm (12.Jh.) und Krypta (11.Jh.). – Beachtenswert ist auch das *ehem. Dominikanerinnenkloster Maria Himmelskron* (13./18.Jh.).

# X

**D-4232 Xanten**
Nordrhein-Westfalen

Einw.: 16000 Höhe: 24 m S.385 □ F 16

Die links des Niederrheins gelegene alte Domstadt erweist sich als eine beispielhafte Stätte abendländischer Geschichte. Um 15 v.Chr. gründeten die Römer südwestlich des heutigen Ortes ihr Lager *Castra Vetera* (Xanten-Birten). Von hier aus zog Varus in den Teutoburger Wald, wo er mit seinem Heer schließlich von den Germanen unter Führung des Arminius besiegt wurde. Nachdem Castra Vetera 69 n.Chr. von den Batavern zerstört worden war, entstand im beginnenden 2.Jh. n.Chr. wenig nördlich die Siedlung *Colonia Ulpia Traiana*, die aber – als drittgrößte römische Stadt auf deutschem Gebiet – bereits im späten 3.Jh. ebenfalls zerstört wurde. Etwa in der Mitte des 8.Jh. errichtete man über einem alten Märtyrergrab (also »bei den Heiligen« = »Ad Sanctos« = Xanten) eine Kirche mit einem Stift, in dessen Bereich sich dann seit dem 11.Jh. eine Handelssiedlung entwickelte, die 1228 zur Stadt erhoben wurde. Die Verlagerung des Rheins nach Osten führte dann aber im 16.Jh. zum wirtschaftlichen Niedergang. Die schweren Schäden des 2.Weltkriegs konnten bis heute in beispielhafter Weise beseitigt werden. – Nach dem Nibelungenlied ist Xanten die Geburtsstadt Siegfrieds.

*Xanten, Dom St. Viktor*

**Dom und ehem. Stiftskirche St. Viktor:** Der nach dem Kölner Dom wohl bedeutendste Sakralbau des Niederrheins liegt über einem Märtyrergrab des 4.Jh. an der Stelle mehrerer Vorgängerkirchen. Von einem roman. Bau (um 1180–1213) übernommen wurden lediglich die Untergeschosse der W-Fassade und Teile der w Chorhalle. Im wesentlichen aber entstand die heutige fünfschiffige Basilika mit ihren weithin sichtbaren Fassadentürmen und dem v. je 2 schräg gestellten Seitenchören flankierten Chor (mit darunterliegender Krypta) zwischen 1263 und etwa 1530. Bes. auffallend ist der völlige Verzicht auf ein Querhaus. Im sehr geschlossen wirkenden weiträumigen *Inneren* ist die wertvolle alte Ausstattung fast vollständig erhalten geblieben. Insgesamt 28 got. *Figuren* (darunter die hll. Viktor, Maria und Helena im Chor) schmücken die Pfeiler. Kostbarstes Ausstattungsstück ist der 1535 v. Heinrich Douvermann* geschnitzte *Marienaltar* (s. Seitenschiff) mit Darstellungen aus dem Leben Mariens mit Mittelteil, dem schlafenden Stammvater Jesse in der Predella und einer Maria auf der Mondsichel als Abschluß; die Flügelgemälde schuf wohl ein Maler aus Antwerpen im 16.Jh. Unter den weiteren prachtvollen Altären sind v.a. der *Hochaltar* (1529–49) mit dem roman. Viktorschrein (1129–70) zur Aufbewahrung

*Xanten, Dom, Steinfigur St. Viktor* >

der Reliquien und Flügelgemälde mit Szenen zum Martyrium des hl. Viktor und aus dem Leben Helenas sowie der *Antoniusaltar* (n Seitenschiff) mit Flügelgemälden zum Leben des hl. Antonius zu nennen. Bes. hervorzuheben sind auch das *Chorgestühl* (um 1240), ein sog. *Dreisitz* (um 1300), ein *Leuchterbogen* (1501) aus Bronze, eine *Doppelmadonna* im Strahlenkranz (1500) sowie einige spätgot. Wandteppiche. – Im N schließen die *ehem. Stiftsgebäude* und der wieder aufgebaute malerische *Kreuzgang* (1543–46) mit Epitaphen und dem Sockel eines Steinkreuzes an den Dom an. Im *Kapitelsaal* wird der wertvolle Domschatz (v.a. Elfenbein- und Goldschmiedearbeiten vom 5. bis zum 15. Jh.) aufbewahrt. Die farbig gefaßte *Steinfigur des hl. Viktor* v. 1468 (draußen, beim Kapitelsaal) erinnert an die einstige eigene Stiftsgerichtsbarkeit.

**Klever Tor:** Die 1393 in Backstein errichtete älteste erhaltene rheinische Doppeltoranlage besteht aus einem Außentor mit 2 Rundtürmen, einem hohen quadratischen Turm mit Ecktürmchen als Innentor und einem diese beiden Teile verbindenden Zwinger. – Von der ehem. Stadtbefestigung sind außerdem Teile der *Mauer*, 3 *Rundtürme* und eine sog. *Turm-Windmühle* erhalten.

**Archäologischer Park** (am N-Rand v. X.): Die Aufgabe, die sich der 1974 eröffnete Park gestellt hat, ist, Gebäude, Straßen, Tempel, Theater, Mauern u.ä. der im frühen 2. Jh. gegr., gegen Ende des 3. Jh. zerstörten Stadt *Colonia Ulpia Traiana* an Originalplätzen und z.T. unter Verwendung v. Originalmaterial zu rekonstruieren. Bes. bemerkenswert sind das in einem Abschnitt wieder aufgebaute *Amphitheater* (im Sommer Arena-Festspiele) mit einem rekonstruierten antiken Kran, ein Teil der *Mauer* mit Türmen und Laufgängen, der Hafentempel und eine Herberge. – Im s Ortsteil X.-Birten liegt das z.T. erhaltene *Amphitheater* des 69 n. Chr. zerstörten Römerlagers *Castra Vetera*.

**Regionalmuseum Xanten:** Das im ehem. Mitteltor eingerichtete Museum zeigt Exponate v. der Vorgeschichte bis zur Gegenwart, wobei die Funde aus der Römerzeit einen besonderen Schwerpunkt bilden. Bes. zu beachten sind ein riesiger Tonbecher (um 1800 v. Chr.), die Bronzefigur des sog. Stummen Dieners (um 140 n. Chr.), eine im 5. Jh. aus Elfenbein gefertigte Büchse mit Reliefdarstellungen zum Leben des Achilles oder der aus dem Dom übernommene Martinsaltar v. 1477.

**Außerdem sehenswert:** Die *ev. Kirche* und die *Kartause* stammen aus der Mitte des 17. Jh. – Am Marktplatz befinden sich einige spätklassizistische *Häuser*, an der Ecke zur Kurfürstenstr. steht ein got. *Backsteinhaus*. – Die *Festspiele* im rekonstruierten Amphitheater der Römerstadt sowie die Freilichtspiele im Amphitheater X.-Birten sind Höhepunkte des Xantener Kulturangebotes.

# Z

## NL - Zaltbommel

Geldern

Einw.: 8700 S.387 □ C 17

Das malerische Städtchen liegt innerhalb seiner fast unbeschädigt gebliebenen, zu Gartenanlagen umgestalteten Umwallung (17. Jh.) am linken Waalufer.

**St.-Maartenskerk:** Ältester Teil der 1303 neu erbauten niederländisch-ref. Kirche ist der Chor mit seinen riesigen Fenstern. Das dreischiffige Langhaus und der reichgegliederte viergeschossige got. Turm ent-

*Zurzach, St. Verena, Verena-Sarkophag*

standen ab der Mitte des 15. Jh. Im Inneren hervorzuheben sind Wandmalereien aus der Zeit um 1500 (Legende der 3 Toten und 3 Lebenden) s des Turms und um 1540 (hl. Christophorus) im n Seitenschiff, Teile des spätgot. Chorgestühls (Mitte des 15. Jh.) mit Relieffiguren, die Kanzel v. 1678 und die Orgel v. 1784.

**Außerdem sehenswert:** Das *Gasthuistoren* ist der v. einem runden Treppenturm begleitete Turm der ehem. Spitalkapelle des 15. Jh.
Das um 1535 als Torbau eines geplanten Schlosses errichtete *Huis van Maarten van Rossum* (Nonnenstraat 5) mit Erkertürmchen beherbergt das sehenswerte *Historische Museum.*
Das *Stadhuis* entstand 1763 aus einem grundlegenden Umbau eines spätmittelalterlichen Vorgängerbaus.
Die *Waterpoort* (Ende der Waaterstraat) ist ein Durchgang der ma Stadtmauer.
Im Ort finden sich einige *spätgot.* und *Frührenaissancehäuser.*

## Umgebung

**Kasteel Waardenburg** (3 km n): Die urspr. aus dem späten 13. Jh. stammende, später bis ins 19. Jh. mehrmals veränderte Anlage ist noch zu einem großen Teil v. einem Wassergraben umgeben.

## CH-8437 Zurzach

Aargau

| Einw.: 3500 | Höhe: 40 m | S. 378 □ E 4 |
| --- | --- | --- |

Zurzach ist wahrscheinlich keltischen Ursprungs mit dem Namen *Tenedo,* römisch *Forum Tiberii:* Im 9. Jh. erfolgte die Klostergründung am Grab der hl. Verena. Seit dem späten Mittelalter war der Ort Wallfahrts- und internationaler Messeplatz bis ins 19. Jh. 1529 Übertritt zur Reformation. Thermalquellen haben zur Bekanntheit von Zurzach beigetragen.

*Zurzach, St. Verena, Blick zum Chor*

**Röm. Kastell:** Auf dem Kirchlibuck sind größere Mauerteile eines *röm. Doppelkastells* erhalten. In der SW-Ecke bestand eine *frühchristl. Kirche* (spätes 5.Jh.) mit Apsis und Taufbecken.

**Stiftskirche St. Verena:** Die über dem Grab der Thebäerheiligen um 800 gegr. Kirche war zunächst mit einem Benediktinerkloster und seit Mitte des 13.Jh. mit einem Chorherrenstift verbunden, das 1876 aufgehoben wurde. Mehrere Bauphasen lassen sich unterscheiden: 1. das basilikale Langhaus aus dem 10.Jh., 2. der 1294–1347 durch Werkmeister Johannes errichtete got. Turmchor mit Krypta, 3. die 1585 im N des Chors angebaute Sakristei mit der 1627 erneuerten Wendeltreppe und 4. die dezente Barockisierung des roman. Langhauses durch Johann Caspar Bagnato* 1733/34. Zur *Ausstattung* gehören der Verenasarkophag in der dreischiffigen Krypta (1613), die Ausmalung des Chorgewölbes (1565) v. Urs v. Aegeri* und die barocken Altäre, Stukkaturen und Chorstühle.

**Ref. Pfarrkirche:** Die 1717 v. Matthias Vogel* errichtete Querkirche besteht aus einem langgezogenen achteckigen Predigtsaal mit einem gegen die Straßenseite vorgelagerten Turm, dessen Erdgeschoß als Vorhalle dient und der mit einem Zwiebelhelm gekrönt ist. Der Bau wurde 1960/61 renoviert.

**Sog. Obere Kirche** (ehem. Pfarrkirche St. Maria): Das einschiffige Langhaus mit Polygonalchor wurde 1517/18 über einem gruftartigen Beinhaus errichtet und 1763 mit Stukkaturen v. Lucius Gambs* versehen. Der Bau wurde 1944 profaniert und renoviert, er dient heute als *Veranstaltungsraum*.

**Museen:** Das *Bezirksmuseum* birgt ur- und frühgeschichtliche Funde sowie eine Dokumentation der Zurzacher Messe. – Im 1900 eingeweihten *»Schloß«* bestehen eine ständige Ausstellung des Düsseldorfer Malers August Deusser* (1870–1942) und ein Freilichtmuseum des Bildhauers J.U.Steiger*; außerdem finden dort ständig wechselnde Ausstellungen und Konzerte statt.

# Register der Fachausdrücke

**Abakus** (griech.-lat. »Tischplatte«): Deckplatte über dem Kapitell einer Säule.
**Ädikula:** Wandnische, die zur Aufstellung einer Büste oder Statue dient; meist mit →Giebel, →Pfeilern oder →Säulen verziert.
**Akanthus:** Schmuckelement, das sich vor allem am →korinthischen →Kapitell findet und aus der stilisierten Darstellung eines scharf gezackten, distelähnlichen Blattes entwickelt wurde.
**Altarretabel:** Altaraufsatz.
**Ambo:** Pult an den Chorschranken in altchristlichen und mittelalterlichen Kirchen; Vorläufer der →Kanzel.
**Anna selbdritt:** Darstellung von Anna, Maria und dem Jesusknaben.
**Antependium:** Frontverkleidung des Altartisches.
**Apsis:** Abschluß des →Chors, meist halbkreisförmig. In der Regel Standort des →Altars.
**Arabeske:** Ein stilisiertes Blattwerk, das als Schmuckmotiv verwendet wird.
**Architrav:** Steinerner Hauptbalken über den →Säulen.
**Archivolte:** Bogenlauf über romanischen und gotischen Portalen.
**Arkade:** Bogen, der von →Säulen oder →Pfeilern getragen wird. Mehrere Arkaden werden zu Bogengängen zusammengefaßt. Wenn die Arkaden keine Öffnung haben (und nur aus dekorativen Gründen verwendet werden), spricht man auch von Blendarkaden.
**Attika:** Eine (meist reich verzierte) Wand, die über das →Gesims einer Säulenreihe gemauert wird und das Dach verdecken soll.
**Aufgehendes Mauerwerk:** Der sichtbare (oberirdische) Teil des Mauerwerks.
**Aula:** Halle, Versammlungssaal.
**Auslugerker:** Erker.

**Baldachin:** Schutzdach über Altären, Grabmalen, Statuen und Portalen.
**Baluster:** Kleine bauchige oder profilierte Säule.
**Balustrade:** Aus →Balustern gebildetes Geländer.
**Bandrippengewölbe:** →Gewölbe mit Rippen in querrechteckigem Profil, vorwiegend bei spätromanischen Bauwerken.
**Basis:** Fuß einer →Säule oder eines → Pfeilers, meist breit auslaufend und dekorativ gestaltet.
**Bergfried:** Hauptturm einer Burg, letzte Zufluchtsstätte bei Belagerungen.
**Biforenfenster:** Zweibogiges Fenster; entsprechend Mono- und Triforenfenster.
**Blattkapitell:** Gotisches →Kapitell, bei dem die Grundform von feinen Blattornamenten überzogen ist.
**Blendbogen:** Dekorativer Bogen ohne Öffnung.
**Blendarkade:** →Arkade.
**Blendmaßwerk:** →Maßwerk.
**Bogenformen:** Man unterscheidet nach der Gestalt des Bogens in normaler Ansicht den Rundbogen (Halbkreis), den Segmentbogen (flaches Kreissegment), den Korbbogen (gedrückter Rundbogen), den Kleeblattbogen (Dreiviertelkreis zwischen 2 Halbkreisen), den Eselsrücken (S-förmige Bogenschenkel), den Spitzbogen (gebrochener Bogen mit 2 Bogenmittelpunkten bei den →Kämpfern), den Tudorbogen (gedrückter Spitzbogen) und den Lanzettbogen (überhöhter Spitzbogen).
**Bogenfries:** Ein →Fries in der Form von Rundbogen (häufig bei romanischen Bauwerken).
**Buckelquader:** →Quader mit leicht vorspringender roher Stirnseite.
**Bündelpfeiler:** In der Gotik beliebte Pfeilerform. Um Kernpfeiler gruppieren sich kleinere und größere Dreiviertelpfeiler.
**Burgstall:** Genauer ›Burgstelle‹; Burgruine oder ehem. Standort einer Burg.

**Chor:** Der meist erhöhte und in der Regel östlich gelegene Abschluß des Kirchenraumes. Der Chor hat meist nicht die gleiche Breite wie das →Schiff. Er dient zur Aufnahme des Altars. Im Mittelalter war der Chor oft durch Schranken zum übrigen Kirchenraum abgegrenzt.
**Chorkapellen:** Kapellen, häufig als Kapellenkranz um den →Chor angelegt.
**Chorschluß:** →Schluß.
**Chorturm:** Glockenturm mit Turmchor.
**Chorumgang:** Ein Gang, der durch die Fortführung der Seitenschiffe entsteht und um den →Chor herumführt.
**Dienste:** Dünne Säulen oder Rundstäbe, die einer Wand oder einem Pfeiler vorgelagert sind, meist zur Unterstützung des Gewölbes.
**Diptychon:** Zusammenklappbare zweiteilige (Altar-)Tafel.
**Dorische Säulenordnung:** →Ordnung, bei der die →Säulen ohne →Basis direkt auf den Boden gesetzt sind und flache, wulstförmige →Kapitelle tragen.
**Dorsale:** Hochgezogene Rückwand des Chorgestühls (lat. dorsum = Rücken); meist reich verziert.
**Drillingsfenster:** →Triforenfenster.

**Eckerker:** →Erker.
**Empore:** Zwischengeschoß; in der Kirche meist Galerie für Sänger und Orgel.
**Epitaph:** Gedenktafel oder Gedenkstein an Wand oder Pfeiler, oft über dem Grab des Verstorbenen.
**Eremitage:** Pavillon in Park- und Gartenanlagen, einsam gelegenes Schloß.
**Erker:** In sich geschlossener vorspringender Anbau an die Außenwand oder die Ecke (Auslugerker, Eckerker) eines Gebäudes. Oft ein Dekorationselement.
**Exedra:** Apsis, überwölbt mit einem Kuppelausschnitt.

**Fassade:** Bemalung.
**Fayence:** Töpferwaren mit Glasurüberzug, benannt nach der italienischen Stadt Faënza.
**Fiale:** Ziertürmchen in der →Gotik; oft als Bekrönung eines →Strebepfeilers.
**Figurenkapitell:** Das →Kapitell einer Säule, das zu einer Figur ausgearbeitet worden ist.
**Filigranwerk:** Ursprünglich Goldschmiedearbeit, bei der Gold- und Silberdraht ornamentartig auf eine Metallunterlage gelötet werden. Auch auf vielfach durchbrochene Schnitzwerke und Stukkaturen übertragen.
**Fischblase:** Flammenförmige Ornamentform im gotischen →Maßwerk.
**Flügelaltar:** Der Altaraufsatz hat ausklappbare, meist reich geschnitzte oder bemalte Flügel.
**Fresko:** Auf den noch feuchten Kalkputz werden Wasserfarben ohne Bindemittel aufgetragen.

Beim Trocknen des Mörtels verbinden sich die Farben besonders haltbar mit dem Putz.
***Fries:*** *Schmuckstreifen* zum Abschluß oder als Untergliederung einer Wand. Der Fries kann flächig oder plastisch sein, er kann aus Figuren oder Ornamenten bestehen.
**Frontispiz/Fronton:** Giebeldreieck über einer Fassadenfront, einem Portal oder einem Altaraufsatz.

**Gaden**: In der Architektur Bezeichnung für Obergeschoß.
**Galerie:** Ein langgestreckter Raum; oft werden →Emporen und Arkadengänge auch Galerie genannt.
**Gaube:** Als Giebelhäuschen ausgebildetes Dachfenster.
**Gebundenes System:** Quadratisches Schema eines Grundrisses (vorwiegend in romanischen Kirchen). Ausgehend von der quadratischen Vierung sind jeweils gleichgroße Gewölbequadrate in allen Richtungen angefügt. In den Seitenschiffen entsprechen dann jeweils zwei kleinere Gewölbequadrate den größeren Quadraten des Mittelschiffes.
**Gesims:** Ein vorspringender Wandabschluß.
**Gesprenge:** Abschließende Bekrönung des Altaraufsatzes.
**Gewölbe:** Bogen- oder haubenförmiger Abschluß eines Raums.
**Giebel:** Senkrechter, meist in einer Spitze gipfelnder Dachabschluß. Klassizistische Sonderformen sind der gesprengte Giebel (Kreissegment mit fehlender Mitte) und der→Frontispiz, der Dreieckgiebel eines Mittelrisalits (→Risalit)
**Grisaille:** Malerei in verschiedenen Grauabstimmungen.
**Gurtbogen:** Eine konstruktive und dekorative Unterstützung des Gewölbeabschnitts, die sich rippenartig als Bogen quer zur Längsachse spannt.

**Hallenchor:** Ein →Chor, der aus mehreren, jedoch gleichhohen →Schiffen besteht.
**Hallenkirche:** Im Gegensatz zur Basilika sind Hauptraum und →Seitenschiffe gleich hoch; ohne →Querhaus.
**Halsgraben:** Ein künstlich geschaffener Graben, der Burgen vom Landrücken trennt. Oft auch Zugang über Zugbrükken.
**Helm:** Der Abschluß eines Turms.

**Ikonostasis:** In der Ostkirche Bilderwand zwischen Allerheiligstem und Gemeinderaum.
**Immaculata:** Die Unbefleckte, Ehrenname Marias.
**Intarsia:** Einlegearbeit in Holz, Stuck, Stein etc.
**Ionische Säulenordnung:** →Ordnung, bei der die →Säulen auf einer mehrgliedrigen →Basis stehen und das →Kapitell durch zwei Schneckenbögen charakterisiert ist.

**Joch:** Grundeinheit des durch →Pfeiler, →Säulen oder →Gurtbogen gegliederten Raumes.

**Kalotte:** Gewölbte Kuppel in Form eines Kugelabschnitts.
**Kamee:** Stein oder Edelstein mit erhaben geschnittener Darstellung.
**Kampanile,** *Campanile:* (meist frei stehender) Glockenturm.
**Kämpfer:** Steinplatte zwischen →Säule bzw. →Kapitell und Bogen oder Gewölbe.
**Kannelüren:** Senkrechte Rillen am Schaft von Säulen oder Pfeilern.
**Kanon:** Regelmäßiges, wiederkehrendes Maß.
**Kanzel:** Erhöhter Platz in der Kirche, von dem aus die Predigt gehalten wird. Oft von einem →Baldachin oder einem →Schalldeckel überdeckt.
**Kapitell:** Abschließender, kopfartiger Teil einer →Säule. Die Form der Kapitelle ist ausschlaggebend für Stil oder →Ordnung.
**Kapitelsaal:** Versammlungsraum der Klostergemeinde.
**Kartusche:** Zierrahmen, mit dem Wappen, Initiale oder Inschriften eingefaßt sind.
**Karyatide:** Gebälk tragende Figur.
**Kasel:** Das bei der Messe von den Klerikern getragene Obergewand in Form eines runden Stoffüberwurfs mit Kopfausschnitt.
**Kassettendecke:** Diese in rechteckige Felder unterteilte Decke ist durch Ornamente, Bemalung oder anderen Schmuck ausgeprägt.
**Kassettengewölbe:** Ein von einer rechteckigen Kassette angeschnittenes Kloster- oder Haubengewölbe in regelmäßiger Folge.
**Kenotaph:** Grabdenkmal, an anderer Stelle errichtet als das tatsächliche Grab.
**Klostergewölbe:** (Haubengewölbe): Ein kuppelähnliches, waagrecht gerade abschließendes Gewölbe aus Tonnenabschnitten.
**Knorpelstil:** Die vorbarocke Form des Ornaments, aus dem Beschlagwerk entwickelt, mit ohrmuschelartigen Formen.
**Knospenkapitell:** Abwandlung des →korinthischen Kapitells in frühgotischer Zeit.
**Konche:** Halbrunder, sich in einen Nebenraum öffnender Raum, besonders Halbkuppel der Apsis.
**Konsole:** Wandvorsprung, Balkenstütze.
**Kopfreliquiar:** →Reliquiar in Kopf- oder Büstenform.
**Korbbogen:** Flachgedrückter Rundbogen.
**Korinthische Säulenordnung:** Reiche Zierformen kennzeichnen bei dieser →Ordnung die →Kapitelle. Die →Basis ähnelt der →ionischen Ordnung.
**Krabbe:** Ein knollenartiger Kantenschmuck (Knospen, Blattwerk) an gotischen →Fialen, →Helmen und →Wimper-gen.
**Kragstein:** Aus der Mauer herausragender Stein, der als Stütze, als Auflage oder auch nur als Träger für eine Büste dient.
**Kranzgesims:** Abschlußgesims der Fassade unter dem Dachansatz.
**Kreuzgang:** Meist gewölbtes, nach innen durch →Arkaden geöffnetes Geviert, das als Umgang im Hof eines Klosters dient und an einer Seite an die Kirche anschließt.
**Kreuzgewölbe:** Ein Gewölbe, bei dem sich zwei →Tonnengewölbe rechtwinklig kreuzen. Man unterscheidet das einfache Kreuzgratgewölbe von dem Kreuzrippengewölbe, bei welchem die Schnittkanten durch Rippen verstärkt sind.
**Kreuzrippengewölbe:** →Kreuzgewölbe.
**Krypta:** Unterkirche, Grabraum, meist unter dem →Chor gelegen. Oft sind Kirchen über einer alten Krypta errichtet worden.
**Kuppelformen:** Nach der Art des Übergangs vom überkuppelten Raumquadrat zum aufliegenden kreisförmigen Kuppelansatz unterscheidet man die Pendentifkuppel (sphärische Dreiecke leiten vom Quadrat zum einbeschriebenen Kreis über), die Trompenkuppel (Übergang durch nischenartig gestaffelte Bögen), die Tambourkuppel (zylindrisch überhöhte Pendentifkuppel) und Stutzkuppel (hochgezogene Wandpartien des einbeschriebenen Quadrates machen externe Segmente der Halbkugel überflüssig). Oft wird die Kuppel über einer durch eine →Laterne bedeckten Scheitelöffnung erhellt.

**Laibung (auch: Leibung):** Fläche des Mauereinschnitts bei Fenstern und Türen.
**Langhaus:** Hauptteil der Kirche, für die Gemeinde bestimmt. →Chor und →Apsis werden nicht mitgemessen.
**Laterne:** Kleiner Turm zum Abschluß einer Kuppel, meist reich verziert.
**Lettner:** Wand oder Brüstung zwischen →Chor und →Mittelschiff, die den klerikalen Bereich vom Laienraum trennt.
**Loggia:** Nach außen geöffnete Säulenhalle eines Bauwerks, häufig im Obergeschoß.
**Lünette:** Halbkreisförmiges Feld über Türen und Fenstern, oft mit Malerei oder Plastik.

**Mandorla:** Heiligenschein in zugespitzter Mandelform, der eine ganze Heiligengestalt (Maria oder Christus) umgibt.
**Maßwerk:** Gotische geometrische Zierformen, vor allem für die Ausgestaltung von Fensterbögen oft verwendet. Liegen die Zierbogen direkt auf der Wand, spricht man von Blendmaßwerk.
**Mausoleum:** Ein prächtiges Grabmal, meist in der Form eines Hauses oder Tempels.
**Menhir:** Roh behauener, senkrecht aufgestellter Stein aus vorgeschichtlicher Zeit.
**Mensa:** Die Deckplatte des Altars.
**Mezzanin:** Halb- oder Zwischengeschoß.
**Miniatur:** Kleinformatiges Bild; handgemalte Bilder in alten Handschriften.
**Mittelschiff:** Mittleres →Schiff der →Basilika oder der mehrschiffigen →Hallenkirche.
**Monstranz:** Schmuckgerät, in dem (meist hinter Glas) die geweihte Hostie gezeigt wird.
**Mosaik:** Wand-, Boden- oder Gewölbeschmuck, zusammengefügt aus kleinen bunten Steinchen, Glasscherben oder anderen Materialien.
**Münster:** Große Klosterkirche bzw. große Stiftskirche, vor allem in Rheinnähe gebräuchlich.
**Muschelwerk:** Zierornamente, die dem Muschelmotiv nachempfunden sind; vor allem in der späten Renaissance und im Rokoko.

**Narthex:** Vorhalle von Basiliken und Kirchen.
**Nebenkapelle:** Kapelle.
Netzgewölbe: Ein Gewölbe, bei dem sich die Rippen mehrfach kreuzen. Vor allem zur Zeit der Gotik anzutreffen.
**Nonnenchor:** →Empore, auf der Nonnen dem Gottesdienst beiwohnen.

**Obelisk:** Frei stehender Pfeiler mit quadratischem Grundriß und pyramidenartiger Spitze.
**Obergaden:** Meist von Fenstern durchbrochenes Obergeschoß des →Mittelschiffs einer Basilika.
**Odeon:** Meist rundes Gebäude, in dem musikalische und andere musische Aufführungen stattfinden.
**Oktogon:** Gebäude mit achteckigem Grundriß.
**Orangerie:** Teil barocker Schloß- und Parkanlagen, ursprünglich für die Überwinterung der während des Sommers im Freien aufgestellten Orangenbäume und anderer südlicher Gewächse gedacht. Oft erhielten die Orangerien jedoch Festräume für große Hofgesellschaften.
**Oratorium:** Kleine Kapelle, die in der Regel nicht für die Öffentlichkeit zugänglich ist, oft dem Chorraum angegliedert.
**Ordnung:** Architektursystem der Antike, das bestimmte Reihenfolgen vorschreibt, vor allem bei →Säulen (→dorische, →ionische etc.).
**Orgelprospekt:** Schauseite einer Orgel.
**Ostwerk:** Östlich gelegene Kirchenteile, meist →Chor und →Querhaus.

**Pagode:** Süd- und ostasiatischer Reliquienschrein und Tempel.
**Pala:** Altaraufsatz.
**Palas:** Wohnbau einer Burg.
**Pallium:** Ein mantelähnlicher Umhang der Römer, im Mittelalter Krönungsmantel für Könige und Kaiser, später auch bei Erzbischöfen.
**Paneel:** Brusthohe Holzvertäfelung.
**Paradies:** Atrium.
**Patio:** Innenhof des Hauses, vor allem in Spanien.
**Pavillon:** Meist mehreckiger oder runder Bau in Parkanlagen. Bei Barockschlössern verbinden sehr häufig Eckpavillons den Hauptbau mit den davon abzweigenden →Galerien.
**Pergola:** Offener Laubengang aus einer Holzkonstruktion; an den Balken ranken sich Pflanzen empor.
**Peripteros:** Griech. Tempel mit einem Säulengang rundum.
**Pesel:** Wohnraum und Zentrum norddeutscher Bauernhäuser.
Pfalz: Wohnstatt für Könige und Kaiser, die im Mittelalter nicht an einem Ort residierten, sondern ihren Sitz regelmäßig wechselten.
**Pfeiler:** Stützglied wie die →Säule, doch von recht- oder mehreckigem Grundriß.
**Pfeilerbasilika:** Die Bogen des →Schiffes der Basilika liegen auf →Pfeilern.
**Pieta:** Darstellung der trauernden Maria mit dem Leichnam des Sohnes auf dem Schoß.
**Pilaster:** →Pfeiler, der aus einer Wand hervortritt (Halbpfeiler), mit →Basis und →Kapitell.
**Polygon:** Vieleck.
**Polyptychon:** Ein aus mehreren Tafeln (Flügeln) zusammengesetztes Altar-Bild.
**Portikus:** Von →Pfeilern gestützte Vorhalle.
**Postament:** Sockel eines Standbildes.
**Predella:** Unterbau des Altars.
**Presbyterium:** Ursprünglich »Raum der Priester«, heute allgemeine Bezeichnung für den →Chor bzw. die Apsis einer Kirche.
**Pronaos:** Vorhalle des antiken Tempels (auch christliche Kirchengebäude).
**Propyläen:** Die Eingangshalle monumentaler Bauten. Vorbild späterer Bauten waren die Propyläen auf der Akropolis in Athen (entstanden 437 bis 432 v. Chr.).
**Putten:** Nackte engelhafte Kinderfiguren in der Renaissance, im Barock und im Rokoko.
**Pylon:** Eingangstor bei griech. Tempeln und Palästen.

**Quader:** Behauener Block aus massivem Stein.
**Quadriga:** Ein vierspänniger Wagen.
**Querhaus oder Querschiff:** Raum in der Kirche, quer zum →Langhaus (Basilika).
**Querhausarme:** Raumteile einer Kirche links und rechts der →Vierung.
**Querschnitt:** Ein gedachter Schnitt quer durch ein Gebäude zur Darstellung der Architektur.

**Refektorium:** Speiseraum in Klöstern.
**Régence-Stil:** Französischer Kunststil, Übergang vom Barock zum Rokoko.
**Relief:** Bildhauerarbeit, bei der die Figuren halbplastisch aus der Fläche herausgeschnitten (Holz) oder gemeißelt (Stein) sind. Je nach der Stärke der Erhebung spricht man von Flach-, Halb- oder Hochrelief.
**Reliquiar:** Behälter, in dem die Reliquien eines Heiligen aufbewahrt werden.
**Remter:** Speisesaal einer Ordensburg (→Refektorium).
**Retabel:** →Altarretabel.

**Risalit:** Aus der Fluchtlinie vortretender Teil eines Gebäudes, der dessen volle Höhe erreicht.
**Rocaille:** Reich gestaltete, muschelähnliche →Kartusche, die namengebend für das Rokoko wurde.
**Rotunde:** Rundbau.
**Rundbogen:** →Bogenformen.
**Rustika:** Mauern aus →Quadern, deren Schauseite absichtlich unbehauen geblieben ist.

**Saalkirche:** Stützenfreier Kircheninnenraum, also ohne Seitenschiff.
**Sakral:** Kirchlich, geistlich (im Gegensatz zu profan).
**Sakramentshäuschen:** Gehäuse zur Aufbewahrung der geweihten Hostien. In der späten Gotik entstanden zahlreiche große Sakramentshäuschen, die teilweise zu bedeutenden Kunstwerken ausgestaltet sind.
**Sakristei:** Aufbewahrungsraum der Gegenstände für den Gottesdienst.
**Säkularisation:** Umwandlung geistlicher Besitztümer in weltliche, vor allem in der Zeit unter Napoleon (1803).
**Sarkophag:** Meist reich verzierter steinerner Sarg.
**Satteldach:** Dachformen.
**Säule:** Im →Querschnitt runde, sich nach oben etwas verjüngende Stütze. Die Gliederung der Säulen wird durch die →Ordnung bestimmt (siehe dagegen →Pfeiler).
**Säulenbasilika:** Basilika, die von →Säulen gestützt wird (im Gegensatz zur →Pfeilerbasilika).
**Schallarkaden:** Turmöffnungen in Höhe des Glockengeschosses.
**Schalldeckel:** →Kanzel.
**Schiff:** Der Raumteil einer Kirche; daraus einschiffige oder mehrschiffige Kirchen; letztere durch →Säulen oder →Pfeiler aufgeteilt.
**Schleppgaupe (auch: Schleppgaube):** Dachfenster mit senkrechten Seitenwänden unter einer angehobenen Partie (Schleppdach) der Dachfläche.
**Schluß:** Meist östliches Ende des →Chors. Nach der geometrischen Grundrißform unterscheidet man den platten, halbrunden oder polygonalen (z.B. $^5/_8$-Schluß) Chorschluß.
**Segmentbogen:** →Bogenformen.
**Seitenkapelle:** Kapelle.
**Seitenschiff:** Seitlich gelegenes →Schiff, durch →Säulen oder →Pfeiler vom Hauptraum getrennt.
**Sepultur:** Für Begräbnisstätten reservierter Kirchenraum.
**Sgraffito:** Kratzputz.
Skulptur: Plastik, Bildhauerarbeit.
**Spiegelgewölbe:** Ein langgestrecktes →Klostergewölbe, das im Scheitel mit einer waagrechten Fläche schließt.
**Spitzbogen:** →Bogenformen.
**Sprengwerk:** →Gesprenge.
**Stabwerk:** Senkrechte Stäbe zur Gliederung gotischer Fenster und Fassaden (→Maßwerk).
**Staffelgiebel:** Giebel mit treppenartiger Stufung, auch Treppen- oder Stufengiebel.
**Ständer:** Senkrechte Holzpfosten oder bohlen. Beim Ständerbau kann die Wand aus lauter Ständern oder aus Ständern mit bohlen- oder mörtelgefüllten Zwischenräumen (Bohlenwand, Fachwerkwand) bestehen.
**Stichkappengewölbe:** Ein von dreieckigen Kugelflächen eingeschnittenes →Tonnengewölbe.
**Strebepfeiler:** Die in der Gotik ungewöhnlich großen Fensteröffnungen forderten eine Abstützung der Außenmauern durch →Pfeiler und Halbbögen. Dieses Strebewerk fing den Gewölbedruck auf.
**Stuck:** Ein leicht formbarer Werkstoff aus Gips, Kalk, Sand und Wasser, der vor allem im 17./18. Jh. zur plastischen Ausschmückung von Innenräumen gedient hat.
**Stukkaturen:** Dekorationen aus →Stuck.
**Synagoge:** Jüdisches Gotteshaus.

**Tabernakel:** Altargehäuse für die Hostie.
**Tabor:** Befestigtes Lager, Befestigung besonders in der Steiermark gegen Türkeneinfälle; auch Taborkirche.
**Tambour:** Unterbau einer Kuppel, in der Regel zylindrisch oder polygonal.
**Terrakotta:** Gebrannte, unglasierte Tonerde.
**Tonnengewölbe:** →Gewölbe, das einer Tonne gleicht, die in Längsrichtung durchgeschnitten wird.
**Transenne:** In die Fensteröffnungen eingefügte Holz- oder Steinplatten (Vorläufer der Fensterverglasung).
**Triforenfenster:** ein durch 2 Mittelsäulen oder Pfeiler unterteiltes Fenster oder 3 Fenster, die durch einen übergreifenden Bogen verbunden sind, z.B. in Kreuzgängen.
**Triforium:** Laufgang in der Wand unter den Fenstern von Mittelschiff, Querschiff und Chor, besonders in gotischen Kirchen.
**Triptychon:** Dreiteiliges Altarbild.
**Triumphbogen:** Geschmückter Torbogen.
**Tumba:** Aufbau über einer Grabstelle.
**Treppengiebel:** →Staffelgiebel.
**Tympanon:** Das Bogenfeld über dem mittelalterlichen Portal.

**Vesperbild:** →Pieta.
**Vierung:** Die Stelle, an der sich →Lang- und →Querhaus kreuzen.
**Volute:** Spiralenförmiges Ornament.

**Wandtabernakel:** Verschließbare
**Wandvorlage:** Gliederung oder Verstärkung (Stabilisierung) einer Wand durch Dienste, Halbsäulen, Lisenen, Pilaster oder Pfeiler.
**Wange:** Seitlicher Abschluß des Chorgestühls.
**Weicher Stil:** Spezifische Erscheinung in der deutschen Malerei und Plastik der Spätgotik mit fließenden Gewandfalten und zartem Gesichtsausdruck.
**Welsche Haube:** Geschwungenes Haubendach für Türme, Vorläufer der Zwiebelhaube.
**Werkstein:** Haustein mit sorgfältigem Fugenschnitt.
**Wimperg:** Giebelartige Bekrönung über gotischen Portalen und Fenstern, meist aus Maßwerk konstruiert.
**Würfelkapitell:** Aus der Durchdringung von Würfel- und Kugelform entwickeltes →Kapitell der romanischen Stilepoche.

**Zackenstil** (auch: Knitterstil): In der Spätgotik, sogar bereits in der Spätromanik auftretender Stil, Falten an (Schnitz-) Figuren sehr scharf (zackig, knitterig) zu gestalten.
**Ziborium (auch Ciborium):** Großer, von Säulen getragener steinerner →Baldachin über dem Altar.
**Zopfstil:** Stilrichtung aus der Zeit zwischen Rokoko und Klassizismus (etwa um 1760-80); geprägt von strenger Ausdrucksweise.
**Zwerchhaus:** Dachhäuschen mit einem Giebel, der quer zum Hauptdach steht.
**Zwerggalerie:** Gang in der Außenmauer unter dem Dachgesims; nach außen geöffnet und meist reich verziert.
**Zwillingsfenster:** →Biforenfenster.

# Verzeichnis aller behandelten Orte

# Verzeichnis der bedeutendsten Künstler

E
F
Bonndorf
Blumberg
Engen
Tengen
BUNDESREPUBLIK DEUTSCHLAND
4
St. Blasien
Singen
Anschluß-Seite 380
Schwarza
Schaffhausen
Neuhausen am Rheinfall
St.Katharinent
Diessenhofen
Stein am Rhei
Laufen-
Uhwiesen
Alb
Waldshut-
-Tiengen
Wutach
Rheinau
Kling
Dogern
Küssaburg
Hänner
Hochsal
Hauenstein
Rheinheim
Eglisau
Bad
Säckingen
Laufenburg
Leib-
stadt
Zurzach
Thur
RHEIN
Kaiserstuhl
Laufenburg
Aare
Töss
Bülach
Brugg
Baden
Wettingen
Winterthur
Kloten
SCHWEIZ
3
Aarau
Dietikon
E
Lenzburg
ZÜRICH
F
Olten

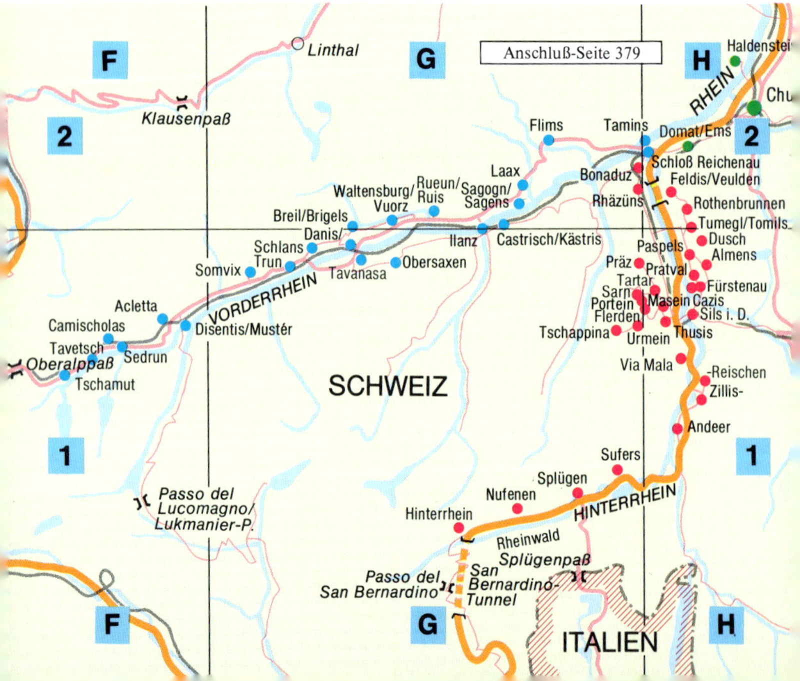
F
Linthal
G
Anschluß-Seite 379
H
Haldenstei
Chu
2
Klausenpaß
RHEIN
Flims
Tamins
Domat/Ems
2
Schloß Reichenau
Laax
Bonaduz
Feldis/Veulden
Waltensburg/
Vuorz
Rueun/
Ruis
Sagogn/
Sagens
Rhäzüns
Rothenbrunnen
Breil/Brigels
Tumegl/Tomils
Danis/
Ilanz
Castrisch/Kästris
Dusch
Paspels
Schlans
Almens
Trun
Präz
Somvix
Tavanasa
Obersaxen
Pratval
Tartar
Fürstenau
Sarn
Portein
Masein
Cazis
Flerden
Sils i. D.
Acletta
VORDERRHEIN
Camischolas
Disentis/Mustér
Tschappina
Urmein
Thusis
Tavetsch
Sedrun
Oberalppaß
Via Mala
Tschamut
-Reischen
Zillis-
SCHWEIZ
Andeer
1
1
Sufers
Splügen
Passo del
Lucomagno/
Lukmanier-P.
Nufenen
Hinterrhein
HINTERRHEIN
Rheinwald
Splügenpaß
Passo del
San Bernardino
San
Bernardino-
Tunnel
F
G
H
ITALIEN

Anschluß-Seite 378

Anschluß-Seite 381

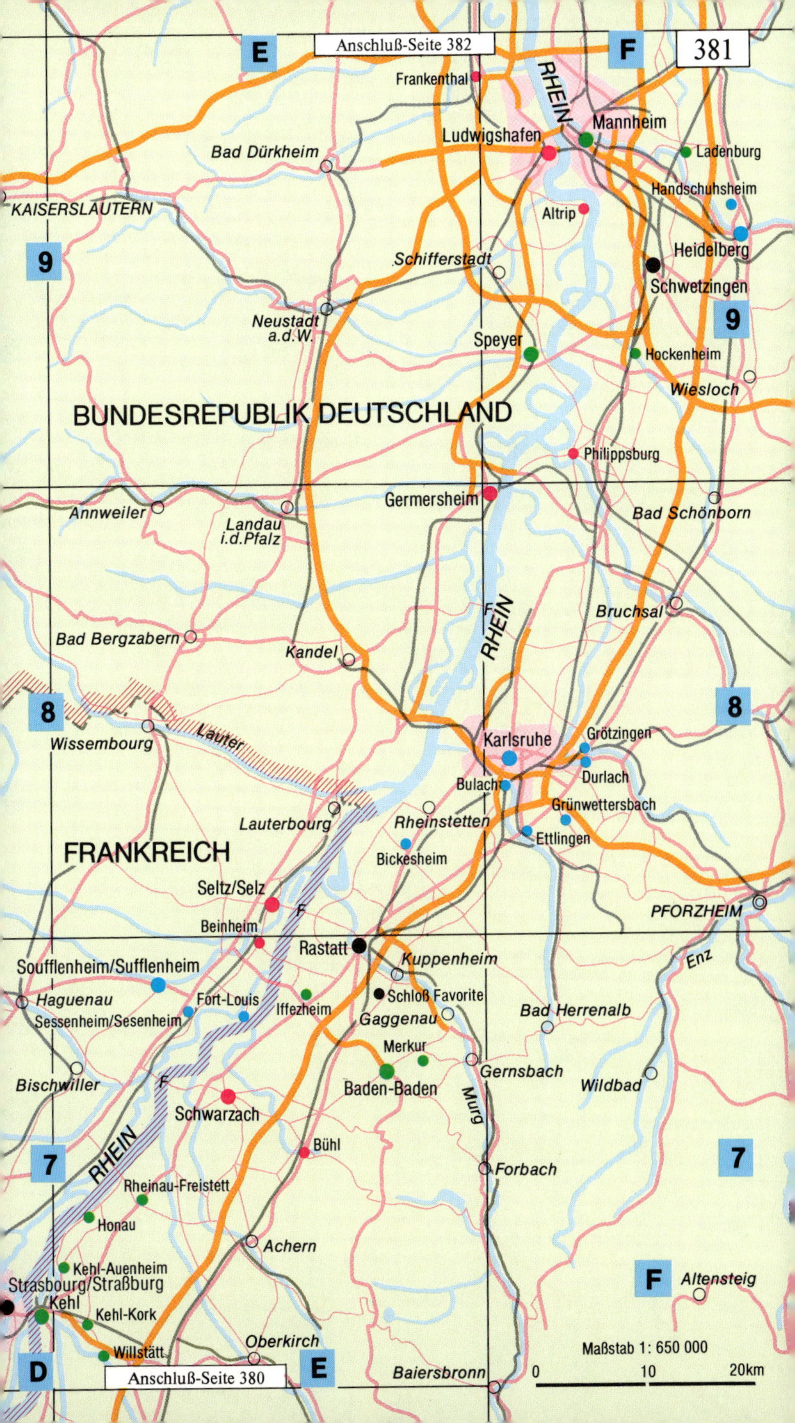

Anschluß-Seite 382
E
F
Frankenthal
RHEIN
Mannheim
Ludwigshafen
Ladenburg
Bad Dürkheim
Handschuhsheim
KAISERSLAUTERN
Altrip
9
Heidelberg
Schifferstadt
Schwetzingen
Neustadt a.d.W.
Speyer
Hockenheim
Wiesloch
BUNDESREPUBLIK DEUTSCHLAND
Philippsburg
Germersheim
Annweiler
Landau i.d.Pfalz
Bad Schönborn
Bruchsal
Bad Bergzabern
Kandel
RHEIN
8
Wissembourg
Lauter
Karlsruhe
Grötzingen
Durlach
Bulach
Grünwettersbach
Lauterbourg
Rheinstetten
Ettlingen
FRANKREICH
Bickesheim
Seltz/Selz
PFORZHEIM
Beinheim
Rastatt
Kuppenheim
Soufflenheim/Sufflenheim
Enz
Haguenau
Fort-Louis
Schloß Favorite
Iffezheim
Sessenheim/Sesenheim
Gaggenau
Bad Herrenalb
Merkur
Bischwiller
Gernsbach
Wildbad
Baden-Baden
Murg
Schwarzach
RHEIN
Bühl
7
Forbach
Rheinau-Freistett
Honau
Achern
Kehl-Auenheim
Strasbourg/Straßburg
Altensteig
Kehl
Kehl-Kork
Oberkirch
Willstätt
Maßstab 1: 650 000
D
Anschluß-Seite 380
Baiersbronn
0
10
20km

Anschluß-Seite 383

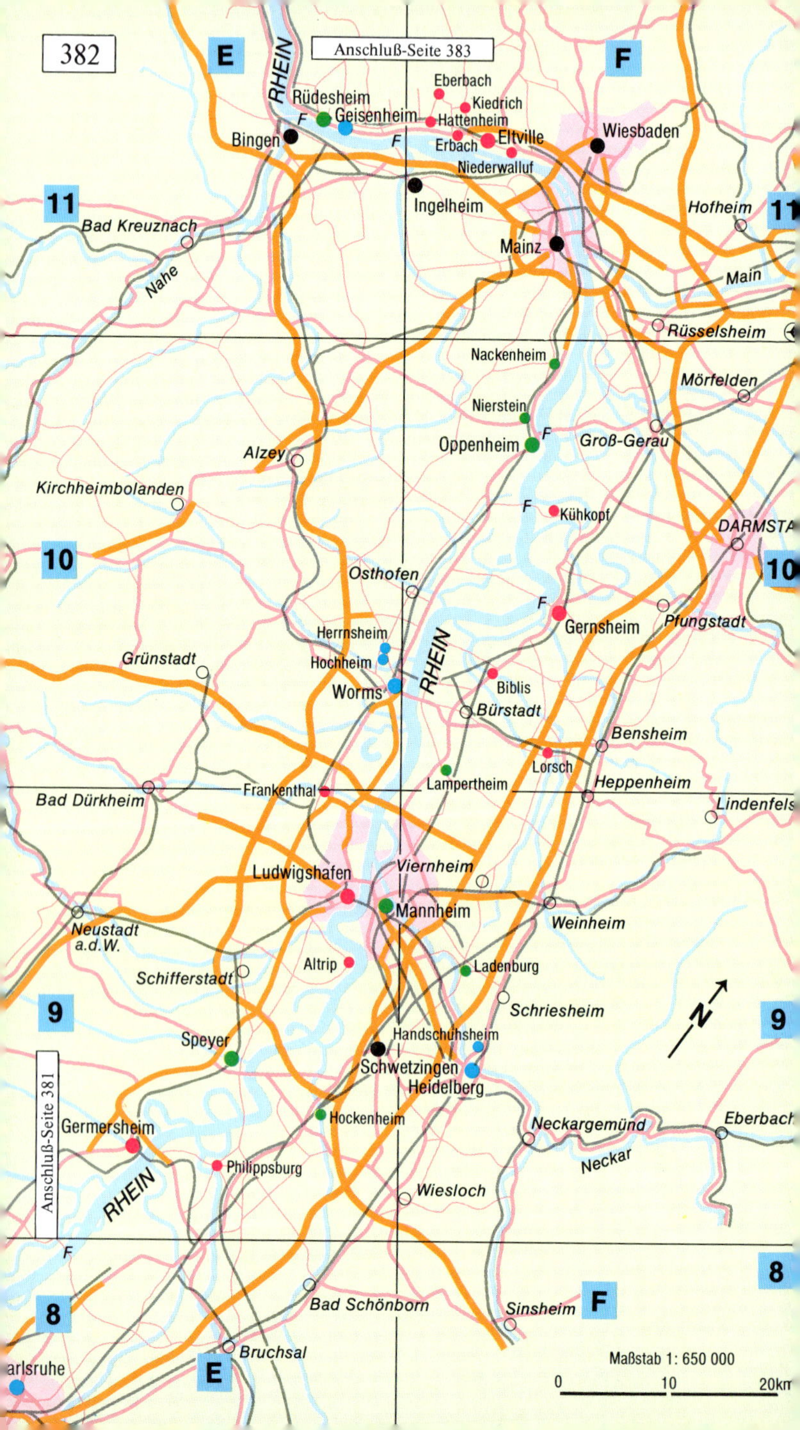


Anschluß-Seite 381

Anschluß-Seite 384

Anschluß-Seite 382

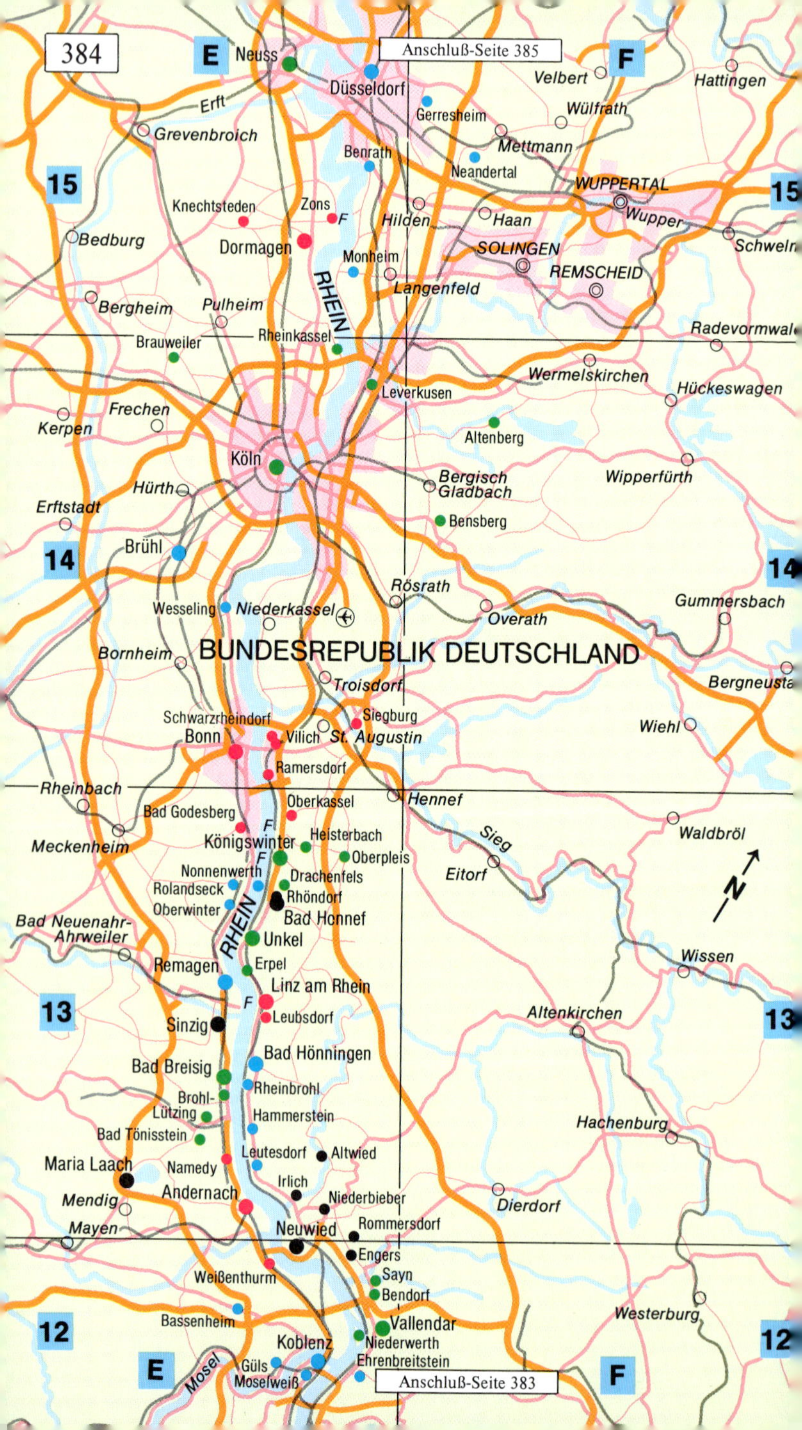
Anschluß-Seite 385
E
F
15
14
13
12
Neuss
Düsseldorf
Velbert
Hattingen
Erft
Gerresheim
Wülfrath
Grevenbroich
Mettmann
Benrath
Neandertal
WUPPERTAL
Wupper
Knechtsteden
Zons
F
Hilden
Haan
Bedburg
Dormagen
SOLINGEN
Schweln
Monheim
REMSCHEID
RHEIN
Langenfeld
Bergheim
Pulheim
Radevormwal
Brauweiler
Rheinkassel
Wermelskirchen
Leverkusen
Hückeswagen
Frechen
Kerpen
Altenberg
Köln
Bergisch Gladbach
Wipperfürth
Hürth
Erftstadt
Bensberg
Brühl
Rösrath
Gummersbach
Wesseling
Niederkassel
Overath
BUNDESREPUBLIK DEUTSCHLAND
Bornheim
Bergneusta
Troisdorf
Siegburg
Schwarzrheindorf
Wiehl
Bonn
Vilich
St. Augustin
Ramersdorf
Rheinbach
Hennef
Oberkassel
Bad Godesberg
Sieg
Waldbröl
Meckenheim
Königswinter
Heisterbach
Oberpleis
Nonnenwerth
Eitorf
Drachenfels
Rolandseck
Rhöndorf
N
Oberwinter
Bad Honnef
Bad Neuenahr-Ahrweiler
Unkel
Wissen
Remagen
Erpel
Linz am Rhein
Leubsdorf
Altenkirchen
Sinzig
Bad Hönningen
Bad Breisig
Rheinbrohl
Brohl-Lützing
Hammerstein
Hachenburg
Bad Tönisstein
Leutesdorf
Altwied
Maria Laach
Namedy
Irlich
Andernach
Niederbieber
Dierdorf
Mendig
Rommersdorf
Mayen
Neuwied
Engers
Weißenthurm
Sayn
Bendorf
Westerburg
Bassenheim
Vallendar
Koblenz
Niederwerth
Mosel
Güls
Ehrenbreitstein
Moselweiß
Anschluß-Seite 383

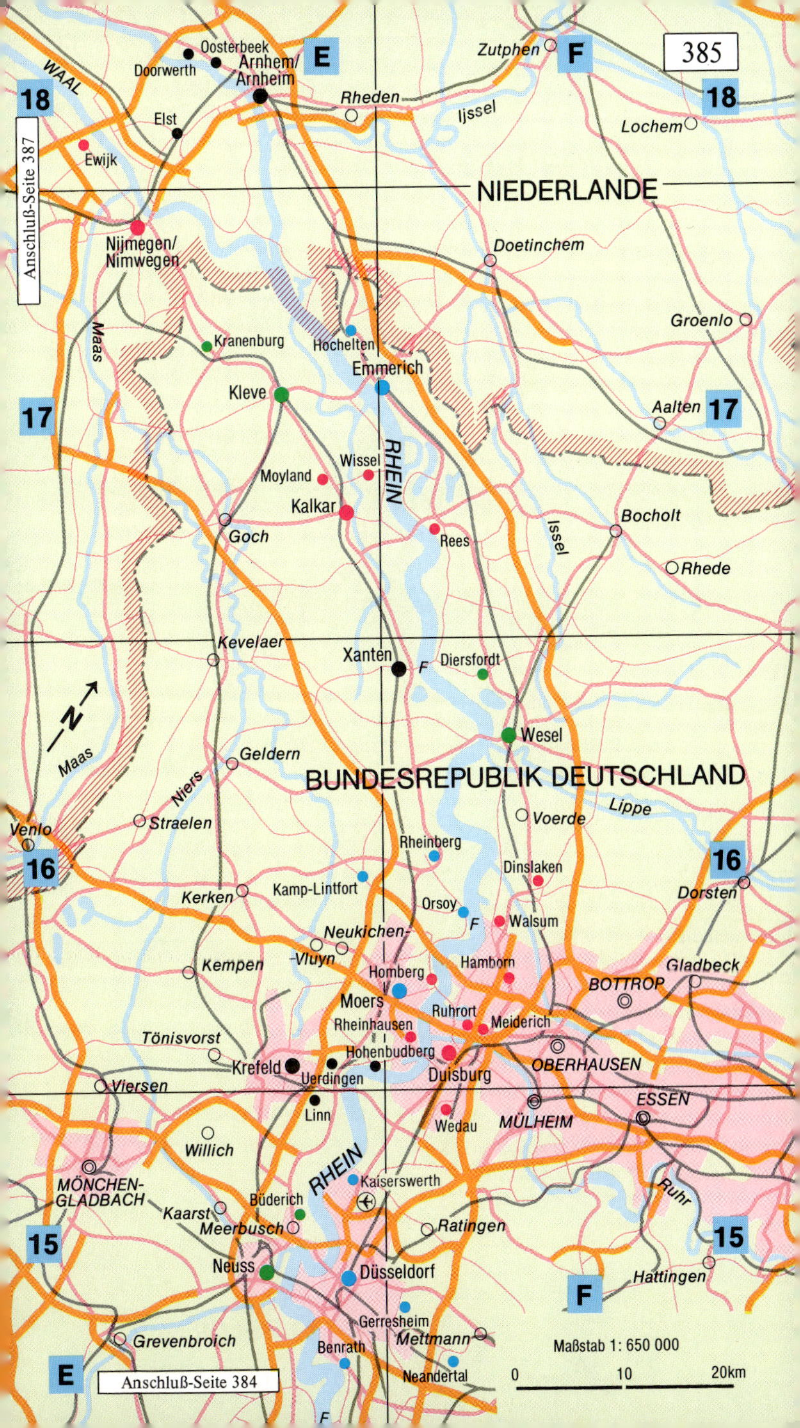
E
F
18
17
16
15
Anschluß-Seite 387
Anschluß-Seite 384
WAAL
Oosterbeek
Doorwerth
Arnhem/
Arnheim
Zutphen
Rheden
Ijssel
Lochem
Elst
Ewijk
NIEDERLANDE
Nijmegen/
Nimwegen
Doetinchem
Groenlo
Maas
Kranenburg
Hochelten
Emmerich
Kleve
Aalten
RHEIN
Wissel
Moyland
Kalkar
Rees
Issel
Bocholt
Goch
Rhede
Kevelaer
Xanten
Diersfordt
Wesel
N
Geldern
BUNDESREPUBLIK DEUTSCHLAND
Niers
Lippe
Voerde
Straelen
Venlo
Rheinberg
Dinslaken
Kamp-Lintfort
Dorsten
Kerken
Orsoy
Walsum
Neukichen-
-Vluyn
Hamborn
Gladbeck
Kempen
Homberg
BOTTROP
Moers
Ruhrort
Meiderich
Rheinhausen
Tönisvorst
Hohenbudberg
Krefeld
Uerdingen
Duisburg
OBERHAUSEN
Viersen
ESSEN
Linn
Wedau
MÜLHEIM
Willich
MÖNCHEN-
GLADBACH
Kaiserswerth
Ruhr
Büderich
Kaarst
Meerbusch
Ratingen
Neuss
Düsseldorf
Hattingen
Gerresheim
Grevenbroich
Mettmann
Benrath
Neandertal
Maßstab 1: 650 000
0
10
20km

A
B
18
17
16
NORDSEE
Zandvoort
Haarlem
AMSTERDA
Heemstede
Amstelveen
Aalsmeer
Katwijk aan Zee
Rijnsburg
Warmond
Katwijk aan de Rijn
Oegstgeest
Leiden
NIE
Wassenaar
Scheveningen
Voorschoten
Alphen aan de Rijn
's-Gravenhage/
Den Haag
Leidschendam
Bodegraven
Zoetermeer
Voorburg
Rijswijk
Oudewater
Naaldwijk
Delft
Hoek van Holland
Gouda
Haastrecht
Schoonhoven
Maassluis
Vlaardingen
Schiedam
Rotterdam
Oostvoorne
Brielle
Nieuw
LEK
Heenvliet
Poortugaal
Abbenbroek
Rhoon
Oude Maas
Haringvliet
Dordrecht
Maasdam
Grevelingen
Amer
Hollands Diep
Zierikzee
Krammer
Oosterhout
Breda
Oosterschelde
Roosendaal
Bergen op Zoom
Westerschelde
Schelde
BELGIEN
Turn
F

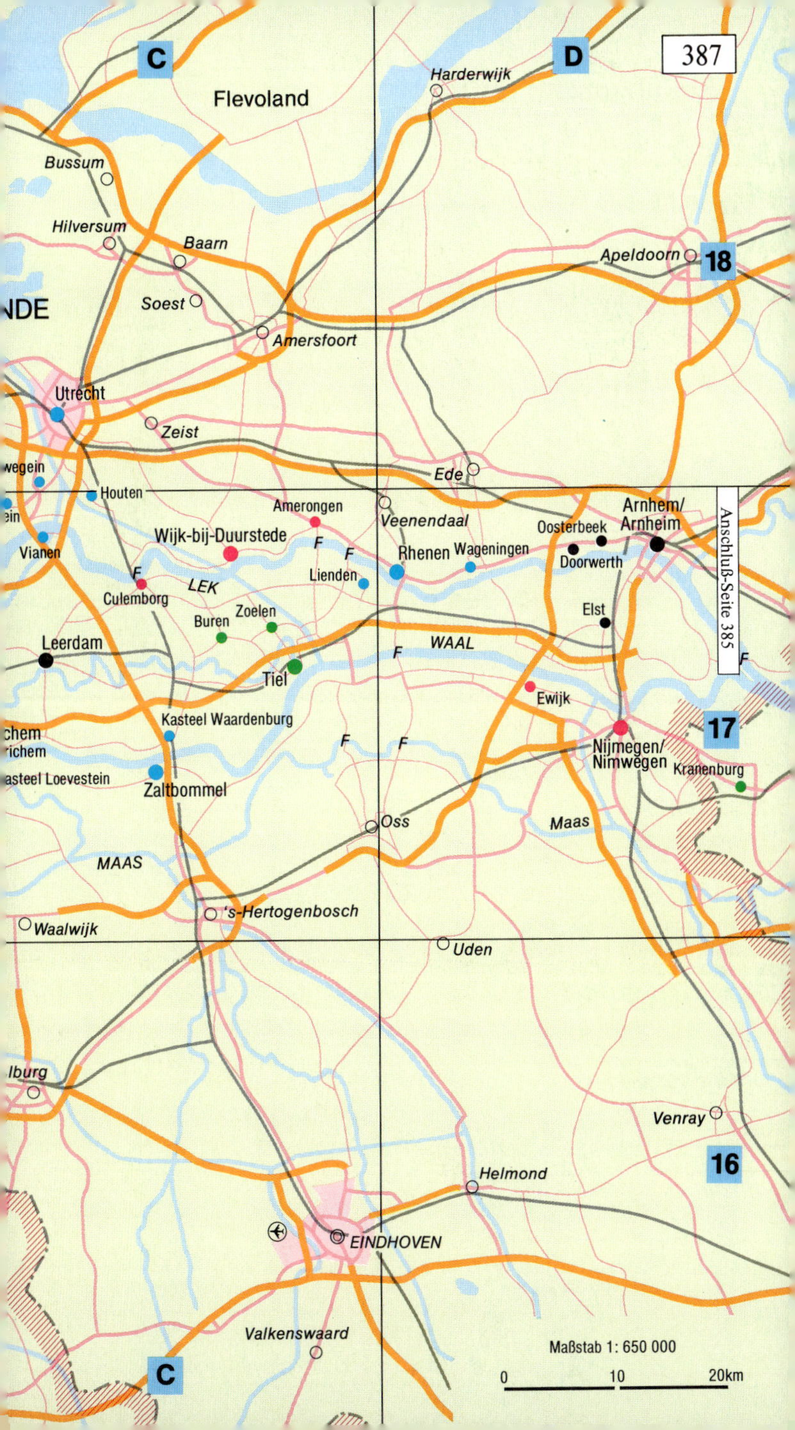


Anschluß-Seite 385

# Abkürzungen

bes. besonders

christl. christlich

d. Ä. der Ältere
d. J. der Jüngere
d. Gr. der Große
d. h. das heißt
dt. deutsch

ehem. ehemalig(e)
eigtl. eigentlich(e)
europ. europäisch
ev. evangelisch
franz. französisch

gegr. gegründet
got. gotisch
griech. griechisch

Hl. hl. Heilige(r), heilig(e)
ital. italienisch

Jh. Jahrhundert
Jtd. Jahrtausend
jüd. jüdisch

kath. katholisch
km Kilometer

l links
lat. lateinisch

m Meter
ma mittelalterlich
MA Mittelalter

N Norden, Nord-
n nördlich

O Osten, Ost-
ö östlich

qm Quadratmeter

r rechts
ref. reformiert
röm. römisch
roman. romanisch

S Süden, Süd-
s südlich
sog. sogenannt(e)
St. Sankt
Str. Straße

u. a. und andere, unter anderem
u. ä. und ähnliche
urspr. ursprünglich
usw., etc. und so weiter

v. von
v. a. vor allem
vgl. vergleiche

W Westen, West-
w westlich

z. B. zum Beispiel
z. T. zum Teil

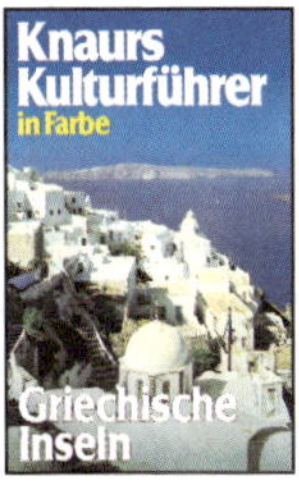
Knaurs Kulturführer
in Farbe
Griechische Inseln

Knaurs Kulturführer
in Farbe
Großbritannien und Irland

Knaurs Kulturführer
in Farbe
London
und Umgebung
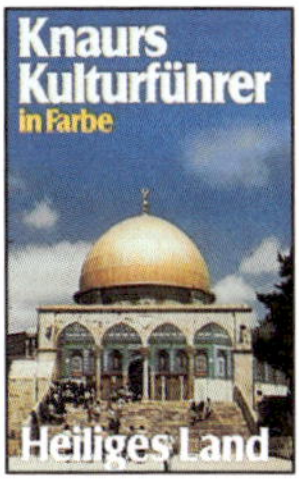
Knaurs Kulturführer
in Farbe
Heiliges Land

Knaurs Kulturführer
in Farbe
Holland

Knaurs Kulturführer
in Farbe
Italien
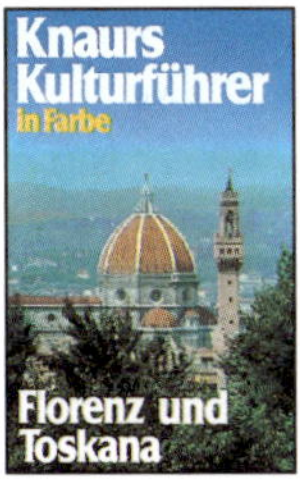
Knaurs Kulturführer
in Farbe
Florenz und Toskana

Knaurs Kulturführer
in Farbe
Rom und Latium

Knaurs Kulturführer
in Farbe
Sizilien

Knaurs Kulturführer
in Farbe
Südtirol

Knaurs Kulturführer
in Farbe
Venedig und Venetien
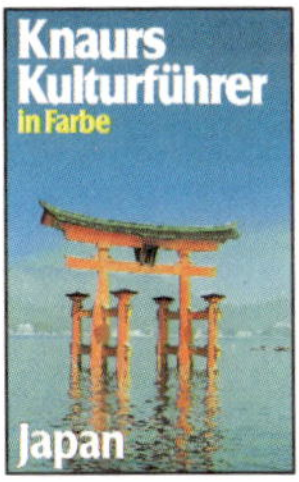
Knaurs Kulturführer
in Farbe
Japan

Knaurs Kulturführer
in Farbe
Marokko

Knaurs Kulturführer
in Farbe
Mexiko
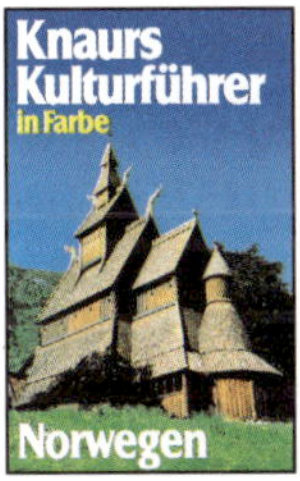
Knaurs Kulturführer
in Farbe
Norwegen
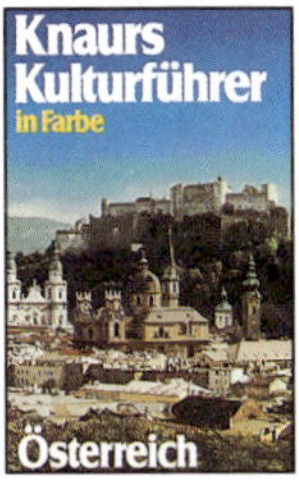
Knaurs Kulturführer
in Farbe
Österreich

Knaurs Kulturführer
in Farbe
Kärnten

Knaurs Kulturführer
in Farbe
Tirol

Knaurs Kulturführer
in Farbe
Wachau
Nibelungengau · Waldviertel

Knaurs Kulturführer
in Farbe
Salzburg
Salzburger Land